GUIDE
INTERNATIONAL
DU VOYAGE

Direction de la publication : Cécile Masse
Rédaction : Dominique Brunet
Direction artistique : Steve Louis
Production : Studio Lézard
Graphiste : Judith Weissmann
Révision : Marcelle Pilon
Soutien à la production : Louise Chabalier

Maquette de la couverture : Pierre Nadeau inc.
Photos de la couverture :
Réflexion Photothèque
(Mauritius/Rossenbach, Mauritius/Vidler, SDP/Jonathan, Volvox, T. Bognar)

Dépôt légal : 4ᵉ trimestre 1995
ISBN 2-89111-648-8

GUIDE
INTERNATIONAL
DU VOYAGE

TABLE DES MATIÈRES

INTRODUCTION

Ce guide compte dix grandes sections facilement identifiables par des bandes de couleurs différentes. Dans chaque section, les pays ou destinations sont présentés selon l'ordre géographique suivant : de l'ouest à l'est, en commençant par le nord. Ce livre répond simplement aux questions des voyageurs canadiens et regroupe plus de 275 pays et destinations. Vous trouverez à la fin du *Guide international du voyage* les adresses des ambassades, consulats et offices du tourisme étrangers au Canada. Le voyageur canadien y trouvera aussi les adresses de ses consulats et ambassades à l'étranger, en cas de besoin.

• *La carte géographique :*
Chaque destination est illustrée par une carte sommaire qui met en évidence les villes particulièrement intéressantes à visiter et permet au voyageur de s'orienter.

• *La fiche technique :*
Une source d'information générale : langue, superficie, capitale, aéroport, population, religion, visa, conduite, coût de la vie, etc. Des renseignements constamment mis à jour.
- Pour les pays où le service Canada Direct^{mc} est offert, les numéros d'accès sont indiqués, que ce soit pour téléphoner *du Canada* vers l'étranger, ou de l'étranger *au Canada*.
- Les étoiles d'appréciation de l'hôtellerie, de la restauration et du transport sont subjectives et correspondent aux normes des continents.
- Les pièces de monnaie indiquent si le coût de la vie dans le pays est bas, moyen ou élevé pour un Canadien.
- Les meilleurs mois pour visiter le pays sont sélectionnés en fonction du climat et des activités susceptibles de plaire aux Canadiens en vacances.
- Une liste abrégée des jours fériés indique au voyageur les congés de chaque destination.

• *Les textes POINTS D'INTÉRÊT et ACHATS :*
Pour chaque destination, un premier texte aborde les villes, les attractions, les musées, les réserves fauniques et les principaux sites à visiter, et le deuxième suggère des achats à faire. Les évocations de l'artisanat, de la gastronomie, de la littérature, de la musique et de la peinture donnent un avant-goût du pays.

• Les *photos* illustrent la culture, la géographie, la nature ou les habitants des pays.

• Un petit graphique indique les *heures de décalage* par rapport à l'heure normale de chaque fuseau horaire canadien.

• Un autre graphique résume le *climat* de chaque pays ou destination : température moyenne, heures d'ensoleillement et nombre de jours de pluie.

• Chaque pays est de plus représenté par son **drapeau**.

NOTE :
Les informations de la fiche technique s'appliquent uniquement aux Canadiens. Les voyageurs non canadiens auront avantage à s'informer sur les formalités requises avant leur départ.
Pour quelques pays ou destinations, certains renseignements de la fiche technique ne sont pas disponibles.

MODE D'EMPLOI DE CE GUIDE

Nom du pays ou de la destination

Décalage horaire par rapport à l'heure normale de chaque fuseau canadien

Drapeau du pays

Carte de la destination

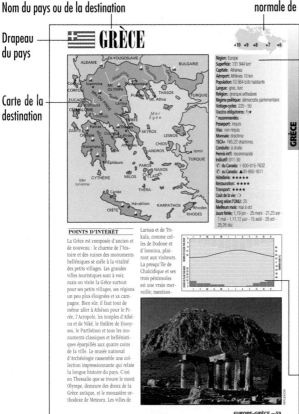

FICHE TECHNIQUE
Nombre de kilomètres séparant l'aéroport de la capitale
Population approximative, en janvier 1995
Vaccins obligatoires et recommandés selon l'Organisation Mondiale de la Santé.
Cho = choléra
Fj = fièvre jaune
Fj* = fièvre jaune, pour les voyageurs en provenance d'une région infectée
Mal = malaria
Po = poliomyélite
Ty = typhoïde
Taux de change au 15 août 1995
Indicatif téléphonique à partir du Canada
Numéros d'accès au service Canada Direct ^{MC} (voir explications ci-dessous)
Hôtellerie, restaurant et transport : appréciation selon les normes du continent
Coût de la vie : ○ bas pour un Canadien
○○ moyen pour un Canadien
○○○ élevé pour un Canadien
Meilleurs mois pour visiter la destination
Jours fériés en 1995

Graphique du climat

EUROPE–GRÈCE —59

Canada Direct^{MC}
Disponible dans certains pays, ce service vous met en contact direct avec un téléphoniste canadien. Vous évitez les attentes pour la communication et les problèmes de langue avec des téléphonistes étrangers. Voici comment procéder :

1. Pour appeler au Canada, composez le numéro suivant l'icône ℂ **au Canada** qui correspond au pays où vous séjournez.
2. Informez le téléphoniste canadien de votre intention d'appeler à frais virés ou de porter les frais à votre Carte d'appel^{MC}.
3. Donnez-lui le code régional et le numéro de téléphone que vous désirez joindre au Canada.

Légende:
■ Service disponible sur téléphones publics seulement
▲ Des pièces de monnaie ou une carte d'appel sont exigés pour l'usage des téléphones payants
◆ Attendez la deuxième tonalité d'appel

Note : Avant de quitter le Canada, composez le 1-800-561-8868 pour vérifier les numéros des pays où vous comptez vous rendre.

« Les plus beaux paysages

sont ceux que l'on imagine

et les gens les plus charmants

sont ceux qui peuplent nos rêves.

C'est ce que l'on croit

avant d'avoir vu le monde. »

D.B.

J. HUARD

EUROPE

L'Europe est un vaste puzzle linguistique, culturel et géographique. Le voyageur peut y admirer les vertes falaises de l'Irlande et les ruines de la Grèce antique, ainsi que le faste des villes de Prague, Amsterdam, Madrid et Venise et s'arrêter au pied des hautes Alpes d'Autriche ou des majestueux fjords de Norvège. L'Europe est le plus petit continent mais il est assurément l'un des plus diversifiés. Le voyageur qui veut non seulement voir les merveilles architecturales et historiques des divers pays mais aussi découvrir les différentes cultures ainsi que les us et coutumes des habitants devra passer du foie gras français au hareng fumé scandinave et boire le thé anglais ou le *vinho verde* portugais. L'Europe est la destination rêvée pour l'amateur d'art, de paysages et d'histoire mais aussi pour le linguiste en herbe qui s'amusera à retenir les multiples façons de dire merci : *blagodarya* en bulgare, *efharisto* en grec, *tokk fyrir* en islandais, *multumesc* en roumain et même *go raibh maith agat* en gaélique!

GROENLAND

CANADA

Mer du Groenland

Thulé

Mer de Baffin

CANADA
Terre de Baffin

Godhavn

Sukkertoppen

★ Nuuk (Godthab)

Angmagssalik

ISLANDE

Reykjavik

Narsarsuak

Océan Atlantique

Julianehab

Frederiksdal

+5 +4 +3 +2 +1

Région: Océan Arctique
Superficie: 2 175 600 km²
Capitale: Nuuk (Godthab)
Aéroport: Nuuk
Population: 57 040 habitants
Langue: danois, groenlandais
Religion: luthérienne
Régime politique: territoire danois
Voltage-cycles: 220 - 50
Vaccins obligatoires: -
" recommandés: -
Passeport: requis
Visa: non requis
Monnaie: couronne danoise
1$CA= 3,96 couronnes
Conduite: à droite
Permis int'l: recommandé
Indicatif: 011-299
✆ du Canada: –
✆ au Canada: –
Hôtellerie: ★
Restauration: ★★
Transport: ★
Coût de la vie: ○○○
Rang selon l'ONU: -
Meilleurs mois: juin, juil, août, sep
Jours fériés: 1,6 jan - 13,16,17 avr - 12,25 mai - 4,5,21 juin - 24-26,31 déc

POINTS D'INTÉRÊT

Érik le Rouge a découvert cet inlandsis en 985 et, pour y attirer les colons, il le baptisa Gronland, qui veut dire en danois «terre verte». Aujourd'hui, pour y attirer les touristes, on propose plutôt des randonnées en montagne où l'on peut y étudier l'orographie et la géologie, de même que la météorologie et la glaciologie. Le Groenland est l'endroit rêvé pour les excursions en plein air : des circuits organisés vous emmènent jusqu'à Thulé, le village le plus septentrional de la planète. L'impressionnant site d'Etah, juste au nord de Thulé, montre les ruines des premières visites d'Érik le Rouge. Godthab (ou Nuuk), Sukkertoppen et Julianehab sont les villes les plus importantes puisque c'est le littoral sud qui est le plus déglacé. C'est bien sûr dans ce genre de climat, plongé dans la nuit polaire de décembre à la mi-janvier, que l'on rencontre les gens les plus chaleureux! Le soleil de minuit, qui éclaire le cercle polaire en été, n'a d'égal que les magnifiques aurores boréales de septembre.

ACHATS

L'élevage de rennes et de moutons est à la base de l'artisanat du Groenland : étoffes de laine et de fourrure, harpons et articles de chasse traditionnelle et sculptures anima-lières sur pierre à savon. Un bon appareil-photo est toutefois le meilleur moyen de rapporter de superbes images de traîneaux à chiens, d'icebergs éblouissants et de sourires groenlandais.

RÉFLEXION

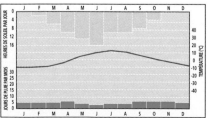

ISLANDE

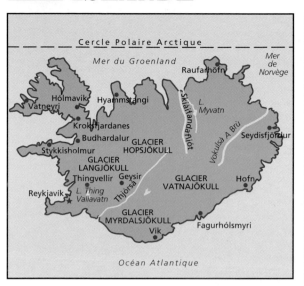

Cercle Polaire Arctique
Mer du Groenland
Mer de Norvège
Raufarhöfn
Hölmavik   Hvammstangi
Vatneyri
Krokstjardanes
Budhardalur   GLACIER
Stykkisholmur   HOPSJÖKULL
Seydisfjördur
Skjalfandafljöt
GLACIER
LANGJÖKULL   Geysir
Thingvellir   GLACIER   Hofn
Reykjavik   L. Thing   VATNAJÖKULL
Valiavatn   Thjörsá
GLACIER
MYRDALSJÖKULL
Vik   Fagurhólsmyri
Jökulsa A Brü
L. Myvatn
Océan Atlantique

Région: Europe
Superficie: 103 000 km²
Capitale: Reykjavik
Aéroport: Reykjavik 45 km
Population: 263 600 habitants
Langue: islandais
Religion: luthérienne
Régime politique: démocratie parlementaire
Voltage-cycles: 220 - 50
Vaccins obligatoires: -
" recommandés: -
Passeport: requis
Visa: non requis
Monnaie: couronne islandaise
1$CA= 45,31 couronnes
Conduite: à droite
Permis int'l: recommandé
Indicatif: 011-354
℃ du Canada: 1-800-463-0085
℃ au Canada: ▲999-010
Hôtellerie: ★★★★
Restauration: ★★★★
Transport: ★★★★
Coût de la vie: ○○○
Rang selon l'ONU: 14
Meilleurs mois: juin, juil, août, sep
Jours fériés: 1 jan - 13-17,20 avr - 1,25 mai - 4,5,17 juin - 7 août - 25,26,31 déc

ISLANDE

POINTS D'INTÉRÊT

L'Islande a été l'un des premiers pays à se doter d'un code de loi : certaines lois datant de 930 sont encore en application! Viti est le lac qui remplit le cratère d'un ancien volcan, ses eaux sont encore chaudes d'une éruption qui a eu lieu voilà plus de cent ans! Geysir est la source d'eau bouillante la plus connue au monde, c'est d'ailleurs de son nom que vient le mot geyser. L'Islande est bien sûr, comme son nom l'indique, un pays de glace, mais c'est aussi l'un des plus chauds points géothermiques de la planète : volcans et sources thermales habitent le même espace que les glaces et les champs herbeux. La mer et les rivières occupent une place de choix dans la vie quotidienne et dans le paysage. Les pêcheurs de saumons sont particulièrement choyés. Reykjavik, la capitale la plus septentrionale du monde, propose de nombreux musées, dont l'Institut des manuscrits où sont exposés des ouvrages de l'époque médiévale. Les fjords du nord-ouest sont ma-

jestueux et le défilé de Thingvellir est une merveille naturelle à ne pas manquer. Le soleil de minuit éclaire une partie du pays en été et il pleut quelquefois à l'horizontale : des phénomènes naturels époustouflants!

ACHATS

Le *brenninvin*, une boisson qui s'apparente au schnaps, accompagne souvent les plats de fruits de mer et les poissons fraîchement pêchés des eaux islandaises. Le requin est apprêté de plusieurs façons, et la gastronomie s'amuse à mélanger les saveurs, notamment le fromage à pâte molle frit, que l'on sert avec de la confiture de baies. Les tricots, les peaux de moutons et les sculptures de lave sont typiques de l'Islande. Les visiteurs doivent se plier aux lois qui protègent la faune et la flore; les Islandais ont un grand respect de la nature et des amendes sévères punissent les contrevenants.

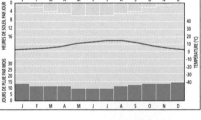

S. NAIMAN / RÉFLEXION

⬛ NORVÈGE

POINTS D'INTÉRÊT

Pays de côtes dentelées où s'enfoncent de majestueux fjords, de toundra où s'ébattent de paisibles rennes, de montagnes intouchées et de nuits ensoleillées, la Norvège est faite pour être visitée à pied : bien chaussé de bottes, vous pourrez apprécier toute la splendeur du paysage, de Stavanger au Finnmark. La capitale, Oslo, a beau être une grande ville, elle n'inspire pas moins le respect de la nature qui s'étend à ses portes. L'hôtel de ville, le musée Munch, où est exposée la célèbre toile *Le Cri* d'Edvard Munch, le château et la forteresse d'Akershus construits en 1300, le musée des drakkars et le musée Vigeland, qui présente les sculptures de Gustav Vigeland, sont à visiter. La pointe sud est constellée de stations balnéaires et certains villages conservent des vestiges vikings impressionnants, par exemple à Tonsberg, Tjome et Larvik. Bergen est l'une des belles villes du pays avec son centre alpin féerique. Entre Bergen et Maloy, se trouve le plus long fjord d'Europe, à Balestrand, dans le Sognefjorden. Toute la côte est digitée de longs et majestueux fjords : les plus beaux sont sans doute le Geiranger et l'Helleysylt. La grande région montagneuse de Jotunheimen s'élance jusqu'à 2 000 m d'altitude; Gjendesheim est un bon point de départ pour découvrir la région. Les amateurs de randonnées pédestres aimeront les douces pentes des parcs de Dorve et Rondane. Giske, près d'Alesund, est bien connue pour sa vieille chapelle viking. La ville même d'Alesund présente un dédale de petites rues joliment décorées. Un peu plus loin, il ne faut pas oublier le sanctuaire d'oiseaux de Runde où plus de 500 000 oiseaux viennent nicher. Pour se rendre dans le Finnmak, on passe par Trondheim, Bodo et les îles Lofoten et Vesteralen. Cette région offre le magnifique soleil de minuit et, tout au nord, les aurores boréales illuminent Narvik, Tromso et Alta.

ACHATS

À la base de la gastronomie norvégienne on trouve surtout les produits de la mer : le *spekesild*, du hareng salé, et le saumon frais ou fumé sont délicieux. Le fromage jarlsberg, le *rommegrot*, un dessert de riz et le steak de renne font aussi partie du menu. Un repas rapide, genre hotdog, le *polse med lompe*, s'accompagne souvent de bière blonde. L'alcool n'est servi qu'après 20 heures et jamais le dimanche. L'art lapon, l'argenterie, les fourrures et les lainages font de beaux souvenirs. La propreté des villes et des sites naturels s'imposera à vous : gare à celui qui oserait jeter un papier par terre!

Région: Europe
Superficie: 324 220 km²
Capitale: Oslo
Aéroport: Oslo 10 km
Population: 4 314 610 habitants
Langue: norvégien
Religion: luthérienne
Régime politique: monarchie parlementaire
Voltage-cycles: 220 - 50
Vaccins obligatoires: -
" recommandés: -
Passeport: requis
Visa: non requis
Monnaie: couronne norvégienne
1$CA= 4,52 couronnes
Conduite: à droite
Permis int'l: requis
Indicatif: 011-47
☏ du Canada: 1-800-363-4047
☏ au Canada: ▲ 800-19-111
Hôtellerie: ★★★★★
Restauration: ★★★★
Transport: ★★★★
Coût de la vie: ○○○
Rang selon l'ONU: 5
Meilleurs mois: juin, juil, août, sep
Jours fériés: 1 jan - 14-17 avr - 1,17,25 mai - 4,5 juil - 25,26,31 déc

SUÈDE

POINTS D'INTÉRÊT

La Suède fait partie de la Fennoscandie, une région riche en rivières et en lacs cristallins. Le pays est surtout fréquenté pour la beauté (et la propreté) de ses paysages, mais le charme de la culture suédoise est tout aussi attirant. Si vous en avez la possibilité, visitez la région de Dalarna avec un Suédois qui vous expliquera le sens profond du *Smultronstallet*

VOLVOX / RÉFLEXION

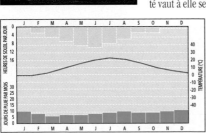

(là où poussent les fraises sauvages). À Göteborg, les *paddans* (bateaux-mouches) passent par les beaux ponts et les canaux de la ville. Les nombreux parcs de la ville sont à voir de même que les musées, entre autres celui des Beaux-Arts et le Jardin botanique. Tout près de Göteborg, l'archipel de Kungalv propose une fascinante escapade. Stockholm est construite sur 14 îles, ce qui lui donne un cachet maritime très séduisant. Le Gamla Stan, la vieille partie de la ville, mérite bien sûr le détour, de même que le château royal, l'église Storkyrkan, vieille de plus de 700 ans, le Riddarholms Kyrkan où sont enterrés les rois de Suède, le Stadshuset ou l'hôtel de ville, le Riddarhuset (maison des Nobles), les nombreux musées et la Bibliothèque nationale. La capitale est entourée de nombreuses îles propices aux promenades : il faut visiter en particulier les plages de Djurgarden et le magnifique château de Drottningholm. Gotland et Oland sont situées dans la mer Baltique : ces deux îles sont fréquentées par les Suédois en vacances et les visiteurs peuvent y découvrir de nombreux sites archéologiques, dont ceux de Visby, Brö et Dalhem. Kalmar, sur la péninsule, est à voir pour son château du XIIe siècle et sa cathédrale. Malmö, la capitale de la Scanie, offre sa majestueuse forteresse, une église gothique et un superbe grand théâtre. Uppsala est d'abord une ville universitaire fréquentée par plus de 40 000 étudiants. La bibliothèque de l'université vaut à elle seule le déplacement : on se croirait dans un film d'Ingmar Bergman dont c'est d'ailleurs la ville natale. Le pays du soleil de minuit, tout au nord de la Suède, s'étend de

Pitea à Vannas. La Laponie est une destination à part tellement le paysage y est différent : de grandes plaines piquées de pins où s'ébattent des hardes de rennes dérangées seulement par le vent et... les touristes émerveillés!

ACHATS

Le *gravlax*, un saumon fumé, le renne et l'anguille fumée sont des mets typiques de la Suède. Les Suédois aiment le *knackebrod*, un pain très consistant, qui occupe une grande place dans leur régime alimentaire. L'*Akvavit* et le schnaps sont les alcools les plus populaires. L'artisanat de la région de Dalarna est unique : les *Dala-hast*, des chevaux de bois peints à la main, les broderies et les tissages en particulier. Les toiles de Carl Larsson, qui s'inspira de la vie de Dalarna, sont peut-être hors de prix mais on peut s'en procurer de belles reproductions.

Région:	Europe
Superficie:	449 964 km²
Capitale:	Stockholm
Aéroport:	Arlanda, Stockholm 41 km
Population:	8 778 470 habitants
Langue:	suédois
Religion:	luthérienne
Régime politique:	monarchie parlementaire
Voltage-cycles:	220 - 50
Vaccins obligatoires:	-
" recommandés:	-
Passeport:	requis
Visa:	non requis
Monnaie:	couronne suédoise
1$CA=	5,20 couronnes
Conduite:	à droite
Permis int'l:	requis
Indicatif:	011-46
☏ **du Canada:**	1-800-463-8129
☏ **au Canada:**	▲020-799-015
Hôtellerie:	★★★★★
Restauration:	★★★★★
Transport:	★★★★★
Coût de la vie:	○○○
Rang selon l'ONU:	4
Meilleurs mois:	juin, juil, août
Jours fériés:	1,6 jan - 14,16,17 avr - 1,25 mai - 4-6,24 juin - 4 nov - 25,26 déc

SUÈDE

FINLANDE

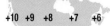

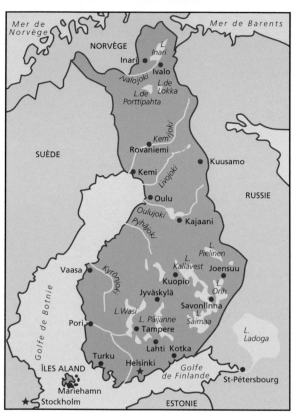

Région: Europe
Superficie: 337 032 km²
Capitale: Helsinki
Aéroport: Helsinki 19 km
Population: 5 068 940 habitants
Langue: finnois, suédois
Religion: luthérienne
Régime politique: démocratie parlementaire
Voltage-cycles: 220 - 50
Vaccins obligatoires: -
" recommandés: -
Passeport: requis
Visa: non requis
Monnaie: mark finlandais
1$CA= 3,08 marks
Conduite: à droite
Permis int'l: requis
Indicatif: 011-358
☎ **du Canada:** 1-800-363-4035
☎ **au Canada:** ▲9800-1-0011
Hôtellerie: ★★★★★
Restauration: ★★★★★
Transport: ★★★★
Coût de la vie: ○○○
Rang selon l'ONU: 16
Meilleurs mois: juin, juil, août
Jours fériés: 1,6 jan - 14,16,17 avr -
1,25 mai - 4,5,23 juin - 4 nov -
6,24,25 déc

POINTS D'INTÉRÊT

Paradis de lacs, de sentiers boisés et de villes à l'architecture simple et pure, la Finlande est le pays de la Fennoscandie qui peut le mieux se vanter de garder sa faune et sa flore intactes. Helsinki signifie «la ville blanche du Nord» et en offre un très bel exemple : l'élégance de ses bâtiments néoclassiques, l'ordre et l'harmonie des habitants imposent aux visiteurs le respect de l'environnement. Les saunas, une invention finlandaise, se trouvent partout, notamment dans les villes d'eau comme Lahti et Jyväskylä sur les rives du lac Päijanne. À Jyväskylä, il faut aussi visiter le musée d'architecture Aalto. C'est à Savonlinna qu'a lieu le festival d'opéra à chaque mois de juillet.

Kuopio est une charmante station de sports d'hiver où on doit admirer les accueillantes maisons de bois peintes. Les îles d'Aland se visitent surtout à vélo. La Laponie est loin au nord mais la beauté de ses rivières de glace et de ses nuits de six semaines en hiver enchante ceux qui s'y aventurent.

ACHATS

Ne vous méprenez pas, les *baaris* ne sont pas des bars mais bien de petits cafés où l'on sert des repas légers comme le *kalakukko*, un pâté de poisson servi avec de la vodka ou de la *lakka*, un alcool de mûres.

Le savon d'Oulu, la porcelaine d'Helsinki, les tapis *ryijy*, les fourrures et les cuirs font de beaux cadeaux. L'artisanat de la Laponie, l'art religieux luthérien et les icônes sont également très appréciés.

P. HALLY

IRLANDE

IRLANDE

Océan Atlantique

Dunluce
Ardara Coleraine Cushendon
Donegal Derry
L. Belfast
Neagh ★
IRLANDE DU NORD (R.-U.)
L. Erne
Sligo Enniskillen
ACHILL ISLAND
L. Conn
Cavan
L. Mask
L. Ree
Mellifont
Mer d'Irlande
L. Corrib
Dublin
ÎLES ARAN
Galway Grand Canal
Ennis
L. Derg
Barrow
Shannon Limerick
Cashel
Kilkenny
Dingle
Killarney
Dungarvan
Waterford
Kenmare Cork
Wexford
Mer Celtique

OFF. DE TOURISME D'IRLANDE

POINTS D'INTÉRÊT

Les Erainn, qui donnèrent leur nom à l'Eire, les Celtes et les Gaëls ont tous été charmés par les verts pâturages et les falaises abruptes battues par le vent de l'Irlande. Aujourd'hui aussi, les visiteurs s'extasient devant la splendeur des paysages, le silence des champs de trèfle piqués de croix celtiques, le bêlement des milliers de moutons et la fougue de la mer. La république d'Irlande est divisée en 26 *counties*, les plus fréquentés étant évidemment ceux qui bordent la mer. La capitale, Dublin, ne fait pas exception avec la baie de Dublin et l'embouchure de la rivière Liffey. La ville est surtout connue pour son université, Trinity College, fréquentée notamment par les Wilde, Moore, Burke et Swift, la vieille bibliothèque où se trouve le très beau *Book of Kells*, un des premiers manuscrits, datant du

EIRE

Région: Europe
Superficie: 70 280 km²
Capitale: Dublin
Aéroport: Dublin 9 km
Population: 3 539 300 habitants
Langue: gaélique, anglais
Religion: catholique
Régime politique: démocratie parlementaire
Voltage-cycles: 220 - 50
Vaccins obligatoires: -
" recommandés: -
Passeport: requis
Visa: non requis
Monnaie: livre irlandaise
1$CA= 0,45 livre
Conduite: à gauche
Permis int'l: recommandé
Indicatif: 011-353
✆ **du Canada:** 1-800-463-2050
✆ **au Canada:** 1-800-555-001
Hôtellerie: ★★★★★
Restauration: ★★★★★
Transport: ★★★★★
Coût de la vie: ○○
Rang selon l'ONU: 21
Meilleurs mois: mai, juin, juil, août
Jours fériés: 1,2 jan - 17 mars - 14,16,17 avr - 5 juin - 7 août - 30 oct - 25,26 déc

IRLANDE DU NORD

Région: Europe
Superficie: 14 121 km²
Capitale: Belfast
Aéroport: Dublin
Population: 1 601 200 habitants
Langue: gaélique, anglais
Religion: protestante, catholique
Régime politique: possession britannique
Voltage-cycles: 220 - 50
Vaccins obligatoires: -
" recommandés: -
Passeport: requis
Visa: non requis
Monnaie: livre sterling
1$CA= 0,46 livre
Conduite: à gauche
Permis int'l: recommandé
Indicatif: 011-232
✆ **du Canada:** 1-800-463-2050
✆ **au Canada:** 1-800-555-001
Hôtellerie: ★★★★
Restauration: ★★★★
Transport: ★★★★
Coût de la vie: ○○
Rang selon l'ONU: 21
Meilleurs mois: mai, juin, juil, août
Jours fériés: 1 jan - 13 mars - 14,16,17 avr - 1,29 mai - 10 juin - 28 août - 25,26 déc

VIIIe siècle, et le Musée national qui présente une magnifique collection d'artefacts celtes. Cork est la deuxième ville d'importance : on y admire la cathédrale gothique de St. Finbarr et le fameux château Blarney qui, dit-on, est habité par des fées. Il faut visiter les sites archéologiques, les châteaux, les plages et les baies de la péninsule digitée de Munster. Kenmare, Killarney et Dingle constituent les villes principales de la région. Le *county* Mayo est le moins connu du pays et pourtant la beauté de Achill Island vaut, à elle seule, le voyage en Irlande. Les fameuses Aran Islands et la côte de Connemara et Clifden sont incontournables. Pour des plages sablonneuses, il faut se rendre dans le *county* Waterford, en particulier à Tramore et à Dungarvan. La très jolie ville de Kilkenny propose sa fameuse brasserie Smitswick. Cashel, au coeur de Tipperary, est l'un des sites médiévaux les plus importants d'Irlande, avec la croix Saint-Patrick et la première église d'Irlande, datant du VIe siècle. L'IRLANDE DU NORD a eu bien mauvaise presse, pourtant le processus de paix entre l'I.R.A. et l'Angleterre semble être enclenché : il n'y a eu que deux attentats depuis des mois en Irlande du Nord... Tout porte à croire que l'Ulster pourra devenir un pôle d'attraction pour les amateurs de landes battues par le vent et de magnifiques montagnes bleutées. Belfast, la capitale, est très dynamique notamment grâce à l'université de Queen's. Ce sont les montagnes de Sperrin, sillonnées de ruisseaux, qui donnent aux villes de Strabane et Dungiven leur cachet particulier. Les îles du lac Erne et Fermanagh sont des paradis pour les pêcheurs. À Legananny, on verra une des «Tombes de Géants», des dolmens encore intacts. La «Chaussée des Géants» est un paysage lunaire de rochers émergeant de la mer pour escalader les falaises. Le château Dunluce et toute la région de Derry méritent la visite.

ACHATS

Les *fleadhs* sont des foires où de petits orchestres jouent des airs irlandais en s'accompagnant du *dodhran* (un grand tambourin) typique. La lyre, emblème du pays, la *Tara brooch*, une broche celte, et les croix celtiques sont très appréciées. Les joncs de fiançailles irlandais font des cadeaux originaux. Qui dit Irlande dit Guinness, une bière noire et corsée brassée à Dublin, et whiskey (différent du whisky écossais). Les *bannocks* et *barmbracks*, des pains aux fruits et aux épices, sont des spécialités d'Irlande du Nord. Les beaux gilets de laine écrue d'Aran Islands vous rappelleront les côtes d'Irlande.

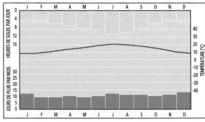

GRANDE-BRETAGNE

+8 +7 +6 +5 +4

Lerwick

ÎLES SHETLAND

ÎLES ORCADES

ÎLES HÉBRIDES

Océan Atlantique

Oban

MONTS GRAMPIANS

Loch Ness

Inverness

Aberdeen

ÉCOSSE

Glasgow

Mer du Nord

Édimbourg

Berwick

IRLANDE DU NORD

PENNINE CHAINE

Newcaslte

IRLANDE

Douglas ÎLE DE MAN

Carnarvon

Manchester

Liverpool Leeds

Harlech

ANGLETERRE

Trent

Cardigan

PAYS DE GALLES

Birmingham

Stratford

Norwich

Cardiff

Oxford

Severn

Bath Londres

Bristol

Salisbury

Tamise

Falmouth Plymouth

Portsmouth

Canterbury

Douvres

Brighton

FRANCE

La Manche

Région:	Europe
Superficie:	231 295 km² (Ulster en moins)
Capitale:	Londres
Aéroport:	Heathrow Londres
Population:	58 135 110 habitants
Langue:	anglais
Religion:	protestante
Régime politique:	monarchie parlementaire
Voltage-cycles:	220 - 50
Vaccins obligatoires:	-
" recommandés:	-
Passeport:	requis
Visa:	non requis
Monnaie:	livre sterling
1$CA=	0,46 livre
Conduite:	à gauche
Permis int'l:	recommandé
Indicatif:	011-44
✆ du Canada:	1-800-363-4144
✆ au Canada:	0800-500-891-016
Hôtellerie:	★★★★★
Restauration:	★★★★★
Transport:	★★★★★
Coût de la vie:	○○○
Rang selon l'ONU:	10
Meilleurs mois:	mai à oct
Jours fériés:	1 jan - 13 mars - 14,16,17 avr - 1,29 mai - 10 juin - 28 août - 25,26 déc

POINTS D'INTÉRÊT

Longtemps habitées par les Celtes, les îles britanniques ont toujours gardé leur indépendance, particulièrement grâce à leur isolement par rapport au continent. C'est justement cette couleur unique que des milliers de touristes viennent découvrir chaque année. La Grande-Bretagne c'est l'Angleterre, le pays de Galles, l'Écosse et l'Irlande du Nord. Le pays ne vit pas que dans la gloire de son passé; les Anglais sont toujours à l'affût de nouveautés et souvent à l'origine des nouveaux courants de pensée. On n'a qu'à se promener dans Londres pour s'en apercevoir. Aux côtés des *ladies* qui prennent le *five o'clock tea* on verra des jeunes revendiquer le droit à l'adoption pour les couples homosexuels et pendant que certains font une partie de cricket d'autres regardent le dernier film de Stephen Frears. La capitale jouit de la beauté de ses monuments et de ses attractions : les plus célèbres sont la Tour de Londres, le Tower Bridge, la cathédrale Saint-Paul, l'abbaye et le palais de Westminster, Big Ben, le palais de Buckingham, la Tamise, la City, Fleet Street, l'église des Templiers, les quartiers artistiques de Soho et Chelsea, Piccadilly Circus, Trafalgar Square et Hyde Park. Il faut consacrer plus d'une journée à la visite du très beau Victoria and Albert Museum de même qu'à la National Gallery, au British Museum, à la Tate Gallery et à la National Portrait Gallery. On reconnaît à Londres les fa-

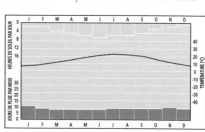

T. BOGNAR / RÉFLEXION

meux *double-deckers* (autobus à deux étages), les salons de thé, surtout celui du Brown's Hotel qui s'enorgueillit d'accueillir souvent la reine Élisabeth, les pubs enfumés et les grands magasins. À l'extérieur de Londres, il faut voir le château de Windsor et la remarquable chapelle Saint-Georges. Se trouver à Greenwich, où passe le méridien d'origine, est une expérience unique. La réputation de la campagne anglaise n'est plus à faire : les verts pâturages et les paysages vallonnés n'ont de comparable que la splendeur des villes et le charme des villages qui s'égrènent le long des routes. Canterbury abrite la plus imposante cathédrale du pays. Rye est un petit village typique aux rues pavées. La côte du Sussex est très agréable

pour la randonnée pédestre, entre autres à Eastbourne et Beachy Head. Les amateurs de contes et de légendes seront choyés dans les régions du Wiltshire et du Hampshire : on y trouve le grand ensemble mégalithique de Stonehenge, Wells et Glastonbury où, dit-on, sont enterrés le roi Arthur et sa femme Guenièvre, et la région de Bath où des traces de visites d'extra-terrestres ont été notées... Les Cornouailles, à l'extrême ouest de la péninsule, méritent le détour. Les villes d'Oxford et de Cambridge sont visitées surtout pour la prestigieuse université que chacune possède. La cérémonie de la remise des diplômes est un événement unique. Shakespeare revit chaque année à Statford-upon-Avon lors du festival de théâtre. Chester, au

sud de Liverpool, est une ville médiévale bien connue pour ses maisons de style Tudor. La plus grande cathédrale du pays se trouve à York, ville lovée dans les Yorkshire Dales, de tranquilles collines vert tendre. Le Lake District, les Pennines et le Moors National Park pourront répondre aux attentes des amateurs de randonnées dans la nature. Les ruines du mur d'Hadrien, construit entre l'embouchure de la Tyne et le golfe du Solway, méritent qu'on s'y rende. Le pays de Galles est, comme son nom l'indique, un autre pays, une contrée tout à fait différente de l'Angleterre : la géographie est plus montagneuse, la langue est particulière et les moeurs, diamétralement opposées. Le gallois est de plus en plus utilisé depuis la re-

NOUS ATTACHONS DE L'IMPORTANCE À LA RÉUSSITE DE VOTRE PRÉSENTATION.

Que votre présentation ait lieu dans votre salon ou dans une salle de conférence, le Club World, la classe affaires de British Airways, vous permet d'arriver bien préparé. En fait, le service attentif qui est offert tout au long de votre voyage, vous aide à garder l'esprit tranquille. Notre horaire quotidien répond en tout point aux besoins des gens d'affaires et vous pouvez vous rendre là où vous voulez grâce à notre service 747 vers Londres qui relie Montréal à notre réseau de destinations internationales.

crudescence du nationalisme, on prononcera donc Aberystwyth en sifflant les voyelles entre les dents! (Le mot «Welsh» signifie «étranger» en vieil anglais.) Le mont Snowdon, les châteaux de Carnarvon et d'Harlech et les villes de Cardigan et Cardiff sont incontournables. La vallée de la Wnion et la ville de Dolgelley sont à voir de même que la vallée de la Dee, bien connue pour les ruines de la forteresse de Denbigh. Bangor est une station balnéaire qui allie les douceurs de la plage au paysage dramatique des côtes escarpées. L'île de Man se classe aussi parmi les régions au caractère unique : on y parle le mannois ou manx, et le rythme de la vie semble s'être accordé à une époque lointaine. En Écosse, le nationalisme est aussi présent dans la vie de tous les jours. Les «clans» voudraient reprendre possession de ce magnifique territoire, des Lowlands aux Highlands. La ville médiévale d'Édimbourg, porte d'entrée de l'Écosse et ville de Macbeth, plaît surtout pour son château fort, sa cathédrale gothique et ses nombreux musées, notamment la National Gallery. Le festival d'Édimbourg est un événement culturel unique. Glasgow regorge d'intérêt et de dynamisme, ne serait-ce que pour ses 40 000 étudiants! Inverness, la capitale des Highlands, se trouve à proximité du mystérieux loch Ness. On peut y voir les solides châteaux à pont-levis perdus dans d'épaisses brumes. Pour remettre le visiteur de ses émotions, la Whisky Trail relie les sept plus grandes distilleries d'Écosse. Les terrains de golf d'Écosse sont très réputés, particulièrement celui de Saint Andrews. Oban et la petite île sacrée d'Iona, où les druides se seraient rencontrés pour la dernière fois, plaisent aussi. Les îles Hébrides, Orcades et Shetland raviront ceux qui sont prêts à affronter un climat d'une certaine rigueur pour savourer les beautés d'un paysage à couper le souffle.

ACHATS

Une mauvaise langue a déjà dit que si on voulait bien manger en Grande-Bretagne il fallait prendre trois petits déjeuners par jour. Cette personne n'avait sûrement pas goûté aux *scones with Devonshire cream & jam*, ni au fromage Stilton macéré dans le porto, sans parler du *bara brith*, un pain aux fruits et aux noix du pays de Galles, et du haggis écossais, un mélange de viandes et d'avoine. Mentionnons en outre les bières, les whiskies, les marmelades, les puddings et le thé. Les tricots, les tweeds, les cardigans, les jacquards constituent de bons achats. Les kilts écossais, les jeux de cricket, les *brass rubbing* (décalques de plaques de cuivre gravées) sont typiques de la Grande-Bretagne. Les contes de Lewis Carroll, les nursery rhymes, *Guignol's band* de L.-F. Céline et *Mémoire d'un village anglais* de l'ethnologue Roland Blythe sont des ouvrages à lire absolument.

J. HUARD

⊞ DANEMARK

+9 +8 +7 +6 +5

ÎLES FÉROÉ
Mer de Norvège
OSTERO
STRØMØ
Vestmanna
Thorshavn
VAGO
SANDO
Océan Atlantique
SYDERO
Sumba

Région: Europe
Superficie: 43 070 km²
Capitale: Copenhague
Aéroport: Copenhague 10 km
Population: 5 187 830 habitants
Langue: danois
Religion: luthérienne
Régime politique: monarchie parlementaire
Voltage-cycles: 220 - 50
Vaccins obligatoires: -
" recommandés: -
Passeport: requis
Visa: non requis
Monnaie: couronne danoise
1SCA= 3,96 couronnes
Conduite: à droite
Permis int'l: recommandé
Indicatif: 011-45
✆ du Canada: 1-800-363-4045
✆ au Canada: ▲80-01-00-11
Hôtellerie: ★★★★★
Restauration: ★★★★★
Transport: ★★★★★
Coût de la vie: ○○○
Rang selon l'ONU: 15
Meilleurs mois: juin, juil, août
Jours fériés: 1 jan - 13,16,17 avr - 12,25 mai - 4,5 juin - 25,26 déc

DANEMARK

P. HALLY

POINTS D'INTÉRÊT

Descendants des Vikings et héritiers d'une réputation de bons vivants, les Danois habitent leur pays avec un respect inégalé. La mosaïque des 406 îles présente une infinie variété de paysages, de plages et de villages où l'eau est toujours présente. L'île de Sjaelland est la plus connue grâce à la capitale, Copenhague. À pied ou à vélo, les randonnées dans la ville vous feront découvrir notamment la fameuse statue de la Petite Sirène inspirée d'un conte d'Andersen, le château Rosenborg, la place Radhuspladsen et le palais Amalienborg. Une soirée au Ballet Royal de Copenhague fera un très beau souvenir. Plus au nord, la ville d'Elseneur (Helsingor en danois) est connue pour sa forteresse où Shakespeare a situé l'action de *Hamlet*. Les villes d'Hillerod et de Roskilde possèdent des châteaux et des sites religieux qui valent le déplacement. L'île de Fyn, ou Fionie, est un vrai jardin qui possède quelques-uns des plus beaux châteaux du pays. Il faut s'arrêter à Odense, la ville natale de Hans Christian Andersen, et aussi à Nyborg, Valdemar et Egeskov. Sur l'île de Bornholm, plus éloignée dans la mer Baltique, on admire les ateliers de faïence si réputée dans le monde ainsi qu'un des plus vieux châteaux d'Europe du Nord. Le Jutland, ou Jylland, constitue la grande péninsule du nord du pays. On visite cette région pour les nombreux sites archéologiques, notamment Aalborg et Aarhus. Les îles Féroé appartiennent au Danemark bien qu'elles soient à plus de 1 300 km de la capitale, en plein coeur de l'Atlantique. L'archipel compte 17 îles, 50 000 habitants et plus de 70 000 moutons! On imagine bien la splendeur des paysages et la convivialité des habitants de Thorshavn, la capitale de l'île de Stromo.

ACHATS

La bière danoise, très légère et savoureuse, accompagne souvent un *hakkebof*, délicieux gros sandwich. *L'akvavit*, une liqueur qui rappelle le schnaps, se sert mieux avec le *smorrebrod*, un plat unique au pays. Le design danois est réputé pour ses lignes pures et dénudées : coutellerie, objets d'art et bijoux sont particulièrement beaux. La réputation de la porcelaine des ateliers Royal Copenhagen et Bing & Grondal n'est plus à faire. Les fourrures, les lainages et l'artisanat des îles Féroé sont très particuliers.

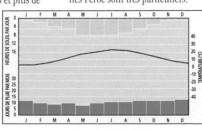

BELGIQUE

Région: Europe	
Superficie: 30 507 km²	
Capitale: Bruxelles	
Aéroport: Bruxelles 13 km	
Population: 10 062 840 habitants	
Langue: flamand, français, allemand	
Religion: catholique	
Régime politique: monarchie parlementaire	
Voltage-cycles: 220 - 50	
Vaccins obligatoires: -	
" recommandés: -	
Passeport: requis	
Visa: non requis	
Monnaie: franc belge	
1$CA= 20,25 francs	
Conduite: à droite	
Permis int'l: recommandé	
Indicatif: 011-32	
✆ **du Canada:** 1-800-806-0320	
✆ **au Canada:** ▲0-800-1-0019	
Hôtellerie: ★★★★★	
Restauration: ★★★★★	
Transport: ★★★★★	
Coût de la vie: ○○○	
Rang selon l'ONU: 13	
Meilleurs mois: mai, juin, juil, août	
Jours fériés: 1,2 jan - 16,17 avr - 1,25 mai - 4,5 juin - 21 juil - 15 août - 1,13 nov - 25,26 déc	

POINTS D'INTÉRÊT

Baudouin est mort en 1993 en laissant son pays dans le deuil le plus triste. Les Belges, et particulièrement les Bruxellois, sont très attachés à la monarchie et le roi Baudouin I faisait le trait d'union entre la Belgique traditionnelle et la nouvelle Europe. Il lui fallait aussi assurer les liens entre les deux Belgiques : la wallonne et la flamande. D'ailleurs, la question linguistique est de plus en plus délicate et ne devrait pas être prise à la légère; assurez-vous de ne froisser personne en utilisant la langue française. Ces précautions ne vous empêcheront pas d'apprécier les beautés du pays, notamment la capitale. Bruxelles s'impose avec sa Grand-

J. HUARD

Place entourée d'édifices gothiques aux toits d'or et son fameux Manneken-Pis. La Place-Royale, l'hôtel de ville du XVe siècle et les petites maisons à pignons rivalisent avec l'église du Béguinage, le musée d'Art et d'Histoire et le musée d'Art ancien. Bruges est une ville très romantique avec ses canaux et son architecture gothique en fait l'un des plus beaux arrêts en Flandres. À Gand on découvre les splendeurs de la Renaissance et à Anvers semblent se trouver toutes les oeuvres de Rubens. L'Ardenne, dont le nom vient du mot celte Ar-Denn signifiant «les chênes», s'étend en une contrée de tourbières et de forêts propices aux randonnées pédestres. La Flandre propose de belles plages : Ostende, Knokke-le-Zoute et Zeebrugge. En Wallonie, les villes de Louvain, de Liège et de Tournai offrent des églises médiévales, des châteaux et de nombreux musées. Dinant est à voir, non seulement pour son magnifique hôtel de ville, mais aussi pour la caverne préhistorique du mont Fat. À Diest, les maisons du XVe siècle sont superbement conservées et la halle aux draps témoigne du passé commerçant de la ville.

ACHATS

Bien connue pour la qualité et la quantité de ses bières (plus de 355 sortes!), la Belgique fabrique aussi du chocolat au goût divin et des gaufres savoureuses. Le plat national est sans doute les moules-frites servies avec de la mayonnaise. La dentelle de Bruges, plus particulièrement la guipure des Flandres, est d'une qualité sans pareille. Le cristal et les diamants d'Anvers sont très réputés. La Belgique arrive en tête de liste pour l'humour et ses nombreux bédéistes s'en donnent à coeur joie. On ne peut passer sous silence l'oeuvre du grand auteur-compositeur Jacques Brel qui fut l'un des meilleurs interprètes de la chanson francophone.

J. HUARD

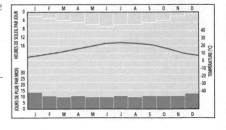

PAYS-BAS

Région: Europe
Superficie: 41 548 km²
Capitale: Amsterdam
Aéroport: Schipol 15 km
Population: 15 367 930 habitants
Langue: néerlandais
Religion: catholique, protestante
Régime politique: monarchie constitutionnelle
Voltage-cycles: 220 - 50
Vaccins obligatoires: -
" recommandés: -
Passeport: requis
Visa: non requis
Monnaie: florin
1$CA= 1,15 florin
Conduite: à droite
Permis int'l: recommandé
Indicatif: 011-31
✆ **du Canada:** 1-800-363-4031
✆ **au Canada:** ▲06-022-9116
Hôtellerie: ★★★★★
Restauration: ★★★★★
Transport: ★★★★★
Coût de la vie: ○○○
Rang selon l'ONU: 9
Meilleurs mois: juin, juil, août, sep
Jours fériés: 1,2 jan - 14,16,17,30 avr - 5,25
mai - 4,5 juin - 25,26 déc

POINTS D'INTÉRÊT

Le royaume des Pays-Bas est petit mais les polders gagnent de plus en plus de terrain sur la mer qui, sinon, grugerait déjà près de la moitié du pays. D'ailleurs, ces marais endigués et asséchés, de même que les canaux et les landes font partie du paysage néerlandais tout autant que les moulins, les champs de tulipes et les ports de pêche. Les châteaux médiévaux et les cités modernes complètent le tableau. Les dou-ze provinces du pays sont toutes très séduisantes et certaines semblent sortir directement d'une toile de peintre hollandais. On visite Amsterdam, la capitale, en bateau : le Palais royal, la tour Munt et la tour des Pleurs, l'église Ancienne, une très vieille église datant de 1306, la maison d'Anne Frank, les musées, surtout le

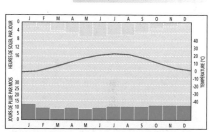

J. HUARD

J. HUARD

Rijksmuseum, le musée Van Gogh et la maison Rembrandt. Les curieux ne passeront pas à côté du quartier chaud de Nieuwmarkt, près de Oude Kerk, les autres voudront éviter ce quartier de voleurs à la tire et de prostituées. Aalsmeer est bien connue pour ses fleurs, Alkmaar pour son marché aux fromages, Haarlem pour le musée Frans Hals, et Bergen et Egmond pour leurs plages. La Hollande du Sud s'étend de Rotterdam à La Haye, deux villes calmes et très élégantes, spécialement à cause des nombreux consulats et de la Cour internationale de justice à La Haye. Les champs de tulipes du parc Keukenhof sont à voir de la mi-avril à la mi-mai. Utrecht est au coeur d'une région forestière sans pareille et les attractions de la ville sont nombreuses, notamment le vieux canal, la cathédrale Saint-Michel et l'université. La Zélande, le Brabant du Nord et le Limbourg sont des provinces à visiter pour les petits ports de pêche, pour la très belle église de Den Bosh et pour les catacombes de Valkenburg. Le parc national Hoge Veluwe, les moulins à vent de Arnhem et la collection des oeuvres de Van Gogh du musée Kröller-Müller sont les principales attractions de la région de La Gueldre. Des tombes préhistoriques ont été trouvées tout près d'Assen, une région que l'on apprécie à vélo. La Frise est un monde à part avec une langue différente, le frison; à visiter surtout si vous aimez les sports nautiques.

ACHATS

Les délicieux fromages gouda et edam ne sont que quelques-uns des nombreux produits laitiers que produisent les Néerlandais. Les réglisses noires mâchées par les pêcheurs sont typiques du pays. La bière et le Jenever, un apéritif parfumé, sont les alcools les plus communs. La faïence de Delft, les cuirs de Tilburg, les figurines et les reproductions d'oeuvres de grands maîtres comme Van Gogh, Rembrandt et Vermeer vous rappelleront ce beau pays. Attention! Des lois très strictes régissent l'exportation de bulbes de fleurs.

ALLEMAGNE

Région: Europe
Superficie: 357 325 km²
Capitale: Berlin
Aéroport: Berlin 8 km, Francfort 12 km
Population: 81 087 500 habitants
Langue: allemand
Religion: protestante, catholique
Régime politique: démocratie parlementaire
Voltage-cycles: 220 - 50
Vaccins obligatoires: -
" recommandés: -
Passeport: requis
Visa: non requis
Monnaie: mark
1$CA= 1,02 mark
Conduite: à droite
Permis int'l: recommandé
Indicatif: 011-49, 37
℡ du Canada: 1-800-465-0049
℡ au Canada: ▲01-3000-14
Hôtellerie: ★★★★★
Restauration: ★★★★★
Transport: ★★★★★
Coût de la vie: ○○○
Rang selon l'ONU: 11
Meilleurs mois: mai, juin, juil, août, sep
Jours fériés: 1,6 jan - 28 fév - 1 mars - 14,16,17 avr - 1,25 mai - 4,5 juin - 15 août - 3,31 oct - 24-26 déc

ALLEMAGNE

POINTS D'INTÉRÊT

La réunification de l'Allemagne a été célébrée par tous comme étant un des événements les plus importants des dernières décennies. Malgré les nombreux problèmes socio-économiques que vivent les Allemands, les voyageurs peuvent enfin visiter les merveilles du pays d'ouest en est sans subir la disgrâce du «mur de la honte». C'est d'ailleurs à Berlin que l'Allemagne nouvelle prend son envol. Les attractions de la capitale sont nombreuses, notamment l'Alexander-platz, le Tiergarten, l'avenue de la Ku-Damm, la porte de Brandebourg, le Reichstag ou Place de la République, le château de Charlottenburg, les musées de Pergame, de Dahlem et de Bode, la Galerie nationale, l'Opéra et les nombreux théâtres, en particulier celui de Bertolt Brecht. La vie nocturne des Berlinois est très active; c'est souvent là que se forgent les nouveaux courants de la mode et des arts. La très

jolie ville médiévale de Goslar est la porte d'entrée de la grande région du Harz; un paysage de forêts et de montagnes propices aux sports de plein air. L'Allemagne des frères Grimm et de Goethe se retrouve aux châteaux de Wernigerode, de Halle, de Wittenberg et d'Ei-

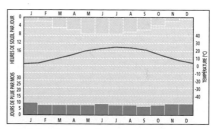

senach (la ville natale de J. S. Bach). La musique des Haydn, Mozart, Beethoven, Schumann, Mahler et Brahms suit la route romantique des châteaux de Bavière, de Würzburg à Nordlingen en passant par Dinkelsbuhl. Bayreuth célèbre à chaque année la musique de Wagner. Munich, capitale de la Bavière, est la ville allemande la plus riche en musées, mais on la connaît surtout pour son Oktoberfest, où la délicieuse bière allemande coule à flots. L'ancienne pinacothèque, le Musée national bavarois, le théâtre de la Residenz et l'ancien palais Wittelsbach sont à voir. Le Danube et le Rhin servent de piste pour visiter les villes et villages au charme authentique. À inclure à votre programme : Fribourg-en-Brisgau en Forêt-Noire, Baden-Baden et ses bains d'eaux curatives, Lindau et la très

romantique ville de Heidelberg dans la vallée du Neckar, parfumée par les grands vignobles. Les grandes villes de Bonn, Coblence, Cologne et Düsseldorf offrent beaucoup de sites touristiques. Hambourg, plus au nord, vaut à elle seule le voyage en Allemagne, ne serait-ce que pour la magnificence des églises, les vestiges de la ville hanséatique, le port, l'animation de la rue Reeperbahn et les musées des Beaux-Arts et des Arts décoratifs. Tout au nord, l'archipel des îles Frisonnes est réputé pour ses bains et ses stations thermales; c'est une autre facette du paysage allemand qu'il ne faut pas manquer.

ACHATS

Les jouets de Nuremberg sont très réputés, de même que la porcelai-

ne de Bayreuth, l'eau de Cologne, les vins du Rhin et de la Moselle et les gâteaux de la Forêt-Noire. Il faut goûter à la soupe d'anguille, une spécialité de Hambourg et, à seize heures, prendre le *Kaffee und Kuchen* (café et gâteau). Les *wurst* (saucisses) et les charcuteries font partie du menu quotidien des Allemands. Les instruments de musique bavarois et les fameuses horloges coucou de Forêt-Noire sont uniques au pays. L'artisanat de la région de Brême vous propose des jouets, des pièces de bois peintes à la main et de magnifiques costumes traditionnels. *Le roi des Aulnes* de l'écrivain français Michel Tournier donne un bel aperçu de l'esprit allemand. Les enregistrements des grands orchestres philharmoniques allemands sont de toute première qualité.

POLOGNE

Région: Europe
Superficie: 312 683 km²
Capitale: Varsovie
Aéroport: Varsovie 10 km
Population: 38 654 570 habitants
Langue: polonais
Religion: catholique
Régime politique: démocratie parlementaire
Voltage-cycles: 220 - 50
Vaccins obligatoires: -
" recommandés: -
Passeport: requis
Visa: requis
Monnaie: zloty
1$CA= 1,75 zloty
Conduite: à droite
Permis int'l: requis
Indicatif: 011-48
© du Canada: –
© au Canada: 00-104-800-118
Hôtellerie: ★★★★
Restauration: ★★★★
Transport: ★★★
Coût de la vie: ○
Rang selon l'ONU: 49
Meilleurs mois: mai, juin, juil, août
Jours fériés: 1 jan - 16,17 avr - 1,3 mai - 15 juin - 15 août - 1,11 nov - 25,26 déc

POLOGNE

POINTS D'INTÉRÊT

La Pologne est le paradis des amateurs de musique : bien sûr, il y a le Festival Chopin de Dszniki au mois d'août, les 20 orchestres philharmoniques dispersés à travers le pays, le Festival d'automne de Varsovie, les festivals de jazz, de musique moderne, les opéras et les ballets! La galerie des Sculptures de Varsovie présente chaque jour des concerts classiques : cette pratique n'est pas unique à la capitale. Varsovie (ou Warszawa) a été entièrement reconstruite après la guerre mais la vieille ville (Stare Miasto) a gardé son âme intacte. Les palais de Wilanow et de Lazienkowski, le musée Narodowe, le château royal, la maison de Chopin et l'académie des Beaux-Arts suivent la route royale ou Trakt Krolewski. La région de Gdansk est surtout fréquentée pour les rives de la mer Baltique. Sopot et Gdynia sont des stations balnéaires fort agréables. La route Copernic mène à Malbork où l'on peut visiter le château de l'ordre des chevaliers Teutoniques datant du XIVe siècle. Cracovie est un joyau d'Europe de l'Est : les bâtiments ont miraculeusement échappé à la des-

truction de la Seconde Guerre. Le Stare Miasto avec son vieux marché vaut à lui seul le voyage. L'université Jagiellonian, fondée en 1364, est l'une des plus vieilles d'Europe de l'Est. La région offre aussi un spectacle beaucoup moins réjouissant : les tristement célèbres camps de concentration d'Auschwitz et de Birkenau dont on a célébré le cinquantième anniversaire de libération cette année. On découvre les magnifiques montagnes du Tatras dans les Carpates, à partir de Zakopane.

ACHATS

Le *bigos*, un ragoût de viande sauvage et de chou, le *barszcz* (prononcer borch), soupe aux betteraves, les *pierogi* (de petits chaussons aux pommes de terre ou au fromage) et la vodka aromatisée sont typiques de la Pologne. Certaines femmes peignent à la main de magnifiques oeufs de Pâques et d'autres tissent des fichus aux multiples couleurs. L'artisanat de la région de Zakopane, les bijoux

d'Orno, l'ambre de la côte baltique et le verre soufflé font la fierté des Polonais.

P. HALLY

RÉPUBLIQUE TCHÈQUE

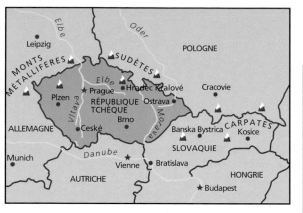

+9 +8 +7 +6 +5

Région: Europe
Superficie: 78 864 km²
Capitale: Prague
Aéroport: Prague 16 km
Population: 10 408 280 habitants
Langue: tchèque, allemand
Religion: catholique, protestante
Régime politique: démocratie parlementaire
Voltage-cycles: 220 - 50
Vaccins obligatoires: -
" recommandés: -
Passeport: requis
Visa: non requis pour moins de 30 jours
Monnaie: couronne tchèque
1$CA= 19,06 couronnes tchèques
Conduite: à droite
Permis int'l: requis
Indicatif: 011-42
☎ du Canada: 1-800-233-5612
☎ au Canada: 00-42-000-151
Hôtellerie: ★★★★
Restauration: ★★★★
Transport: ★★★★
Coût de la vie: ○○
Rang selon l'ONU: 27
Meilleurs mois: mai, juin, juil, août
Jours fériés: 1 jan - 16,17 avr - 1,9 mai - 5,6 juil - 29 août - 28 oct - 24-26 déc

POINTS D'INTÉRÊT

Le territoire de la République tchèque est parsemé de nombreuses villes pittoresques, de châteaux et de petits villages paisibles. La Bohême, la Moravie et la Silésie, les trois grandes régions de la République, proposent chacune des circuits de châteaux forts, des sentiers de montagne et des villes d'eaux ; la République tchèque est bien connue pour ses stations thermales, notamment celles de Karlovy Vary, de Frantiskovy Lazne, de Podebrady, de Marians-ke Lazne, mieux connue sous le nom de Marienbad, et de Luhacovice. Le très beau Parc national Krkonose, dans les monts des Géants, est dominé par le Snezka, un sommet de 1 602 mètres. Les centres historiques de Cesky Krumlov, de Telc et, bien sûr, de Prague, attirent les voyageurs en quête de châteaux aux tourelles élancées, de ponts-levis craquants et de jardins fleuris. Les Praguois sont particulièrement fiers de leur ville : certains considèrent que Prague est plus belle que

P. HALLY

J. HUARD

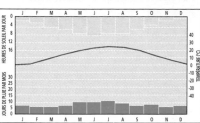

Paris ou Rome. La ville regorge de monuments tous plus beaux les uns que les autres : le Hradcany, l'ancienne résidence royale, le pont Charles qui enjambe la belle rivière Vltava, la cathédrale Saint-Guy, la Ruelle dorée où, dit-on, les alchimistes se rassemblaient, le Petit Côté ou Mala Strana (le vieux quartier), le palais Cernin, l'horloge de la place de la Vieille Ville, la maison de Franz Kafka, l'église Saint-Jacques que Mozart aimait tant pour son acoustique et le Musée national qui expose des oeuvres de grands maîtres. Le festival de musique qui a lieu au printemps attire les musiciens du monde entier. Toute la région est propice aux randonnées pédestres. Le château de Karlstein, à quel-

ques kilomètres de Prague, vaut le déplacement pour ses magnifiques peintures murales gothiques. À Hradec Kralové, il faut visiter les manufactures d'instruments de musique et la cathédrale Saint-Esprit. Plzen est bien connue pour sa brasserie et Ceské pour sa magnifique place du marché et ses remparts. La Moravie est une région unique dont on peut apprécier la culture au Musée morave de Brno et dans les bistrots d'Ostrava. Olomouc, la capitale historique de Moravie, conserve plusieurs monuments anciens qu'il faut voir, comme la superbe cathédrale, qui date de 1131, le palais archiépiscopal et les églises baroques. Les vignobles de la région de Znojmo se succèdent le long de la profonde vallée de la Dyje, l'une des parties les plus chaudes du pays. En été, les nombreux orchestres symphoniques donnent des concerts en plein air et interprètent les oeuvres des

compositeurs tchèques, Antonin Dvorak et Leos Janacek entre autres. Avec toutes ces attractions, la République tchèque est devenue un centre touristique de premier plan en Europe.

ACHATS

Le plat national des Tchèques est le *veprové*, du porc grillé, et les *knedliky*, de petits pâtés fourrés de viande. La bière de Plzen (Pilsen) et le *slivovice*, un alcool de prune, sont délicieux. Le vin de la Moravie du Sud est à découvrir, spécialement celui des caves de Petrov. Le cristal et la porcelaine ont fait la renommée de la Bohême. La broderie de Moravie et les instruments de musique d'Hradec Kralové ont aussi leur amateurs. *Le livre du rire et de l'oubli*, l'excellent roman de Milan Kundera, vous transportera en Bohême. En juillet, on peut voir les superbes costumes populaires de Moravie avec leurs innombrables rubans et voilettes au festival folklorique de Straznice.

SLOVAQUIE

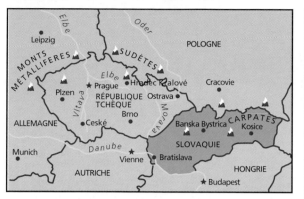

+9 +8 +7 +6 +5

Région: Europe
Superficie: 49 036 km²
Capitale: Bratislava
Aéroport: Bratislava 12 km
Population: 5 403 510 habitants
Langue: slovaque, hongrois
Religion: catholique, protestante
Régime politique: démocratie parlementaire
Voltage-cycles: 220 - 50
Vaccins obligatoires: -
" recommandés: -
Passeport: requis
Visa: non requis pour moins de 30 jours
Monnaie: couronne slovaque
1$CA= 21,45 couronnes slovaques
Conduite: à droite
Permis int'l: requis
Indicatif: 011-42
℃ du Canada: –
℃ au Canada: 00-42-000-151
Hôtellerie: ★★★
Restauration: ★★★
Transport: ★★★
Coût de la vie: ◯◯
Rang selon l'ONU: 27
Meilleurs mois: mai, juin, juil, août
Jours fériés: 1 jan - 16,17 avr - 5,6 juil - 29 août - 1 sep - 1 nov - 24-26 déc

J.HUARD

POINTS D'INTÉRÊT

Près de la frontière autrichienne, sur le Danube, Bratislava, la capitale de la Slovaquie, charme par ses églises, ses musées et ses monuments gothiques. La ville existe depuis le Xe siècle et elle a tenu un rôle important dans l'histoire et dans l'économie de l'Europe centrale. Aujourd'hui, les voyageurs s'y arrêtent pour visiter l'hôtel de ville transformé en musée où l'on présente une belle collection d'art slovaque. Un festival de musique a lieu chaque année dans le magnifi-que *Bratislavsky hrad*, le château. Les montagnes des Carpates occupent presque toute la Slovaquie : les paysages de vallées et de chaînes montagneuses sont d'une grande beauté ; les Basses Tatras culminent à 2 043 mètres au mont Dumbier, un plaisir pour les randonneurs et les skieurs. Zilina est un bon point de départ pour visiter cette région. Banska Bystrica et Kosice sont de charmantes villes à visiter. À Kosice, il ne faut pas manquer la cathédrale Sainte-Elizabeth qui date du XIVe siècle, ni la cha-pelle Saint-Michel et les nombreux édifices anciens. Les stations thermales des Hautes Tatras attirent de plus en plus de visiteurs qui viennent profiter des eaux curatives et admirer le superbe paysage montagnard. Les amateurs de vestiges historiques visiteront Komarno pour ses ruines romaines et ses fortifications, bâties au XVIe siècle, et la ville de Nitra pour sa vieille cathédrale et ses nombreux édifices baroques.

ACHATS

L'alcool de prune est un délice que l'on sert en toute occasion. Les tissus de Bratislava jouissent d'une très bonne réputation. Les verriers et les céramistes slovaques maîtrisent parfaitement leur art. Le charme des soirées tziganes, rythmées par la musique des violons, restera longtemps votre plus cher souvenir.

ÎLES ANGLO-NORMANDES

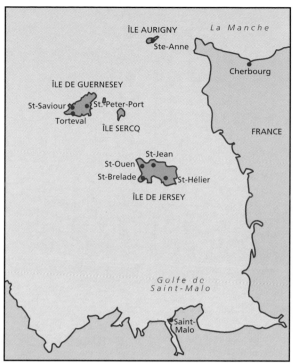

ÎLE AURIGNY
Ste-Anne
La Manche
Cherbourg
ÎLE DE GUERNESEY
St-Saviour · St.-Peter-Port
Torteval
ÎLE SERCQ
FRANCE
St-Jean
St-Ouen
St-Brelade · St-Hélier
ÎLE DE JERSEY
Golfe de Saint-Malo
Saint-Malo

+8 +7 +6 +5 +4

Région: Europe
Superficie: 311 km²
Capitale: -
Aéroport: Sercq
Population: 250 000 habitants
Langue: anglais
Religion: anglicane
Régime politique: dépendances britanniques
Voltage-cycles: 240 - 50
Vaccins obligatoires: -
" recommandés: -
Passeport: requis
Visa: non requis
Monnaie: livre de Guernesey et de Jersey
1$CA= 0,46 livre
Conduite: à gauche
Permis int'l: recommandé
Indicatif: 011-44
✆ du Canada: 1-800-363-4144
✆ au Canada: 0-800-89-0016
Hôtellerie: ★★★
Restauration: ★★★
Transport: ★★★
Coût de la vie: ○○○
Rang selon l'ONU: -
Meilleurs mois: juin, juil, août, sep
Jours fériés: 1 jan - 13 mars - 14,16,17 avr - 1,29 mai - 10 juin - 28 août - 25,26 déc

POINTS D'INTÉRÊT

L'archipel britannique des îles Anglo-Normandes se situe dans la Manche, plus près de la France

que de la Grande-Bretagne. Malgré cette proximité, c'est l'anglais que l'on utilise dans les îles de Guernesey, Jersey, Aurigny et Sercq (ou Sark). Le normand est encore parlé mais il est en cours d'extinction. Il faut visiter la maison où Victor Hugo a vécu à Saint-Peter Port, sur l'île de Guernesey, et les châteaux de Bouet et de Saint-Sampson. Il ne faut pas oublier les dolmens et les vestiges préhistoriques de l'île lors d'une promenade à vélo, principal moyen de transport dans l'île. À Jersey, les plages de Saint-Aubin et Saint-Brelade sont connues pour la finesse du sable. Le mystérieux menhir blanc, près de Saint-Ouen, et les divers sites archéologiques attireront les amateurs d'histoire ancienne. Le château Elizabeth et le fort Régent, à Saint-Hélier, constituent

d'autres attractions de l'île. Sercq et Aurigny sont beaucoup plus petites mais elles présentent des sites géologiques intéressants, notamment la Coupée, une chaussée naturelle de 91 km de long sur Sercq.

ACHATS

Les jerseys, le cachemire et les tricots de toutes sortes sont les marques de commerce de Jersey. Le verre soufflé et les poteries font, avec le whisky et le cidre, de très bons souvenirs. Les philatélistes apprécient les timbres des îles Anglo-Normandes et les numismates, les monnaies frappées sur chaque île. La livre sterling d'Angleterre a aussi cours sur les îles.

■■ FRANCE

Région: Europe
Superficie: 547 030 km²
Capitale: Paris
Aéroport: Roissy-C.De-Gaulle 30 km, Orly 15 km
Population: 57 840 450 habitants
Langue: français
Religion: catholique
Régime politique: démocratie parlementaire
Voltage-cycles: 220 - 50
Vaccins obligatoires: -
" recommandés: -
Passeport: requis
Visa: non requis
Monnaie: franc français
1$CA= 3,52 francs
Conduite: à droite
Permis int'l: recommandé
Indicatif: 011-33
✆ du Canada: 1-800-363-4033
✆ au Canada: ▲19◆00-16
Hôtellerie: ★★★★★
Restauration: ★★★★★
Transport: ★★★★★
Coût de la vie: ○○○
Rang selon l'ONU: 6
Meilleurs mois: avr à nov
Jours fériés: 1 jan - 16,17 avr - 1,8,25 mai - 4,5 juin - 14 juil - 15 août - 1,11 nov - 25 déc

POINTS D'INTÉRÊT

De l'île Saint-Louis à Paris, jusqu'aux villages de Bretagne ou de Provence en passant par les Vosges et la Gironde, le beau pays de France compte 22 régions dont chacune a des particularités qui mériteraient qu'on y retourne d'année en année. Toutes aussi intéressantes les unes que les autres, ces régions proposent des monuments historiques, des musées, des paysages, des vins et des fromages ainsi qu'une population aux accents divers et colorés. C'est donc dire que la France ne se résume pas à Paris, bien que la capitale puisse offrir une incroyable variété de distractions. L'île de la Cité, la cathédrale Notre-Dame de Paris, le palais du Louvre (l'un des musées les mieux garnis d'Europe avec la *Joconde* de De Vinci et la *Vénus de Milo*, entre autres), le Jardin des Tuileries, le Marais, le musée Beaubourg, les Halles, l'Arc de Triomphe, l'avenue des Champs-Élysées, Montmartre et le Sacré-Coeur, l'Opéra et, bien sûr, la tour Eiffel sont quelques-uns des sites in-

contournables. Sans parler des plus petits musées où sont exposées les oeuvres des Renoir, Cézanne et Monet, les belles avenues du cimetière

J. HUARD

DEMANDEZ-NOUS DE VOUS OUVRIR LES PORTES DU MONDE
EN PASSANT PAR LE CŒUR DE L'EUROPE.

LE MONDE PAR AIR FRANCE EN PLUS DE 200 DESTINATIONS
AU DÉPART DE PARIS-CHARLES DE GAULLE 2.

Renseignements : 1 800 667-2747

J. HUARD

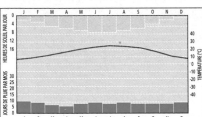

tout connue pour les peintures rupestres de Lascaux mais il faut aussi visiter Bergerac, Périgueux et les Landes qui s'étendent autour d'Arcachon. Dans le Midi-Pyrénées, Toulouse, «la ville rose», constitue une ville d'art avec, notamment, la très belle basilique romane de Saint-Sernin. Le minuscule village de Saint-Cirq-Lapopie, Figeac, la ville perchée de Rocamadour et Albi avec son fameux musée Toulouse-Lautrec, comptent parmi les endroits où il fait bon s'arrêter. Les châteaux cathares des Corbières, Carcassonne, Perpignan, Narbonne et la région montagneuse de Lozère n'ont de rivale que la belle ville de Nîmes avec ses arènes et le Castellum romain. La Provence rappelle d'abord Marseille et son port animé, mais aussi Aix, Avignon et le fabuleux palais des Papes, les vestiges romains d'Orange, Grasse, la ville des parfums, la cité artistique de Saint-Paul-de-Vence et Nice, sur la Côte-d'Azur, Cannes et Saint-Tropez (à visiter l'hiver pour son ciel dramatique). Dans la région de Rhône-Alpes, Lyon propose des vestiges romains et la belle basilique Saint-Martin-d'Ainay. Grenoble et Roanne méritent aussi la visite. Avis aux gourmands, c'est à Roanne que l'on trouve l'une des meilleures tables de France! Les sportifs dévaleront les sommets des Alpes, notamment le Mont-Blanc à Chamonix et se réchaufferont en mangeant une fondue savoyarde. La route des vins de Bourgogne s'égrène au fil des Meursault, Volnay, Beaune et Nuits-Saint-Georges. L'abbaye de Fontenay, l'hospice de Beaune et le musée de Cluny sont incontournables. En Alsace, la cathédrale de Strasbourg, le château de Rohan et les fameux ponts couverts mènent en Lorraine où l'on peut admirer les vitraux de la cathédrale de Metz dessinés par

aux champs de bataille de la dernière guerre à Dieppe et des monuments mégalithiques de Carnac à l'abbaye bénédictine du mont Saint-Michel. La vallée de la Loire s'adresse aux amateurs de châteaux somptueux : disséminés de Blois à Saumur, il faut visiter notamment ceux d'Amboise, d'Azay-le-Rideau, de Chinon, de Chambord et de Chenonceaux. Les cathédrales de Chartres et de Bourges sont, avec la très belle abbaye cistercienne de Noirlac, les joyaux du centre géographique de la France. Pour l'oenologue amateur, le pays entier est à découvrir, de la Champagne à la vallée du Rhône, mais les vignobles de la région de Bordeaux restent encore les plus appréciés. À Bordeaux, il faut voir la tour Saint-Michel, la place de la Bourse et la place des Quinconces. La Dordogne est sur-

du Père-Lachaise, les petits étals de la rue Mouffetard, les promenades sur les quais de la ville et les cafés enfumés de Gitanes ou de Gauloises où l'on sirote le traditionnel «demi» de bière. Pour ne rien manquer des nombreuses activités de la capitale, le voyageur doit se munir du *Pariscope* ou de *l'Officiel des spectacles* : on y parle autant de la dernière représentation du Moulin Rouge que de la programmation des cinémas de quartier et des randonnées dans les égouts de Paris! La Normandie et la Bretagne sont les destinations rêvées pour l'historien amateur : on passe du cloître de Rouen avec la tour Jeanne-d'Arc

M. JOLIBOIS

Chagall. Vient ensuite la somptueuse cathédrale de Reims en Champagne où flottent les effluves du nectar du même nom... Dans un «tour de la Gaule», il ne faudrait pas oublier les villes de Calvados, Rennes, Saint-Malo, la ville médiévale de Dinan, l'île de Sein puis Nantes, Angers, Tours, Poitiers, Cognac et La Rochelle. Quant à Cahors, Padirac, Bayonne, Montpellier, chacune de ces villes a son charme propre, de même que Clermont-Ferrand, Aurillac, Murat, Dijon et son fameux palais des Ducs, Vézelay et la basilique de la Madeleine, Besançon, Arbois et Vesoul. Les parcs et les centres de la nature sont nombreux en France, des belles plages de Biarritz aux forêts du Jura en passant par les montagnes du Dauphiné et les falaises escarpées du Finistère. Le soussol de la France présente aussi beaucoup d'intérêt, d'ailleurs la spéléologie est très populaire dans les Pyrénées, en Provence et en Dordogne. Le nouvel Euro Disney près de Reims montre bien les multiples facettes que peut prendre ce fascinant pays.

ACHATS

La France est connue dans le monde entier pour la qualité de sa gastronomie, ses vins et ses alcools, ses fromages et ses pâtisseries, et chaque région a sa spécialité : le camembert et le calvados de Normandie, le muscadet de la région nantaise, les forestines de Bourges, les bêtises de Cambray, le cognac de... Cognac, le foie gras du Gers, l'eau-de-vie de prune du Périgord, les bonbons à la violette de Toulouse, le fromage de Roquefort, la moutarde de Dijon, le champagne d'Épernay, la choucroute de Strasbourg, les cochonnailles lyonnaises, les calissons d'Aix, la bouillabaisse de Marseille, la tropézienne de Saint-Tropez, le port-salut de la Loire, etc. Certains vont même jusqu'à planifier leurs étapes de voyage en fonction des vins ou des fromages! Pour les moins gourmands, la faïence de la Cornouaille, la broderie de Bretagne, les tapisseries d'Angers, les verreries d'Angoulême, la porcelaine de Limoges, le cristal de Baccarat font de très beaux souvenirs. La France offre aussi un grand choix de vêtements de haute couture, des cuirs et des parfums de grande qualité. La littérature française foisonne de romans, d'essais et d'ouvrages sur la passionnante histoire du pays mais les oeuvres maîtresses sont sans doute *Les Rois maudits* de Maurice Druon et... *Le Tour de Gaule* d'Astérix et Obélix!

LIECHTENSTEIN

+9 +8 +7 +6 +5

POINTS D'INTÉRÊT

Le Liechtenstein est l'un des plus petits pays du monde; en revanche, il est sans doute l'un des plus riches. La vie des habitants est tout empreinte du respect de la beauté et de la propreté de leurs montagnes et de leurs forêts. Vaduz s'étend sur la rive droite du Rhin et est dominée par l'impressionnant château de Liechtenstein, résidence de la famille princière. On visitera le Musée national et le musée des Postes. Le château médiéval de Balzers, la forteresse de Neu Schellenberg et la très jolie chapelle du village de Bendern sortent directement d'un conte de fée. Le ski, la randonnée pédestre, l'escalade et l'équitation sont les principales activités sportives pratiquées dans ce somptueux pays.

ACHATS

Les timbres-poste du Liechtenstein raviront les philatélistes. Les céramiques de Schaan et les vins de la vallée du Rhin ainsi que les horloges coucou, les figurines et les pièces mécaniques, comme les boîtes à musique, sont typiques du pays. Les voyageurs sont tenus de respecter l'environnement et les lois implicites qui prescrivent la retenue et la discipline dans les lieux publics.

Région: Europe
Superficie: 2 586 km²
Capitale: Luxembourg
Aéroport: Luxembourg 7 km
Population: 401 900 habitants
Langue: français, allemand
Religion: catholique
Régime politique: monarchie constitutionnelle
Voltage-cycles: 220 - 50
Vaccins obligatoires: -
" recommandés: -
Passeport: requis
Visa: non requis
Monnaie: franc luxembourgeois
1$CA= 20,94 francs
Conduite: à droite
Permis int'l: recommandé
Indicatif: 011-352
✆ du Canada: 1-800-463-3780
✆ au Canada: 0-800-0119
Hôtellerie: ★★★★★
Restauration: ★★★★★
Transport: ★★★★★
Coût de la vie: ○○○
Rang selon l'ONU: 17
Meilleurs mois: mai, juin, juil, août
Jours fériés: 1,2 jan - 27 fév - 16,17 avr - 1,4,5,25 mai - 23 juin - 15 août - 1 nov - 24-26,31 déc

LUXEMBOURG

+9 +8 +7 +6 +5

POINTS D'INTÉRÊT

Pays de forteresses et de citadelles haut perchées, le Luxembourg a toujours dû protéger ses frontières contre l'envahisseur venant de l'est comme de l'ouest. Le Lützelburg (ou petit château fort) possède des forêts et des montagnes, des vignobles, des rivières romantiques et des vallées fleuries. La capitale du grand-duché est très intéressante pour ses vestiges historiques. Il ne faut pas oublier de visiter les Casemates du Bouc, des tunnels souterrains creusés à même le roc, au XVIIIe siècle. La vallée de la Moselle et les châteaux de la rivière Esch de même que le fameux château féodal de Clervaux, l'abbaye bénédictine d'Echternach et la station thermale de Mondorf-les-Bains méritent le détour.

ACHATS

Les produits de grand luxe, tels les parfums, les fourrures et les bijoux se vendent tout aussi bien que les pièces d'artisanat, les poteries et les porcelaines des petits villages. Le vin de Moselle et les bières blondes accompagnent souvent les mets raffinés comme la truite fraîche pêchée dans les eaux claires du pays.

Région: Europe
Superficie: 160 km²
Capitale: Vaduz
Aéroport: Zurich (Suisse) 100 km
Population: 30 290 habitants
Langue: allemand
Religion: catholique
Régime politique: principauté constitutionnelle
Voltage-cycles: 220 - 50
Vaccins obligatoires: -
" recommandés: -
Passeport: requis
Visa: non requis
Monnaie: franc suisse
1$CA= 0,85 franc
Conduite: à droite
Permis int'l: requis
Indicatif: 011-41
✆ du Canada: -
✆ au Canada: ▲ 155-8330
Hôtellerie: ★★★★★
Restauration: ★★★★★
Transport: ★★★★★
Coût de la vie: ○○○
Rang selon l'ONU: -
Meilleurs mois: mai, juin, juil, août, sep
Jours fériés: 1,6 jan - 2 fév - 19,25 mars - 14,16,17 avr - 1,25 mai - 4,5,15 juin - 15 août - 1 nov - 8,25,26,31 déc

✚ SUISSE

Région: Europe
Superficie: 41 288 km²
Capitale: Berne
Aéroport: Zurich 12 km, Genève 4 km
Population: 7 040 120 habitants
Langue: allemand, français, italien, romanche
Religion: catholique, protestante
Régime politique: démocratie parlementaire
Voltage-cycles: 220 - 50
Vaccins obligatoires: -
" recommandés: -
Passeport: requis
Visa: non requis
Monnaie: franc suisse
1$CA= 0,85 franc
Conduite: à droite
Permis int'l: requis
Indicatif: 011-41
✆ **du Canada:** 1-800-244-8141
✆ **au Canada:** ▲155-8330
Hôtellerie: ★★★★★
Restauration: ★★★★★
Transport: ★★★★★
Coût de la vie: ○○○
Rang selon l'ONU: 2
Meilleurs mois: juin, juil, août, sep
Jours fériés: 1,2,6 jan - 19 mars - 14,16 avr
- 1,25 mai - 4,5 juin - 1,15 août - 18 sep -
1 nov - 8,25,26 déc

SUISSE

Mais la Suisse n'est pas qu'un paysage époustouflant de montagnes enneigées, c'est aussi le pays de la paix, de la neutralité et du savoir-vivre. Les villes suisses respirent le confort... et le conformisme. Cependant, rien ne peut ternir la beauté de l'architecture qui remonte jusqu'au Moyen Âge, la richesse des musées et le charme des villes. Zurich est un bel exemple de cité sereine avec sa vieille ville (Altstadt), la cathédrale Fraumünster qui abrite les vitraux dessinés par Chagall et Giacometti, le musée des Beaux-Arts et les grandes avenues, notamment la Bahnhofstrasse, plus attirante que les avenues où siègent les grandes entreprises et les banques. Baden, Aarau et Bâle forment un triangle entre la France, l'Allemagne et la Suisse, ce qui en fait une région touristique très animée. Bâle est une ville médiévale fort jolie, en particulier pour le Markplatz

J. HUARD

POINTS D'INTÉRÊT

L'Helvétie est le pays par excellence pour l'amateur de ski et d'escalade : les stations de sports d'hiver du Valais, de l'Oberland bernois et des Grisons sont parmi les plus courues. Le littoral du lac Léman, les stations thermales de Loèche-les-Bains, Baden et Scuol proposent aussi un vaste choix d'activités.

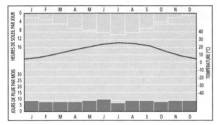

(place du marché) et le Rathaus (hôtel de ville). La station climatique de Lucerne est fréquentée aussi pour ses remparts, ses ponts couverts et ses jardins. Le marché au Vin est une curiosité à ne pas manquer. Berne, la capitale, est un centre culturel et historique remarquable. La très belle tour de l'Horloge (à figurines) est une vraie merveille. On peut visiter la maison d'Albert Einstein et le Kunst-museum, un musée qui possède près de 2 000 oeuvres de Paul Klee. Interlaken, entre les lacs Thoune et Brienz, de même que Engelberg, sont des villes au charme tout helvétique. On appréciera Gruyères pour sa fromagerie et Lausanne pour la vitalité de son université. À Genève, le quartier de la Cité, le musée d'Art et d'Histoire, le fameux jet d'eau de la jetée des Eaux-Vives, le siège de l'ONU et les parcs de la ville sont à voir. Près du lac Léman, le festival de jazz de

Montreux anime les belles soirées d'été. Locarno, au pied des Alpes, et Lugano, à la frontière italienne, sont de charmantes petites villes dont le caractère est très différent. Les Alpes n'ont plus besoin de présentation, mais la région des Grisons se démarque par sa spécificité culturelle. Les habitants des Grisons sont à peine 200 000, mais ils parlent trois langues, dont le romanche qui se divise en cinq patois!

ACHATS

Le chocolat suisse est l'un des meilleurs au monde. Le *salsiz*, un saucisson sec, et le vin sont des spécialités des Grisons comme la fondue et la raclette. Le gruyère et l'emmenthal peuvent être très bien accompagnés de kirsch (eau-de-vie de cerises). C'est en Suisse qu'il faut se procurer les appareils de haute précision, horloges et montres en particulier. Les ingénieux couteaux suisses, l'équipement de ski, les instruments de musique et les cornes d'appel sont typiques.

AUTRICHE

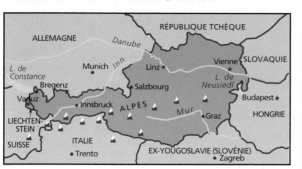

Région: Europe
Superficie: 83 850 km²
Capitale: Vienne
Aéroport: Vienne 18 km
Population: 7 955 000 habitants
Langue: allemand
Religion: catholique, protestante
Régime politique: démocratie parlementaire
Voltage-cycles: 220 - 50
Vaccins obligatoires: -
" recommandés: -
Passeport: requis
Visa: non requis
Monnaie: schilling
1$CA= 7,15 schillings
Conduite: à droite
Permis int'l: recommandé
Indicatif: 011-43
✆ **du Canada:** 1-800-463-6352
✆ **au Canada:** ▲022-903-013
Hôtellerie: ★★★★★
Restauration: ★★★★★
Transport: ★★★★★
Coût de la vie: ○○○
Rang selon l'ONU: 12
Meilleurs mois: mai à sep, déc, jan, fév
Jours fériés: 1,6 jan - 16,17 avr - 1,25 mai - 4,5,15 juin - 26 oct - 1 nov - 8,25,26 déc

AUTRICHE

POINTS D'INTÉRÊT

L'Autriche semble encore vivre à l'ombre de l'impératrice Sissi et de Mozart ; l'histoire et la musique, l'art et la tradition répandent une atmosphère vieillotte qui enchante les voyageurs. Vienne est à ce titre la ville la plus envoûtante du pays. La capitale conserve de nombreux monuments anciens, entre autres l'église des Frères Mineurs qui date du XIVe siècle, la superbe cathédrale Saint-Étienne et l'église gothique des Augustins. Les palais de la Hofburg, de Lobkowitz et de Kinsky sont à voir et le château de Schönbrunn qui servait de résidence d'été aux Habsbourgs vaut grandement la visite. L'Opéra, le Parlement et le Burgtheater sont construits autour du Ring, un boulevard circulaire au coeur de la ville. Mozart, Brahms, Strauss et Beethoven ont laissé à Vienne des traces de leur passage. Salzbourg, qui tire son nom de la belle rivière Salzach qui la sillonne, est la ville de Mozart, des coupoles d'églises baroques, du château et des jardins Mirabell et du Festival de musique. Innsbruck, capitale du Tyrol, est réputée pour le tombeau de Maximilien et le Petit Toit d'or de même que pour ses magnifiques sommets enneigés. Graz, capitale de la Styrie et ancienne cité impériale, possède l'un des plus vieux musées du monde, l'Armurerie. Le haras de Piber est à visiter pour les superbes chevaux lippizans de l'école espagnole d'équitation, et Klagenfurt,

capitale de la Carinthie, pour la riviera du lac de Wörth. La Haute et la Basse-Autriche offrent des paysages très différents, passant de la montagne aux lacs clairs et des stations thermales aux plaines fleuries.

ACHATS

Au pays de la musique, il ne faut pas manquer d'assister à un concert des Petits chanteurs de Vienne ni de se procurer des articles se rapportant à la musique, par exemple les enregistrements des grands orchestres autrichiens. Les tricots et les lainages autrichiens sont d'une qualité sans pareille et les costumes traditionnels tyroliens n'ont pas perdu leur popularité. Goûtez le fameux café viennois accompagné d'une délicieuse *sachertorte*, ainsi que le Heuriger, un vin nouveau frais et léger. Les romans

d'Arthur Schnitzler, notamment *Vienne au crépuscule*, témoignent de ce qu'était l'Autriche du début du siècle.

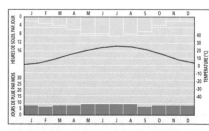

P. HALLY

HONGRIE

+9 +8 +7 +6 +5

Région: Europe
Superficie: 93 030 km²
Capitale: Budapest
Aéroport: Budapest 16 km
Population: 10 319 120 habitants
Langue: hongrois
Religion: catholique, protestante
Régime politique: démocratie parlementaire
Voltage-cycles: 220 - 50
Vaccins obligatoires: -
" recommandés: -
Passeport: requis
Visa: non requis
Monnaie: forint
1$CA= 92,50 forints
Conduite: à droite
Permis int'l: requis
Indicatif: 011-36
☎ **du Canada:** 1-800-463-8810
☎ **au Canada:** ▲00-800-01211
Hôtellerie: ★★★★★
Restauration: ★★★★
Transport: ★★★★
Coût de la vie: ○○
Rang selon l'ONU: 31
Meilleurs mois: mai à oct
Jours fériés: 1 jan - 15 mars - 16,17 avr - 1 mai - 4,5 juin - 20 août - 23 oct -25,26 déc

POINTS D'INTÉRÊT

La Hongrie est l'un des pays d'Europe centrale qui sait le mieux répondre aux attentes des voyageurs : beauté indéniable des paysages, richesses historiques, somptuosité des villes et amabilité proverbiale des habitants! La Puszta, ou Grande Plaine, à l'est de la rivière Tisza, compte parmi les plus bucoliques paysages d'Europe. Les champs de paprika de Kalocsa sont à voir en automne alors qu'ils semblent en feu. La capitale, Budapest, est coupée en deux par le Danube : d'un côté l'ancienne Buda, dominée par le bastion des pêcheurs, le château royal et l'église Mathias; de l'autre côté, Pest, animée de commerces, de théâtres et de musées, dont le Musée national qui présente une impressionnante collection d'art magyar. De nombreux établissements de bains longent le Danube grâce aux sources thermales. Pécs et Eger sont de charmantes villes à visiter. À Esztergom, la capitale médiévale du pays, se trouve la plus imposante basilique de Hongrie. Le lac Balaton est un centre de villégiature renommé et le parc national d'Hortobagy protège la faune et la flore locale.

ACHATS

Les Magyars sont des musiciens; les instruments de musique sont travaillés comme des oeuvres d'art et les rythmes tziganes sont reconnaissables partout. La dentelle, la fameuse porcelaine et les costumes traditionnels, spécialement les chapeaux pour homme, sont typiques. Il faut goûter à la *gulyas*, une soupe au boeuf assaisonnée de paprika, au *porkolt*, un ragoût de porc assaisonné aussi de paprika, et aux *retes* qui sont à l'origine du strudel aux pommes. Le vin rouge «sang de taureau», les vins de Tokaï et les eaux-de-vie d'abricot et de poire sont très bons.

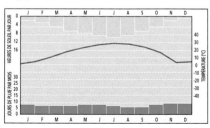

T. BOGNAR / RÉFLEXION

ROUMANIE

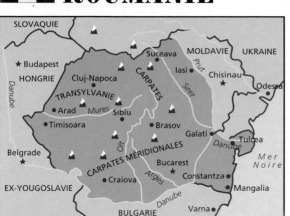

Région: Europe
Superficie: 237 500 km²
Capitale: Bucarest
Aéroport: Bucarest 16 km
Population: 23 181 420 habitants
Langue: roumain
Religion: orthodoxe roumaine, catholique
Régime politique: démocratie parlementaire
Voltage-cycles: 220 - 50
Vaccins obligatoires: -
" recommandés: -
Passeport: requis
Visa: requis
Monnaie: leu
1$CA= 1467,93 lei
Conduite: à droite
Permis int'l: requis
Indicatif: 011-40
☎ du Canada: –
☎ au Canada: 01-800-5000
Hôtellerie: ★★★
Restauration: ★★★
Transport: ★★★
Coût de la vie: ◑
Rang selon l'ONU: 72
Meilleurs mois: mai, juin, juil, août
Jours fériés: 1,2 jan - 16,17 avr - 1 mai - 1,25,26 déc

ROUMANIE

POINTS D'INTÉRÊT

Longtemps réprimée par Ceaucescu et par les Soviétiques, la Roumanie vit maintenant ses premières années de liberté. Heureusement, les voyageurs n'ont plus à appréhender les longues files d'attente et la bureaucratie ahurissante d'autrefois. De cette époque trouble, il reste toutefois l'habitude de troquer des services pour un paquet de cigarettes ou une tournée au bistro du coin. Bucarest est surnommée «le petit Paris» : de nombreux cafés, un arc de Triomphe, mais aussi l'église Curtea Veche, le musée d'Art et le musée de la République méritent qu'on s'y attarde. Les voyageurs téméraires voudront sûrement voir l'église Snagov (à 40 km de la capitale) où, dit-on, est enterré le sanguinaire comte Dracula. Les Alpes de Transylvanie culminent à 2 543 m d'altitude, ce qui ajoute à la beauté de ce paysage déjà grandiose. Cluj-Napoca, la capitale de Transylvanie, est fréquentée surtout pour l'église Saint-Michel, la maison Mathias Corvin, le palais Banffy et le bastion des tailleurs. Brasov est une vieille ville médiévale propice aux histoires de vampires. Sibiu et la région frontière de la Moldavie sont riches en monastères et en vestiges romains,

notamment le pont de Trajan de Drobeta-Turnu Severin. Poiana Brasov est un joli centre de ski des Carpates dominé par le mont Postavarul, haut de 1 021 m. Les Romains ont laissé des thermes et des bains dans la région. Plusieurs centres de traitement proposent une gamme de soins dans un cadre enchanteur. Constantza et le sanctuaire d'oiseaux des marécages de Dobroudja valent le détour et on peut admirer le delta du Danube à partir de la jolie ville de Tulcea.

ACHATS

La *ciorba*, une soupe à base de crème sûre, et le *tocana*, un ragoût épicé, font partie du menu traditionnel. Les Roumains aiment aussi les pâtisseries, la crème glacée et le café sans oublier le *tuica*, un alcool de prune plutôt fort à boire d'un trait! Les Roumains sont d'origine latine, les voyageuses peuvent donc s'attendre à recevoir une attention particulière de la part des hommes, mais une attitude indifférente y mettra fin. L'art lyrique et la musique sont aussi importants que l'art religieux :

les icônes orthodoxes sont particulièrement belles. Le cuir de Sibiu est très fin et les costumes traditionnels, très colorés. Des tapis, des broderies et des poteries sont vendus dans les marchés.

J. HUARD

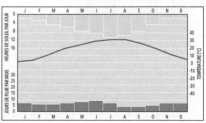

MONACO

+9 +8 +7 +6 +5

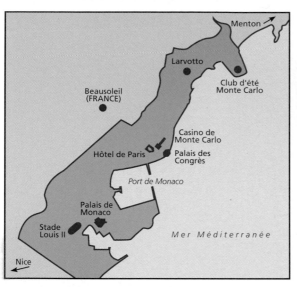

Région: Europe	
Superficie: 1,5 km²	
Capitale: Monaco	
Aéroport: Nice (France) 22 km	
Population: 31 280 habitants	
Langue: français	
Religion: catholique	
Régime politique: principauté constitutionnelle	
Voltage-cycles: 220 - 50	
Vaccins obligatoires: -	
" recommandés: -	
Passeport: requis	
Visa: non requis	
Monnaie: franc français	
1$CA= 3,52 francs	
Conduite: à droite	
Permis int'l: recommandé	
Indicatif: 011-33 (93)	
☎ **du Canada:** –	
☎ **au Canada:** ▲19◆00-16	
Hôtellerie: ★★★★★	
Restauration: ★★★★★	
Transport: ★★★★★	
Coût de la vie: ○○○	
Rang selon l'ONU: -	
Meilleurs mois: juin, juil, août	
Jours fériés: 1,2,27 jan - 16,17 avr - 1,25 mai - 4,5 juin - 15 août - 1,19 nov -8,25 déc	

POINTS D'INTÉRÊT

La principauté de Monaco est l'un des plus petits États au monde et pourtant il faudrait plus d'une semaine pour tout voir. Monaco-Ville est entouré de remparts qui protègent le palais Grimaldi, la cathédrale Saint-Nicolas, où sont enterrés les princes de Monaco, et le musée des Automates. Le Musée océanographique mérite amplement la visite.

L'élégance monégasque est bien connue et les casinos de Monte-Carlo de même que les clubs privés de Larvotto sont les meilleurs endroits pour exhiber votre rivière de diamants et vos tenues de soirée.

ACHATS

Les produits de beauté, la haute couture et les articles de luxe sont bien sûr les souvenirs les plus prisés de Monaco. Les timbres-poste monégasques sont très appréciés des philatélistes. L'iconographie reliée à la famille princière est très populaire auprès des touristes.

P. HALLY

CORSE

CORSE

Région:	Europe
Superficie:	8 750 km²
Capitale:	Bastia, Ajaccio
Aéroport:	Ajaccio
Population:	250 000 habitants
Langue:	corse, français
Religion:	catholique
Régime politique:	département français
Voltage-cycles:	220 - 50
Vaccins obligatoires:	-
" recommandés:	-
Passeport:	requis
Visa:	non requis
Monnaie:	franc français
1$CA=	3,52 francs
Conduite:	à droite
Permis int'l:	recommandé
Indicatif:	011-95
℡ du Canada:	–
℡ au Canada:	–
Hôtellerie:	★★★★
Restauration:	★★★★
Transport:	★★★★
Coût de la vie:	○○○
Rang selon l'ONU:	-
Meilleurs mois:	avr, mai, juin, juil, août
Jours fériés:	1 jan - 16,17 avr - 1,8,25 mai - 4,5 juin - 14 juil - 15 août - 1,11 nov - 25 déc

POINTS D'INTÉRÊT

Les paysages de mer et de montagne corses sont aussi réputés pour leur beauté que la forêt dense et le maquis mystérieux. La Corse est une île de magie et de sacré, fascinante par ses géants de pierre et par ses habitants, fiers et racés. Une enceinte du XVIe siècle entoure Bonifacio, à flanc de montagne. L'église romane Sainte-Marie-Majeure et l'église Saint-Dominique sont particulièrement belles. Sur la côte, entre l'île-Rousse et Calvi, La Balagne, surnommée le «jardin de la Corse», attire les voyageurs. À Ajaccio, la cathédrale, le palais Fesch (l'oncle de Bonaparte), la maison natale de Napoléon et le port ont un charme typiquement corse. À Bastia, la cathédrale Sainte-Marie, l'église Saint-Jean-Baptiste, la citadelle et la vieille ville plaisent autant que Bastia-Plage, un centre touristique important. La route est parsemée d'arrêts intéressants : Cap Corse, tout au nord, Brando, Canari, Nonza, Rogliano, San Martino, etc. Sur la côte ouest,

Porto est une destination de choix. Les ruines des fortifications de Porto-Vecchio, de même que le site archéologique de Filitosa, près de Propriano, rappellent la longue histoire de l'île. Aléria, à l'embouchure du Tavignano, possède aussi des vestiges antiques.

ACHATS

Les marchés proposent tous les délices de l'île : sanglier, olives, châtaignes, vins rosés, fromages et fi-gues. Les couteaux corses sont réputés, de même que les tricots en laine de mouton et de chevreau. Les chansons de Petru Guelfucci donnent un bel avant-goût des talents musicaux des Corses. *Colomba*, de Mérimée, présente une image très romantique de la Corse.

M. JOLIBOIS

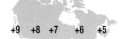

ITALIE

Région: Europe
Superficie: 301 230 km²
Capitale: Rome
Aéroport: Rome 32 km, Milan 7 km
Population: 58 138 400 habitants
Langue: italien
Religion: catholique
Régime politique: démocratie parlementaire
Voltage-cycles: 220 - 50
Vaccins obligatoires: -
" recommandés: -
Passeport: requis
Visa: non requis
Monnaie: lire
1$CA= 1178,50 lires
Conduite: à droite
Permis int'l: recommandé
Indicatif: 011-39
✆ du Canada: 1-800-363-4039
✆ au Canada: ▲172-1001
Hôtellerie: ★★★★★
Restauration: ★★★★★
Transport: ★★★★★
Coût de la vie: ○○○
Rang selon l'ONU: 22
Meilleurs mois: avr à nov
Jours fériés: 1,6 jan - 17 mars - 16,17,25 avr
- 1 mai - 25 août - 1 nov - 8,25,26 déc

POINTS D'INTÉRÊT

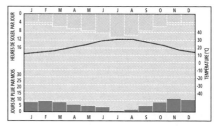

On pourrait dire que l'Italie est en fait un ensemble d'environ 20 petits pays, chacun ayant son dialecte, ses traditions, ses vins et ses paysages. Ces régions ont leur histoire et leur héritage artistique, qui donnent par exemple à Florence son étiquette «Renaissance» et à Pompéi son image «vieille Rome». Du nord au sud, on passe des montagnes fourmillant de chèvres des Dolomites aux plages de Sicile en passant par les trésors archéologiques de Rome. En Lombardie, Milan est la sœur jumelle de Paris avec son goût pour la haute couture, le design et l'art nouveau. Le Dôme, la deuxième plus grande cathédrale du monde, l'église Santa Maria delle Grazie, réputée pour la fameuse *Cène* de Léonard de Vinci sont, avec la Scala, le célèbre théâtre, et la pinacothèque Brera, les meilleures attractions de la ville. Turin est une ville com-merçante à la page mais elle possède aussi de beaux bâtiments piémontais comme le Duomo Giovanni Battista, une cathédrale de marbre du XVe siècle où l'on conser-

M. JOLIBOIS

OFF. DE TOURISME D'ITALIE

ve le saint suaire. Les Dolomites sont les Alpes italiennes avec des pistes de ski, des sentiers escarpés et des sommets enneigés. Bolzano est un bon point de départ pour visiter cette région. La Riviera part de Vintimille à la frontière française et longe la côte boisée jusqu'à La Spezia. Venise pourrait occuper le voyageur pendant plusieurs semaines, voire plusieurs mois. Le charme de la Venise de Thomas Mann n'existe presque plus : le tourisme effréné pourrait gâcher votre plaisir. Venise est donc à visiter hors saison, en hiver de préférence. Le palais des Doges, la basilique et la place Saint-Marc, les 200 sinueux canaux, les 400 ponts et la tour de l'Horloge sont incontournables de même que les oeuvres des peintres vénitiens exposées à la galerie de l'Académie. Les villes de Padoue, Vicence et Vérone ont aussi un intérêt certain. Bologne, Parme et Ferrare propo-

sent un paysage agricole où les vestiges de l'époque médiévale sont encore intacts. La Toscane c'est d'abord Florence qui, à l'instar de Venise, pourrait prendre plusieurs mois à visiter. L'amateur d'art sera choyé : les musées consacrés à la Renaissance sont nombreux et les oeuvres sont toutes plus belles les unes que les autres. La galerie des Offices (Uffizi) possède une des plus grandes collections du monde : Léonard de Vinci, Michel-Ange, le Caravage, Titien, Botticelli et bien d'autres. La cathédrale Santa Maria del Fiore, le Palazzo Vecchio et le musée San Marco, où les fresques de Fra Angelico décorent les cellules d'un monastère, sont de pures merveilles. Sienne, bien connue pour ses bâtiments couleur «terre de Sienne», est restée très médiévale. Deux fois l'an, en juillet et en août, la fête du Palio delle Contrade fait s'affronter les habitants des parois-

ses lors d'une grande course de chevaux sur la Piazza del Campo. San Gimignano et Pise attirent toujours. C'est à Assise, en Ombrie, que Giotto a peint les murs de la basilique San Francesco et c'est à Orvieto que Fra Angelico a décoré la cathédrale. Ces deux sites valent à eux seuls le voyage en Italie. Bien sûr, il y a aussi Rome. On visite la capitale à pied et sans se presser. Les mois d'été sont à éviter, d'abord à cause des touristes, mais aussi parce que les Romains ont tous déserté la ville pour la mer. Les monuments sont évidemment beaux mais, sans ses habitants, Rome perd de son charme. Le Colisée, la fontaine de Trevi, le Panthéon, la chapelle Sixtine, le forum romain, la place du Capitole, le palais Médicis, le Vatican (voir la section consacrée au Vatican), les catacombes, la villa Borghèse, les temples, les églises, les musées, les fontaines et les grandes avenues ne

GUIDES ❖ VOIR

FRANCE

MONUMENTS
PROMENADES
MUSÉES
ACHATS
LOISIRS
HÔTELS
SITES
RESTAURANTS
CARTES ET PLANS

Libre Expression

GUIDES ❖ VOIR

ROME

VISITES   SHOPPING
HÔTELS

ARCHITECTURE

PLANS
MONUMENTS
SITES
RESTAURANTS

Libre Expression

GUIDES ❖ VOIR

FLORENCE
ET LA TOSCANE

PROMENADES
MUSÉES   CARTES
VISITES
LOISIRS
SITES
ACHATS
HÔTELS
RESTAURANTS

Libre Expression

GUIDES ❖ VOIR

VIENNE

ARCHITECTURE
PROMENADES
CAFÉS
PLANS
ACHATS
THÉÂTRES
HÔTELS
MUSÉES

Libre Expression

GUIDES ❖ VOIR

PRAGUE

ARCHITECTURE
VISITES
PROMENADES
MUSÉES   SITES
PLANS
FÊTES
HÔTELS
RESTAURANTS

Libre Expression

Votre
assurance
pour
un voyage réussi:
les
GUIDES VOIR

devraient pas détourner votre attention des petits quartiers aux rues encombrées de cordes à linge qui dégoutte et de volets qui laissent échapper des effluves d'huile d'olive. L'Italie du Sud doit supporter la mauvaise réputation que lui a fait la mafia : Naples, comme Rome, impose son perpétuel concert de klaxons, mais offre au touriste les magnifiques mosaïques du Musée national d'Archéologie et les superbes villas accrochées aux pentes du Vésuve. Caserta conserve des vestiges du temps où elle a été la ville des rois de Naples. En Sicile, les belles mosaïques de la chapelle Palatine à Palerme, les temples d'Agrigente et de Syracuse et le paysage volcanique de l'Etna sont incontournables. La Sardaigne est réputées pour la Costa Smeralda, une station balnéaire, et pour les *nuraghi*, des vestiges monolithiques de l'âge de bronze encore très bien conservés.

ACHATS

On mange bien en Italie. Chaque région a ses spécialités et la gastronomie est aussi variée que savoureuse : le *riso gallo* (riz au safran) et le *cazzoeul*a (porc et chou) de Milan, les *panini* (petits sandwichs grillés) de Venise et les *crostini* de Florence, les *spaghetti alle vongole* (aux fruits de mer), les pizza Napoli (fromage et champignons), les *gnocchi*, *risotto* et *saltimbocca* de Rome. Les *gelati* italiennes (crèmes glacées) sont uniques, le marzipan de Sicile, le *minestrone*, les fromages mozarella, gorgonzola et parmigiano, les *pasticciata* (pâtisseries), notamment le *tiramisu,* et les excellents cafés : *expresso*, *cappucino* et *caffelatte*. La réputation des vins italiens, rouges ou blancs, n'est plus à faire : les vins du Piémont, de Toscane, les Chianti,

l'Orvieto, les Sangiovese, Soave et Bardolino. Le campari, un apéritif, et le grappa, un digestif, accompagnent souvent les repas. Les moins gourmands se nourriront d'opéra, de haute couture, de cuir, de chaussures, de soie, de marbre et de mosaïque. Les Italiens ont la réputation d'être importuns avec les femmes, cependant la voyageuse ne devrait pas se formaliser ou se choquer devant de simples marques de galanterie, souvent bien inoffensives; l'indifférence vient à bout des plus acharnés. Attention aux voleurs : les voitures, les sacs à main et les bagages sont leurs prises préférées. Les lieux saints ne sont pas des musées : retenue et discrétion sont de rigueur; les femmes (les hommes aussi) devraient toujours se couvrir les épaules ou les cuisses et les hommes ne pas oublier d'enlever leur chapeau avant d'entrer.

VATICAN

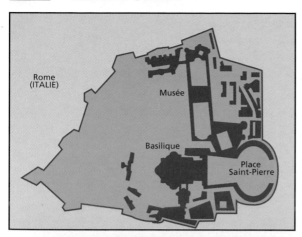

Rome (ITALIE)

Musée

Basilique

Place Saint-Pierre

VATICAN

Région: Europe
Superficie: 0,44 km²
Capitale: Vatican
Aéroport: Rome 32 km
Population: 820 habitants
Langue: italien, latin
Religion: catholique
Régime politique: monarchie sacerdotale
Voltage-cycles: 220 - 50
Vaccins obligatoires: -
" recommandés: -
Passeport: requis
Visa: non requis
Monnaie: lire italienne
1$CA= 1178,50 lires
Conduite: à droite
Permis int'l: recommandé
Indicatif: 011-39
✆ du Canada: –
✆ au Canada: –
Hôtellerie: –
Restauration: –
Transport: –
Coût de la vie: –
Rang selon l'ONU: –
Meilleurs mois: mai à sep
Jours fériés: 1,6 jan - 17 mars - 16,17,25 avr - 1 mai - 25 août - 22 oct - 1 nov -8,25,26 déc

RÉFLEXION

valt à elle seule le déplacement avec la superbe coupole, le baldaquin, le trône de saint Pierre et la très belle *Pietà* de Michel-Ange. Les musées du Vatican abritent les oeuvres des plus grands maîtres, notamment le *Saint Jérôme* de Léonard de Vinci, la *Pietà* de Bellini et la *Transfiguration* de Raphaël. La splendeur des appartements Borgia, des chambres de Raphaël, de la chapelle Sixtine, de la pinacothèque et de la bibliothèque vaticane, sans parler des jardins du Vatican, de la place Saint-Pierre et des milliers de détails architecturaux donne à ce minuscule État la célébrité qu'on lui connaît.

ACHATS

Les reproductions des oeuvres de grands maîtres, l'art religieux et les objets du culte catholique sont bien sûr très appréciés. Attention aux nombreux voleurs à la tire qui sévissent aux alentours!

POINTS D'INTÉRÊT

L'État du Vatican est construit au coeur de Rome, dans les anciens jardins et le cirque de Néron où les suppliciés chrétiens périrent en l'an 64. Parmi ceux-ci, saint Pierre fut le premier pape et c'est sur sa tombe que s'élève la basilique qui porte son nom. Aujourd'hui, la cité du Saint-Père attire les pèlerins du monde entier et les visiteurs peuvent y admirer des trésors historiques et artistiques uniques. La collection d'oeuvres d'art du Vatican est l'une des plus importantes au monde : il ne faut donc pas prétendre tout voir en quelques jours. La visite de la basilique Saint-Pierre

EX-YOUGOSLAVIE

+9 +8 +7 +6 +5

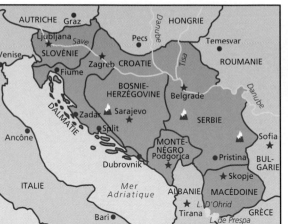

EX-YOUGOSLAVIE

BOSNIE-HERZÉGOVINE

Région: Europe
Superficie: 51 130 km²
Capitale: Sarajevo
Population: 4 651 490 habitants
Langues: serbo-croate
Monnaie: dinar bosniaque
1$CA: –

CROATIE

Région: Europe
Superficie: 56 538 km²
Capitale: Zagreb
Population: 4 697 620 habitants
Langues: croate, hongrois
Monnaie: kuna
1$CA: 3,70 kunas

MACÉDOINE

Région: Europe
Superficie: 25 714 km²
Capitale: Skopje
Population: 2 033 970 habitants
Langues: macédonien, albanais
Monnaie: denar
1$CA: 22,24 denars

MONTÉNÉGRO

Région: Europe
Superficie: 13 811 km²
Capitale: Podgorica
Population: 665 590 habitants
Langues: serbe, albanais
Monnaie: nouveau dinar
1$CA: –

SERBIE

Région: Europe
Superficie: 55 968 km²
Capitale: Belgrade
Population: 10 093 320 habitants
Langues: serbe, albanais
Monnaie: nouveau dinar
1$CA: –

SLOVÉNIE

Région: Europe
Superficie: 20 251 km²
Capitale: Ljubljana
Population: 1 972 230 habitants
Langues: slovène, hongrois
Monnaie: tolar
1$CA: 83,61 tolars

POINTS D'INTÉRÊT

La guerre fait encore rage dans les républiques de l'ex-Yougoslavie. La communauté internationale a bien essayé de faire régner la paix en envoyant les Casques bleus de l'ONU, mais il semble que les Croates, les Serbes et les Bosniaques ne soient pas prêts à vivre ensemble. À l'heure actuelle, le tourisme est inexistant et nul ne saurait dire quand le conflit prendra fin. Il est même impossible de décrire ce qui pourrait être visité en Bosnie ou en Serbie, tellement les villes ont été ravagées et les populations disséminées. La Macédoine, le Monténégro et la Slovénie ne sont pas autant touchés par les combats, mais il est quand même fortement déconseillé de s'aventurer dans ces régions... à moins de faire partie d'une organisation humanitaire. Espérons toutefois que les grandes richesses naturelles de cette région d'Europe resteront intactes, notamment les Alpes slovènes, les îles de l'archipel dalmate, dans la mer Adriatique, les Bouches de Kotor au Monténégro et la région montagneuse du Prokletije, en Serbie.

ACHATS

Pour se tenir le coeur au chaud, les Yougoslaves boivent du *sljivovica*, un alcool de prune particulièrement fort. Les artisans perpétuent l'art du tissage des tapis et le travail du cuivre. En Macédoine, les icônes peintes à la main valent leur pesant d'or.

V. PHILLIPS / RÉFLEXION

BULGARIE

Région: Europe
Superficie: 110 912 km²
Capitale: Sofia
Aéroport: Sofia 11 km
Population: 8 800 000 habitants
Langue: bulgare
Religion: orthodoxe, musulmane
Régime politique: parlementaire
Voltage-cycles: 220 - 50
Vaccins obligatoires: -
" recommandés: -
Passeport: requis
Visa: requis
Monnaie: lev
1SCA= 48,97 levs
Conduite: à droite
Permis int'l: recommandé
Indicatif: 011-359
✆ du Canada: –
✆ au Canada: –
Hôtellerie: ★★★★
Restauration: ★★★★
Transport: ★★★★
Coût de la vie: ○
Rang selon l'ONU: 48
Meilleurs mois: mai, juin, juil, août
Jours fériés: 1,2 jan - 3 mars - 23 avr -
1,24 mai - 24,25,31 déc

BULGARIE

POINTS D'INTÉRÊT

Ancienne porte d'entrée entre l'Empire byzantin et les nations slaves, la Bulgarie a toujours été considérée comme une étape pour les voyageurs qui se rendaient plus à l'est ou plus à l'ouest. Le pays vaut cependant qu'on s'y attarde plus longuement même si le tourisme ne constitue pas encore la première industrie du pays. À Sofia, la capitale,

il faut absolument visiter la crypte de la cathédrale Alexandre-Nevsky où un nombre impressionnant d'icônes et d'objets sacrés sont présentés. La superbe église Sainte-Sophie date du VIe siècle et la rotonde de l'église Saint-Georges offre un magnifique exemple d'architecture médiévale. Le monastère orthodoxe du XIIIe siècle à Rila est classé «patrimoine mondial» et Plovdiv s'enorgueillit d'un vieux quartier au charme typique. La ville historique de Koprivshtitsa vaut aussi le détour. Mais la raison première d'un voyage en Bulgarie reste

sans doute la beauté des côtes de la mer Noire et les nombreuses stations hivernales. La côte entre Varna et Burgas est une des plus belles de la mer Noire. Les skieurs aimeront les sommets de Borovets dans les montagnes du Rila et Pamporovo au coeur des monts Rhodope. La vallée des Roses, au coeur du pays, est inoubliable surtout pendant la cueillette en mai et juin.

ACHATS

Le yogourt bulgare est brassé de façon unique et, comme le pays est le premier exportateur d'essence de rose, on le parfume souvent ainsi. Le *nadinitsa*, un plat de saucisses et de légumes, est typique de la Bulgarie. Le pays est connu pour l'habileté de ses artisans céramistes et sculpteurs. On pourra rapporter des manuscrits (des faux, bien sûr!) en alphabet cyrillique, témoins de la longue histoire du pays.

J. HUARD

ALBANIE

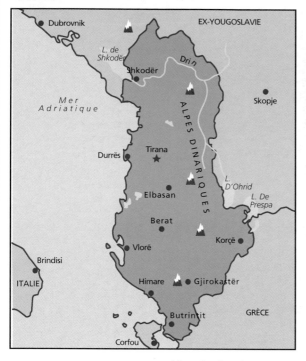

Région: Europe
Superficie: 28 748 km²
Capitale: Tirana
Aéroport: Tarana 29 km
Population: 3 374 100 habitants
Langue: albanais
Religion: musulmane, grecque orthodoxe
Régime politique: parlementaire
Voltage-cycles: 220-50
Vaccins obligatoires: Fj*-Cho
" recommandés: ¨–
Passeport: requis
Visa: requis
Monnaie: lek
1$CA= 80,15 leks
Conduite: interdite aux touristes
Permis int'l: refusé
Indicatif: 011-355
✆ **du Canada:** –
✆ **au Canada:** –
Hôtellerie: ★★
Restauration: ★★
Transport: ★
Coût de la vie: ○
Rang selon l'ONU: 76
Meilleurs mois: mai, juin, sep
Jours fériés: 1,19 jan - 3 fév - 4 mars - 23 avr - 1,31 mai - 10 juin - août - 28 nov

POINTS D'INTÉRÊT

Très peu ouverte au tourisme, l'Albanie vit encore aujourd'hui des problèmes à sa frontière grecque et plus encore avec ses voisins : la Macédoine, la Serbie et le Monténégro. Cependant, le voyageur aurait tort de passer à côté de belles villes riches de leur histoire qui remonte au temps des Grecs. Tirana, la capitale, ainsi que les villes secondaires comme Butrintit et ses bains publics romains, la vieille cité de Vlorë et les ruines d'Apollonia fondée en 588 av. J.-C. sont à voir. Durrës possède de belles plages baignées par la douce mer Adriatique. Elbasan et Korçë, près de la frontière grecque, valent le détour ainsi que les villes-musées de Berat et Gjirokastër. Les rives du lac d'Ohrid, anciennement renommées pour leur beauté, sont malheureusement à déconseiller tant que les conflits frontaliers ne seront pas réglés.

ACHATS

L'Albanie est passée maître dans l'art du tissage de tapis; ceux de Korçë sont particulièrement beaux. Berat est connu pour ses tissus. Les objets de cuivre et les poteries se trouvent dans tous les marchés et certains petits villages fabriquent des bijoux d'argent uniques en leur genre.

J. HUARD

GRÈCE

+10 +9 +8 +7 +6

Région: Europe
Superficie: 131 944 km²
Capitale: Athènes
Aéroport: Athènes 10 km
Population: 10 564 630 habitants
Langue: grec, turc
Religion: grecque orthodoxe
Régime politique: démocratie parlementaire
Voltage-cycles: 220 - 50
Vaccins obligatoires: Fj★
" **recommandés:** -
Passeport: requis
Visa: non requis
Monnaie: drachme
1$CA= 165,22 drachmes
Conduite: à droite
Permis int'l: recommandé
Indicatif: 011-30
✆ **du Canada:** 1-800-815-7632
✆ **au Canada:** ▲00-800-1611
Hôtellerie: ★★★★★
Restauration: ★★★★
Transport: ★★★★
Coût de la vie: ○
Rang selon l'ONU: 25
Meilleurs mois: mai à oct
Jours fériés: 1,19 jan - 25 mars - 21,23 avr -
1 mai - 1,11,12 juin - 15 août - 28 oct -
25,26 déc

GRÈCE

POINTS D'INTÉRÊT

La Grèce est composée d'ancien et de nouveau : le charme de l'histoire et des ruines des monuments helléniques se mêle à la vitalité des petits villages. Les grandes villes touristiques sont à voir, mais on visite la Grèce surtout pour ses petits villages, ses régions un peu plus éloignées et sa campagne. Bien sûr, il faut tout de même aller à Athènes pour le Pirée, l'Acropole, les temples d'Athéna et de Niké, le théâtre de Dionysos, le Parthénon et tous les monuments classiques et hellénistiques éparpillés aux quatre coins de la ville. Le musée national d'Archéologie rassemble une collection impressionnante qui relate la longue histoire du pays. C'est en Thessalie que se trouve le mont Olympe, demeure des dieux de la Grèce antique, et le monastère orthodoxe de Meteora. Les villes de Larissa et de Trikala, comme celles de Dodone et d'Ionnina, plairont aux visiteurs. La presqu'île de Chalcidique et ses trois péninsules est une vraie merveille; mention-

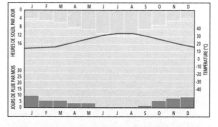

REFLEXION

RÉFLEXION

piques. C'est la même chose pour les Cyclades : Santorin (ou Théra), Paros, Mykonos et ses moulins à vent et les vestiges préhistoriques de Milo et de Kéa semblent avoir gardé leur aspect intact au fil des ans. Les Sporades sont encore vierges et tranquilles et les îles du Dodécanèse attirent les amateurs d'histoire avec le palais des grands maîtres de l'ordre des Chevaliers de Rhodes. Les îles de la mer Égée profitent de la douceur du climat, notamment les plages de Lesbos et les vignobles de Samos. La Crète est en soi une destination, spécialement la côte sud qui est beaucoup moins exploitée que les grandes villes d'Héraklion et de Canée. Le voyageur qui se limite à visiter les monuments perd l'essentiel de ce que la Grèce a à offrir : la chaleur de ses habitants. D'ailleurs, la voyageuse devra composer avec le caractère entreprenant des Grecs.

ACHATS

Les sacs de toile de Delphes, les sculptures sur bois de Tripolis, les tissus de Mykonos, les bijoux d'Épidaure et de Rhodes, les spartiates de Sparte, le marbre de Paros, les céramiques et les chapeaux de Crète sont aussi réputés que les raisins de Corinthe et le miel de Cythère. La gastronomie grecque compte, entre autres, les *domades* (feuilles de vigne farcies), la *moussaka*, le fromage *feta*, le *tsatziki* (yogourt et concombre) et les *kourabiedes*, de délicieux biscuits aux amandes. L'art religieux orthodoxe possède une beauté très particulière. Le son du bousouki est typique. Pour se mettre dans l'ambiance, il faut écouter les chanson d'Irène Papas et lire *L'été grec* de Jacques Lacarrière.

nons cependant que seuls les hommes ont accès au monastère du mont Athos. La péninsule du Péloponnèse est constituée d'un magnifique paysage de montagnes boisées, de gorges escarpées et de grottes profondes. C'est là que l'on trouve les vestiges de l'ancienne Corinthe, le temple d'Apollon et l'odéon romain de Patras. Il faut voir aussi Kalamata, Sparte (ou Lacédémone) et le fameux théâtre d'Épidaure. Le fabuleux site archéologique d'Olympie, avec les thermes, la palestre, le temple de Rhéa et l'Héraion, est incontournable, ainsi que la porte des Lionnes à Mycènes. Les îles Ioniennes, notamment Corfou, possèdent un charme tout particulier, une partie de l'héritage byzantin leur est unique. Leucade, Ithaque, la patrie d'Ulysse, Céphalonie et la belle Cythère qu'on dit être l'île d'Aphrodite, sont moins touristiques, donc plus typiques.

PORTUGAL

+8 +7 +6 +5 +4

Région: Europe
Superficie: 91 985 km²
Capitale: Lisbonne
Aéroport: Lisbonne 7 km
Population: 10 524 210 habitants
Langue: portugais
Religion: catholique
Régime politique: démocratie parlementaire
Voltage-cycles: 220 - 50
Vaccins obligatoires: -
" recommandés: -
Passeport: requis
Visa: non requis
Monnaie: escudo
1$CA= 106,42 escudos
Conduite: à droite
Permis int'l: requis
Indicatif: 011-351
☎ du Canada: 1-800-463-2776
☎ au Canada: 05-017-1226
Hôtellerie: ★★★★★
Restauration: ★★★★★
Transport: ★★★★
Coût de la vie: ○
Rang selon l'ONU: 42
Meilleurs mois: avr à oct
Jours fériés: 1 jan - 28 fév - 14,16,25 avr - 1 mai - 10,15 juin - 15 août - 5 oct - 1 nov - 1,8,25 déc

PORTUGAL

POINTS D'INTÉRÊT

De l'histoire du Portugal, on retiendra surtout la période faste des grandes découvertes du XVe et du XVIe siècle : Bartolomeu Dias franchit le cap de Bonne Espérance, Vasco de Gama débarqua aux Indes, Cabral foula le sol du Brésil et Magellan, le premier, fit le tour du monde en bateau. La capitale vaut à elle seule le voyage au Portugal : Lisbonne, surnommée «la reine du Tage», est connue pour la vieille ville basse, la superbe cathédrale Sé Patriarcal, le belvédère Sao Pedro, la tour de Belém, les multiples églises gothiques et les châteaux de style manuélin. Les musées d'Art ancien et des Beaux-Arts sont à visiter. Au nord de Lisbonne, on peut admirer à Sintra l'ancien palais royal et le château de Pena. Santarem est connu pour ses taureaux et ses *touradas* (différentes des corridas), Tomar pour le château des chevaliers de l'ordre des Templiers et Fatima pour ses pèlerinages. On appréciera, sur la Costa de Prata, les ports pittoresques de Nazaré et de Figueira da Foz où les produits de la mer sont à l'honneur dans la tradition culinaire, particulièrement la morue et la *caldeirada*, une bouillabaisse portugaise. Avec les magnifiques plages de Lagos et de Sagres, les nombreux terrains de golf et les paysages de Cap Sao Vincent et Faro, la région de l'Algarve est de plus en plus courue. Dans les terres, la ville d'Obidos, l'abbaye dominicaine de Santa Maria à Batalha, Coimbra et la cathédrale Sé Vahla ainsi que les nombreux monuments romans sont à voir. Il ne faut pas passer à côté des sentiers montagneux des régions de Beira Alta et de Tras-os-Montes. On se réservera pour la fin la ville d'Oporto (ou Porto) : l'église dos Clérigos et son haut clocher, la Place de la cathédrale et surtout les chais où est entreposé le délicieux vin de Porto. Encore plus au nord, les villes de Vila do Conde, Braga, Vila Real et le parc national de Peneda-Geres sont aussi très intéressants.

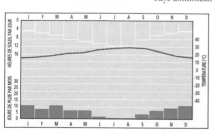

ACHATS

Les vins de Porto, Tawny ou «vintages», ainsi que le *vinho verde* de la vallée du Douro sont des achats indispensables. Le Portugal offre aussi de jolis bijoux de cuivre et d'étain, de la céramique et de la dentelle, de la poterie et de la broderie. Les cuirs de Coimbra sont réputés, de même que les fameux *azulejos*, ces carreaux de faïence émaillée blanche et bleue. Le *fado*, une poésie chantée, langoureuse et dramatique, est typique du pays.

T. BOGNAR / RÉFLEXION

EUROPE—PORTUGAL—61

ESPAGNE

+9 +8 +7 +6 +5

Région: Europe
Superficie: 504 748 km²
Capitale: Madrid
Aéroport: Barcelone 12 km, Madrid 15 km
Population: 39 302 670 habitants
Langue: espagnol, basque, catalan, galicien
Religion: catholique
Régime politique: monarchie constitutionnelle
Voltage-cycles: 220 - 50
Vaccins obligatoires: -
" recommandés: -
Passeport: requis
Visa: non requis
Monnaie: peseta
1$CA= 87,55 pesetas
Conduite: à droite
Permis int'l: requis
Indicatif: 011-34
☏ **du Canada:** 1-800-463-8255
☏ **au Canada:** ▲900-99-0015
Hôtellerie: ★★★★★
Restauration: ★★★★★
Transport: ★★★
Coût de la vie: ○○
Rang selon l'ONU: 23
Meilleurs mois: mai à oct
Jours fériés: 1,6 jan - 13,14,16 avr - 1,2 mai - 15 août - 12 oct - 1 nov - 6,8,25 déc

POINTS D'INTÉRÊT

Lieu de rencontre entre l'Europe et le continent africain, l'Espagne a subi de nombreuses invasions et toutes ces cultures ont laissé des traces qui, aujourd'hui, s'entremêlent pour donner un peuple unique, fier de sa terre. Les douze régions du pays mériteraient chacune un chapitre entier tellement les attractions, les paysages et les particularités y sont nombreuses. Un survol nous fait commencer par le nord: l'Espagne verte c'est le pays basque avec Bilbao, Saint-Sébastien (ou Donostia en basque), fréquenté pour la beauté de ses plages, Guernica et Vitoria pour leurs cathédrales. La Cantabrie est très populaire pour les fameuses peintures rupestres des grottes d'Altamira et les Asturies pour la cathédrale d'Oviedo et les magnifiques montagnes des monts Cantabriques. La Galice (ou Finis Terrae, le bout du monde pour les Romains), célèbre au Moyen Âge grâce au chemin de Saint-Jacques-de-Compostelle, foisonne de paysages rocheux et de falaises abruptes. Le folklore et la langue de cette région diffèrent. Les miradors vitrés des maisons de La Corogne (Coruna) sont très imposants de même que le phare d'origine romaine et les églises romanes. Bien sûr, Saint-Jacques-de-

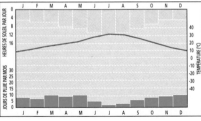

D. CARON / RÉFLEXION

Compostelle fait partie des plus belles villes d'Espagne avec sa vaste cathédrale, son palais archiépiscopal, son Hospital Real et ses nombreux couvents et monastères. Les villes de Lugo, Orense, Pontevedra et Vigo conservent un air roman. L'Espagne méditerranéenne, c'est la Catalogne avec sa capitale Barcelone, célèbre pour la cathédrale inachevée de la Sagrada Familia, le parc Güell, les maisons Batllo et Mila. Le musée Picasso et la fondation Miró sont les deux plus beaux musées de la ville. La citadelle de Lérida, qui longe la côte abrupte, mène à une superbe cathédrale du XVe siècle. La Costa Brava s'étend sur tout le littoral de la province de Gérone, où alternent de magnifiques villas et de charmants villages de marins tels Rosas, San Pedro, La Escala et Blanes. Gérone attire surtout pour son très vieux quartier juif et pour la cathédrale bâtie en 786. Il ne faut pas manquer le musée Salvador Dalí à Figueras ni les vestiges classiques de la ville d'Ampurias. La Costa Dorada consiste en une longue plage tranquille qui va de Barcelone jusqu'à Tarragone. C'est à Tarragone que l'on découvre le superbe Tombeau des Scipions. La communauté valencienne est universellement connue pour ses oranges et la capitale de la région, Valence, est l'un des endroits où la fête des Fallas est la plus colorée. Les centres touristiques de la Costa del Azahar (côte de la fleur d'oranger) abondent : Vinaroz, Peniscola et Benicasim notamment. Près de là, se trouve le monastère carmélite du Desierto de las Palmas. Enfin, la Costa Blanca représente la zone la plus touristique d'Espagne avec ses plages plantées de palmiers. La région de Murcie a gardé des ves-

J. HUARD

tiges de la présence musulmane qui a marqué son histoire au Moyen Âge. La cathédrale et l'université de Murcie en sont de beaux exemples. Carthagène est encore plus vieille et ses ruines préromaines en témoignent. On célèbre l'Espagne du Sud pour ses nuits chaudes et ses poètes. L'Andalousie, Séville en particulier, possède une forte personnalité et de grands monuments, tels l'Alcazar, une ancienne forteresse arabe, la Torre del Oro et la maison de Pilate. La cathédrale Giralda est la plus imposante d'Espagne et vaut à elle seule le voyage en Andalousie. Cordoue, traversée par le Guadalquivir, est à voir surtout pour la mosquée. À Grenade, c'est l'Alhambra avec ses patios et ses pavillons qu'il faut voir. Les amateurs de plages chaudes apprécieront la Costa del Sol qui porte très bien son nom. Les petites villes typiques de Mijas, Jaen, Almeria et

Ronda attirent surtout les amoureux de maisons blanchies à la chaux, de paysages rocheux et de vastes champs d'oliviers. L'Espagne de l'intérieur a aussi ses trésors. La Rioja donne le très bon vin que l'on connaît et les caves de Haro se visitent à l'année longue. La Castille-Leon avec Ségovie, Avila (bien connue pour sainte Thérèse) et Burgos regorge de monuments historiques du vieux royaume de Castille. Salamanque est réputée pour son université, une des premières d'Europe, pour sa Plaza Mayor et pour ses deux cathédrales, l'une romane, l'autre gothique. Tolède possède des monuments mudéjars uniques et c'est la ville chérie de El Greco; les musées conservent une multitude de ses tableaux. C'est à Ciudad Real, capitale de la Manche, que le spectacle des moulins de Don Quichotte est à son meilleur. Les maisons suspendues de Cuenca offrent un charme médiéval unique et les murailles arabes de Guadalajara sont très bien conservées. L'Estrémadure est moins connue des touristes, et pourtant les belles villes de Cáceres, Plasencia et Mérida valent bien qu'on s'y attarde. Pampelune, en Navarre, est bien connue des amateurs de tauromachie et Saragosse, en Aragon, garde le folklore unique de cette région méditerranéenne. Pour terminer, il reste les splendeurs de Madrid : la Puerta del Sol, la Plaza Mayor, la Grand-Place entourée d'arcades, l'hôtel de ville, le Palais royal et ses jardins, le fabuleux musée du Prado (un des mieux garnis d'Europe), les nombreuses fontaines et le Théâtre royal. Les *romerias* sont des fêtes religieuses hautement colorées en Espagne : chaque village se place sous la protection d'un saint que l'on vénère au moins une fois l'an. Durant la Semaine sainte, les processions et les fêtes sont particulièrement belles, surtout à Malaga.

ACHATS

Les cuisines madrilène et castillane sont très typiques mais chaque région espagnole a sa spécialité : la *paella* de Valence, la *gazpacho* d'Andalousie, le *turron* (nougat) d'Alicante, l'eau-de-vie ou l'*orujo* du Nord et le cochonnet de Ségovie par exemple. Les vins sont corsés et le vin de Jerez (xérès) est très apprécié. La balle de cuir de la pelote basque, un jeu très ancien, constitue un souvenir rare. Le flamenco d'Andalousie et les costumes traditionnels, châles, foulards et castagnettes sont uniques à l'Espagne. On peut aussi se procurer des mosaïques de Mérida, des poteries de Guadix, des céramiques de Valence ainsi que des objets reliés à la tauromachie. Des reproductions d'oeuvres des nombreux artistes espagnols sont aussi disponibles : Picasso, Goya, Miró, Dalí, Vélasquez, etc. Le *Don Quichotte* de Cervantès doit être lu par quiconque prépare un voyage en Espagne. Les voyageuses ne devraient pas s'offusquer des *piropos*, d'inoffensifs compliments que les hommes adressent aux femmes.

T. BOGNAR / RÉFLEXION

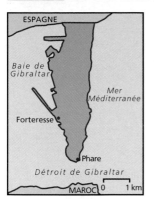

GIBRALTAR

ESPAGNE

Baie de Gibraltar

Mer Méditerranée

Forteresse

Phare

Détroit de Gibraltar

MAROC 0   1 km

POINTS D'INTÉRÊT

Du haut du rocher de Gibraltar on peut apercevoir deux continents séparés seulement par le détroit de Gibraltar ainsi que deux mers, la Méditerranée et l'Atlantique. Le Maroc et l'Espagne se disputent cet immense roc qui appartient à la couronne britannique depuis 1704. Les influences des diverses cultures qui gravitent autour de ce territoire sont très visibles : un charme européen, une vitalité arabe et une grâce africaine. Les amateurs de spéléologie voudront visiter les cavernes et les grottes du rocher qui culmine à 425 m. De nombreux artefacts préhistoriques ont été trouvés dans cette région et le musée de Gibraltar en présente une belle collection. Les vestiges mauresques, comme le palais et la mosquée, méritent le détour. Les plages de la côte est de Gibraltar sont propices aux sports nautiques et à l'exploration sous-marine, particulièrement dans la baie catalane.

ACHATS

Les prix de Gibraltar sont parmi les plus bas d'Europe : les parfums, les bijoux, les vins et les spiritueux, les cigarettes et les appareils électroniques sont vendus hors taxes. Le mélange de cultures donne une grande variété de produits même si la bière est anglaise et le whisky, écossais.

Région: Europe
Superficie: 6,5 km²
Capitale: Gibraltar
Aéroport: Gibraltar 2 km
Population: 31 690 habitants
Langue: anglais, espagnol
Religion: catholique, protestante
Régime politique: possession britannique
Voltage-cycles: 240 - 50
Vaccins obligatoires: -
" recommandés: -
Passeport: requis
Visa: non requis
Monnaie: livre de Gibraltar
1$CA= 0,46 livre
Conduite: à droite
Permis int'l: recommandé
Indicatif: 011-350
☎ du Canada: −
☎ au Canada: −
Hôtellerie: ★★★★★
Restauration: ★★★★
Transport: ★★★★
Coût de la vie: ○○
Rang selon l'ONU: -
Meilleurs mois: mai, juin, sep, oct
Jours fériés: 1 jan - 13 mars - 14,16,17 avr - 1,29 mai - 28 août - 25,26 déc

GIBRALTAR

MAURITIUS / VIDLER / RÉFLEXION

ANDORRE

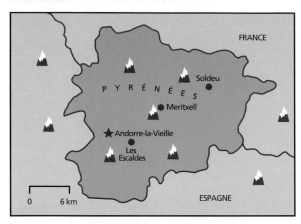

FRANCE

P Y R É N É E S

Soldeu

Meritxell

Andorre-la-Vieille

Les Escaldes

ESPAGNE

0   6 km

Région: Europe
Superficie: 453 km²
Capitale: Andorre-la-Vieille
Aéroport: -
Population: 63 930 habitants
Langue: catalan, espagnol, français
Religion: catholique
Régime politique: nouvel État constitutionnel
Voltage-cycles: 220/110 - 50
Vaccins obligatoires: -
" recommandés: -
Passeport: requis
Visa: non requis
Monnaie: peseta, franc
1SCA= 87,55 pesetas, 3,52 francs
Conduite: à droite
Permis int'l: recommandé
Indicatif: 011-33
☎ **du Canada:** –
☎ **au Canada:** –
Hôtellerie: ★★★★★
Restauration: ★★★★★
Transport: ★★★
Coût de la vie: ○○
Rang selon l'ONU: –
Meilleurs mois: juin, juil, août, déc, jan, fév
Jours fériés: 1 jan - 14-17 avr - 12,22 mai - 15 août - 8 sep - 1 nov - 25 déc

P. LESAGE

de centre de ski le plus important du pays. Le savoureux mélange de culture française et espagnole reste intact et c'est dans l'architecture de la capitale, Andorre-la-Vieille, qu'on peut le mieux le constater, notamment à la superbe église Casa del Val. Les bains des Escaldes, le sanctuaire de Meritxell, la vallée du Valira et Ordino se dessinent tous sur un fond de montagnes enneigées et de lacs tranquilles.

ACHATS

La zone hors taxes d'Andorre est l'endroit rêvé pour acheter les produits du tabac, les spiritueux et les derniers gadgets électroniques au meilleur prix en Europe. Toutefois, l'art religieux d'Andorre revêt un genre unique et l'artisan sculpte et dessine sur les *aïoses*, une ardoise que l'on trouve un peu partout.

POINTS D'INTÉRÊT

Il y avait sept siècles que la principauté d'Andorre vivait sous la tutelle de ses coprinces, le chef de l'État français et l'évêque d'Urgel, quand, en 1993, les premières élections législatives ont fait de la principauté andoranne un État souverain, membre des Nations unies. Ce nouveau statut n'a cependant rien changé à la beauté des paysages montagneux appréciés des amateurs de sports d'hiver, surtout des skieurs. Les sommets, de Portella Blanca à Arinsal, rivalisent de hauteur et de pistes sinueuses. Soldeu garde sa place

AÇORES

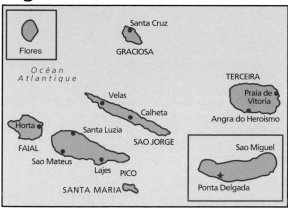

Région: Océan Atlantique
Superficie: 2 247 km²
Capitale: Ponta Delgada
Aéroport: Ponta Delgada
Population: 259 000 habitants
Langue: portugais
Religion: catholique
Régime politique: territoire portugais
Voltage-cycles: 220 - 50
Vaccins obligatoires: Fj
" recommandés: -
Passeport: requis
Visa: non requis
Monnaie: escudo
1$CA= 106.42 escudos
Conduite: à droite
Permis int'l: requis
Indicatif: 011-351
✆ du Canada: –
✆ au Canada: 05-017-1226
Hôtellerie: ★★★
Restauration: ★★★
Transport: ★★★
Coût de la vie: ○○
Rang selon l'ONU: -
Meilleurs mois: juil, août, sep
Jours fériés: 1 jan -28 fév - 14,16,25 avr -
1 mai - 10,13,24 juin - 15 août - 5 oct -
1 nov - 1,8,25 déc

POINTS D'INTÉRÊT

La légende veut que les neuf îles volcaniques des Açores soient les vestiges de l'Atlantis. Situées à plus de 1 200 km du Portugal et baignées par l'océan Atlantique, ces îles ont gardé le charme des îles vierges où la végétation est abondante et où les gens vivent au rythme de la nature. Les anciens volcans ont laissé place à de beaux lacs émeraude. L'île de Santa Maria est un vrai paradis avec ses paysages découpés de moulins, de vignobles, de grottes profondes et de plages sablonneuses. L'immense cratère tapissé de verdure de Caldeira sur l'île de Faial et les hortensias multicolores de l'île de Flores sont aussi à ne pas manquer.

ACHATS

Les céramiques peintes à la main sont la spécialité de Lagoa sur l'île de Sao Miguel. Les tissages, les cotonnades et les broderies constituent de charmants cadeaux ainsi que les poteries et les sculptures de bois inspirées de la tradition maritime. Le vin, surtout celui de l'île Pico, est agréablement fruité.

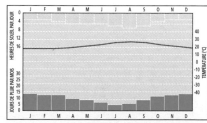

OFF. DE TOURISME DU PORTUGAL

MADÈRE-MALTE

MADÈRE

+8 +7 +6 +5 +4

POINTS D'INTÉRÊT

L'archipel de Madère est souvent comparé à un jardin flottant, à cause de la profusion des fleurs et des fruits. Les rues de la capitale Funchal sont des lacets de pierre qui sillonnent la ville basse. À ne pas manquer, la cathédrale de Sé de style manuélin et le musée d'Art sacré. Les vignobles et les *leva-*

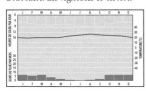

das, aqueducs qui irriguent les terres agricoles et les terrasses accrochées aux pentes des montagnes, sculptent le paysage de Madère. Les petits ports de pêche, comme Porto Moniz, et le village de Santana, considéré comme le plus joli, sont à voir. Le milieu de l'île est une haute montagne; du haut du pic Ruivo, à 1 860 m, le panorama vaut à lui seul le voyage à Madère.

ACHATS

Les vendanges du mois d'août sont l'occasion de fêtes qui se terminent évidemment par la dégustation de l'excellent vin de Madère. Les belles dentelles, les broderies et les tapisseries sont magnifiquement travaillées par les femmes du pays. C'est notamment à Madère que l'on trouve les strelitzias (oiseaux du paradis) et les jacarandas,

Région: Océan Atlantique
Superficie: 794 km²
Capitale: Funchal
Aéroport: Funchal 23 km
Population: 263 000 habitants
Langue: portugais
Religion: catholique
Régime politique: territoire portugais
Voltage-cycles: 220 - 50
Vaccins obligatoires: -
" recommandés: -
Passeport: requis
Visa: non requis
Monnaie: escudo
1$CA= 106,42 escudos
Conduite: à droite
Permis int'l: requis
Indicatif: 011-351
✆ du Canada: -
✆ au Canada: 05-017-1226
Hôtellerie: ★★★★★
Restauration: ★★★★★
Transport: ★★★★
Coût de la vie: ○○
Rang selon l'ONU: -
Meilleurs mois: juin, juil, août, sep
Jours fériés: 1 jan - 28 fév - 14,16,25 avr - 1 mai - 10,15 juin - 15 août - 5 oct - 1 nov - 1,8,25 déc

d'énormes fleurs mauves : il est strictement interdit de cueillir ces fleurs ou toute autre variété.

MALTE

+8 +7 +6 +5 +4

POINTS D'INTÉRÊT

On vient à Malte surtout pour les magnifiques plages de sable blanc mais on ne peut passer à côté de l'importance historique de cette petite île. Le musée national des Beaux-Arts de La Valette présente une belle collection des trésors des

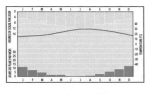

chevaliers de Malte. Le palais du grand maître et la cathédrale Saint-Jean sont incontournables pour quiconque s'intéresse à l'histoire sainte. Le musée d'Archéologie explique bien le long passé de l'île. Les sites archéologiques et les ruines historiques sont éparpillés dans l'île, notamment la grotte de Ghar Dalam à Birzebbuga où l'on a trouvé des fossiles de l'ère glaciaire, et la médina (vieille ville) de Rabat.

ACHATS

Les dentelles de Gozo sont mondialement connues pour leur finesse. Les bijoux d'argent et de cuivre ainsi que les céramiques et les poteries de l'île sont très réputés. Le vin de Malte a un goût délicat et particulier, il accompagne très bien le *bragiolo*, un plat de boeuf typique de l'île. Les

Région: Europe
Superficie: 316 km²
Capitale: La Valette
Aéroport: Luqa 8 km
Population: 366 770 habitants
Langue: maltais, anglais, italien
Religion: catholique
Régime politique: démocratie parlementaire
Voltage-cycles: 220 - 50
Vaccins obligatoires: Fj*-Cho
" recommandés: " recommandés : -
Passeport: requis
Visa: non requis
Monnaie: livre maltaise
1$CA= 0,26 livre
Conduite: à gauche
Permis int'l: requis
Indicatif: 011-356
✆ du Canada: -
✆ au Canada: -
Hôtellerie: ★★★★
Restauration: ★★★★
Transport: ★★★★
Coût de la vie: ○○
Rang selon l'ONU: 41
Meilleurs mois: juin, juil, août
Jours fériés: 1 jan - 10 fév - 19,31 mars - 14,16 avr - 1 mai - 7,29 juin - 15 août - 8,21 sep - 8,13,25 déc

reproductions de la croix des chevaliers de Malte sont, bien entendu, des souvenirs uniques.

ÎLES CANARIES

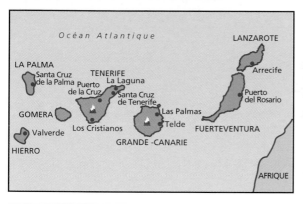

Océan Atlantique

LA PALMA
Santa Cruz
de la Palma
TENERIFE
La Laguna
Puerto
de la Cruz
Santa Cruz
de Tenerife
GOMERA
Valverde
Los Cristianos
HIERRO
GRANDE -CANARIE
Las Palmas
Telde
FUERTEVENTURA
LANZAROTE
Arrecife
Puerto
del Rosario
AFRIQUE

Région: Océan Atlantique
Superficie: 7 273 km²
Capitale: Santa Cruz de Tenerife, Las Palmas
Aéroport: Tenerife 15 km, Las Palmas 20 km
Population: 1 602 000 habitants
Langue: espagnol
Religion: catholique
Régime politique: dépendance espagnole
Voltage-cycles: 220 - 50
Vaccins obligatoires: -
" **recommandés:** -
Passeport: requis
Visa: non requis
Monnaie: peseta
1SCA= 87,55 pesetas
Conduite: à droite
Permis int'l: requis
Indicatif: 011-22 Santa Cruz, -28 Las Palmas
✆ du Canada: –
✆ au Canada: ▲900-99-0015
Hôtellerie: ★★★★
Restauration: ★★★★
Transport: ★★★
Coût de la vie: ○○○
Rang selon l'ONU: -
Meilleurs mois: avr, mai, juin
Jours fériés: 1,6 jan - 13,14,16 avr - 1,2 mai - 15 août - 12 oct - 1 nov - 6,8,25 déc

POINTS D'INTÉRÊT

L'archipel des Canaries est divisé en deux provinces : Las Palmas et Santa Cruz de Tenerife. Les Canariens ont déjà appelé leurs îles «les Fortunées» à cause de la douceur du climat; il pleut rarement et le thermomètre ne descend jamais en bas de 18 degrés. Les dragonniers millénaires de l'île de Tenerife témoignent de la longue existence de cet archipel volcanique et l'île de Grande-Canarie garde des vestiges de la population indigène maintenant disparue, les Guanches. Les villes historiques de Faldar et d'Agaete présentent beaucoup d'intérêt. C'est sur cette île et sur celle de Gomera que Christophe Colomb séjourna. La vallée d'Hermigua, sur l'île de Gomera, est un vrai paradis de bananeraies, de palmeraies et de hameaux aux maisons blanches lovés au pied des falaises. L'île de Lanzarote constitue une oeuvre géologique unique avec ses grottes, ses cratères et ses lagunes, notamment les Salines de Janubio et la Pointe de Papagayo. Les autres îles, Hierro et Fuerteventura méritent aussi le déplacement pour les plages, les paysages sculptés, notamment les rochers de Salmor, et la douceur des moeurs des Canariens.

ACHATS

L'artisanat se concentre surtout dans la broderie, la poterie et le tressage. Les vins de l'île Hierro sont délicieux. On cultive le tabac à Las Palmas et, bien sûr, les produits dérivés sont de toute première qualité. La longue tradition touristique fait des Canaries un endroit privilégié pour le voyageur. La gastronomie est essentiellement basée sur le poisson. Attention au *mojo picon*, une sauce piquante typique.

P. LESAGE

EX-U.R.S.S.

Archipel de François-Joseph — Terre du Nord — Mer de Sibérie Orientale — Nouvelle-Zemble — Mer de Kara — Îles de la Nouvelle Sibérie — Mer de Laptev — Mer de Barents — RUSSIE — Estonie — Lettonie — Lituanie — Biélorussie — Mer de Béring — Ukraine — Moldavie — Kazakhstan — Alaska (É.-U.) — Géorgie — Ouzbékistan — Kirghizistan — Océan Pacifique — Arménie — Tadjikistan — Azerbaïdjan — Turkménistan — Asie

V. PHILLIPS / REFLEXION

La Communauté des États Indépendants, la C.E.I., est habitée par plus de 300 millions de Russes, de Géorgiens, de Lettons, d'Ouzbeks, pour ne nommer que ceux-là, et chaque république possède une culture — une langue, une religion, une histoire et des traditions propres. Certaines régions sont riches en paysages extraordinaires, certaines en monuments historiques d'une splendeur inouïe; d'autres sont accablées par des guerres intestines ou des conflits internationaux. Indiscutablement, les républiques de l'ex-U.R.S.S. ont en commun la foi dans un avenir meilleur. Le voyageur pourra encourager la reprise économique qui tarde à venir en s'intéressant davantage à cette région du globe qui a tant à offrir aux amateurs d'aventures.

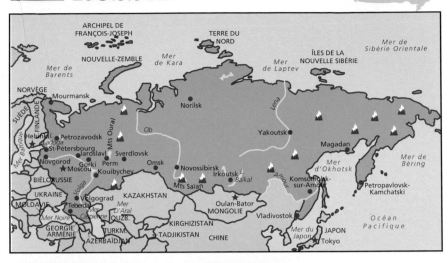

T. BOGNAR / RTÉFLEXION

Région: ex-U.R.S.S.
Superficie: 17 075 200 km²
Capitale: Moscou
Aéroport: Moscou 28 km, Saint-Pétersbourg 17 km
Population: 149 608 960 habitants
Langue: russe
Religion: orthodoxe russe
Régime politique: démocratie parlementaire
Voltage-cycles: 220 - 50
Vaccins obligatoires: -
" recommandés: -
Passeport: requis
Visa: requis
Monnaie: rouble
1$CA= 3346.31 roubles
Conduite: à droite
Permis int'l: requis
Indicatif: 011-7095
☎ du Canada: –
☎ au Canada: 8-10-800-497-7233
Hôtellerie: ★★★★
Restauration: ★★★★
Transport: ★★★★
Coût de la vie: ○○
Rang selon l'ONU: 34
Meilleurs mois: mai, juin, juil, août
Jours fériés: 1,2 jan - 8 mars - 1,9 mai - 12 juin - 7 nov - 25 déc

POINTS D'INTÉRÊT

La Russie a subi son lot de revirements et de tensions depuis quelques années : les problèmes avec la Tchétchénie, qui réclame son indépendance, et les conflits entre les Ossètes et Ingouches dans le nord du Caucase ne font que détériorer une situation déjà difficile. Les Russes, bien qu'ils soient les premiers à souffrir des aléas de la politique économique, possèdent néanmoins la plus grande partie des attraits touristiques de l'ex-U.R.S.S. Les Saint-Pétersbourgeois sont à ce titre les plus favorisés. La cité des Tsars s'étend sur la Neva : les canaux et les ponts mènent à la perspective Nevski, le palais d'Hiver, la flèche dorée de l'Amirauté, la forteresse Pierre et Paul, la cathédrale Saint-Isaac et sa merveilleuse coupole, l'Ermitage, l'ancienne résidence des tsars qui abrite une des plus vastes galeries de peintures du monde. La collection d'icônes du Musée russe vaut aussi le déplacement. Moscou est bien sûr la ville la plus connue de la Russie. Ses richesses artisti-

ques sont nombreuses : mentionnons la place Rouge, le Kremlin, le mausolée Lénine, la basilique de Basile-le-Bienheureux, l'église Saint-Nicolas-des-Tisserands, les théâtres, le ballet Bolchoï et les somptueuses stations de métro. Le Cercle d'Or permet de voir les villes-musées de la Sainte Russie : Serguiev Possad, Iaroslav, Kostroma, Souzdal, Vladimir et Novgorod. De nombreuses églises orthodoxes, toutes plus belles les unes que les autres, renferment les trésors de l'art religieux russe. La Sibérie est porteuse d'images de neige et de froid mais les rives du profond lac Baïkal et la jolie ville d'Irkoutsk vous feront changer d'avis. Le roman de Jules Verne *Michel Strogoff* présente une image très romantique de la Russie d'autrefois. La Carélie, à l'extrême nord-ouest de la Russie, près de la Finlande, est une région réputée pour la beauté du lac Onega.

ACHATS

La gastronomie n'est pas le point fort de la Russie. Pourtant, il ne faut pas passer à côté des *blinis*, de petits pâtés servis avec de la crème sure ni des *zakuski*, des hors-d'oeuvre au saumon et à l'esturgeon. La vodka russe est particulièrement bonne, le *pivo* (bière) et la *kvass*, une boisson très corsée faite de pain de seigle fermenté, sont typiques de la Russie. Le chocolat, le thé (et les samovars), les poupées gigognes, les jouets de bois, les balalaïkas, les chemises brodées à la main, les icônes et les costumes traditionnels prennent une place privilégiée dans les marchés. Les Russes sont de bons consommateurs d'alcool et un petit verre de trop fait parfois ressortir leur goût pour les conquêtes féminines : un *niet* bien ferme sera souvent suffisant.

ICÔNE DE «LA VIERGE D'HODIGITRIA»

ESTONIE

ESTONIE

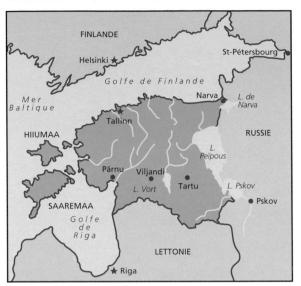

Région: ex-U.R.S.S.
Superficie: 45 100 km²
Capitale: Tallinn
Aéroport: Tallinn
Population: 1 616 890 habitants
Langue: estonien, russe
Religion: protestante
Régime politique: démocratie parlementaire
Voltage-cycles: 220 - 50
Vaccins obligatoires: -
" recommandés: -
Passeport: requis
Visa: requis
Monnaie: couronne estonienne
1$CA= 8,18 couronnes
Conduite: à droite
Permis int'l: requis
Indicatif: 011-7-0142
℃ du Canada: –
℃ au Canada: –
Hôtellerie: ★★★
Restauration: ★★★
Transport: ★★★
Coût de la vie: ○○
Rang selon l'ONU: 29
Meilleurs mois: mai, juin, juil, août
Jours fériés: 1 jan - 24 fév - 14,16 avr - 1 mai - 4,23 juin - 16 nov - 25,26 déc

POINTS D'INTÉRÊT

Les républiques baltes se démarquent du reste de la C.E.I. : la mer Baltique en est sûrement la raison. La mer confère aux rives de l'Estonie un paysage tout en douceur que rehaussent les nombreux lacs scintillants et les cours d'eau qui sillonnent le pays, comme la Narva et le lac Peïpous. Pärnu est à ce titre une station balnéaire très fréquentée grâce au climat privilégié du golfe de Riga. Tallinn, la capitale, est une ville-musée avec ses remparts qui ceignent la forteresse de Toopera et la ville basse qui garde encore un charme médiéval. La flèche de l'hôtel de ville, datant du XVe siècle, est l'une des plus anciennes d'Europe du Nord. La maison de Pierre le Grand et le palais Kadriorg, qui abrite le musée des Beaux-Arts, sont à voir. Tartu est un centre universitaire important, reconnu pour sa vitalité culturelle tandis que Narva, fondée en 1223, recèle de nombreuses traces du passage de Pierre le Grand et d'Ivan le Terrible.

ACHATS

La proximité de la mer met en vedette des produits comme le caviar et les fruits de mer. D'anciens *sovkhozes* piscicoles (fermes appartenant à l'État) feront la joie des amateurs de pêche à la ligne. Les étoffes colorées et le bois sculpté sont vendus dans tous les marchés.

J. FONTEIN

LETTONIE

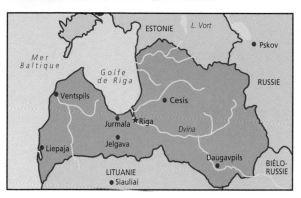

LETTONIE

Région:	ex-U.R.S.S.
Superficie:	64 500 km²
Capitale:	Riga
Aéroport:	Riga
Population:	2 749 220 habitants
Langue:	letton, russe
Religion:	catholique
Régime politique:	démocratie parlementaire
Voltage-cycles:	220 - 50
Vaccins obligatoires:	-
" recommandés:	-
Passeport:	requis
Visa:	requis
Monnaie:	lats
1$CA=	0,38 lat
Conduite:	à droite
Permis int'l:	requis
Indicatif:	011-7-0132
✆ **du Canada:**	–
✆ **au Canada:**	–
Hôtellerie:	★★★★
Restauration:	★★★★
Transport:	★★★★
Coût de la vie:	◯◯
Rang selon l'ONU:	30
Meilleurs mois:	mai, juin, juil, août
Jours fériés:	1 jan - 14,16 avr -7 mai - 14,23,24 juin - 11,18 nov - 24-26 déc

POINTS D'INTÉRÊT

Les stations balnéaires et les centres de traitement curatif sont très courus en Lettonie. La mer Baltique et les nombreuses sources d'eau et de boue minérales offrent un environnement propice à ce genre de soins. Le golfe de Riga jouit d'un climat doux et les plages y sont particulièrement paisibles, entre autres à Jurmala. Riga, la capitale est, tout au contraire, une ville historique et culturelle très animée : fondée en 1201 par l'évêque de Livonie, fondateur de l'ordre mystique des chevaliers Porte-Glaive, la ville possède plus de 200 monuments érigés entre les XIIIe et XIXe siècles. Le Dôme, la superbe cathédrale de la vieille ville, l'église Saint-Pierre et les maisons médiévales rigoises sont à voir. Ligatne sert de point de départ pour découvrir le vaste parc national de Gauja qui abrite une faune et une flore encore intouchées. Cesis (on l'appelait autrefois la perle de Vidzeme) et Rundale plairont aux amateurs d'histoire et d'architecture : le musée du Palais de Rundale présente une importante collection d'art letton et d'arts appliqués d'Europe occidentale.

ACHATS

La mer offre des poissons frais et des fruits de mer que les Lettons apprêtent savamment. L'art letton est encore très influencé par les traditions des Lives, les ancêtres des Lettons. C'est à Riga que l'on trouve les très beaux costumes traditionnels, les étoffes brodées et les pièces d'argenterie.

J. FONTEIN

LITUANIE

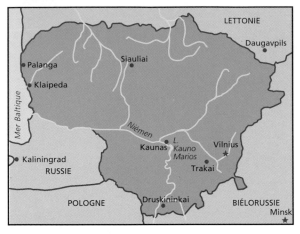

Région: ex-U.R.S.S.
Superficie: 65 200 km²
Capitale: Vilnius
Aéroport: Vilnius
Population: 3 848 390 habitants
Langue: lituanien, russe
Religion: catholique, orthodoxe
Régime politique: démocratie parlementaire
Voltage-cycles: 110/220 - 50
Vaccins obligatoires: –
" recommandés: –
Passeport: requis
Visa: requis
Monnaie: litas
1$CA= 2,94 litas
Conduite: à droite
Permis int'l: requis
Indicatif: 011-7-0122
✆ du Canada: –
✆ au Canada: –
Hôtellerie: ★★★★
Restauration: ★★★★
Transport: ★★★★
Coût de la vie: ◯◯
Rang selon l'ONU: 28
Meilleurs mois: mai, juin, juil, août
Jours fériés: 1,6 jan - 16 fév - 16 avr - 24
juin - 6 juil - 15 août - 1 nov - 25,26 déc

POINTS D'INTÉRÊT

L'enclave russe de Kaliningrad, sur le territoire de la république de Lituanie, a provoqué des tensions entre la grande Russie et la petite république : les frontières lituaniennes ne semblent pas exister pour les Russes qui veulent se rendre à Kaliningrad. Ces conflits n'empêchent pas les rives de la mer Baltique de proposer de douces plages où scintillent des perles d'ambre. Le lacs et les rivières, notamment le Niémen, s'enfoncent dans les terres boisées. Les petits villages possèdent un charme particulier qui remonte jusqu'au Moyen Âge. À Vilnius, la capitale, l'université assure la vitalité de la ville. Trakai, l'ancienne capitale, conserve des monuments médiévaux importants. La musique fait partie de la tradition lituanienne : les festivals de musique et les troupes de chanteurs se produisent un peu partout.

ACHATS

Les produits laitiers de la Lituanie sont reconnus pour leur qualité, spécialement le fromage qu'on laisse vieillir plusieurs années. L'ambre est la matière première des bijoutiers et des artisans. Le lin et les tissus fins font de beaux châles. La musique et l'art lyrique de la Lituanie sont très appréciés.

J. HUARD

BIÉLORUSSIE

LETTONIE
Daugavpils
LITUANIE
Kaliningrad
RUSSIE
Vilnius
Dvina
Vitebsk
Smolensk
•Grodno
Minsk
Moghilev
POLOGNE
RUSSIE
Dniepr
• Brest
Pripet
Gomel•
Lublin
UKRAINE
0   300 km
• Kiev

Région: ex-U.R.S.S.
Superficie: 207 600 km²
Capitale: Minsk
Aéroport: Minsk
Population: 10 404 870 habitants
Langue: biélorusse, russe
Religion: orthodoxe russe
Régime politique: démocratie parlementaire
Voltage-cycles: 220 - 50
Vaccins obligatoires: -
" recommandés: -
Passeport: requis
Visa: requis
Monnaie: dollar
1$CA= 0,74 dollar
Conduite: à droite
Permis int'l: requis
Indicatif: 011-72
✆ du Canada: –
✆ au Canada: –
Hôtellerie: ★★★
Restauration: ★★★
Transport: ★★★
Coût de la vie: ○○
Rang selon l'ONU: 40
Meilleurs mois: mai, juin, juil, août
Jours fériés: 1 jan - 8 mars - 9 mai - 27 juil

BIÉLORUSSIE

E.A. ZAITSEV / ÉD. BÉLARUS

culturelles : Minsk, la capitale, jouit à ce titre d'une grande variété d'attraits. L'opéra, le théâtre, l'université et le grand ballet, la place de la gare, presque complètement détruite durant la dernière guerre, sont très intéressants. La frontière polonaise, de Grodno à Brest, a été marquée par un passé tumultueux. À Brest, la Forteresse-Héros nous rappelle que la ville fut autrefois polonaise.

ACHATS

Les peintres biélorusses sont particulièrement prolifiques et leurs oeuvres s'inspirent autant du passé que du présent : voilà donc un excellent moyen de découvrir l'histoire de ces gens. Les tissus et les broderies occupent une part importante de l'artisanat. Les produits du tabac de la République de la Biélorussie sont de très bonne qualité. Le thé et les samovars font encore partie de la tradition russe.

POINTS D'INTÉRÊT

Après s'être battue pour obtenir son indépendance, voilà que cette nou-velle république se tourne vers la Russie pour subvenir à ses besoins. Les Biélorusses ne peuvent compter que sur leurs richesses historiques et

UKRAINE

+11 +10 +9 +8 +7

Région: ex-U.R.S.S.
Superficie: 603 700 km²
Capitale: Kiev
Aéroport: Kiev
Population: 51 846 960 habitants
Langue: ukrainien, russe
Religion: orthodoxe russe, catholique
Régime politique: démocratie parlementaire
Voltage-cycles: 110/220 - 50
Vaccins obligatoires: -
" recommandés: -
Passeport: requis
Visa: requis
Monnaie: karbovanet
1$CA= 106032,26 karbovanets
Conduite: à droite
Permis int'l: requis
Indicatif: 011-7-044
℡ du Canada: –
℡ au Canada: 8-10-0-17
Hôtellerie: ★★★★
Restauration: ★★★★
Transport: ★★★★
Coût de la vie: ○○
Rang selon l'ONU: 45
Meilleurs mois: mai, juin, juil, août
Jours fériés: 1,6,7 jan - 8 mars - 23 avr -
  1,9 mai - 24 août

N. MELIKOFF

POINTS D'INTÉRÊT

L'Ukraine est une vaste plaine où serpente le Dniepr. Les quelques montagnes du pays ceinturent la Crimée et l'extrême ouest du territoire, au pied des Carpates. La nature et la beauté du paysage sont sans doute incomparables, mais on visite surtout l'Ukraine pour sa superbe capitale, Kiev. La «ville dorée» enjambe les deux rives du Dniepr, et les bateaux-mouches constituent un bon moyen de découvrir les merveilles de la ville : la cathédrale Sainte-Sophie, célèbre pour ses fresques et ses mosaïques, et classée «patrimoine mondial» par l'UNESCO, l'église Saint-André, la cathédrale du monastère Saint-Michel, les ruines de la porte d'Or construite en 1037 et la cathédrale Saint-Vladimir. Près de Kiev se trouve le plus vieux monastère de l'ex-U.R.S.S., le Kievo-Petcherskaïa Lavra. Le musée d'Art ukrainien de la ville de Lvov est à voir. Odessa est un important centre de villégiature de la mer Noire, et la région jouit de la douceur d'un climat méditerranéen. La Crimée réclame son indépendance et ces tensions pourraient ternir la réputation des nombreuses stations balnéaires, comme Yalta et Sébastopol. Simferopol, la capitale de la Crimée, détient un pouvoir nucléaire qui en effraie plusieurs. La contamination de Tchernobyl a malheureusement supprimé la visite de toute la région du nord-est.

ACHATS

La cuisine ukrainienne est particulièrement savoureuse : *bortch* à l'ail, *galushki* à la crème sure et *kvas* au raifort sont à découvrir. Les *pysankas*, des oeufs de Pâques peints à la main, sont de véritables oeuvres d'art, de même que les icônes. On peut aussi se procurer les costumes traditionnels ukrainiens, des tissus richement colorés et des cuirs finement travaillés.

MOLDAVIE

+10 +9 +8 +7 +6

Région: ex-U.R.S.S.
Superficie: 33 700 km²
Capitale: Chisinau (Kichinev)
Aéroport: –
Population: 4 473 040 habitants
Langue: roumain, russe, ukrainien
Religion: orthodoxe
Régime politique: démocratie parlementaire
Voltage-cycles: 220 - 50
Vaccins obligatoires: -
" recommandés: -
Passeport: requis
Visa: requis
Monnaie: leu
1SCA= 3,34 leus
Conduite: à droite
Permis int'l: requis
Indicatif: 011-7
℡ du Canada:
℡ au Canada:
Hôtellerie: ★★★
Restauration: ★★★
Transport: ★★★
Coût de la vie: ○○
Rang selon l'ONU: 75
Meilleurs mois: mai, juin, juil, août
Jours fériés: 1 jan - 8 mars - 9 mai - 27 août

MOLDAVIE

POINTS D'INTÉRÊT

La Transnistrie, une nouvelle république autoproclamée à Tiraspol, et les pourparlers d'annexion avec la Roumanie ont quelque peu dérangé la paix habituelle de cette région. Dans la capitale, Chisinau (ou Kichinev), le théâtre de l'Opéra et l'orchestre philharmonique nous rappellent la vraie passion des Moldaves : la musique. Le festival de musique et de danse folkloriques de Chisinau (au mois de mars) offre une belle occasion de voir la richesse culturelle de ce peuple. On peut naviguer sur le Dniestr et découvrir de somptueux paysages et des sites historiques intéressants, notamment à Bendery : la ville possède encore des monuments datant du XIIe siècle et une superbe citadelle à huit tours.

ACHATS

Les Moldaves sont très accueillants et chaleureux : il n'est pas rare de se faire inviter à déguster le vin local ou les «champagnes» moldaves tout en écoutant une mélodie tzigane. Les produits du tabac, les eaux-de-vie ainsi que les broderies et les très beaux chapeaux font l'orgueil du pays.

N. MELIKOFF

GÉORGIE

Région: ex-U.R.S.S.
Superficie: 69 700 km²
Capitale: Tbilissi
Aéroport: Tbilissi
Population: 5 681 030 habitants
Langue: géorgien, russe, abkhaze
Religion: chrétienne, islamique
Régime politique: présidentiel
Voltage-cycles: 220 - 50
Vaccins obligatoires: -
" recommandés: -
Passeport: requis
Visa: requis
Monnaie: rouble
1$CA= 3346,31 roubles
Conduite: à droite
Permis int'l: requis
Indicatif: 011-7-8831
✆ du Canada: –
✆ au Canada: –
Hôtellerie: ★★★
Restauration: ★★★
Transport: ★★★
Coût de la vie: ○○
Rang selon l'ONU: 66
Meilleurs mois: mai, juin, juil, août
Jours fériés: 1 jan - 8 mars - 9 avr - 9 mai

POINTS D'INTÉRÊT

L'Abkhazie et la Géorgie ont signé un accord de paix : le fleuve Ingouri marque maintenant la frontière sud de la république d'Abkhazie. Il s'agit de plus de 12% du territoire de la Géorgie qui s'envole, dont une belle portion de la côte sablonneuse de la mer Noire. La Transcaucasie a subi des modifications depuis plusieurs années mais la beauté de la mer Noire est restée intacte. Les stations balnéaires de Batoumi, Kobouleti, Poti et Sochi sont particulièrement jolies. Tbilissi, sur les rives de la Koura, compte parmi les belles villes de l'ex-U.R.S.S. La ca-

thédrale de Sion, datant du VIe siècle, le château fort et les ruines de la citadelle font du vieux Tbilissi un endroit très intéressant. Le musée d'Histoire et d'Ethnographie Grishashvili raconte l'histoire de la région qui remonte jusqu'au néolitique. L'ancienne capitale, Mtskhéta, et la région vinicole de Telavi, attirent les visiteurs. Le sanatorium de Borzhomi est réputé pour la qualité de ses eaux curatives.

ACHATS

En Géorgie, ont peut se procurer des produits du tabac de l'Abkhazie, du vin de Telavi, du thé et des produits de la mer. La cuisine géor-

gienne est savoureuse, notamment le riz pilaf et les *shashliks*, des brochettes de viande. Les Géorgiens aiment beaucoup l'art lyrique et les chorales d'hommes se produisent souvent dans les lieux publics, au grand plaisir de tous.

ARMÉNIE

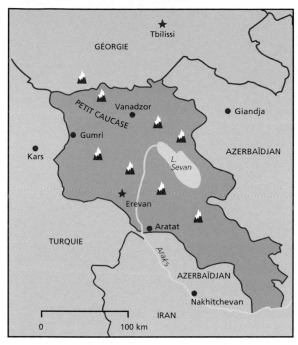

Région: ex-U.R.S.S.
Superficie: 29 800 km²
Capitale: Erevan
Aéroport: Erevan
Population: 3 521 520 habitants
Langue: arménien
Religion: chrétienne
Régime politique: démocratie parlementaire
Voltage-cycles: 220 - 50
Vaccins obligatoires: -
" recommandés: -
Passeport: requis
Visa: requis
Monnaie: dram
1$CA= 300,22 drams
Conduite: à droite
Permis int'l: requis
Indicatif: 011-7
✆ du Canada: –
✆ au Canada: –
Hôtellerie: ★★
Restauration: ★★
Transport: ★★
Coût de la vie: ○○
Rang selon l'ONU: 53
Meilleurs mois: mai, juin, juil, août
Jours fériés: 1 jan - 8 mars - 2,28 mai - 21 sep - 25 déc

ARMÉNIE

N. MELIKOFF

POINTS D'INTÉRÊT

Les républiques de la Transcaucasie n'ont pas encore profité de leur indépendance : l'Arménie est en guerre avec l'Azerbaïdjan pour le contrôle du Haut-Karabakh (habité en majorité par des Arméniens). D'autre part, la guerre civile en Géorgie et les tensions avec la Turquie, qui accuse l'Arménie d'abriter des combattants indépendantistes kurdes, ont plongé le pays dans un réel chaos, à tel point que les Arméniens ont massivement quitté leur pays, vers la Russie notamment. Le tourisme n'est pas particulièrement encouragé pour l'instant. Ce qui est malheureux pour le voyageur en quête de cité fantastique : Erevan, l'une des plus vieilles villes du monde, existe depuis plus de 3 000 ans. C'est un centre culturel et historique très important. Le beau lac Sevan et les montagnes du Caucase, en particulier le sommet de l'Ararat (à la frontière turque), où, selon la Bible, l'arche de Noé s'arrêta après le déluge, conservent leur beauté malgré les conflits.

ACHATS

L'Arménie jouit d'un climat idéal pour la culture des vignes et des arbres fruitiers, d'où l'importante production d'eaux-de-vie et de vin.

AZERBAÏDJAN

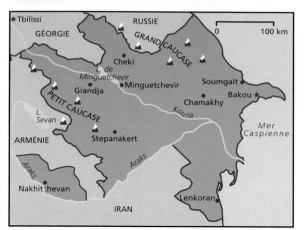

Région: ex-U.R.S.S.
Superficie: 86 600 km²
Capitale: Bakou
Aéroport: Bakou
Population: 7 684 460 habitants
Langue: azéris, turc, russe
Religion: islamique
Régime politique: démocratie parlementaire
Voltage-cycles: 220 - 50
Vaccins obligatoires: -
" recommandés: -
Passeport: requis
Visa: requis
Monnaie: manat
1$CA= 3235,16 manats
Conduite: à droite
Permis int'l: requis
Indicatif: 011-7-8922
☎ du Canada: –
☎ au Canada: –
Hôtellerie: ★★
Restauration: ★★
Transport: ★★
Coût de la vie: ○○
Rang selon l'ONU: 71
Meilleurs mois: mai, juin, juil, août
Jours fériés: 1 jan - 21,22 mars - 9 mai

POINTS D'INTÉRÊT

Le Haut-Karabakh constitue la région dangereuse de ce pays : l'Arménie et l'Azerbaïdjan se disputent ce territoire majoritairement habité par des Arméniens. La frontière iranienne, limitée par l'Araks, est aussi une région propice aux conflits. La capitale, Bakou, se trouve heureusement à l'autre extrémité du pays, sur les rives de la mer Caspienne. Il s'agit d'une ville d'histoire (elle existait déjà au IIe siècle) et d'un centre intellectuel important, particulièrement grâce à son université. Le parc Kirov, les minarets, le très beau boulevard Primorsky qui longe le bord de mer et le musée d'Art folklorique sont les principales attractions de la ville. Près de là, à Koboustan, les archéologues ont trouvé des peintures rupestres et à Chamakhy, des ruines romaines.

ACHATS

Cheki, au pied du Grand Caucase, est l'endroit où se procurer des soieries, des objets de cuivre et des poteries. Les tapis sont aussi réputés en Azerbaïdjan. Les vins de Chémakha, le thé et le shekerbur, un gâteau aux noix, sont délicieux. *Le prisonnier du Caucase*, de l'excellent écrivain russe Léon Tolstoï, se déroule en Azerbaïdjan.

KAZAKHSTAN

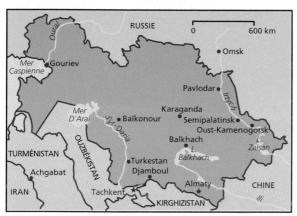

+14 +13 +12 +11 +10

KAZAKHSTAN

Région: ex-U.R.S.S.
Superficie: 2 717 300 km²
Capitale: Almaty
Aéroport: Almaty
Population: 17 267 560 habitants
Langue: kazakh, russe
Religion: orthodoxe russe, islamique
Régime politique: démocratie parlementaire
Voltage-cycles: 220 - 50
Vaccins obligatoires: -
" recommandés: -
Passeport: requis
Visa: requis
Monnaie: tengue
1$CA= —
Conduite: à droite
Permis int'l: requis
Indicatif: 011-7-3272
℃ du Canada: –
℃ au Canada: –
Hôtellerie: ★★
Restauration: ★★
Transport: ★★
Coût de la vie: ○○
Rang selon l'ONU: 61
Meilleurs mois: mai, juin, juil, août
Jours fériés: 1 jan - 8,22 mars - 9 mai - 16 déc

POINTS D'INTÉRÊT

Il y a plus de 2000 ans, le Kazakhstan était une étape sur la route de la soie. Venues d'Asie, les caravanes ramenaient des marchandises précieuses, dont des soieries de Chine. D'ailleurs, les deux pays ne sont séparés que par les très belles montagnes du Tien-Chan. Almaty, la capitale, est située au pied du mont Kop-Tupé, ce qui lui donne un air tout particulier. Le musée d'Art et le musée d'Archéologie valent le détour, de même que la cathédrale, l'un des plus imposants bâtiments de bois au monde. Les magnifiques tentes de peau, les yourtes, qui servaient aux nomades kazakhs sont exposées au complexe touristique de Kazkhski Aoul, près de la capitale. L'époque des khans, les souverains mongols, semble revivre dans la cité de Turkestan, autre poste important sur la route de la soie. Le défilé Mashat près de Chimkent, à la frontière de l'Ouzbékistan, est un site naturel de toute beauté. Malheureusement, de nombreuses centrales nucléaires ponctuent les routes du pays.

ACHATS

«Père des pommes», voilà ce que veut dire *almaty* en kazakh : le cidre et les produits dérivés de la pomoculture sont donc très populaires. Les instruments de musique, les sculptures sur bois, les cuirs et les objets de cuivre et d'étain sont toujours bien ouvragés. Les bijoux en or et en argent constituent un autre point fort des artisans.

J. HUARD

TURKMÉNISTAN

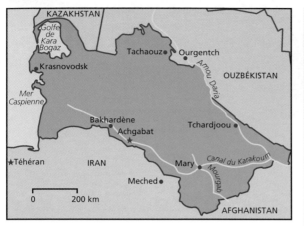

+13 +12 +11 +10 +9

Région: ex-U.R.S.S.
Superficie: 488 100 km²
Capitale: Achgabat
Aéroport: Achgabat
Population: 3 995 130 habitants
Langue: turkmène, russe
Religion: islamique
Régime politique: démocratie parlementaire
Voltage-cycles: 220 - 50
Vaccins obligatoires: -
" recommandés: -
Passeport: requis
Visa: requis
Monnaie: rouble
1$CA= 3346,31 roubles
Conduite: à droite
Permis int'l: requis
Indicatif: 011-7
✆ **du Canada:** –
✆ **au Canada:** –
Hôtellerie: ★★
Restauration: ★★★
Transport: ★★
Coût de la vie: ○○
Rang selon l'ONU: 80
Meilleurs mois: mai, juin, juil, août
Jours fériés: 1 jan - 8,22 mars - 9 mai - 27 oct

POINTS D'INTÉRÊT

Coincé dans ses relations entre la Russie et l'Iran, le Turkménistan a tout de même réussi à garder son indépendance tant économique que culturelle. Le Turkménistan, au contraire de la majorité des autres républiques de la C.E.I., possède une forte homogénéité ethnique qui favorise un climat plus serein. Achgabat, qui veut dire «ville de l'amour» en turkmène, est une capitale relativement jeune, car il y a peu de temps que ses habitants ne sont plus des nomades. Le musée d'Histoire de la ville explique bien leurs moeurs. Les magnifiques tapis turkmènes, fierté du pays, sont exposés au musée des Beaux-Arts. Il ne faut pas oublier de visiter les écuries d'Akhal Tekke où l'on élève des pur-sang, importés notamment par la reine d'Angleterre. C'est à Anaou que les archéologues ont découvert les vestiges d'une cité datant du IIIe millénaire avant Jésus-Christ. La caverne de Bakhardène cache un lac souterrain reconnu pour ses eaux curatives.

ACHATS

Les tapis turkmènes, injustement appelés «tapis de Boukhara» (qui est la ville d'Ouzbékistan où l'on vendait ces tapis), sont les meilleurs achats à faire au Turkménistan, même si les prix semblent parfois très élevés. Les immenses chapeaux d'astrakan portés par les hommes turkmènes et les soieries sont typiques du pays.

N. MELIKOFF

OUZBÉKISTAN

Région: ex-U.R.S.S.
Superficie: 447 400 km²
Capitale: Tachkent
Aéroport: Tachkent
Population: 21 608 870 habitants
Langue: ouzbek, russe, tadjik
Religion: islamique
Régime politique: démocratie parlementaire
Voltage-cycles: 220 - 50
Vaccins obligatoires: -
" recommandés: -
Passeport: requis
Visa: requis
Monnaie: rouble
1$CA= 3346,31 roubles
Conduite: à droite
Permis int'l: requis
Indicatif: 011-7-3712
✆ du Canada: —
✆ au Canada: —
Hôtellerie: ★★
Restauration: ★★
Transport: ★★
Coût de la vie: ○○
Rang selon l'ONU: 91
Meilleurs mois: mai, juin, juil, août
Jours fériés: 1 jan - 8 mars - 9 mai - 1 sep

OUZBÉKISTAN

N. MELIKOFF

POINTS D'INTÉRÊT

Cette république d'Asie centrale a connu de nombreuses occupations turques et les assauts des armées de Gengis Khan et d'Alexandre le Grand. Mille ans avant Jésus-Christ, des empires sont apparus et ont ensuite disparu. La très belle Samarcande, l'une des plus vieilles villes du monde, est sans doute le meilleur exemple de ce passé tumultueux. La ville est tellement riche en sites historiques qu'elle vaut à elle seule le voyage en Ouzbékistan : la place du Reghistan datant du XVe siècle, le mausolée et la mosquée Chakh-Zind, les mausolées de Gour-Emir et d'Ichrat-Khan du XIVe siècle en sont des exemples. Boukhara, ses 140 monuments et son minaret sont aussi à voir. La ville de Chakhrisabz est connue pour ses bains du XVe siècle et Fergana est souvent comparée à un jardin. Au nord, la pollution de la mer d'Aral fait malheureusement déserter cette région autrefois fort belle.

ACHATS

Les manteaux d'astrakan, les cuirs et les étoffes de coton sont aussi réputés que la fameuse soie d'Ouzbékistan. Les artisans tissent de beaux tapis et travaillent les objets de cuivre. *Samarcande*, le roman d'Amin Maalouf, est à lire.

KIRGHIZISTAN

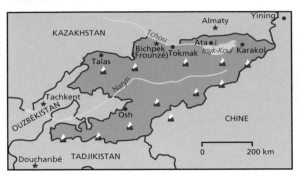

+14 +13 +12 +11 +10

Région: ex-U.R.S.S.
Superficie: 198 500 km²
Capitale: Bichpek
Aéroport: –
Population: 4 698 110 habitants
Langue: kirghize, russe
Religion: islamique
Régime politique: démocratie parlementaire
Voltage-cycles: 220 - 50
Vaccins obligatoires: -
" recommandés: -
Passeport: requis
Visa: requis
1$CA= 3346,31 roubles
Monnaie: rouble
Conduite: à droite
Permis int'l: requis
Indicatif: 011-7
℡ du Canada: –
℡ au Canada: –
Hôtellerie: ★★
Restauration: ★★
Transport: ★★
Coût de la vie: ○○
Rang selon l'ONU: 82
Meilleurs mois: mai, juin, juil, août
Jours fériés: 1 jan - 8 mars - 9 mai - 23,31 août - 2 déc

POINTS D'INTÉRÊT

Conquise par les Mongols au XIIIe siècle, la Kirghizie a toujours gardé un lien avec les traditions nomades de ses ancêtres. Des peintures rupestres et des artefacts datant de la nuit des temps ont été trouvés dans les environs de Bichpek, la capitale. Le musée des Beaux-Arts et le musée d'Histoire retracent la longue histoire de la région. Bichpek est une ville de verdure au climat agréable. La nature est très belle dans tout le pays, notamment près du défilé d'Ala-Artcha où apparaît un paysage de rochers escarpés, de forêts de genévriers et de cascades claires. Le pic Pobiedy et son sommet enneigé, dans le Tien-Chan, plaira aux amateurs d'alpinisme.

ACHATS

Le tabac, le cuir, les broderies et les tricots de laine représentent les principaux produits du pays, ainsi que les parfums tirés des nombreuses plantes aromatiques qui embaument la vallée de Fergana.

N. MELIKOFF

TADJIKISTAN

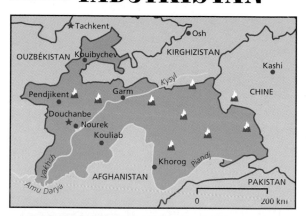

Région: ex-U.R.S.S.
Superficie: 143 100 km²
Capitale: Douchanbe
Aéroport: –
Population: 5 995 470 habitants
Langue: tadjik, ouzbek
Religion: islamique
Régime politique: démocratie parlementaire
Voltage-cycles: 220 - 50
Vaccins obligatoires: -
" recommandés: -
Passeport: requis
Visa: requis
Monnaie: rouble russe
1$CA= 3346,31 roubles
Conduite: à droite
Permis int'l: requis
Indicatif: 011-7
✆ du Canada: –
✆ au Canada: –
Hôtellerie: ★
Restauration: ★
Transport: ★
Coût de la vie: ○○
Rang selon l'ONU: 97
Meilleurs mois: mai, juin, juil, août
Jours fériés: 1 jan - 8 mars - 9 mai - 9 sep

TADJIKISTAN

N. MELINKOFF

50 000 morts dans les populations tadjiks. Le Tadjikistan est un bel exemple de ce que certains appellent «l'islam remodelé à la soviétique». Douchanbe, la capitale, n'est malheureusement pas à l'abri des tirs afghans. On ne saurait être trop pessimiste en ce qui a trait à l'avenir de cette partie d'Asie centrale. Pourtant, le pays possède bien des attraits historiques, comme le site archéologique de l'ancienne Pendjikent et la forteresse de Hissar. Les beautés naturelles ne manquent pas non plus, par exemple les gorges du Varzob et le pic Lénine.

ACHATS

La culture des géraniums et des roses est à la base de l'industrie des parfums du Tadjikistan. Les manteaux d'astrakan, les étoffes de coton, les broderies et la soie ont très bonne réputation. Les tapis font l'orgueil des tisserands du pays.

POINTS D'INTÉRÊT

Le Tadjikistan est en guerre avec l'Afghanistan islamiste intégriste qui voudrait le ramener à ses valeurs religieuses. Toute la frontière sud du Tadjikistan est considérée comme une vraie poudrière qui risque de sauter incessamment. Cette guerre a déjà fait plus de

MOYEN-ORIENT

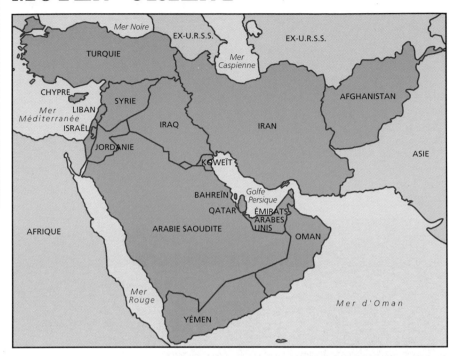

BOB BURCH / RÉFLEXION

L e Moyen-Orient désigne une région du globe où le puzzle religieux, ethnique et culturel est des plus effervescents. On entend habituellement par Moyen-Orient tout le territoire entre les rives orientales de la Méditerranée et la rive nord de l'océan Indien (ou mer d'Oman), à la frontière de l'Asie. Le Moyen-Orient fait alors opposition à l'Extrême-Orient qui désigne l'Asie. Le christianisme, le judaïsme et l'islam sont nés dans ces contrées; la religion est donc un élément primordial de la vie quotidienne. Le voyageur devra bien connaître les allégeances de chaque pays afin de ne froisser personne et d'éviter les situations difficiles : les chavire-ments de valeurs sont chose courante pour les voyageurs. Les richesses archéologiques et le fabuleux bagage historique des pays du Moyen-Orient font de cette région une destination de choix pour l'amateur de cités perdues et de déserts mystérieux.

TURQUIE

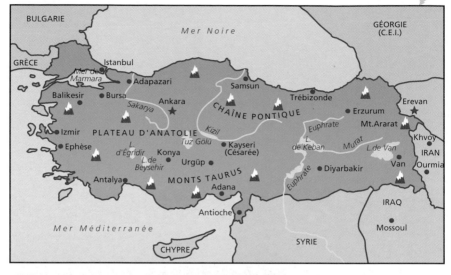

+10 +9 +8 +7 +6

RÉFLEXION

Région: Moyen-Orient
Superficie: 780 580 km²
Capitale: Ankara
Aéroport: Ankara 35 km, Istanbul 24 km
Population: 62 153 898 habitants
Langue: turc, kurde
Religion: islamique
Régime politique: démocratie parlementaire
Voltage-cycles: 220 - 50
Vaccins obligatoires: –
" recommandés: –
Passeport: requis
Visa: non requis
Monnaie: livre turque
1$CA= 33119,35 livres
Conduite: à droite
Permis int'l: requis
Indicatif: 011-90
✆ **du Canada:** 1-800-463-9433
✆ **au Canada:** ▲00-800-16677
Hôtellerie: ★★★★
Restauration: ★★★★
Transport: ★★★★
Coût de la vie: ○
Rang selon l'ONU: 68
Meilleurs mois: juin, juil, août
Jours fériés: 1 jan - 4 mars - 23 avr -
11,19 mai - 30 août - 29 oct

POINTS D'INTÉRÊT

La Turquie, c'est d'abord Istanbul : une ville qui portait autrefois les noms magiques de Constantinople et de Byzance, un port d'entrée vers l'Europe à l'ouest et vers l'Asie, à l'est. Les quartiers byzantins et ottomans conservent les plus beaux monuments historiques de la ville, notamment la basilique Sainte-Sophie dont les fondations datent de l'an 425, la mosquée Suleymaniye, vieille de 450 ans et la très belle mosquée bleue, orgueil de la ville. La Kahriye Camii, le Topkapi Sarayi (résidence impériale) les vestiges de l'Hippodrome et les nombreux musées, dont celui de l'Ancien Orient et celui des Antiquités sont à voir absolument. Le Kapali Carsi (grand bazar) est l'un des plus grands marchés couverts au monde et vaut à lui seul le voyage en Turquie. Attention aux voleurs à la tire! Les rives du Bosphore sont plantées de palais et de magnifiques jardins que l'on peut admirer en bateau. Ailleurs en Turquie, les villes de Bursa et d'Éphèse conservent des vestiges de l'époque ottomane et Ankara, la capitale, est considérée comme une ville-musée à cause de ses nombreu-

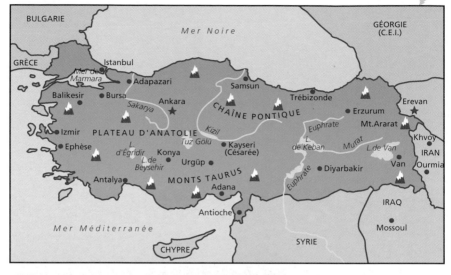

REFLEXION

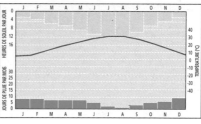

ses ruines romaines. Le Musée hittite et le musée d'Archéologie d'Ankara expliquent bien la longue histoire de cette région. La Cappadoce est une merveille géologique unique à la Turquie : des formations volcaniques forment un paysage lunaire de cheminées blanches au coeur d'une vallée rocheuse. La région d'Urgüp est aussi surprenante avec ses habitations troglodytiques. Konya est réputé pour son couvent de derviches tourneurs, une confrérie aux rituels aussi fantastiques qu'étranges. Le mont Ararat où, dit-on, Noé s'est arrêté après le déluge, est une expédition malheureusement devenue un peu trop dangereuse dans cette région aux prises avec des conflits armés. À l'autre extrémité du pays, la mer Égée et la Méditerranée proposent de superbes plages et des stations balnéaires. Le conflit kurde a peut-être un peu ralenti l'industrie du tourisme en Turquie; cependant, le voyageur ne sera pas affecté s'il reste dans les circuits touristiques habituels.

ACHATS

La cuisine turque est savoureuse : il faut goûter au *tarhana corbasi*, une soupe de yogourt aux tomates, aux *zeytin*, des olives, et au *kofte*, des boulettes de viande épicée. Le *raki*, un alcool anisé , est la boisson nationale. Les vignobles de la Thrace et de l'Anatolie produisent un vin délicieux. Le coton, la laine, le mohair et la soie d'Adana, d'Izmir et de Bursa sont réputés. Les tapis de Turquie jouissent d'une réputation qui remonte à l'époque ottomane et les objets de cuivre sont toujours merveilleusement ouvragés. Les pipes à eau, *houka*, vous sembleront de bons achats mais ne vous laissez pas tenter : tout ce qui touche à la drogue (de près ou de loin) est strictement défendu en Turquie, surtout pour les touristes. Les femmes, à l'extérieur des grandes villes, sont voilées. La voyageuse devra donc s'efforcer d'être la plus discrète possible. Certaines régions du centre et de l'est du pays sont même déconseillées aux femmes voyageant seules. Sachez toujours où se trouve le poste de police le plus près. Si vous voulez faire l'expérience des *hammams*, les bains turcs, soyez respectueux des règlements.

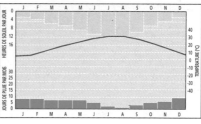

CHYPRE

ZONE TURQUE
Kyrenia
Mts CARPAS
Mts TROGHODHOS
Nicosie
Famagouste
Paphos
Larnaka
Limassol
Lattaquié
SYRIE
Tripoli
LIBAN
Mer Méditerranée

Région: Moyen-Orient
Superficie: 9 251 km²
Capitale: Nicosie
Aéroport: Larnaka
Population: 730 084 habitants
Langue: grec, turc, anglais
Religion: grecque orthodoxe, musulmane
Régime politique: démocratie parlementaire
Voltage-cycles: 240 - 50
Vaccins obligatoires: -
" recommandés: Ty-Po
Passeport: requis
Visa: non requis
Monnaie: livre chypriote
1$CA= 0,32 livre
Conduite: à gauche
Permis int'l: recommandé
Indicatif: 011-357
☎ du Canada: 1-800-463-3053
☎ au Canada: ▲ 080-900-12
Hôtellerie: ★★★★
Restauration: ★★★★
Transport: ★★
Coût de la vie: ○
Rang selon l'ONU: 26
Meilleurs mois: mai à oct
Jours fériés: 1,19 jan - 25 mars -
1, 21-24 avr - 1 mai - 15 août - 1, 20 oct -
15 nov - 25 déc

POINTS D'INTÉRÊT

L'île de Chypre est toujours divisée : le nord est revendiqué par la Turquie, et le sud par la Grèce. Ces deux pays se disputent les charmes de l'île. Le conflit n'empêche toutefois pas les touristes de profiter des plages magnifiques, de la beauté des monastères chypriotes et des attraits historiques : les Templiers ont habité le château de la ville de Limassol, mieux connue pour ses plages. Le massif de Troghodhos (Troodos en grec) est une région de petits villages, de monastères perchés à flanc de montagne et de sentiers en forêt. Platres constitue un bon point de départ pour visiter la région. À Nicosie, la frontière rappelle vaguement le mur de Berlin. On s'y rend surtout pour l'immense palais byzantin de l'archidiacre de Chypre et pour le musée de Chypre qui présente une belle collection d'artefacts datant de l'époque néolithique. La zone turque de Nicosie s'enorgueillit de l'ancienne cathédrale Sainte-Sophie, maintenant appelée la mosquée Selimiye. Kyrenia possède un superbe château médiéval et une vieille ville pittoresque.

ACHATS

Les parfums de Limassol, les dentelles de Lefkara et les tapis de Paphos sont avec l'ouzo, un alcool anisé, et le vin chypriote, les meilleurs achats à faire.

HEURES DE SOLEIL PAR JOUR
JOURS DE PLUIE PAR MOIS
TEMPÉRATURE (°C)
J F M A M J J A S O N D

SYRIE

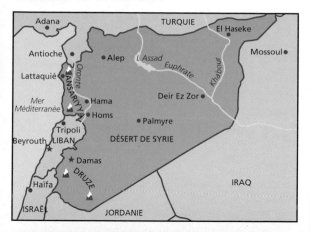

Région: Moyen-Orient
Superficie: 185 180 km²
Capitale: Damas
Aéroport: Damas 30 km
Population: 14 886 672 habitants
Langue: arabe
Religion: islamique
Régime politique: présidentiel
Voltage-cycles: 220 - 50
Vaccins obligatoires: Fj*
" recommandés: Cho-Ty-Po-Mal
Passeport: requis
Visa: requis
Monnaie: livre syrienne
1$CA= 31,65 livres
Conduite: à droite
Permis int'l: requis
Indicatif: 011-963
✆ **du Canada:** –
✆ **au Canada:** –
Hôtellerie: ★★★★
Restauration: ★★★★
Transport: ★★★
Coût de la vie: ○○
Rang selon l'ONU: 73
Meilleurs mois: avr, mai, oct
Jours fériés: 1 jan - 4,8,21,22 mars - 16,17 avr - 1,6,11,31 mai - 8 août - 25 déc

SYRIE

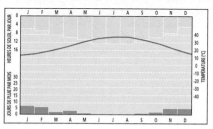

POINTS D'INTÉRÊT

Des pays du Moyen-Orient, la Syrie tient une place à part en ce qui concerne le tourisme : à Damas, la capitale, les boîtes de nuit et les rues animées sont fréquentées par une population bigarrée d'hommes et de femmes, de chrétiens et de musulmans. La tolérance et la diversité culturelle font du pays une destination de choix pour le voyageur en quête de la saveur du Moyen-Orient. Damas constitue également un bon point de départ pour visiter le pays : les vestiges historiques comme la chapelle Anani et la très belle mosquée des Umayyades méritent le détour, tout autant que les souks et les ruelles de la vieille partie de la ville. À Palmyre, une oasis dans le désert, il ne faut pas manquer les ruines du sanctuaire de Bêl, les arcades et les caveaux funéraires datant du IIe siècle. Alep est bien connue pour sa magnifique citadelle et pour son bazar couvert qui abrite des magasins et des mosquées, dont certaines du XVIe siècle. La rive méditerranéenne, principalement à Lattaquié, offre un endroit idéal pour les sports nautiques et les bains de soleil.

ACHATS

La confiture de roses de Damas, le tabac d'Alep et les pièces de bois d'olivier sont des spécialités syriennes. Les souks offrent des produits provenant des quatre coins du pays, en particulier des friandises à base de pistaches, de pignons et d'amandes que l'on sert avec le délicieux thé à la menthe.

IRAQ

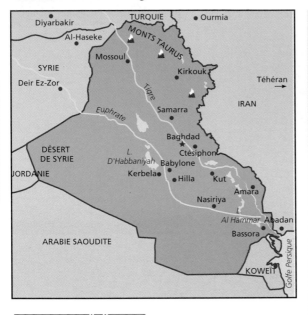

Région: Moyen-Orient
Superficie: 437 072 km²
Capitale: Baghdad
Aéroport: Baghdad 17 km
Population: 19 889 666 habitants
Langue: arabe, kurde
Religion: islamique shiite
Régime politique: militaire
Voltage-cycles: 220 - 50
Vaccins obligatoires: Fj*-Cho*
" recommandés: Ty-Po-Mal
Passeport: requis
Visa: requis
Monnaie: dinar iraqien
1$CA= 0,44 dinar
Conduite: à droite
Permis int'l: requis
Indicatif: 011-964
✆ du Canada: –
✆ au Canada: –
Hôtellerie: ★★
Restauration: ★★
Transport: ★★
Coût de la vie: ○○
Rang selon l'ONU: 100
Meilleurs mois: avr, oct
Jours fériés: 1,6 jan - 8 fév - 4,21 mars -1,11, 31 mai - 10 juin - 14,17 juil - 8 août

POINTS D'INTÉRÊT

Pour certains, Baghdad et Babylone sont des noms qui évoquent les tapis magiques et les belles princesses voilées de soieries dorées. Pour d'autres, l'Iraq, sous la gouverne de Saddam Hussein, est responsable des tensions avec le Kurdistan et l'Iran, de même qu'avec le Koweït, la Syrie et la Turquie! Le pays a été le berceau des grandes époques et civilisations de l'histoire : la Mésopotamie, l'empire assyrien et la Babylonie. L'Iraq est riche en ruines d'une impressionnante beauté, notamment à Bassorah et à Mossoul. Samarra, Fao et Nasiriya possèdent des monuments datant de l'ère des califes Abbassides, c'est-à-dire de l'an 750 à l'an 1258. Malheureusement, Baghdad garde encore des marques vives de la guerre du Golfe.

ACHATS

L'art de travailler l'étain est à l'honneur en Iraq : les souks offrent des objets usuels (pots, vases, assiettes) finement ciselés. Les tapis, les peaux de mouton et la laine sont des spécialités de Baghdad.

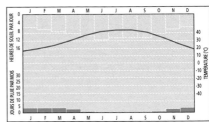

 # IRAN

Région: Moyen-Orient
Superficie: 1 648 000 km²
Capitale: Téhéran
Aéroport: Téhéran 11 km
Population: 65 615 474 habitants
Langue: persan
Religion: islamique
Régime politique: république islamique
Voltage-cycles: 220 - 50
Vaccins obligatoires: Hj*-Cho*
" recommandés: Ty-Po-Mal
Passeport: requis
Visa: requis + permis de séjour
Monnaie: rial
1$CA= 2208.30 rials
Conduite: à droite
Permis int'l: requis + carnet de passage
Indicatif: 011-98
☎ **du Canada:** –
☎ **au Canada:** –
Hôtellerie: ★★
Restauration: ★★
Transport: ★★
Coût de la vie: ◐◐
Rang selon l'ONU: 86
Meilleurs mois: avr, oct
Jours fériés: 11 fév - 4,20-24 mars - 1,2 avr
- 11,24,31 mai - 4,5,10 juin - 8 août

IRAN

POINTS D'INTÉRÊT

Les tensions persistent entre la communauté internationale et l'Iran : l'intégrisme islamiste a beaucoup freiné le tourisme dans ce pays. Les hommes qui possèdent un permis de séjour pourront toutefois visiter le triangle d'or des villes antiques d'Hamadan, Kermanshah et Khorrambad. Ispahan et Persépolis recèlent des merveilles historiques et archéologiques. À Téhéran, il faut voir les mosquées du Chah et de Sepahsalar, avec ses huit minarets, et le Musée archéologique. Les amateurs d'art ancien seront par ailleurs choyés au musée d'Art décoratif où sont exposées de magnifiques pièces d'art islamique. Les plus petites villes de Rey, Varamin et Shemshak ont conservé un cachet bien particulier.

ACHATS

On ne boit pas d'alcool en Iran, mais on mange très bien : le *chelo khoresh*, un plat de riz et de légumes nappé d'une sauce aux noix, et le *polo chirin*, un riz parfumé au safran, constituent des mets très fins.

Les tapis et les soieries d'Iran sont riches d'une tradition millénaire venant directement de l'ancienne Perse. La beauté des sculptures de bois, travaillées comme de fines dentelles, n'a d'égale que celle des bijoux ciselés dans l'or et l'argent. Les céramiques et les cuirs ont aussi très bonne réputation.

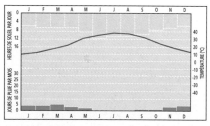

RÉFLEXION

AFGHANISTAN

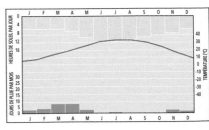

+12 +11 +10 +9 +8

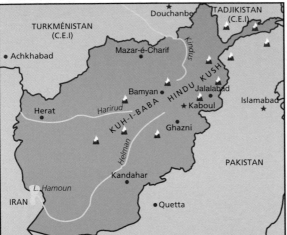

Région: Moyen-Orient
Superficie: 647 500 km²
Capitale: Kaboul
Aéroport: Kaboul 16 km
Population: 16 903 400 habitants
Langue: pushtu, dari
Religion: islamique
Régime politique: militaire islamique
Voltage-cycles: 220 - 50
Vaccins obligatoires: Fj*-Cho
" **recommandés:** Mal
Passeport: requis
Visa: requis
Monnaie: afghani
1$CA= 3459,67 afghanis
Conduite: à droite
Permis int'l: requis
Indicatif: service limité
✆ **du Canada:** –
✆ **au Canada:** –
Hôtellerie: ★
Restauration: ★
Transport: ★
Coût de la vie: ○
Rang selon l'ONU: 171
Meilleurs mois: mai, oct
Jours fériés: 4,21 mars - 28 avr - 1,4,11 mai - 10 juin - 8,19 août

S.D.P / RÉFLEXION

é Charif, le très beau tombeau du calife Ali. Les ruines des stûpas et des monastères bouddhiques de la ville de Hadda sont tapissées de fresques de l'art du Gandhara datant des Ier et Ve siècles.

ACHATS

L'Afghanistan se spécialise dans l'art de traiter les peaux de mouton : gilets, chapeaux, manteaux et couvertures sont particulièrement prisés. Les tapis, la joaillerie et la céramique sont aussi de première qualité. La soie de Herat garde la même finesse qu'à l'époque du commerce de la route de la soie.

POINTS D'INTÉRÊT

Kaboul, la capitale, est maintenant presque complètement détruite après avoir subi plusieurs années de guerre civile. La guerre avec le Tadjikistan et les tensions politiques avec l'Ouzbékistan et l'Iran ne font que précipiter le pays dans une radicalisation islamiste. Les superbes montagnes de l'Hindu Kush, à la frontière pakistanaise, sont mal-heureusement le berceau des plus violents combats, mais Bamyan reste le point de départ des excursions vers ces hauts sommets. Les petites villes de Kandahar et de Herat offrent un charme particulier. Il faut voir à Begram les superbes sculptures d'ivoire et à Mazar-

LIBAN

+10 +9 +8 +7 +6

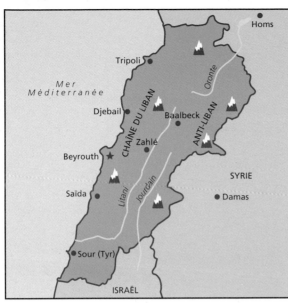

Région: Moyen-Orient
Superficie: 10 400 km²
Capitale: Beyrouth
Aéroport: Beyrouth 16 km
Population: 3 620 395 habitants
Langue: arabe, français
Religion: islamique, chrétienne
Régime politique: démocratie parlementaire
Voltage-cycles: 220 - 50
Vaccins obligatoires: Fj*
" recommandés: Cho-Ty-Po
Passeport: requis
Visa: requis
Monnaie: livre libanaise
1$CA= 1189,91 livres
Conduite: à droite
Permis int'l: recommandé
Indicatif: 011-961
✆ du Canada: –
✆ au Canada: –
Hôtellerie: ★★★
Restauration: ★★★★
Transport: ★★★
Coût de la vie: ○○
Rang selon l'ONU: 103
Meilleurs mois: mars, avr, mai
Jours fériés: 1 jan - 9 fév - 4 mars -
  14,16,17, 21-24 avr - 1,11,31 mai - 10
  juin -8,15 août - 1,22 nov - 25,31 déc

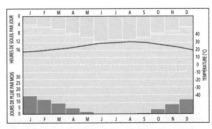

POINTS D'INTÉRÊT

Beyrouth et Tripoli n'ont plus la splendeur qu'elles avaient avant la guerre, mais le Liban s'efforce de reprendre son image de «Suisse du Moyen-Orient». Les voyageurs pourront facilement oublier les traces laissées par les saccages de la guerre et se concentrer sur les richesses historiques et la beauté des paysages. On prétend que Byblos (ou Djebail) est la plus vieille ville du monde : la cité existait déjà au IIIe millénaire avant l'ère chrétienne. Aujourd'hui, c'est une jolie ville portuaire. Tyr (ou Sour) possède une arène, et Saïda, d'anciennes fortifications. Le Liban séduit surtout à cause de sa splendeur : plages méditerranéennes, vallées profondes, plaines désertiques et forêts de pins. Les amateurs d'escalade pourront s'attaquer aux monts de Galilée qui culminent à 3 090 mètres, au Kornet el Saouda.

ACHATS

Le cèdre est l'emblème du pays; malheureusement, les forêts de cèdres n'existent presque plus au Liban. Les vignobles produisent un excellent vin rosé qui accompagne à merveille la délicieuse cuisine libanaise. Le tahini, une pâte de sésame, et le yogourt sont à la base de plusieurs plats. Les tissus, le verre et l'étain font de bons cadeaux. L'argent et l'or sont finement travaillés.

P. LESAGE

ISRAËL

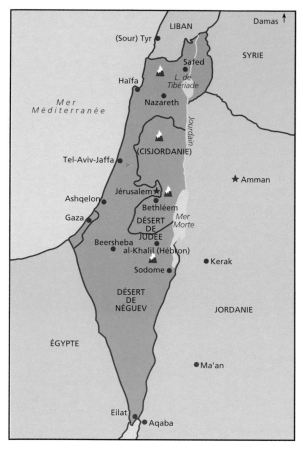

+10 +9 +8 +7 +6

Région: Moyen-Orient
Superficie: 20 770 km²
Capitale: Jérusalem
Aéroport: Tel Aviv 20 km
Population: 5 050 850 habitants
Langue: hébreu, arabe, anglais
Religion: juive, islamique
Régime politique: démocratie parlementaire
Voltage-cycles: 220 - 50
Vaccins obligatoires: -
" recommandés: Ty-Po
Passeport: requis
Visa: non requis
Monnaie: shekel, dollar américain
1$CA= 0,74 dollar
Conduite: à droite
Permis int'l: recommandé
Indicatif: 011-972
℃ **du Canada:** 1-800-463-1148
℃ **au Canada:** 177-105-2727
Hôtellerie: ★★★★
Restauration: ★★★★
Transport: ★★★★
Coût de la vie: ○○
Rang selon l'ONU: 19
Meilleurs mois: mai, juin, sep, oct
Jours fériés: 16 mars - 15,20,29 avr -
4,5 juin - 25,26 sep - 4,9,16,17 oct -
18-25 déc

RÉFLEXION

POINTS D'INTÉRÊT

L'accord israélo-palestinien a mérité à messieurs Rabin et Arafat le prix Nobel de la paix pour l'année 1994. Cet événement est en soi un tournant majeur dans l'histoire de cette région profondément touchée par les affrontements qui durent depuis la création de l'État d'Israël : en hébreu, Jérusalem veut dire «la paix apparaîtra». La Terre Sainte est caractérisée par la grande diversité des ethnies et des religions qui s'y côtoient. Les juifs du monde entier, comme les chrétiens et les musulmans, viennent ici en pèlerinage, notamment à Jérusalem, la ville sacrée. Le mur des Lamentations, le dôme de pierre, le Saint-Sépulcre, le Golgotha et la Via Dolorosa représentent, avec la mosquée d'Omar, les principaux attraits de la ville. Les noms des villes qui apparaissent dans la Bible tracent les circuits à visiter : de Bethléem à Nazareth en passant par Sodome et Gomorrhe. Haïfa est un bon point de départ pour visiter la Galilée. Eilat s'ouvre sur la mer Rouge avec un magnifique massif de corail qui plaira aux amateurs de plongée sous-marine. La région du Néguev était anciennement un désert; aujourd'hui, les orangeraies et les oliveraies ont transformé la région en un immense jardin. On ne peut visiter Israël sans vivre l'expérience des kibboutz, ces exploitations agricoles coopératives uniques à ce pays.

ACHATS

Les diamants, les pierres précieuses et les céramiques qui s'inspirent des grands thèmes religieux occupent une bonne place dans les marchés.

JORDANIE

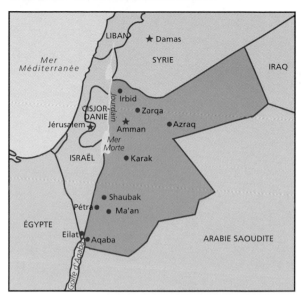

Région: Moyen-Orient
Superficie: 89 213 km²
Capitale: Amman
Aéroport: Amman 32 km
Population: 3 961 194 habitants
Langue: arabe, anglais
Religion: islamique
Régime politique: monarchie parlementaire
Voltage-cycles: 220 - 50
Vaccins obligatoires: -
" recommandés: Cho-Ty-Po
Passeport: requis
Visa: requis
Monnaie: dinar jordanien
1$CA= 0,51 dinar
Conduite: à droite
Permis int'l: requis
Indicatif: 011-962
☎ du Canada: 1-800-447-8481
☎ au Canada: 18-800-962
Hôtellerie: ★★★
Restauration: ★★★
Transport: ★★★
Coût de la vie: ○○
Rang selon l'ONU: 98
Meilleurs mois: déc, jan, fév, mars, avr
Jours fériés: 1 jan - 4 mars - 16 avr -
1,11,25,31 mai - 10 juin - 8,11 août -
14 nov - 25,26,31 déc

JORDANIE

POINTS D'INTÉRÊT

Le Jourdain est l'un des fleuves du monde que l'histoire a le plus marqué : les Hébreux l'ont traversé à pied sec, Jean Baptiste y a baptisé Jésus et la vallée qui l'entoure est une terre miraculeusement fertile où poussent les raisins et les figues. Les richesses historiques de la Jordanie foisonnent et proviennent de civilisations fort variées : les Hébreux, les Grecs, les Romains, les Byzantins, les Arabes, les croisés et les Ottomans ont laissé des vestiges mais aussi une ouverture sur le monde, unique en ces terres du Moyen-Orient. À Amman, la capitale, les Romains ont laissé un théâtre datant du IIe siècle, et les Umayyades, un palais somptueux. Le musée d'Archéologie présente une fabuleuse collection de découvertes faites en sol jordanien. À Jerash, le temple d'Artémis, l'arc de triomphe, l'hippodrome et l'allée de colonnes sont incomparables. Pétra (ou Al-Batra), l'ancienne capitale des Nabatéens, abrite le fascinant Khaznah, le Trésor des pharaons : il s'agit d'une ville creusée à même le roc dans un tranquille paysage de canyons rouges et ocres. Aqaba est réputée pour la beauté des massifs coralliens qui tapissent le fond du golfe du même nom.

ACHATS

Le bois d'olivier sert à la fabrication d'objets usuels, en particulier les très jolies tables de jacquet, un jeu populaire en Jordanie. L'arak est disponible partout, de même que le thé à la menthe accompagné de pignons. Les femmes (les hommes aussi) doivent toujours avoir les épaules et les cuisses couver-

tes : d'abord pour se protéger du soleil et aussi pour rester discret. Il n'est pas recommandé aux femmes de s'aventurer seules dans les régions moins peuplées.

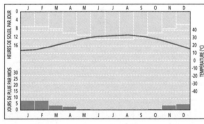

J. HUARD

ARABIE SAOUDITE

+11 +10 +9 +8 +7

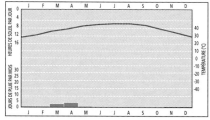

Région: Moyen-Orient
Superficie: 1 960 582 km²
Capitale: Riyad
Aéroport: Riyad 35 km, Djeddah 17 km
Population: 18 196 783 habitants
Langue: arabe
Religion: islamique shiite
Régime politique: monarchie
Voltage-cycles: 220 - 50
Vaccins obligatoires: Fj*-Cho*
" recommandés: Ty-Po-Mal
Passeport: requis - tampon d'Israël refusé
Visa: requis
Monnaie: riyal saoudien
1$CA= 2,76 riyals
Conduite: à droite
Permis int'l: requis
Indicatif: 011-966
✆ du Canada: –
✆ au Canada: –
Hôtellerie: ★★★★
Restauration: ★★★
Transport: ★★★★
Coût de la vie: ○○○
Rang selon l'ONU: 67
Meilleurs mois: déc, jan, fév, mars, avr
Jours fériés: 4 mars - 11,31 mai - 23 sep

POINTS D'INTÉRÊT

L'Arabie Saoudite c'est surtout La Mecque, la ville-berceau de l'Islam avec la Grande Mosquée et le Ka'ba. Cette merveille de l'histoire des califes et lieu premier des prédications de Mahomet n'est malheureusement pas accessible aux visiteurs non musulmans. Le tourisme n'est pas encouragé dans ce pays. Toutefois, les hommes d'affaires, invités par les grandes sociétés pétrolières saoudiennes, pourront visiter Riyad, la capitale, les marchés de Djeddah et la côte corallienne de la mer Rouge. Les femmes d'affaires ne sont pas encore très bien intégrées à la vie économique et la femme saoudienne n'apparaît pas sur la scène publique.

ACHATS

Le mouton et le *kabsah*, un riz à la viande, sont les mets que l'on sert habituelllement aux invités : si on ne vous offre pas d'ustensi-

les, il est préférable de manger avec sa main droite uniquement. Les souks (marchés) proposent de tout, de l'or aux figues fraîches en passant par les appareils électroniques, mais attention : les prix sont exorbitants!

RÉFLEXION

KOWEÏT

Région: Moyen-Orient
Superficie: 17 820 km²
Capitale: Koweït
Aéroport: Koweït 16 km
Population: 1 819 322 habitants
Langue: arabe
Religion: islamique
Régime politique: monarchie
Voltage-cycles: 240 - 50
Vaccins obligatoires: Fj*-Cho*
" recommandés: Ty-Po
Passeport: requis
Visa: requis
Monnaie: dinar du Koweït
1$CA= 0,22 dinar
Conduite: à droite
Permis int'l: requis
Indicatif: 011-965
☎ du Canada: –
☎ au Canada: –
Hôtellerie: ★★★★
Restauration: ★★★★
Transport: ★★★★
Coût de la vie: ○○○
Rang selon l'ONU: 51
Meilleurs mois: déc, jan, fév, mars, avr
Jours fériés: 19 jan - 25 fév - 1,4 mars - 11,31 mai - 10 juin - 8 août - 31 déc

KOWEÏT

RÉFLEXION

traditions se côtoient continuellement : on verra des chantiers navals et des rafiots de pêche ou des mosquées entourées de gratte-ciel.

ACHATS

Le *sayyadiya*, un plat de poisson et de riz, est typique du pays. Au centre-ville de Koweït, on trouve de tout : des tapis de Turquie tissés à la main aux appareils photo allemands; toutefois les prix sont exorbitants. Les Koweïtiennes sont absentes de la vie publique et la présence d'étrangères n'est pas chose courante.

POINTS D'INTÉRÊT

Tout le monde connaît maintenant le Koweït. Il est seulement regrettable que ce soit la guerre qui nous ait fait connaître ce petit pays. Le Koweït est le plus américanisé des pays du Golfe; c'est aussi l'un des plus chers au monde. La profusion de pétrole n'empêche toutefois pas la rareté de l'eau potable : les usines de dessalement de l'eau de mer sont sophistiquées et très intéressantes à visiter. Le modernisme de la haute technologie et les vieilles

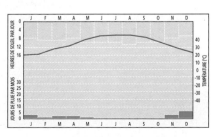

+11 +10 +9 +8 +7

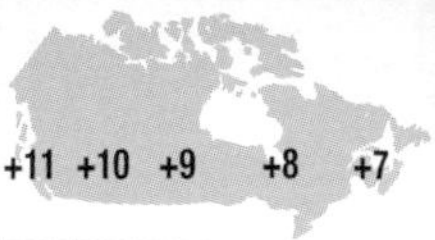

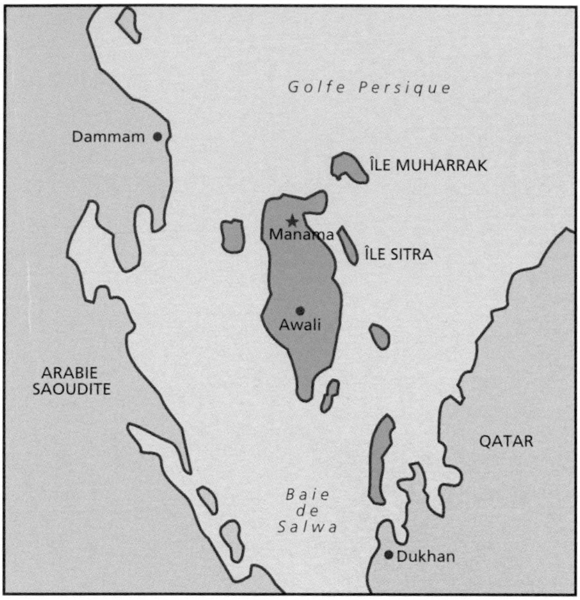

Région: Moyen-Orient
Superficie: 620 km²
Capitale: Manama
Aéroport: Manama 6 km
Population: 585 683 habitants
Langue: arabe
Religion: islamique shiite
Régime politique: monarchie
Voltage-cycles: 220 - 50
Vaccins obligatoires: Fj*
" recommandés: Cho-Ty-Po-Mal
Passeport: requis
Visa: requis
Monnaie: dinar bahreïni
1$CA= 0,28 dinar
Conduite: à droite
Permis int'l: requis
Indicatif: 011-973
✆ **du Canada:** 1-800-463-7396
✆ **au Canada:** 80-01-00
Hôtellerie: ★★★★
Restauration: ★★★
Transport: ★★★★
Coût de la vie: ○○○
Rang selon l'ONU: 58
Meilleurs mois: déc, jan, fév, mars, avr
Jours fériés: 1 jan - 4 mars - 11,31 mai - 10 juin - 8 août - 16 déc

POINTS D'INTÉRÊT

L'infrastructure touristique de l'émirat de Bahreïn est sans doute la mieux organisée de la péninsule arabique : de bons hôtels, des restaurants et des circuits pour visiter les sites intéressants du pays sont proposés aux visiteurs occidentaux. Les étrangers qui travaillent dans l'industrie pétrolière donnent un air cosmopolite à l'émirat bien que comme dans les autres pays arabes, les femmes soient, ici aussi, exclues de la vie publique. La vieille ville de Bilas

Al Qadir, au pied de la capitale, Manama, offre un curieux contraste d'ancien et de moderne : les gratte-ciel protègent les souks et les petites rues en lacets. La maison Siyadi est un chef-d'oeuvre de bois ouvragé en dentelle, typique de la région. On trouve aussi quelques beaux exemples d'architecture islamique, notamment le Shaikh Isa, un bâtiment datant du XIXe siècle. Les plages sablonneuses du sud de l'île jouissent d'un climat idéal. La réserve naturelle de Al Areen permet de découvrir la faune et la flore du désert.

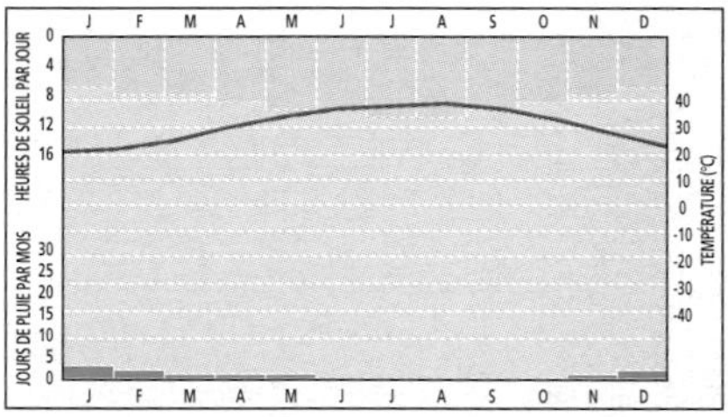

ACHATS

La culture des perles supplante petit à petit la pêche des perles qui existe depuis fort longtemps dans l'émirat. Les poteries de Aali et les ouvrages des tisserands ont très bonne réputation. Les hôtels servent de l'arak, une délicieuse boisson alcoolisée à base d'anis.

OFF. DE TOURISME DU BAHREÏN

QATAR

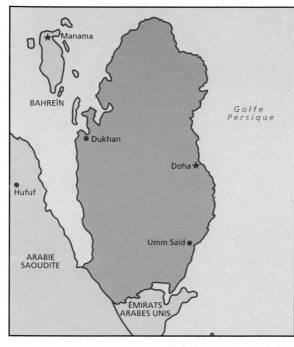

Région: Moyen-Orient
Superficie: 11 000 km²
Capitale: Doha
Aéroport: Doha 8 km
Population: 512 779 habitants
Langue: arabe
Religion: islamique sunnite
Régime politique: émirat
Voltage-cycles: 220 - 50
Vaccins obligatoires: Fj*
" recommandés: Cho-Ty-Po
Passeport: requis
Visa: requis
Monnaie: riyal qatari
1$CA= 2,67 riyals
Conduite: à droite
Permis int'l: requis
Indicatif: 011-974
✆ du Canada: –
✆ au Canada: –
Hôtellerie: ★★
Restauration: ★★
Transport: ★★
Coût de la vie: ○○○
Rang selon l'ONU: 56
Meilleurs mois: déc, jan, fév, mars, avr
Jours fériés: 22 fév - 4 mars - 11 mai - 3 sep

QATAR

POINTS D'INTÉRÊT

La doctrine wahhabite (l'intégrisme islamique) interdit l'industrie du tourisme : les Qataris respectent cet état de fait, bien que plus de 70% des travailleurs soient étrangers. Le permis de travail est moins difficile à obtenir que le visa. Les hommes d'affaires qui transigent avec les grandes sociétés pétrolières du Qatar peuvent obtenir un visa de très courte durée qui leur permettra de visiter la capitale. Doha est une ville austère où l'essentiel de la vie tourne autour du commerce du pétrole; le Musée national et l'aquarium sont les seules distractions.

ACHATS

Au Qatar, on peut se procurer de très belles perles et des miniatures de *dhaw*, bateaux à voile typiques des pays du Golfe. Les femmes ne sont pas admises dans le pays et les Qataries sont complètement exclues de la vie publique.

J. HUARD

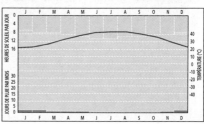

ÉMIRATS ARABES UNIS

+12 +11 +10 +9 +8

Région: Moyen-Orient
Superficie: 75 581 km²
Capitale: Abu Dhabi
Aéroport: Abu Dhabi 37 km
Population: 2 791 141 habitants
Langue: arabe
Religion: musulmane
Régime politique: émirat
Voltage-cycles: 220 - 50
Vaccins obligatoires: Fj*-Cho*
" recommandés: Ty-Po-Mal
Passeport: requis
Visa: requis
Monnaie: dirham
1$CA= 2,70 dirhams
Conduite: à droite
Permis int'l: requis
Indicatif: 011-971
✆ du Canada: –
✆ au Canada: –
Hôtellerie: ★★★★
Restauration: ★★★
Transport: ★★★
Coût de la vie: ○○○
Rang selon l'ONU: 62
Meilleurs mois: déc, jan, fév, mars, avr
Jours fériés: 1 jan - 4 mars - 11,31 mai - 6-8 août - 2 déc

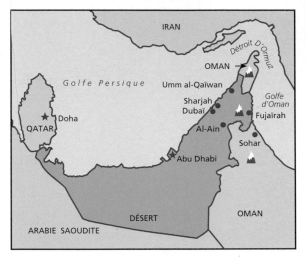

IRAN

Détroit D'Ormuz

OMAN

Golfe Persique

Umm al-Qaïwan

Sharjah
Dubaï

Golfe d'Oman

Fujaïrah

★ Doha

QATAR

Al-Ain

Sohar

Abu Dhabi

DÉSERT

OMAN

ARABIE SAOUDITE

POINTS D'INTÉRÊT

Sept émirats indépendants forment cette fédération. L'émirat de Dubaï est le seul à s'être ouvert au tourisme; les autres ne peuvent être visités que par des hommes d'affaires. Heureusement, Dubaï est une belle ville côtière entourée de dunes rouges où vivent les Bédouins. La «Côte des pirates» comme l'appelaient les Britanniques, longe le golfe Persique de Dubaï à Abu Dhabi : les richesses en or et en tissus somptueux ont, depuis toujours, attiré les corsaires. Une population étrangère travaille pour les émirats, ce qui donne un aspect multiculturel à certaines villes. Les femmes sont presque complètement absentes de la vie publique et il n'est pas commun de voir des voyageuses, même à Dubaï.

ACHATS

Les souks offrent toutes sortes de marchandises allant des objets de cuivre finement ciselés aux reproductions en miniature des fameux *dhaw*, ces bateaux à voile typiques du pays. Les hôtels de Dubaï peuvent offrir de l'arak aux étrangers.

RÉFLEXION

OMAN

Région: Moyen-Orient
Superficie: 212 460 km²
Capitale: Mascate
Aéroport: Mascate 37 km
Population: 1 701 470 habitants
Langue: arabe
Religion: islamique de rite ibadite
Régime politique: sultanat
Voltage-cycles: 220 - 50
Vaccins obligatoires: Fj*
" **recommandés:** Cho-Ty-Po-Mal
Passeport: requis
Visa: requis
Monnaie: riyal omanais
1$CA= 0,28 riyal
Conduite: à droite
Permis int'l: requis
Indicatif: 011-968
✆ **du Canada:** –
✆ **au Canada:** –
Hôtellerie: ★★★
Restauration: ★★★
Transport: ★★★
Coût de la vie: ○○○
Rang selon l'ONU: 92
Meilleurs mois: déc, jan, fév
Jours fériés: 19 jan - 3 fév - 1,4 mars -
11,31 mai - 10 juin - 8 août - 18 nov -
31 déc

OMAN

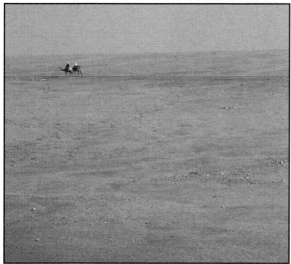

J. HUARD

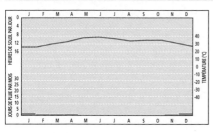

POINTS D'INTÉRÊT

Le sultanat d'Oman n'est pas ouvert au tourisme. Cependant, des hommes d'affaires invités par des citoyens omanais ou par des sociétés pétrolières peuvent obtenir un visa et découvrir la vie d'un pays encore peuplé de tribus nomades bédouines qui vont d'une oasis à l'autre. Le désert est la plus grande attraction du pays. On n'imagine pas la beauté de sa faune et de sa flore. Des palmiers-dattiers, des orangers, des grenadiers et des vignes poussent dans des plaines fertiles, au pied de montagnes rocailleuses. Mascate, la capitale, est une ville moderne qui conserve de nombreux trésors archéologiques, notamment au musée de la Culture, d'Histoire et d'Archéologie.

ACHATS

Les souks, particulièrement celui de Matrah, offrent une variété infinie de produits allant du serpent empaillé (dont le commerce n'est pas à encourager) aux poignards d'Oman, très réputés pour la qualité de leur lame. Les tissus et les tapis jouissent d'une excellente réputation.

YÉMEN

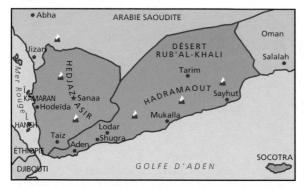

Région: Moyen-Orient
Superficie: 527 970 km²
Capitale: Sanaa
Aéroport: Sanaa 3 km
Population: 11 105 202 habitants
Langue: arabe
Religion: islamique
Régime politique: multipartisme
Voltage-cycles: 220 - 50
Vaccins obligatoires: Fj*
" recommandés: Cho-Ty-Po-Mal
Passeport: requis
Visa: requis
Monnaie: riyal yéménite
1$CA= 8,84 riyals
Conduite: à droite
Permis int'l: requis
Indicatif: 011-967/969
☎ du Canada: –
☎ au Canada: –
Hôtellerie: ★★
Restauration: ★★
Transport: ★★
Coût de la vie: ○○
Rang selon l'ONU: 142
Meilleurs mois: mars, avr, sep, oct
Jours fériés: 1 jan - 4,8 mars - 1,11,22,31 mai - 10 juin - 8 août - 26 sep - 14 oct - 30 nov - 31 déc

J. HUARD

POINTS D'INTÉRÊT

Le Yémen du Nord a envahi le Yémen du Sud. Cette guerre civile a déjà fait des centaines de morts et détruit des villes entières. Sanaa était considérée comme étant l'une des plus belles villes du Moyen-Orient pour ses minarets, ses maisons aux tourelles blanches et aux vitraux multicolores ainsi que ses mosquées. Les récents combats armés n'ont heureusement pas tout détruit. Rawdha, un peu au nord de Sanaa, est une ville-jardin où poussent des vignes lourdes de raisins. Quant à la ville d'Amran, elle possède un rempart qui date de l'époque pré-islamique. Les belles montagnes, les vallées profondes et les petits villages perchés au bord des falaises ne sont pas épargnés par le conflit. Il faut cependant voir Haija, nichée entre les montagnes de Wadi Sherez et de Kohlan, qui s'élève à 2 400 mètres.

ACHATS

Le coton, le tabac, le café et le *qat*, une drogue qu'il est fortement suggéré d'ignorer, sont les principales cultures du pays. La joaillerie, la poterie, les cuirs, l'encens, l'ambre et les épices sont vendus dans les souks du nord comme du sud.

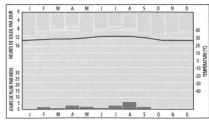

ASIE

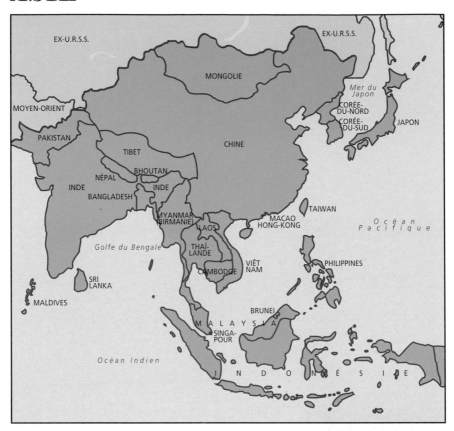

L'Asie est la plus grande des cinq parties du monde et compte plus de la moitié de la population mondiale. L'Inde et la Chine occupent la majorité du territoire mais de plus petits pays en superficie jouent un rôle primordial dans le développement du tourisme, notamment les petites îles indonésiennes comme Java et les pays industrialisés tels la Malaysia et le Japon. L'exotisme est certes au programme avec des destinations comme le Bhoutan et le Sri Lanka. De belles découvertes sont promises à ceux qui découvriront l'Asie par ses habitants : rien n'est plus agréable que de voir Séoul avec un Coréen ou de percer les secrets de Manille avec un Philippin. Pour saisir toute la diversité des cultures asiatiques, il faudrait lire et étudier indéfiniment : il est plus simple de s'aventurer dans les marchés flottants de Thaïlande ou dans les steppes de Mongolie et d'apprendre sur place.

J. HUARD

MALDIVES

+13 +12 +11 +10 +9

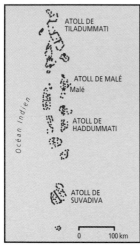

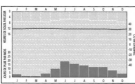

ATOLL DE TILADUMMATI

ATOLL DE MALÉ
Malé

Océan Indien

ATOLL DE HADDUMMATI

ATOLL DE SUVADIVA

0   100 km

POINTS D'INTÉRÊT

Le tourisme de l'archipel des Maldives s'est développé grâce à la douceur du climat et à la très grande beauté des fonds marins. Les coraux, la faune aquatique et la pureté de l'eau font des îles une destination de choix pour les plongeurs. En plus, Malé, la capitale, propose des attraits touristiques à caractère historique et culturel, notamment la belle mosquée au toit d'or et le Musée national.

ACHATS

Les fruits de mer et le poisson frais composent la base de la cuisine maldivienne. Il est strictement interdit d'acheter des coraux ailleurs que dans les magasins autorisés. Les bijoux ornés de corail noir sont particulièrement appréciés.

Région: Océan Indien
Superficie: 298 km²
Capitale: Malé
Aéroport: Malé 2 km
Population: 252 080 habitants
Langue: divehi, anglais
Religion: islamique
Régime politique: présidentiel
Voltage-cycles: 220 - 50
Vaccins obligatoires: Fj*
" recommandés: Cho-Ty-Pol-Mal
Passeport: requis
Visa: requis
Monnaie: rufiyaa
1$CA= 8,66 rufiyaas
Conduite: -
Permis int'l: -
Indicatif: 011-960
☏ du Canada: -
☏ au Canada: -
Hôtellerie: ★★★★
Restauration: ★★★★
Transport: ★★
Coût de la vie: ○○○
Rang selon l'ONU: 118
Meilleurs mois: jan, fév, mars
Jours fériés: 1 jan - 15 mars - 11,21 juin - 26 juil - 9,11,21 sep - 11,12 nov -9 déc

MONGOLIE

+16 +15 +14 +13 +12

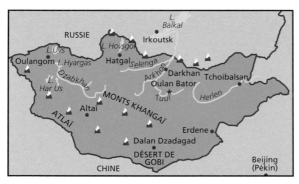

L. Balkal
RUSSIE   Irkoutsk
L. Hovsgöl
L. Uvs
Oulangom L.Hyargas   Hatgal Selenga
L. Dzabkhan   Arkhon Darkhan Tchoibalsan
Har Us   Oulan Bator
Tuul   Herlen
MONTS KHANGAÏ
Altaï
ATLAÏ
Erdene
Dalan Dzadagad
DÉSERT DE GOBI   Beijing (Pékin)
CHINE

POINTS D'INTÉRÊT

Oulan Bator, la capitale de la Mongolie, est un centre religieux important pour le lamaïsme. Le monastère est l'un des principaux attraits de la ville. Grâce au chemin de fer transmongolien, les limites de la Mongolie ne se résument pas uniquement à la capitale : Erdene est à voir aussi pour son imposant monastère ainsi que Darkhan et Hotol.

ACHATS

Le chant, la peinture, la danse et le théâtre mongols sont empreints de la grandeur héritée des khans.

Région: Asie
Superficie: 1 565 000 km²
Capitale: Oulan Bator
Aéroport: Oulan Bator
Population: 2 429 770 habitants
Langue: mongol
Religion: bouddhiste
Régime politique: république parlementaire
Voltage-cycles: 220 - 50
Vaccins obligatoires: Fj*
" recommandés: Ty-Pol
Passeport: requis
Visa: requis
Monnaie: tugrik
1$CA= 318,55 tugriks
Conduite: à droite
Permis int'l: vehicules non disponibles
Indicatif: service limité
☏ du Canada: -
☏ au Canada: -
Hôtellerie: ★★
Restauration: ★★
Transport: ★★
Coût de la vie: ○○○
Rang selon l'ONU: 102
Meilleurs mois: juil, août
Jours fériés: 1,31 jan - 8,18 mars - 11-13 juil - 26 nov

CHINE

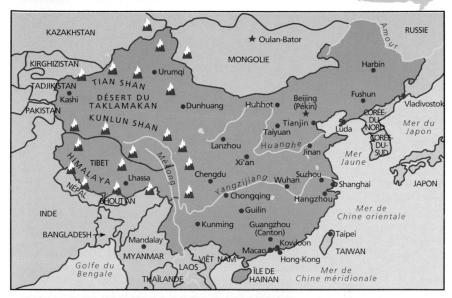

CHINE

J. HUARD

Région: Asie
Superficie: 9 596 960 km²
Capitale: Beijing
Aéroport: Beijing
Population: 1 190 431 110 habitants
Langue: chinois mandarin, cantonais
Religion: bouddhiste, taoïste
Régime politique: république populaire
Voltage-cycles: 220 - 50
Vaccins obligatoires: Fj*
" recommandés: Cho-Ty-Pol-Mal
Passeport: requis
Visa: requis
Monnaie: yuan
1$CA= 6,11 yuans
Conduite: à droite
Permis int'l: non disponible
Indicatif: 011-86
☎ du Canada: 1-800-663-4405
☎ au Canada: 108-186
Hôtellerie: ★★★
Restauration: ★★★
Transport: ★★
Coût de la vie: ○
Rang selon l'ONU: 94
Meilleurs mois: oct, nov, déc
Jours fériés: 1,2,31 jan - 8 mars - 1,4 mai - 1,13 juin - 1 juil - 1 août - 10 sep -1 oct

POINTS D'INTÉRÊT

Isolée par le désert, par les plateaux inhospitaliers du Tibet et par la mer, la Chine est longtemps restée imperméable aux autres civilisations. Après 30 ans de révolution culturelle, le pays s'est tranquillement ouvert et, aujourd'hui, de plus en plus

de voyageurs choisissent de visiter ce gigantesque pays. Il faudra se presser pour capter les derniers relents de la Chine de Marco Polo : les premiers bouis-bouis chinois ont déjà fait leur apparition au pied de la Grande Muraille de Chine. Bien sûr, la Chine comprend une palette

de paysages grandioses, un héritage culturel immense et une histoire rocambolesque, mais elle offre surtout ses habitants : environ 1 milliard 200 millions, soit environ un cinquième de la population mondiale. Pour bien apprécier la Chine, il faut faire connaissance avec des Chinois : la langue est l'obstacle majeur. Dans les grandes villes, l'anglais peut servir, mais en campagne ou dans les villages il faudra compter sur vos talents de mime. L'héritage culturel de Beijing est immense : la Cité interdite, maintenant ouverte aux visiteurs, le palais impérial, le palais d'été, le Cambaluc (ville du khan, nom donné par Marco Polo), le parc impérial des Trois Mers et son dagoba blanc, le mausolée Mao Zedong et les rues marchandes. Les nombreux musées de la ville présentent des collections de bronzes, des calligraphies et des trésors des dynasties Ming et Qing. Le métro de Beijing est un bon moyen de visiter les différents quartiers de la ville. La Grande Muraille s'étire sur plus de 5 000 km, de Shanhaiguan à l'est vers Jiayuguan dans le désert de Gobi, mais c'est à Badaling (70 km au nord de Beijing) que les voyageurs s'arrêtent. À Guilin, la grotte des Flûtes du Roseau et les paysages au relief karstique qui ont tant inspiré les artistes Chinois séduisent toujours. Canton (ou Guangzhou) est un centre commercial important : les fabriques de porcelaine et les ateliers de sculpture du jade sont impressionnants. Il faut visiter les stations thermales des montagnes avoisinantes. Shanghai est un port à vocation commerciale mais les musées de la ville et les monuments historiques lui confèrent aussi une importance culturelle majeure, notamment le musée de Shanghai, le temple du Bouddha de jade et la tombe de Lu Xun. Xi'an est une destination courue par les voyageurs : les 6 000 soldats de terre cuite du tombeau de Qui Shi Huangdi et la Forêt des Stèles qui compte plus de 1 000 pièces font partie des trésors

SDP / RICHEBE /RÉFLEXION

de l'humanité. Les grands sites touristiques sont incontournables; cependant, il ne faut pas oublier les rizières, les petits temples, les marchés et les villages, si l'on veut prendre le véritable pouls de la vie chinoise.

ACHATS

Le riz, le tofu, la soupe et les nouilles sont les principaux mets que le Chinois moyen mange chaque jour. Cependant, le voyageur voudra goûter les spécialités de chaque région : la cuisine mandarine, épicée puisqu'elle vient du nord où il fait froid, la cuisine de Shanghai où les fruits de mer sont à l'honneur, la cuisine sichuannaise, très épicée, avec comme spécialité le canard laqué et la cuisine cantonnaise, connue pour ses plats à la vapeur. Le chat, le chien, le groin de cochon, la cervelle de singe, les embryons de rat et la viande de serpent se trouvent dans les marchés et dans les grands restaurants!

(*wo chi su* veut dire «je suis végétarien» en chinois...) Le thé, la bière et le *Mao tai*, un alcool de sorgho (un genre de millet) sont les boissons nationales. À rapporter comme souvenirs : les porcelaines, les bijoux de jade, les soieries, les papiers faits à la main, les calligraphies, les vêtements traditionnels et les objets quotidiens qui nous semblent si différents. Les voyageurs et les voyageuses doivent être discrets, surtout dans les campagnes où les gens ont moins l'habitude de rencontrer des étrangers. Les sandales qui découvrent les orteils attireront des regards surpris et les femmes trop expansives ne se feront pas d'amis. Le romantisme lié aux fumeries d'opium n'est pas une réalité : la drogue est absolument interdite en Chine. Les moines ne tolèrent pas d'appareils photo dans les lieux saints.

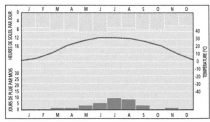

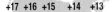

CORÉE-DU-NORD

+17 +16 +15 +14 +13

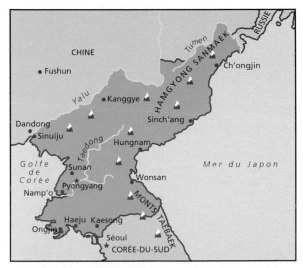

CORÉE-DU-NORD

Région: Asie
Superficie: 120 540 km²
Capitale: Pyongyang
Aéroport: Pyongyang 30 km
Population: 23 066 575 habitants
Langue: coréen
Religion: bouddhiste, confucéenne
Régime politique: république socialiste
Voltage-cycles: 110/220 - 60
Vaccins obligatoires: -
" recommandés: Cho-Ty-Pol
Passeport: requis
Visa: requis
Monnaie: won
1$CA= 1,61 won
Conduite: à droite
Permis int'l: requis
Indicatif: service limité
☏ **du Canada:** –
☏ **au Canada:** –
Hôtellerie: ★★
Restauration: ★★
Transport: ★★
Coût de la vie: ○○○
Rang selon l'ONU: 101
Meilleurs mois: août, sep
Jours fériés: 1 jan - 16 fév - 15 avr - 15 août - 9 sep - 10 oct - 27 déc

J. HUARD

choses ne sont pas encore conclues mais la capitale, Pyongyang, se prépare à éblouir les visiteurs avec les superbes portes de la ville, le parc Morangborg et le parc Taesongsan. Kaesong est l'ancienne capitale et elle garde les trésors de l'histoire impériale du pays.

ACHATS

La céramique, les clochettes de bronze et les services à thé coréens ont une finesse toute particulière. La Corée-du-Nord est un grand producteur de poisson et de riz : la cuisine régionale s'inspire essentiellement de ces deux aliments.

POINTS D'INTÉRÊT

Les récents pourparlers laissent entendre que la Corée-du-Nord permettrait à un consortium international de construire deux centrales électriques en remplacement des réacteurs nucléaires qui alimentaient le pays depuis déjà 40 ans.

Ce pays communiste commence à entretenir des relations avec la communauté internationale : on peut donc prévoir une ouverture du pays au tourisme. Les

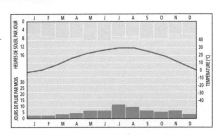

CORÉE-DU-SUD

Région: Asie
Superficie: 98 480 km²
Capitale: Séoul
Aéroport: Séoul 26 km
Population: 45 082 880 habitants
Langue: coréen
Religion: bouddhiste, chrétienne
Régime politique: présidentiel
Voltage-cycles: 110/220 - 60
Vaccins obligatoires: -
" recommandés: Cho-Ty-Pol
Passeport: requis
Visa: requis
Monnaie: won
1SCA= 557,26 wons
Conduite: à droite
Permis int'l: requis
Indicatif: 011-82
℅ du Canada: 1-800-663-9889
℅ au Canada: ▲009-0015
Hôtellerie: ★★★
Restauration: ★★★
Transport: ★★★
Coût de la vie: ○○○
Rang selon l'ONU: 32
Meilleurs mois: déc, jan
Jours fériés: 1-3 jan - 1 mars - 5 avr -5 mai -
6 juin - 17 juil - 15 août - 3 oct -25 déc

RÉFLEXION

POINTS D'INTÉRÊT

Séoul a beaucoup souffert pendant la guerre de 1950-1953, mais la reconstruction ultramoderne a gardé quelques monuments historiques intacts ainsi que le palais Chandokkung, les portes de la ville, le palais Kyongbok, les magnifiques jardins secrets (d'ailleurs très difficiles à trouver). Les musées, notamment le Musée national qui présente une belle collection de jade délicatement ouvragé, sont à visiter. Kyongju, à quelques heures de Séoul, abrite des monuments historiques impressionnants : le temple Pulguk-sa et ses tombes royales, qui datent de l'an 742, les Bouddhas géants sculptés à même les parois de granit de la grotte de Sokkuralam en sont des exemples. La mer Jaune, la mer de Chine et la mer du Japon qui entourent le pays sont bordées de plages et de stations balnéaires : Inch'on, Mokpo et l'île de Cheju-do sont particulièrement appréciées. Le parc national de Soraksan est un bon point de départ pour visiter les superbes montagnes de Taebaek où la beauté de la nature se trouve rehaussée de sites historiques importants, tels la forteresse de Kwongumsong qui date de 57 avant J.-C. et le temple Sinhong-sa.

ACHATS

Les grillades coréennes sont savoureuses ainsi que le *shabu-shabu*, que l'on appelle à tort fondue chinoise. La cuisine coréenne est souvent imprégnée d'ail, de beaucoup d'ail... Le *pulgogi*, du boeuf mariné, est servi avec du *makoli*, du vin de riz ou avec du *sul*, un acool de riz. L'alcool de ginseng est typique du pays. Les perles de l'île de Cheju-do sont encore pêchées par des femmes qui perpétuent une tradition vieille de plusieurs centaines d'années. La laque, la soie, l'ambre et le jade sont travaillés en bijoux, en meubles, en écharpes ou en objets courants. Les Coréens sont beaucoup plus expansifs que les autres peuples d'Asie, certains disent même qu'ils sont un peu latins.

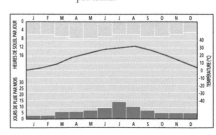

JAPON

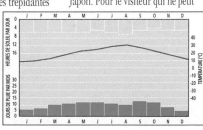

+17 +16 +15 +14 +13

Région: Asie
Superficie: 377 835 km²
Capitale: Tokyo
Aéroport: Tokyo 66 km
Population: 125 106 940 habitants
Langue: japonais
Religion: shinto, bouddhiste
Régime politique: monarchie parlementaire
Voltage-cycles: 100 - 50/60
Vaccins obligatoires: -
" recommandés: Ty-Pol
Passeport: requis
Visa: non requis
Monnaie: yen
1$CA= 66,53 yens
Conduite: à gauche
Permis int'l: requis
Indicatif: 011-81
✆ du Canada: 1-800-663-0681
✆ au Canada: ▲0039◆161
Hôtellerie: ★★★★★
Restauration: ★★★★★
Transport: ★★★★★
Coût de la vie: ○○○
Rang selon l'ONU: 3
Meilleurs mois: mai, juin, sep, oct
Jours fériés: 1,2,16 jan - 11 fév - 21 mars -
29 avr - 3-5 mai - 15,23 sep - 10 oct -
3,23 nov - 23 déc

JAPON

POINTS D'INTÉRÊT

La légende veut que les larmes d'une déesse, en tombant dans le Pacifique, formèrent les îles principales de Kyushu, Honshu, Shikoku et Hokkaido ainsi que les 3 900 autres petites îles. Les paysages nippons sont à ce point féériques que l'on veut bien croire à cette histoire : des montagnes, des volcans et des côtes échancrées sont les toiles de fond des magnifiques rizières, des jardins d'iris, les cerisiers en fleurs et des forêts de givre. Les villes japonaises, même les mégalopoles comme Tokyo et Yokohama, conservent une finesse propre à la culture nipponne. Les Japonais sont passés maîtres dans l'art de vi-

vre à l'ère moderne tout en étant en accord avec un code qui remonte à l'époque du shogunat. Tokyo est un bel exemple de ces deux mondes : des immeubles ultramodernes dominent de petites maisons de bois et de minuscules temples, des hommes d'affaires en complet côtoient de vieilles femmes en kimono traditionnel. Il faut voir les rues trépidantes des quartiers de Ginza, de Shinjuku et de Shibuya, le Musée national de Tokyo à Ueno, le Asakusa Kannon (ou temple Sensoji) et le marché aux

poissons de Tsukiji. Il ne faut cependant pas croire que le Japon se limite à Tokyo. Kamakura est le refuge du grand Bouddha de bronze et de 65 temples bouddhistes, de 19 temples shintos et 5 temples zen! Le mont Fuji est aussi une expédition unique, à quelques heures de Tokyo. Nikko est à voir surtout pour le temple Toshogu et ses sculptures (plus de 5 000), le Shinkyo, un pont sacré très romantique, et l'allée du Shogun gardée par une barrière de statues de pierre. Gifu est célèbre pour ses fabriques de papier, un art millénaire au Japon. Pour le visiteur qui ne peut

T. BOGNAR / RÉFLEXION

visiter qu'un endroit au Japon, il faut que ce soit Kyoto et ses environs : le temple Ryoan ji, célèbre pour ses jardins, le pavillon d'or (Kinkaku ji) et le pavillon d'argent (Ginkaku ji), le Nishi Honganji de 1591, le Higashi Honganji de 1602, le palais Nijo, le palais impérial et, pour ceux qui n'en auraient pas assez, le Musée national présente l'une des plus belles collections d'art japonais au pays. Nara est, elle aussi, une ville d'une richesse culturelle immense. Osaka est une grande ville moderne qui conserve toutefois les vestiges de son passé glorieux, notamment un château reconstruit après la guerre de 39-45. La Deuxième Guerre mondiale est bien sûr le sujet principal de la ville d'Hiroshima. L'excellent musée de la ville nous rappelle les horreurs de cette guerre, et il faut avoir le coeur bien accroché pour le visiter au complet. Si cela vous est possible, il faut venir à Hiroshima le 6 août, pour assister à la cérémonie des lanternes : des milliers de petites chandelles flottantes descendent la rivière en mémoire des 80 000 personnes tuées ce matin-là. On accède à Miyajima (l'île des temples) en passant devant le magnifique torii (la porte sacrée). L'île est un sanctuaire où les faons déambulent en liberté au milieu des pagodes et des temples. Sapporo, sur l'île d'Hokkaido,

est entourée de paysages montagneux où l'hiver est sans pareil. L'île de Kyushu est moins touristique mais vaut le déplacement, ne serait-ce que pour la beauté des plages et la douceur du climat.

ACHATS

Les *sushis*, *sashimis* (poissons crus), *soba*, *udon* (nouilles), *dojo* (paté de riz servi avec un oeuf) et *okonomiyaki* (un genre de crêpe avec des

oeufs, des fèves et de la sauce sucrée, un délice!) sont quelques-unes des mets typiquement japonais. La cuisine nipponne est orientée surtout vers les produits de la mer mais il n'y a pas que du poisson et des algues au Japon; le boeuf de Kobe, par exemple, est particulièrement tendre (les bêtes sont nourries à la bière!), les *yakitoris*, des brochettes de viande, sont grillées et légèrement assaisonnées. Plutôt que de chercher les sandwichs nord-américains, essayez les *bentos*, des collations déjà préparées que l'on trouve partout. Le saké froid est une spécialité du Japon. Il faut absolument se procurer du thé et des objets reliés à la cérémonie du thé, comme les éventails pour refroidir le thé ou les superbes théières de fonte. La laque, le papier, les calligraphies, les kimonos et les *yukata* (kimono de coton, moins coûteux), l'encens et les clochettes de bronze sont quelques-uns des nombreux souvenirs à rapporter du Japon.

OFF. DE TOURISME DU JAPON

PAKISTAN

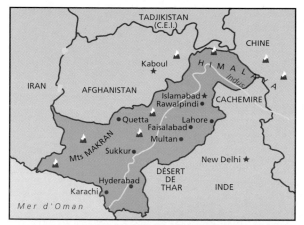

Région: Asie
Superficie: 803 940 km²
Capitale: Islamabad
Aéroport: Karachi 16 km, Islamabad 8 km
Population: 128 855 970 habitants
Langue: ourdou (off.), anglais (off.)
Religion: islamique
Régime politique: semi-présidentiel
Voltage-cycles: 220 - 50
Vaccins obligatoires: Fj*
" recommandés: Cho-Ty-Pol-Mal
Passeport: requis
Visa: requis
Monnaie: roupie pakistanaise
1$CA= 22,94 roupies
Conduite: à gauche
Permis int'l: requis
Indicatif: 011-92
☎ du Canada: –
☎ au Canada: –
Hôtellerie: ★★
Restauration: ★★
Transport: ★★
Coût de la vie: ○
Rang selon l'ONU: 132
Meilleurs mois: juin à mars
Jours fériés: 4,23 mars - 1,31 mai - 10 juin - 1 juil - 8,14 août - 6,11 sep - 9 nov - 25,31 déc

PAKISTAN

RÉFLEXION

POINTS D'INTÉRÊT

Le Panjab, ou «pays des cinq rivières», souffre d'un conflit qui a pour belligérants des musulmans, des sikhs et des hindous : une cohabitation devenue impossible que vient envenimer la guerre du Cachemire. Le voyageur prendra soin de ne pas s'aventurer dans ces régions. Cependant, les ruines archéologiques de Mohenjo-Daro près de Sukkur sont d'un grand intérêt ainsi que les monuments historiques de Tatta, au sud d'Hyderabad. Les ruines bouddhistes de Takht-e Bahi et les vestiges de Bahlol valent aussi le détour. La capitale économique, Karachi, propose un superbe mausolée de marbre blanc, le Quaiz-e-Azam. Le port et les vestiges de la colonisation britannique donnent à la ville un air bien particulier. Il ne faut pas manquer de visiter Lahore, une ville historique de première importance avec ses nombreux monuments de style moghol, son magnifique jardin de Shalimar et sa gigantesque mosquée, la plus grande d'Asie.

ACHATS

Le poulet au beurre rouge, ou poulet tikka, est un plat typiquement pakistanais que l'on sert avec du pain plat, le nan. Les currys de poulet (*peshaware* et *mussallam*) sont aussi délicieux. L'alcool n'est pas vendu ailleurs que dans les bars d'hôtels pour étrangers. (Le nom Pakistan veut dire «pays des purs» en urdu.) La verrerie, la poterie et les lainages du Cachemire se vendent dans tous les bazars pakistanais. La peau de chameau sert aussi à la confection de jolies pièces. Les enregistrements du maître du chant *qawwali*, le culte des Sufis, le grand Nursat Fatheh Ali Khan, sont essentiels à qui veut découvrir toute la richesse des voix pakistanaises. Les voyageuses devraient se conformer aux règles qui demandent aux femmes d'être discrètes.

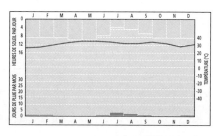

TIBET

Région: Asie
Superficie: 1 228 400 km²
Capitale: Lhassa
Aéroport: –
Population: 2 196 000 habitants
Langue: tibétain, chinois
Religion: bouddhiste
Régime politique: région autonome de Chine
Voltage-cycles: 220 - 50
Vaccins obligatoires: Fj*
" recommandés: Cho-Ty-Pol-Mal
Passeport: requis
Visa: requis
Monnaie: yuan
1$CA= 6,11 yuans
Conduite: à droite
Permis int'l: véhicules non disponibles
Indicatif: 011-86
☎ du Canada: –
☎ au Canada: –
Hôtellerie: –
Restauration: –
Transport: –
Coût de la vie: ○○
Rang selon l'ONU: –
Meilleurs mois: août, sep, oct
Jours fériés: 1 jan - 1 oct

POINTS D'INTÉRÊT

Le Tibet est un pays de montagnes aux neiges éternelles, de troupeaux de yacks, de temples reclus et de moines bouddhistes et lamaïstes souriants. Le tourisme n'est pas encore très développé : cependant des circuits organisés proposent des randonnées dans les hauts plateaux de l'Himalaya, même si les tensions avec la Chine isolent de plus en plus cette région. Lhassa est le point de départ de la visite avec son magnifique temple du Jokhang et le palais-montagne du Potala. Le Norbulinka, résidence d'été du dalaï-lama, est un ensemble architectural intéressant. Ailleurs au pays, les monastères de Drepung, Ganden et plus particulièrement celui de Sera (où l'on peut admirer des fresques Ming) sont tout aussi intéressants. Les *rlung-rta* sont de petits oriflammes dressés sur le toit des édifices religieux qui méritent qu'on s'y arrête. Pour le reste, le visiteur admirera les plateaux de hautes montagnes, notamment l'Everest, à 8 882 m d'altitude, et la beauté du paysage qui se perd dans l'infini du ciel.

ACHATS

Le *qingke*, une boisson alcoolisée à base d'orge, et le *koumis*, fait de lait fermenté, sont des spécialités qu'il faut absolument goûter. Le beurre de yack sert à saler le thé que l'on prend avec des momos, de petits pâtés de viande savoureux. Les tapis et l'orfèvrerie font la renommée des artisans tibétains. L'encens des temples bouddhistes est particulièrement envoûtant.

J. HUARD

 # INDE

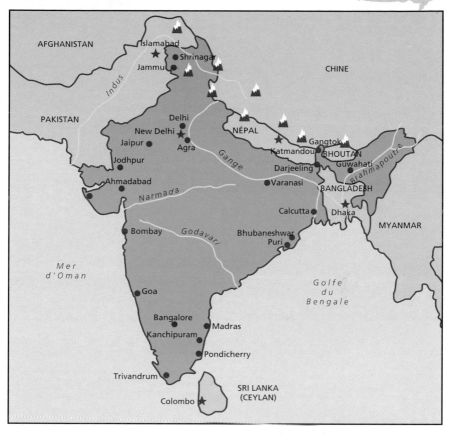

POINTS D'INTÉRÊT

La pluralité ethnique de l'Inde est la cause de la majorité des conflits qui s'abattent sur le pays : les diverses religions, langues et forces économiques et les héritages culturels cohabitent tant bien que mal. La guerre civile qui persiste au Cachemire, les États du Nord-Est (ou les sept soeurs, à la frontière du Myanmar) qui ont été troublés par des conflits interethniques et le nationalisme du Pendjad sont autant d'exemples de l'impossible mission de faire de l'Inde un pays uniforme. Le voyageur s'en rendra bien compte en passant de New Delhi à Madras ou de Bombay à Calcutta. Toute la frontière du Myanmar est à éviter, de

même que la région au nord de Delhi. Ces régions retranchées, il n'en reste pas moins un pays immense à découvrir, un pays où richesse et pauvreté atteignent des paroxysmes. L'Inde n'est pas un pays «facile», mais le voyageur qui cherche «autre chose» vivra là-bas une expérience unique. Pour commencer, une visite s'impose au vieux Delhi, au Fort Rouge, au marché de Chandni Chowk, à la mosquée Jama Masjid, au temple Laxminarayan, au Musée national, avec ses artefacts de plus de 7 000 ans, et dans les rues grouillantes de marchands.

à New Delhi, le minaret Qutb Minar, le mausolée Humayun et les édifices modernes se côtoient sans problèmes. Le Triangle d'Or relie Delhi, Agra, bien connue pour la magnificence du Taj Mahal, et Jaipur qui abrite le Shish Mahal (palais des miroirs), le temple de Kali, le Sukh Niwas (salle des plaisirs) et le Hawa Mahla ou palais des vents. C'est à Khajuraho que l'on découvre les fa-

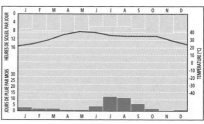

J. HUARD

meuses sculptures érotiques de certains temples. Les *ghats* de Varanasi

Région: Asie
Superficie: 3 287 590 km²
Capitale: New Delhi
Aéroport: Delhi 21 km, Bombay 29 km
Population: 919 903 060 habitants
Langue: hindi, anglais
Religion: hindoue, islamique, sikh
Régime politique: démocratie parlementaire
Voltage-cycles: 220 - 50
Vaccins obligatoires: Fj*-Cho-Ty-Pol
" recommandés: Mal
Passeport: requis
Visa: requis
Monnaie: roupie
1$CA= 23,12 roupies
Conduite: à gauche
Permis int'l: recommandé
Indicatif: 011-91
℃ du Canada: –
℃ au Canada: 000167
Hôtellerie: ★★★★
Restauration: ★★★★
Transport: ★★★
Coût de la vie: ○
Rang selon l'ONU: 135
Meilleurs mois: déc, jan, fév
Jours fériés: 26 jan - 4 mars - 14,16 avr - 11,31 mai - 8,15 août - 2 oct - 10 nov - 25 déc

(escaliers de pierre qui mènent au Gange) attirent toujours les pèlerins qui viennent y faire leurs ablutions. Le temple Bharatmata, le temple d'Or, le Taureau sacré et le Sarnath (où Bouddha a fait son premier sermon) sont incontournables. La ville de Calcutta est souvent associée à la pauvreté excessive de ses *bustees* (bidonvilles) et malheureusement avec raison. Cependant, Calcutta est aussi une capitale culturelle dynamique, notamment avec le très beau Musée indien, le temple de Kali, le Memorial Hall et le parc Maidan. La clinique de mère Teresa ne devrait pas être considérée comme une attraction touristique : vous pouvez toutefois y laisser des dons en argent qui seront fort bien utilisés. Madras vaut le déplacement, ne serait-ce que pour les étals de tisserands qui confectionnent les plus beaux tissus indiens. La côte, de Madras à Pondicherry, et celle de l'État de Kerala, sur la mer d'Oman, sont très agréables. Bombay est une grande ville

moderne où les «habitants des trottoirs» sont de plus en plus nombreux. Aux alentours, l'île d'Elephanta, le site d'Ajanta, les temples enfouis d'Ellora et le temple de roc d'Ahmadabad plaisent beaucoup. Goa est une belle ville aux influences portugaises, bordée de plages de sable blanc : la place Largo da Igreja nous transporte au Portugal, devant une église de style manuélin. La porte d'entrée du centre religieux bouddhique lamaïque se trouve à Gangtok, près de Darjeeling (bien

J. HUARD

connue des amateurs de thé). Malheureusement cette région fait partie du territoire des sept soeurs mentionné plus haut.

ACHATS

L'Inde est le premier exportateur d'épices au monde. C'est donc dire que la gastronomie indienne est parfumée de cardamome, de muscade, de clou de girofle, de curcuma, d'anis, de safran et de gingembre. Les *masalchis* (mélangeurs d'épices) sont les grands maîtres de la cuisine indienne. Le curry, le *raita* au yogourt, le riz *basmati*, le pain nan et le thé sont tous excellents. Les *samosas* (petits pâtés fourrés de légumes), le *lassi*, une boisson au yogourt, les *chutneys* (marinades), les *biryanis* (des plats de riz), les *chapatis* (petits pains) composent un repas de base. Le *tandoor* est une façon de cuire dans un four cylindrique, unique à l'Inde. La soie, le coton, les tissus enrichis de fils d'or et les batiks possèdent toujours une grande qualité. Les saris que portent les femmes sont souvent de véritables oeuvres d'art. Les bijoux, le bois sculpté, les instruments de musique tel le sitar et, bien sûr, le thé de Darjeeling font de bons souvenirs. *Nocturne indien*, d'Antonio Tabucchi, présente l'envers du décor de l'Inde touristique et *La maison et le monde*, du grand écrivain indien Tagore, est à lire absolument.

NÉPAL

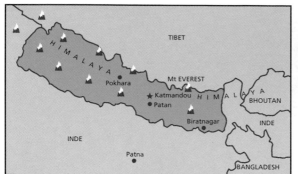

Région: Asie
Superficie: 140 800 km²
Capitale: Katmandou
Aéroport: Katmandou 6 km
Population: 21 041 530 habitants
Langue: népali (off.)
Religion: hindoue
Régime politique: monarchie parlementaire
Voltage-cycles: 220 - 50
Vaccins obligatoires: Fj*
" recommandés: Cho-Ty-Pol-Mal
Passeport: requis
Visa: requis
Monnaie: roupie népalaise
1$CA= 37,22 roupies
Conduite: à gauche
Permis int'l: requis
Indicatif: 011-977
✆ du Canada: –
✆ au Canada: –
Hôtellerie: ★★★
Restauration: ★★★
Transport: ★★
Coût de la vie: ○
Rang selon l'ONU: 149
Meilleurs mois: oct, nov, déc, jan
Jours fériés: 19 fév - 9 nov - 28 déc

J. HUARD

POINTS D'INTÉRÊT

Le Népal est surnommé «le toit du monde», puisque que c'est là, dans la chaîne himalayenne, que le plus haut sommet de la planète s'élève : l'Everest avec ses 8 882 mètres d'altitude impose sa magnificence. Le trekking vers les sommets himalayens est l'une des principales activités qui attirent les touristes; la richesse culturelle des Népalais en est une autre. À Katmandou, les nombreux monuments hindous et bouddhiques font de la capitale un sanctuaire fascinant. Le temple sacré Pashupatinath et le vieil ensemble de Bodhnath sont particulièrement intéressants. Patan, plus au sud, est une ville-musée reconnue comme «la cité de la beauté et des arts». C'est de Pokhara que partent les expéditions en montagne : les voyages organisés sont évidemment les plus sûrs.

ACHATS

La cuisine népalaise est toujours très savoureuse, grâce à la cuisson lente des currys. Le *jand*, de la bière très douce, accompagne souvent le repas, mais le thé *chiya* est la boisson préférée des Népalais. Les tapis, le bois et l'ivoire sculptés sont des spécialités de Katmandou. Les statues de cuivre de Jawalakhel et les *pashmins*, des couvertures de laine de mouton, sauront plaire à tous.

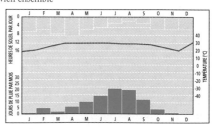

BHOUTAN

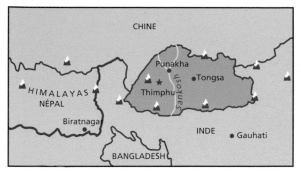

Région: Asie
Superficie: 47 000 km²
Capitale: Thimphu
Aéroport: –
Population: 1 700 000 habitants
Langue: dzongkha, népali
Religion: bouddhiste, hindoue
Régime politique: monarchie constitutionnelle
Voltage-cycles: 220 - 50
Vaccins obligatoires: Fj*
" recommandés: Cho-Ty-Pol-Mal
Passeport: requis
Visa: requis
Monnaie: ngultrum
1$CA= 23,12 ngultrums
Conduite: à droite
Permis int'l: requis
Indicatif: service limité
✆ du Canada: –
✆ au Canada: –
Hôtellerie: ★
Restauration: ★
Transport: ★
Coût de la vie: ○○○
Rang selon l'ONU: 162
Meilleurs mois: juil, août, sep
Jours fériés: 11 nov - 17 déc

BHOUTAN

POINTS D'INTÉRÊT

Le Bhoutan est un pays de paisibles troupeaux de yacks qui broutent dans les vallées profondes à l'ombre des hauts sommets de l'Himalaya. Les 1 300 monastères perchés dans les montagnes enneigées sont protégés par des dzongs (enceintes fortifiées) qui gardent jalousement le secret de la vie monastique. Il peut être très difficile d'entrer dans un monastère, mais la patience sera grandement récompensée. Le monastère de Thimphu, la capitale, vaut à lui seul le voyage au Bhoutan. La vallée de Paro est incontournable avec son fameux mo-nastère Taksang perché sur les parois d'un précipice de plus de 900 mètres. C'est dans la tour de garde de Paro que l'on trouve le Musée national du Bhoutan : l'histoire du pays et ses nombreuses batailles contre l'envahisseur chinois et indien y sont bien expliquées. Le pays est encore sauvage et inexploité sur le plan touristique : pour aventuriers seulement! Le Bhoutan limite l'entrée du pays à 4 000 visiteurs par année afin de préserver sa culture.

ACHATS

Le bois, la cardamome et les pro-duits dérivés de l'élevage du yack sont les principales ressources du pays. Les tressages de bambou et les tissus carmins sont typiques et les timbres du Bhoutan séduiront les philatélistes.

J. HUARD

BANGLADESH

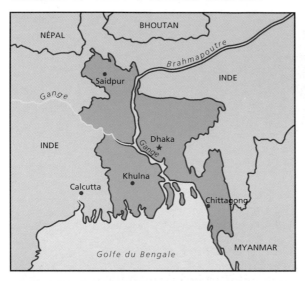

J. HUARD

Région: Asie
Superficie: 143 998 km²
Capitale: Dhaka
Aéroport: Dhaka 19 km
Population: 125 149 500 habitants
Langue: bengali, ourdou, anglais
Religion: islamique, hindoue
Régime politique: démocratie parlementaire
Voltage-cycles: 220 - 50
Vaccins obligatoires: Fj*
" **recommandés:** Cho-Ty-Pol-Mal
Passeport: requis
Visa: requis
Monnaie: taka
1$CA= 29,52 takas
Conduite: à gauche
Permis int'l: recommandé
Indicatif: 011-880
© **du Canada:** –
© **au Canada:** –
Hôtellerie: ★★
Restauration: ★★
Transport: ★★
Coût de la vie: ○
Rang selon l'ONU: 146
Meilleurs mois: jan, fév
Jours fériés: 19 jan - 21 fév - 1,4,26 mars -
14 avr - 1,11,31 mai - 10 juin - 8 août - 7
nov - 16,25 déc

giques. Le parc national Sundar-
bans protège tout particulièrement
les fameux tigres du Bengale.

ACHATS

Le thé bangalais est très réputé. La
gastronomie est basée sur le riz
mais les viandes comme le poulet et
le mouton font souvent partie du
menu. Le sari traditionnel, étoffe
drapée que portent les femmes, les
dentelles et les mousselines de Dhaka ainsi que les perles roses constituent de bons achats. La jute est un
autre produit du Bangladesh.

POINTS D'INTÉRÊT

Le Bangladesh a toujours eu la réputation d'être une destination
idéale pour les amateurs de dépaysement. Bien sûr, on entend souvent parler du Bangladesh à cause
des typhons, des inondations et des
famines qui l'atteignent périodi-
quement, mais le pays est aussi riche en paysages de rizières arro-
sées par les majestueux Gange et
Brahmapoutre. Les Bangladais

sont fiers de leur capitale, Dhaka,
où il faut voir le Banga Bhavan, le
palais présidentiel, le temple Dha-
keswari et la tombe de Bibi Peri.
Chittagong est une ville plus européenne mais elle
garde tout de
même un charme
unique et les villa-
ges du Rajshahi,
dans le nord du
pays, sont riches
en sites archéolo-

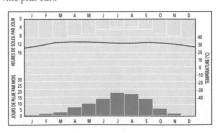

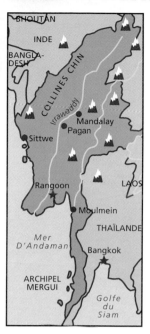

MYANMAR

POINTS D'INTÉRÊT

Souvent associé à la production de l'opium, le Myanmar, l'ancienne Birmanie, tente d'attirer les voyageurs en mettant l'accent plutôt sur la beauté du paysage birman, notamment les montagnes du nord du pays et le Tenasserim, cette langue de terre voisine de la Thaïlande. L'archipel Mergui est un véritable paradis pour le voyageur qui veut vivre une expérience hors du temps. Rangoon, la capitale, possède l'un des plus importants monuments bouddhiques du monde, le Schwedagon, aux toits couverts de feuilles d'or incrustées de pierres précieuses. Il faut voir Mandalay pour sa pagode et son palais royal. Pagan est un sanctuaire de plus de 2 000 monuments bouddhiques, tous plus beaux les uns que les autres.

Région: Asie
Superficie: 678 500 km²
Capitale: Rangoon
Aéroport: Rangoon 19 km
Population: 44 277 020 habitants
Langue: birman, dialectes
Religion: bouddhiste
Régime politique: dictature militaire
Voltage-cycles: 220 - 50
Vaccins obligatoires: Fj*
" **recommandés:** Cho-Ty-Pol-Mal
Passeport: requis
Visa: requis
Monnaie: kyat
1$CA= 3,98 kyats
Conduite: à gauche
Permis int'l: requis
Indicatif: 011-095
c **du Canada:** –
c **au Canada:** –
Hôtellerie: ★
Restauration: ★
Transport: ★★
Coût de la vie: ○
Rang selon l'ONU: 130
Meilleurs mois: déc, jan, fév
Jours fériés: 4,31 jan - 12 fév - 2,4,27 mars
- 13-16 avr - 1,11 mai - 19 juil -8,25 déc

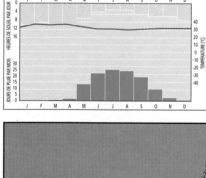

ACHATS

Chacune des multiples ethnies qui habitent le Myanmar apporte son influence à la carte des plats traditionnels, mais la cuisine est souvent très épicée. Le riz occupe une grande part du régime alimentaire. Les parcs d'huîtres perlières offrent de magnifiques perles. Les meubles de teck, la laque de Pagan, l'albâtre et la soie font vivre les artisans du pays.

LAOS

+15 +14 +13 +12 +11

tourisme qui, jusqu'à présent, n'avait pas été particulièrement encouragé. Le Mékong est une belle route à suivre pour découvrir le pays à partir de Luang Prabang. Le Xientong Wat est un site historique important, de même que ses nombreux monuments bouddhistes. Vientiane, la capitale actuelle, a déjà été une colonie française et plusieurs monuments en témoignent.

POINTS D'INTÉRÊT

Le Laos s'ouvre tranquillement au

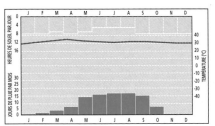

ACHATS

La sériciculture (élevage des vers à soie) permet une belle production d'étoffes de première qualité. Le bois de teck sert à la fabrication de petits meubles et d'objets usuels fort bien ouvragés.

Région: Asie
Superficie: 236 800 km²
Capitale: Vientiane
Aéroport: Vientiane 4 km
Population: 4 701 660 habitants
Langue: lao (off.), français, anglais
Religion: bouddhiste de Theravada
Régime politique: république populaire
Voltage-cycles: 220 - 50
Vaccins obligatoires: Fj*
" recommandés: Cho-Ty-Pol-Mal
Passeport: requis
Visa: requis
Monnaie: kip
1$CA= 536,62 kips
Conduite: à droite
Permis int'l: recommandé
Indicatif: service par Bangkok (66)
℡ du Canada: -
℡ au Canada: -
Hôtellerie: ★★
Restauration: ★★
Transport: ★
Coût de la vie: ○
Rang selon l'ONU: 133
Meilleurs mois: déc, jan, fév, mars, avr
Jours fériés: 1 jan - 2 déc

MACAO

POINTS D'INTÉRÊT

Ce petit territoire portugais en Asie est bien connu pour ses maisons de jeu : des courses de lévriers, des courses de chevaux, des courses automobiles et des casinos attirent chaque année des millions de personnes. Dans un autre registre, Macao possède un nombre impressionnant d'églises catholiques décorées d'azulejos typiquement portugais. Le dépaysement est total pour ceux qui arrivent de Chine : les rues portent des noms portugais, les gens parlent portugais et l'architecture est tout empreinte du style manuélin. À Taipa, les temples bouddhistes se mêlent étrangement à cette architecture européenne et le caractère chinois de Coloane ajoute à

la beauté des plages de l'île.

ACHATS

Macao est une zone hors taxes : les appareils électroniques et de haute précision sont très abordables, de même que l'or et les bijoux. Les produits typiquement portugais comme le porto et les azulejos sont disponibles tout autant que les trésors chinois tels l'encens, les calligraphies et la soie.

Région: Asie
Superficie: 16 km²
Capitale: Macao
Aéroport: -
Population: 484 560 habitants
Langue: portugais (off.), cantonais
Religion: bouddhiste, chrétienne
Régime politique: administration portugaise
Voltage-cycles: 220 - 50
Vaccins obligatoires: -
" recommandés: -
Passeport: requis
Visa: non requis
Monnaie: pataca
1$CA= 5,88 patacas
Conduite: à gauche
Permis int'l: requis
Indicatif: 011-853
℡ du Canada: 1 800 463-0809
℡ au Canada: 0800-100
Hôtellerie: ★★★★
Restauration: ★★★★
Transport: ★★
Coût de la vie: ○○○
Rang selon l'ONU: -
Meilleurs mois: nov, déc, jan, fév, mars
Jours fériés: 1 jan - 25 avr - 10,24 juin - 15 août - 1 nov - 1,8,25 déc

THAÏLANDE

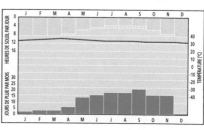

+15 +14 +13 +12 +11

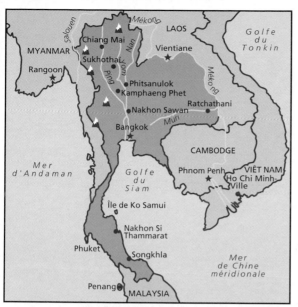

Région: Asie
Superficie: 514 400 km²
Capitale: Bangkok
Aéroport: Bangkok 25 km
Population: 59 510 480 habitants
Langue: thaï, chinois, anglais
Religion: bouddhiste du Theravada
Régime politique: monarchie constitutionnelle
Voltage-cycles: 220 - 50
Vaccins obligatoires: Fj*
" recommandés: Cho-Ty-Pol-Mal
Passeport: requis
Visa: non requis
Monnaie: baht
1$CA= 18,23 bahts
Conduite: à gauche
Permis int'l: requis
Indicatif: 011-66
✆ du Canada: 1-800-663-7174
✆ au Canada: 001-999-15-1000
Hôtellerie: ★★★★
Restauration: ★★★★
Transport: ★★★
Coût de la vie: ○○
Rang selon l'ONU: 54
Meilleurs mois: déc, jan, fév
Jours fériés: 1 jan - 6,13 avr - 5,14 mai -
12 août - 23 oct - 5,10,31 déc

POINTS D'INTÉRÊT

L'ancien royaume de Siam garde encore aujourd'hui le romantisme associé à sa culture riche de dynasties thaïes et d'influences européennes. Les sourires éclatants des Thaïlandais et leur chaleureux accueil font du pays une destination de choix pour le voyageur qui en est à sa première expérience en Asie. Bangkok, la cité des anges, est appréciée surtout pour l'architecture exotique thaïlandaise : le palais royal et le Wat Phra Kéo couvert de feuilles d'or et de pierres précieuses en sont des exemples. Les centaines de temples bouddhistes et le très joli marché flottant, à Thonburi, valent tous le déplacement. La rivière Chao Phraya est propice aux croisières qui font découvrir les petits quartiers de la ville. Une représentation du théâtre classique thaïlandais fait partie des attractions incontournables. Au nord de Bangkok, l'ancienne capitale d'Ayuthya attire surtout pour le pa-

lais Suan Pakkard. Le Bouddha de bronze de Phra Phutta Chinarat, à Phitsanulok, vaut à lui seul le voyage. Chiang Rai est une petite ville calme qui jouit d'un climat printanier à longueur d'année. Chiang Mai est visitée surtout pour ses camps d'éléphants et ses plantations d'orchidées. La ville possède aussi l'un des plus grands centres d'artisanat du pays. Le sanctuaire faunique de Thung Yai-Huai Kha Khaeng dans le nord-ouest du pays est un site touristique intéressant pour les amateurs de hautes montagnes à la flore dense et majestueuse. Le site archéologique de

J. HUARD

Ban Chiang mérite d'être vu. Les plages de Phuket et de l'île de Ko Samui ont la faveur des amateurs de sable fin et de mer tranquille.

ACHATS

La cuisine thaïlandaise est souvent extrêmement épicée : le *pri-kee-noo* est un petit piment très fort que l'on retrouve dans presque tout. Heureusement, le riz (qui est l'un des meilleurs du monde) atténue le piquant des plats. Les *tom yam*, des soupes épicées, font d'excellents repas. À Chiang Mai, on peut trouver le fruit du travail des artisans du pays entier : des sculptures de bois, de la laque, des poteries, des ombrelles de papier, des bijoux d'argent et des soieries. La prostitution est un fléau qui accable une partie de la jeunesse thaïlandaise : les réseaux du «tourisme de sexe» attirent malheureusement plusieurs voyageurs. Les voyageuses n'auront toutefois pas de problèmes avec les Thaïlandais.

CAMBODGE

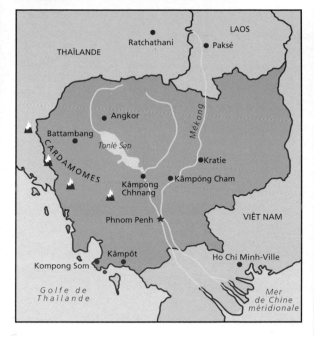

LAOS
THAÏLANDE
Ratchathani
Paksé
Angkor
Mékong
Battambang
CARDAMOMES
Tonlé Sap
Kratie
Kâmpóng Chhnang
Kâmpóng Cham
Phnom Penh ★
VIÊT NAM
Kâmpôt
Kompong Som
Ho Chi Minh-Ville
Golfe de Thaïlande
Mer de Chine méridionale

Région: Asie
Superficie: 181 040 km²
Capitale: Phnom Penh
Aéroport: Phnom Penh 10 km
Population: 10 264 630 habitants
Langue: khmer, français, anglais
Religion: bouddhiste du Theravada
Régime politique: monarchie constitutionnelle
Voltage-cycles: 220 - 50
Vaccins obligatoires: Fj*
" recommandés: Cho-Ty-Pol-Mal
Passeport: requis
Visa: requis
Monnaie: riel
1$CA= 1693,03 riels
Conduite: interdite aux touristes
Permis int'l: visite de groupe
Indicatif: 011-7 (par Moscou)
✆ du Canada: –
✆ au Canada: –
Hôtellerie: ★
Restauration: ★
Transport: ★
Coût de la vie: ○
Rang selon l'ONU: 147
Meilleurs mois: août, déc à mars
Jours fériés: 7 jan - 14 avr - 1 mai - 9 nov

POINTS D'INTÉRÊT

Quand le Premier ministre d'un gouvernement déconseille aux touristes de venir dans son pays, c'est que la situation est catastrophique. C'est ce qui se passe en ce moment au Cambodge : des touristes et des coopérants ont été la cible de représailles des Khmers rouges qui refusent de reconnaître le nouveau gouvernement élu. Tant que la situation ne sera pas revenue à la normale, il faudra oublier les visites au superbe site archéologique d'Angkor, l'un des plus beaux ensembles de temples, de monuments, de statues, de tours et de stèles funéraires jamais découverts. S'étalant sur plus de 300 km², le site fut érigé du IXe au XVe siècle : on y découvre des bâtiments de grès finement travaillés et des murailles rehaussées de splendides détails architecturaux. Le temple de Bakong date de 881, celui de Phnom Bakhèng, de 900, et le plus beau et le plus impressionnant, Angkor Vat, date du XIIe siècle. Oublié du monde pendant plusieurs siècles, Angkor est en voie de devenir l'un des plus importants sites archéologiques du monde.

ACHATS

Le riz du Cambodge est le meilleur de l'Asie du Sud-Est. Les épices, principalement la cardamome et le poivre, parfument les marchés. Les exploitations de tabac, de coton et de latex offrent les matières premières aux autres produits du pays.

MAURITIUS / BECK / RÉFLEXION

VIÊT NAM

+15 +14 +13 +12 +11

CHINE
Fleuve Rouge
Riv. Noire
Hanoi
Haiphong
Nam Dinh
LAOS
Golfe du Tonkin
ÎLE DE HAINAN (CHINE)
Song Ca
Vientiane
CORDILLÈRE ANNAMITIQUE
Vinh
Mer de Chine méridionale
Mékong
Hué
THAÏLANDE
Danang
Song Ba
CAMBODGE
Dong Nai
Phnom Penh
Dalat
Nha Trang
Ho Chi Minh-Ville
Long Xuyen
My Tho
Rach Gia
Can Tho
Golfe du Siam

Région: Asie
Superficie: 329 560 km²
Capitale: Hanoi
Aéroport: Hanoi 45 km
Population: 73 103 900 habitants
Langue: vietnamien (off.), khmer, cham
Religion: taoïste, bouddhiste
Régime politique: communiste
Voltage-cycles: 240 - 50
Vaccins obligatoires: Fj*
" recommandés: Cho-Ty-Pol-Mal
Passeport: requis
Visa: requis
Monnaie: dong
1$CA= 8121,39 dongs
Conduite: à droite
Permis int'l: véhicules non disponibles
Indicatif: 011-84
✆ **du Canada:** –
✆ **au Canada:** --
Hôtellerie: ★★
Restauration: ★★
Transport: ★★
Coût de la vie: ◯◯
Rang selon l'ONU: 116
Meilleurs mois: déc, jan, fév, mars, avr
Jours fériés: 2 sep

d'Hoalu, près de Hanoi, sont des merveilles de stalagmites et de sta-lagtites.

ACHATS

La cuisine vietnamienne est tout empreinte du délicat parfum des herbes savamment mélangées : les rouleaux de printemps, les soupes aux nouilles et le délicieux riz parfumé sont maintenant des classiques. Le marbre de Danang, les jarres vernissées de Thu Duc et les objets taillés dans le bambou, comme les longues pipes traditionnelles, font l'orgueil des artisans vietnamiens.

POINTS D'INTÉRÊT

Pour certains, le Viêt Nam est l'un des plus beaux pays d'Asie. Le paysage est contrasté de hautes montagnes escarpées et de plaines en terrasses où l'on cultive le riz. Les côtes sont découpées de baies et de caps doucement baignés par la mer de Chine méridionale. Ho Chi Minh-Ville (l'ancienne Saïgon) est encore marquée par la guerre mais les marchés Ben Thanh et Cholon montrent la vitalité des Vietnamiens. Tay Ninh propose un arrêt particulier avant d'aborder la campagne vietnamienne : il faut voir les cérémonies du culte caodaiste qui vénère Bouddha, Jésus, Mahomet, Lao Tseu, Victor Hugo et Flamma-

rion! La ville souterraine de Cu Chi est une autre curiosité. La montagne de Marbre de Danang est percée de grottes féeriques. Le musée d'art Cham vaut le déplacement, surtout pour sa collection de sculptures du IVe et du Xe siècles. À Hué, la Cité impériale, le tombeau de Minh Mang et la pagode de la Dame céleste sont de véritables oeuvres d'art. Hanoi est restée une ville coloniale charmante où les vestiges de sa longue histoire sont nombreux. Toutes les plages du golfe du Tonkin ont le charme des lieux oubliés par le temps. Les grottes

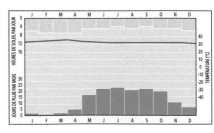

HONG-KONG

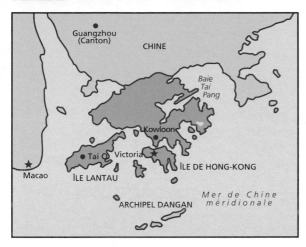

Région: Asie
Superficie: 1 040 km²
Capitale: Victoria
Aéroport: Kai Tak 7,5 km
Population: 5 548 755 habitants
Langue: cantonais, anglais
Religion: bouddhiste,confucéenne, taoïste
Régime politique: dépendance britannique
Voltage-cycles: 220 - 50
Vaccins obligatoires: -
" recommandés: Ty-Pol-Mal
Passeport: requis
Visa: non requis
Monnaie: dollar de Hong-Kong
1$CA= 5,70 dollars
Conduite: à gauche
Permis int'l: recommandé
Indicatif: 011-852
✆ **du Canada:** 1-800-663-0685
✆ **au Canada:** 800-1100
Hôtellerie: ★★★★★
Restauration: ★★★★★
Transport: ★★★★
Coût de la vie: ○○○
Rang selon l'ONU: 24
Meilleurs mois: juin, juil, août, sep
Jours fériés: 1,30 jan - 1,2 fév - 4,14,16,17
avr - 12 juin - 26, 29 août - 25,26 déc

POINTS D'INTÉRÊT

C'est le 1er juillet 1997 que Hong-Kong retournera à la Chine. Pour l'instant, ce territoire britannique profite d'une prospérité économique phénoménale que l'on peut vérifier dans les rues grouillantes de commerces, de restaurants et de touristes. L'île de Hong-Kong et les Nouveaux Territoires ne s'étendent que sur 1 000 km² mais la densité des attractions y est époustouflante : le mont Victoria, Repulse Bay, le port d'Aberdeen bien connu pour ses sampans (les bateaux de pêcheurs), le marché aux oiseaux, le jardin du Tiger Balm, le temple des dix mille Bouddhas, Temple Street et son marché de nuit, le marché de Kowloon et le monastère de Miu Fat. Hong-Kong sert souvent de porte d'entrée vers la Chine mais ce territoire est en soi une destination qui pourrait occuper le voyageur pendant plusieurs semaines.

ACHATS

Zone hors taxes, Hong-Kong jouit d'une effervescence commerciale unique : on trouve de tout, de la babiole à deux sous jusqu'aux appareils électroniques de haute technologie. Les objets d'art traditionnel chinois, les soieries, l'ivoire et le jade constituent de bons achats. Les restaurants de Hong-Kong pourraient être classés parmi les meilleurs d'Asie : les spécialités de toutes les régions de Chine y sont préparées, de même que les cuisines du monde entier.

J. HUARD

+16 +15 +14 +13 +12

Région: Asie
Superficie: 35 980 km²
Capitale: Taipei
Aéroport: Taipei 40 km
Population: 21 298 930 habitants
Langue: chinois, taiwanais
Religion: bouddhiste, taoiste, confucéenne
Régime politique: démocratie semi-présidentielle
Voltage-cycles: 110 - 60
Vaccins obligatoires: Fj*
" **recommandés:** Cho-Ty-Pol
Passeport: requis
Visa: non requis pour moins de 2 sem
Monnaie: dollar de Taiwan
1$CA= 19,48 dollars
Conduite: à droite
Permis int'l: requis
Indicatif: 011-886
✆ **du Canada:** 1-800-663-0688
✆ **au Canada:** ▲0-801-20012
Hôtellerie: ★★★★★
Restauration: ★★★★★
Transport: ★★★★★
Coût de la vie: ○○○
Rang selon l'ONU: -
Meilleurs mois: jan, fév, mars, mai
Jours fériés: 1,31 jan - 29 mars - 5 avr - 28 sep - 10,25,31 oct - 12 nov - 25 déc

POINTS D'INTÉRÊT

Ilha Formosa, qui veut dire en portugais «la belle île», mérite bien son nom même si l'on y associe souvent les babioles de plastique *«Made in Taiwan»*. L'île est très montagneuse : une cordillère traverse le pays en son centre, culminant à 4 000 mètres (la montagne de Jade) au parc national Yushan. Le parc Yangmingshan est à voir en mai quand les milliers de cerisiers sont en fleurs. Les côtes sablonneuses de la partie occidentale de l'île sont favorisées par le kuroshio, un courant tiède qui longe l'île pour en adoucir le climat. La capitale, Taipei, est une métropole très dynamique qui garde pourtant ses traditions bien vivantes : il faut observer les gens pratiquer l'art du Taï-chi dans les espaces verts de la ville, à l'ombre des gratte-ciel ultramodernes. Le National Palace Museum de Taipei expose la plus grande et la plus belle collection d'art chinois au monde : la majorité des oeuvres proviennent du trésor de la Cité interdite de Beijing. Une soirée à l'opéra Peiping de Taipei vous initiera au théâtre chinois. L'architecture traditionnelle de la petite ville de Tainan et ses 200 temples confucéens méritent le détour, à l'autre extrémité de l'île.

ACHATS

À Taiwan, on peut déguster toutes les cuisines régionales chinoises du Sichuan à Canton. Dans les grands restaurants, vous trouverez des ustensiles occidentaux mais les plats sont toujours meilleurs si on utilise les baguettes! Le saké chaud accompagne souvent les repas. Les pierres précieuses, la laque, les bibelots de jade finement travaillés et les céramiques font la renommée des artisans du pays.

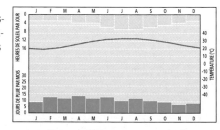

J. HUARD

PHILIPPINES

+16 +15 +14 +13 +12

Région:	Asie
Superficie:	300 000 km²
Capitale:	Manille
Aéroport:	Manille 12 km
Population:	69 808 930 habitants
Langue:	tagal, anglais
Religion:	catholique
Régime politique:	démocratie parlementaire
Voltage-cycles:	220 - 60
Vaccins obligatoires:	Fj*
* recommandés:	Cho-Ty-Pol-Mal
Passeport:	requis
Visa:	requis
Monnaie:	peso
1$CA=	18,87 pesos
Conduite:	à droite
Permis int'l:	requis
Indicatif:	011-63
℡ du Canada:	1-800-565-7445
℡ au Canada:	▲105-10
Hôtellerie:	★★★★
Restauration:	★★★★
Transport:	★★★
Coût de la vie:	○
Rang selon l'ONU:	99
Meilleurs mois:	déc, jan, fév

Jours fériés: 1,2 jan - 10,13,14,16 avr - 1 mai - 12 juin - 27 août - 1,30 nov - 25,30 déc

PHILIPPINES

POINTS D'INTÉRÊT

L'archipel des Philippines comprend cinq grandes zones dont chacune propose des attraits spécifiques : Luçon, les Visayas, Mindanao, Palawan et les îles Sulu. La splendeur des paysages, surtout les fameuses rizières en terrasse, sont la marque de commerce de ce très beau pays. Pour le voyageur, la première escale en Asie devrait être Manille sur l'île de Luçon : une ville aux allures latines dans un cadre tout asiatique. La ville conserve des vestiges de l'époque espagnole et américaine. L'Intramuros, la vieille partie de la ville, est particulièrement intéressante de même que le Musée national au parc Rizal. Plus au nord sur l'île, à Banaue, les rizières vieilles de 2 000 ans sont vraiment des merveilles d'ingéniosité. Les volcans philippins, dont certains sont encore en activité (comme le Pinatubo), découpent le paysage avec beaucoup de grâce. L'île de Mindanao est réputée pour ses côtes sablonneuses et la profusion de fleurs. Zamboanga est un des plus beaux sites du pays même si le tourisme commence à y prendre toute la place. Les villages musulmans des îles Sulu sont bâtis sur pilotis, une curiosité unique à cette région. Les îles Visaya ont été conquises par les Espagnols : Magellan y planta une croix en 1521 après avoir découvert l'île de Cebu. Toutes les îles (Leyte, Masbate, Panay, Bohol et Samar) valent la visite, notamment l'étrange formation géologique de Bohol appelée Chocolate Hill.

ACHATS

Le *sinigang* est un pot au feu de poissons unique aux Philippines. Le porc est à la base de la majorité des mets, notamment le délicieux *lechon*, un porc entier grillé à la broche, et le adobo assaisonnée d'ail. La bière, le *tuba*, un alcool de palmier, et le vin de coco (*lambanog*) accompagnent bien les mets souvent très rehaussés. Les objets de bois, les tissus en fibre d'ananas et de bananier, le coton et la soie vierge sont aussi populaires que les bijoux d'or et d'argent de Mindanao.

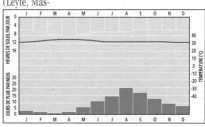

SRI LANKA

+13¹/₂ +12¹/₂ +11¹/₂ +10¹/₂ +9¹/₂

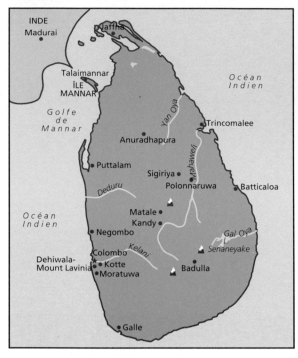

INDE
Madurai
Jaffna
Talaimannar
ÎLE MANNAR
Golfe de Mannar
Océan Indien
Trincomalee
Anuradhapura
Yan Oya
Mahaweli
Puttalam
Sigiriya
Polonnaruwa
Batticaloa
Deduru
Matale
Kandy
Océan Indien
Negombo
Gal Oya
L. Senaneyake
Colombo
Kelani
Dehiwala-Mount Lavinia
Kotte
Moratuwa
Badulla
Galle

Région: Asie
Superficie: 65 610 km²
Capitale: Colombo
Aéroport: Colombo 30 km
Population: 18 129 850 habitants
Langue: cinghalais, tamoul, anglais
Religion: bouddhiste, hindoue, chrétienne
Régime politique: présidentiel
Voltage-cycles: 220 - 50
Vaccins obligatoires: Fj*
" recommandés: Cho-Ty-Pol-Mal
Passeport: requis
Visa: non requis
Monnaie: roupie sri-lankaise
1$CA= 37,16 roupies
Conduite: à gauche
Permis int'l: requis
Indicatif: 011-94
☎ **du Canada:** 1-800-665-0062
☎ **au Canada:** 01-430077
Hôtellerie: ★★★
Restauration: ★★★
Transport: ★★★
Coût de la vie: ◐
Rang selon l'ONU: 90
Meilleurs mois: fév, mars
Jours fériés: 4 fév - 4 mars - 14,16 avr - 1,11,22 mai - 30 juin - 8 août - 25 déc

POINTS D'INTÉRÊT

La rébellion indépendantiste tamoule au nord et à l'est du pays a miné quelque peu la bonne réputation du Sri Lanka, mais le voyageur qui ne s'aventure pas dans ces régions ne devrait pas ressentir de problèmes. Colombo, la capitale, abrite des temples bouddhistes, des mosquées et des vestiges de l'Empire britannique. Les anciennes cités royales de Polonnaruwa, Kandy et Sigiriya sont des villes sacrées pour les bouddhistes cingalais. C'est à Kandy que l'on célèbre l'*Esala Perahera*, une procession qui dure dix jours, en août, où un reliquaire de Bouddha est transporté sur des éléphants richement parés. Les plages du Sri Lanka ont la cote d'amour des amateurs de plongée sous-marine. Attention, certaines plages sont interdites d'accès lors de la ponte des tortues.

ACHATS

La cuisine sri lankaise est souvent extrêmement épicée mais le lamprai, un plat de riz cuit dans une peau de banane, atténue bien le piquant des mets. Le lait de coco est aussi un bon calmant. Les saris flamboyants que portent les femmes et les batiks multicolores embellissent les marchés. L'écaille de tortue est protégée par des lois très strictes : il est interdit d'acheter des bijoux ou des objets ornés d'écaille de tortue, ou d'ivoire provenant de défenses d'éléphant.

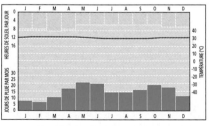

RÉFLEXION

MALAYSIA

+16 +15 +14   +13   +12

Région:	Asie
Superficie:	329 750 km²
Capitale:	Kuala Lumpur
Aéroport:	Kuala Lumpur 22 km
Population:	19 283 160 habitants
Langue:	malais, chinois, anglais
Religion:	islamique, hindoue, bouddhiste
Régime politique:	monarchie constitutionnelle
Voltage-cycles:	110/220 - 50
Vaccins obligatoires:	Fj*
" recommandés:	Cho-Ty-Pol-Mal
Passeport:	requis
Visa:	non requis
Monnaie:	ringgit
1$CA=	1,80 ringgit
Conduite:	à gauche
Permis int'l:	recommandé
Indicatif:	011-60
☏ du Canada:	1-800-663-6817
☏ au Canada:	▲800-0017
Hôtellerie:	★★★★★
Restauration:	★★★★★
Transport:	★★★★★
Coût de la vie:	○○
Rang selon l'ONU:	57
Meilleurs mois:	juin, juil, août, sep, déc, mars
Jours fériés:	1,2,31 jan - 1,2 fév - 4 mars -
	1,11,31 mai - 3 juin - 8,31 août - 25 déc

MALAYSIA

POINTS D'INTÉRÊT

Malaysia (Malaisie est le nom de la partie du pays qui se trouve sur la péninsule de Malacca uniquement) est la destination rêvée pour les amoureux de paysages riches où la flore est encore reine : forêts impénétrables, jungles grouillantes de vie animale, belles plantations ordonnées, montagnes escarpées et plages tranquilles. La géographie du pays divise en trois les territoires malaisiens : à l'ouest, la péninsule de Malacca (la Malaisie), et sur l'île de Bornéo, les deux États de Sarawak et Sabah. Ce qui différencie ces territoires, c'est la modernité de la Malaisie par rapport à l'aspect sauvage de la nature de Bornéo. Le voyageur peut donc allier les parties de golf dans l'un des plus beaux réseaux de terrains en Asie et les expéditions-photo à la recherche de tortues de mer qui pondent sur les plages de Sarawak. À Kuala Lumpur, la capitale, il faut visiter la mosquée nationale, le marché, les grottes bouddhistes de Batu. Malacca, très influencée par les Portugais, les Hollandais, les Chinois et les Anglais, propose la cathédrale Saint-Paul, le fort Santiago et le très beau musée Nyona Baba. L'île de Penang offre de magnifiques plages, des habitations typiques et le temple Kek Lok Si avec ses 10 000 bouddhas. Kuching, capitale de Sarawak, vaut le détour, de même que la jungle environnante, les plantations de thé et les grottes qui sont particulièrement belles. Le Parc national de Bako est

incontournable, ne serait-ce que pour ses fameuses fleurs carnivores et sa côte sablonneuse. Les grottes de Niah à Miri, sur la côte, existent depuis des milliers d'années. Dans l'État de Sabah, le parc du mont Kinabalu est un paradis pour les amateurs d'ornithologie.

ACHATS

Le *satay*, des brochettes de viande à la sauce aux arachides, le *rendang*, du bœuf au gingembre, et le canard braisé, *panggang golek*, sont les principales spécialités de Malaysia. La soupe de nid d'hirondelles est une spécialité de Bornéo. La bière de coco, et l'eau de coco (*ayer kelapa*), se servent en apéritif. Le makyong, théâtre joué exclusivement par des femmes ainsi que le menora, joué que par des hommes, font partie du patrimoine culturel de la Malaysia. Les marionnettes du théâtre d'ombre malais, le *wayang kulit*, sont des piè-

ces uniques en leur genre. Les batiks de Penang, les *kain songket* (tissus enrichis de fils d'or) et les objets en étain comptent parmi les véritables œuvres d'art.

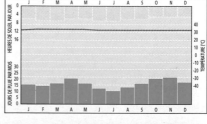

RÉFLEXION

SINGAPOUR

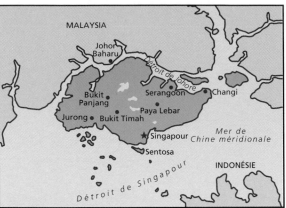

SINGAPOUR

MALAYSIA
Johor Baharu
Détroit de Johore
Bukit Panjang
Serangoon
Changi
Paya Lebar
Jurong
Bukit Timah
Mer de Chine méridionale
★ Singapour
Sentosa
INDONÉSIE
Détroit de Singapour

Région: Asie
Superficie: 632 km²
Capitale: Singapour
Aéroport: Singapour 25 km
Population: 2 859 150 habitants
Langue: anglais, chinois, malais
Religion: bouddhiste, taoïste
Régime politique: république parlementaire
Voltage-cycles: 220 - 50
Vaccins obligatoires: Fj*
" recommandés: Cho-Tyl
Passeport: requis
Visa: non requis
Monnaie: dollar de Singapour
1$CA= 1,03 dollar
Conduite: à gauche
Permis int'l: requis
Indicatif: 011-65
✆ du Canada: 1-800-665-6002
✆ au Canada: 8000-100-100
Hôtellerie: ★★★★★
Restauration: ★★★★★
Transport: ★★★★
Coût de la vie: ○○○
Rang selon l'ONU: 43
Meilleurs mois: mai à sep
Jours fériés: 1,31 jan - 1 fév - 4 mars - 14,16 avr - 1,11 mai - 9 août - 25 déc

POINTS D'INTÉRÊT

Cité-État située à l'extrémité de la péninsule de Malacca, Singapour (la ville du lion) est une plaque tournante du tourisme en Asie. L'île est résolument asiatique avec cependant une allure très occidentale. L'époque coloniale a laissé de nombreux monuments qui se mêlent à l'architecture ultramoderne des édifices du quartier des affaires et aux quartiers ethniques. Les hôtels de grand luxe (notamment l'hôtel Raffles et son magnifique décor), les centres de congrès et les grands restaurants font de Singapour un endroit idéal pour la tenue d'événements internationaux. Le voyageur pourra visiter le Chinatown, le quartier indien, Arab Street et Serangoon Street. Le climat est particulièrement favorable à la croissance d'une végétation luxuriante qui donne son charme à la ville. Le Jardin botanique possède une variété de fleurs exceptionnelles et le parc Jurong abrite plus de 3 000 oiseaux. Singapour est très fière du parc Merlion et des jardins du Tiger Balm. L'île de Sentosa prend un air de station balnéaire avec ses plages et ses jardins.

ACHATS

La cuisine de Singapour est chinoise, malaisienne, indienne et indonésienne : le choix ne manque pas. La bière, l'alcool de noix de coco et le fameux Singapour Sling sont en vedette dans les bars. Le batik, les figurines de jade, les marionnettes du théâtre de Singapour et les bijoux feront de bien meilleurs souvenirs que les peaux de crocodile et de serpent. Attention aux lois civiles de Singapour : on punit les contrevenants en leur assenant des coups de cannes de bambou!

T. BOGNAR / RÉFLEXION

BRUNEI

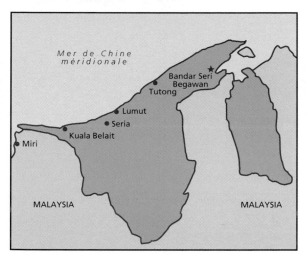

Région: Asie
Superficie: 5 765 km²
Capitale: Bandar Seri Begawan
Aéroport: Bandar Seri Begawan 10 km
Population: 300 000 habitants
Langue: malais, chinois, anglais
Religion: islamique, bouddhiste
Régime politique: monarchie
Voltage-cycles: 220 - 50
Vaccins obligatoires: Fj*
" recommandés: Cho-Ty-Pol
Passeport: requis
Visa: requis
Monnaie: dollar de Brunei
1$CA= 1,03 dollar
Conduite: à gauche
Permis int'l: recommandé
Indicatif: 011-673
☎ du Canada: –
☎ au Canada: –
Hôtellerie: ★★
Restauration: ★★
Transport: ★★
Coût de la vie: ○○○
Rang selon l'ONU: 44
Meilleurs mois: déc, jan, fév
Jours fériés: 1 jan - 23 fév - 3,4 avr - 1 mai - 21 juin - 15 juil - 19 août - 25 déc

POINTS D'INTÉRÊT

Certains diraient que c'est le paradis : les services sociaux, les logements et les transports sont gratuits! Le sultan du Brunei est l'un des hommes les plus riches du monde et son peuple bénéficie de multiples avantages. Le pétrole est la source de toutes ces richesses. Le Brunei n'est malheureusement accessible qu'aux hommes d'affaires qui transigent avec les compagnies pétrolières. Ceux-ci pourront découvrir la mosquée au toit d'or de la capitale, Bandar Seri Begawan, et les villes donnant sur la mer de Chine méridionale, notamment Kuala Belait.

ACHATS

Les tissus et les tapis du Brunei sont toujours très colorés. L'argent, l'étain et le bronze sont utilisés pour la fabrication d'objets usuels et de bijoux.

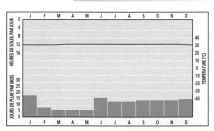

P. LESAGE

INDONÉSIE

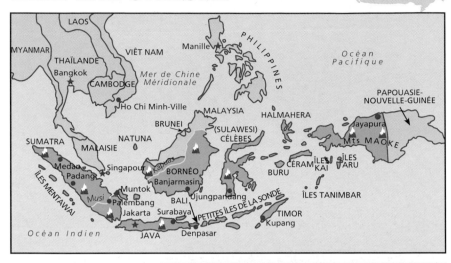

Région: Asie
Superficie: 1 919 440 km²
Capitale: Jakarta
Aéroport: Jakarta 20 km
Population: 200 409 740 habitants
Langue: bahasa Indonesia (off.)
Religion: islamique, hindoue, chrétienne
Régime politique: présidentiel autoritaire
Voltage-cycles: 110/220 - 50
Vaccins obligatoires: Fj*
" recommandés: Cho-Ty-Pol-Mal
Passeport: requis
Visa: non requis
Monnaie: roupie
1$CA= 1636,35 roupies
Conduite: à gauche
Permis int'l: requis
Indicatif: 011-62
✆ du Canada: 1-800-665-2596
✆ au Canada: ▲001-801-16
Hôtellerie: ★★★★
Restauration: ★★★★
Transport: ★★★
Coût de la vie: ○
Rang selon l'ONU: 105
Meilleurs mois: mai, juin, juil, oct, nov
Jours fériés: 1 jan - 4 mars - 14,16 avr -
11,25,31 mai - 8,17 août - 25,31 déc

T. BOGNAR / RÉFLEXION

POINTS D'INTÉRÊT

Le Timor-Oriental est une petite île à l'est des îles de la Sonde qui réclame son indépendance de l'Indonésie. Ce conflit a fait apparaître les graves problèmes des droits de la personne qui sévissent dans ces régions. Le voyageur peut cependant visiter l'Indonésie sans jamais ressentir les troubles internes du pays. Il serait tout de même sage d'éviter l'île de Timor pour l'instant. Le choix reste vaste puisque le pays est en fait un archipel de 17 000 îles et îlots. Jaya, Sumatra, Kalimantan (Bornéo), Célèbes et Irian Jaya (Nouvelle-Guinée) sont les plus grandes. Bali est beaucoup plus petite mais son importance touristique est immense. Denpasar, la capitale de l'île, est renommée

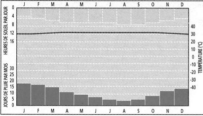

pour ses arts, notamment le théâtre balinais, la danse, la musique, la peinture et la sculpture. Les grands attraits de l'île sont le temple de Tanah Lot, celui de Besakih, le palais de Tampak Siring et le lac Batur. Sur l'île de Sumatra, on visitera les villes de Medan, Padang et Palembang de même que les villages bataks. L'île de Java est surtout connue à cause de la grande réputation des fabriques de batik. À Jakarta, le musée d'Archéologie et d'Ethnographie et les vestiges portugais laissés sur l'île méritent le détour. L'immense stûpa bouddhique de Borobudur est l'un des plus grands au monde. Les très jolies marionnettes du théâtre indonésien sont confectionnées à Surakarta. Les petites îles de la Sonde, notamment Flores et Lombok, possèdent de belles plages et des sites archéologiques très intéressants. Encore presque vierges, les villes et villages de Kalimantan sur l'île de Bornéo offrent des paysages de forêts denses et la culture des Dayaks, un peuple longtemps associé aux chasseurs de têtes. Les Bugis de l'île de Célèbes sont réputés pour la construction de leurs magnifiques bateaux à voile et les Torajas pour leurs habitations aux toits en flèche. La beauté des paysages du pays toraja est exceptionnelle.

ACHATS

La cuisine indonésienne peut être très épicée : le *sate dengeng*, un plat de viande accompagné de sauce piquante, est un des mets traditionnels. Le *gadogado*, un savant mélange de légumes et de sauce aux arachides, et le *babi guling* de Bali, un plat de porc rôti, sont particulièrement savoureux. Le lait de noix de coco est à la base de plusieurs recettes indonésiennes. Les Indonésiens sont des artistes dans l'âme : les sculptures, les costumes, les bijoux, les instruments de musique et les tissus sont toujours savamment ouvragés. Les marionnettes balinaises sont, bien sûr, d'excellents achats, de même que les *kriss*, de petits couteaux javanais à lame sinueuse. Les batiks de Java font de très beaux souvenirs. L'Indonésie est connue pour l'accueil chaleureux des habitants, mais il faut tout de même se méfier des voleurs à la tire qui travaillent dans les principaux centres touristiques. Une femme seule n'aura pas de problèmes si elle respecte une certaine sobriété dans sa tenue vestimentaire.

OCÉANIE

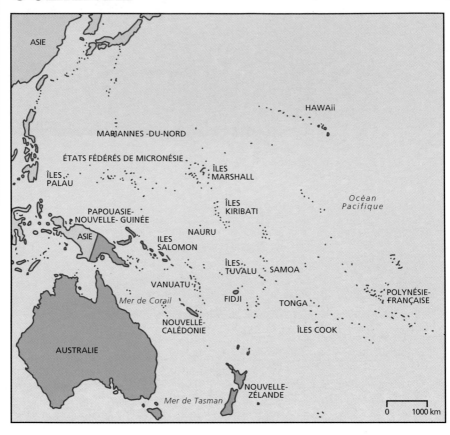

ASIE

MARIANNES -DU-NORD

HAWAii

ÉTATS FÉDÉRÉS DE MICRONÉSIE

ÎLES
MARSHALL

ÎLES
PALAU

ÎLES
KIRIBATI

Océan
Pacifique

PAPOUASIE-
NOUVELLE- GUINÉE

ASIE

NAURU

ÎLES
SALOMON

ÎLES
TUVALU

SAMOA

VANUATU

POLYNÉSIE-
FRANÇAISE

Mer de Corail

FIDJI

TONGA

NOUVELLE-
CALÉDONIE

ÎLES COOK

AUSTRALIE

NOUVELLE-
ZÉLANDE

Mer de Tasman

0   1000 km

L'Océanie comprend la Micronésie, la Polynésie, la Mélanésie, la Nouvelle-Zélande et l'Australie. À part ces deux derniers pays, les îles du Pacifique sont pour la plupart minuscules en superficie : un voyage dans ces eaux nous prouve que la grandeur du territoire n'a rien à voir avec la richesse des cultures et la splendeur des paysages! L'Océanie regroupe des peuples aux coutumes encore méconnues, des populations qui parlent des langues oubliées et qui donnent l'impression de vivre à une autre époque. Les ethnologues amateurs auront de nombreux sujets d'étude ainsi que les ornithologues, les volcanologues, les botanistes et les océanologues... Quant à l'amateur de plages chaudes, il ne sera certes pas déçu!

OFF. DE TOURISME DES ÎLES COOK

OCÉANIE

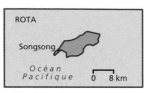

MARIANNES-DU-NORD

+18 +17 +16 +15 +14

Région: Océan Pacifique
Superficie: 477 km²
Capitale: Garapan (Saipan)
Aéroport: Garapan
Population: 49 800 habitants
Langue: anglais, chamorro
Religion: Religion : catholique
Régime politique: territoire des États-Unis
Voltage-cycles: 110 - 60
Vaccins obligatoires: -
" recommandés: Ty-Po
Passeport: requis
Visa: non requis
Monnaie: dollar américain
1$CA= 0,74 dollar
Conduite: à droite
Permis int'l: requis
Indicatif: 011-670
℮ du Canada: –
℮ au Canada: –
Hôtellerie: ★★★
Restauration: ★★★
Transport: ★★★
Coût de la vie: ○○○
Rang selon l'ONU: -
Meilleurs mois: mars, avril, mai
Jours fériés: 1,17 jan - 14,17 avr - 4 juil - 25 déc

POINTS D'INTÉRÊT

Guam et les Mariannes-du-Nord forment un groupe d'îles toutes plus belles les unes que les autres. Magellan les découvrit en 1521 et, depuis, les voyageurs viennent y chercher la paix des douces plages et le climat paradisiaque (sauf au temps du typhon, en septembre et octobre). À Saipan, les vestiges de la Deuxième Guerre mondiale se mêlent aux splendeurs de la nature. La caverne de Songsong, sur l'île Rota, avec ses colonnes de stalagmites et de stalactites vaut le déplacement. Le relief très accidenté de Guam, avec ses montagnes, ses cavernes et ses volcans, en fait une île vulnérable aux tremblements de terre. Il reste très peu de Chamorros mais le musée d'Agana expose une belle collection d'oeuvres de leur culture.

ACHATS

L'influence espagnole n'est pas présente que dans les festivités à caractère religieux mais aussi dans la gastronomie : paella et vin corsé sont souvent au menu à Guam.
Les voyageurs peuvent se procurer des oeuvres d'art d'inspiration chamorro, notamment des masques et des poupées, ainsi que des objets sculptés dans des noix de coco.

VOLVOX / RÉFLEXION

ÎLES PALAU

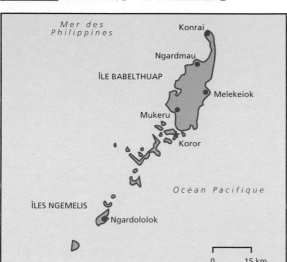

Région: Océan Pacifique
Superficie: 458 km²
Capitale: Koror
Aéroport: Koror
Population: 15 000 habitants
Langue: anglais, dialectes
Religion: catholique, adventiste
Régime politique: administration des États-Unis
Voltage-cycles: 110 - 60
Vaccins obligatoires: -
" recommandés: Ty-Po
Passeport: requis
Visa: non requis
Monnaie: dollar américain
1$CA= 0,74 dollar
Conduite: à droite
Permis int'l: requis
Indicatif: 011-680
✆ du Canada: –
✆ au Canada: –
Hôtellerie: ★★★
Restauration: ★★★
Transport: ★★★
Coût de la vie: ○○○
Rang selon l'ONU: -
Meilleurs mois: fév, mars, avr, mai
Jours fériés: 1,17 jan - 14,17 avr - 4 juil -
  25 déc

POINTS D'INTÉRÊT

La république de Belau, ou Palau, est un État de l'archipel des îles Carolines bien connu pour son rôle lors de la Deuxième Guerre mondiale. Les Américains y ont laissé plusieurs vestiges mais on visite surtout les îles pour la barrière de corail qui entoure chacune d'entre elles et la limpidité de l'eau qui lèche les plages. Babelthuap est la plus grande des îles mais c'est dans la petite île de Koror que la majorité des gens vivent. Le sport national est bien sûr la plongée : le meilleur endroit est sans doute Rock Island, apprécié pour sa géographie sous-marine unique. Il ne faut pas manquer de visiter les superbes chutes de Ngardmau, au nord de Babelthuap, et les formations mégalithiques de la péninsule de Ngarchelong, plus au nord.

ACHATS

Les Palauans aiment raconter des aventures qu'ils gravent sur l'écorce des arbres : il s'agit de légendes relatant la longue histoire des ha-

bitants de l'île. Pour sculpter les *dilukais*, des statuettes sacrées, les artisans s'inspirent des croyances ancestrales modekngei, qui datent de la nuit des temps. Les coquillages et les coraux font de beaux bijoux mais il est déconseillé d'en-

courager la vente des bijoux faits avec de la carapace de tortue.

A. GARDON / RÉFLEXION

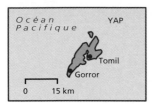

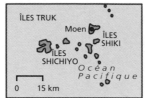

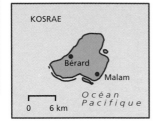

MICRONÉSIE

Région: Océan Pacifique
Superficie: 702 km²
Capitale: Kolonia (Pohnpei)
Aéroport: Kolonia 1 km
Population: 120 340 habitants
Langue: anglais, dialectes
Religion: catholique, protestante
Régime politique: démocratie parlementaire
Voltage-cycles: 110 - 60
Vaccins obligatoires: -
" recommandés: Ty-Po
Passeport: requis
Visa: non requis
Monnaie: dollar américain
1$CA= 0,74 dollar
Conduite: à droite
Permis int'l: requis
Indicatif: 011-691
☎ du Canada: –
☎ au Canada: –
Hôtellerie: ★★★★
Restauration: ★★★★
Transport: ★★★
Coût de la vie: ○○○
Rang selon l'ONU: -
Meilleurs mois: à l'année
Jours fériés: 1 jan - 14,17 avr - 10 mai - 4 juil - 25 déc

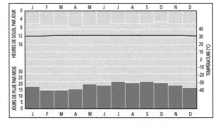

POINTS D'INTÉRÊT

La Micronésie est constituée de quatre petits États : Kosrae, Pohnpei, Truk et Yap. Ces îles et atolls s'étendent sur plusieurs milliers de kilomètres, ce qui encourage les déplacements en bateau, et particulièrement en voilier. Sur les îles, la végétation est dense et tapisse quelques hautes montagnes dont celles de Pohnpei. La forêt tropicale occupe, elle aussi, une bonne partie du territoire, notamment à Yap. Les récifs coralliens et les fonds marins sont évidemment spectaculaires : on peut même trouver des épaves de bateaux coulés lors de la dernière guerre. Les ruines de Nan Madol sur l'île de Pohnpei valent le détour.

ACHATS

Le *sakau* est un alcool fait avec les racines d'un petit arbuste : n'en abusez pas! Les noix de bétel, le taro, les noix de coco et les fruits du pandanus constituent les ingrédients principaux de la cuisine micronésienne. Les *lava-lavas* sont des jupes traditionnelles confectionnées avec l'écorce des hibiscus.

OFF. DE TOURISME DE LA MICRONÉSIE

ÎLES MARSHALL

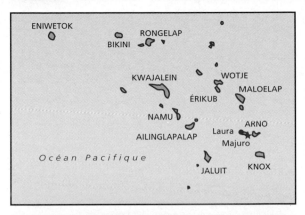

+20 +19 +18 +17 +16

Région: Océan Pacifique
Superficie: 181 km²
Capitale: Majuro
Aéroport: Majuro
Population: 54 040 habitants
Langue: anglais, dialectes
Religion: protestante
Régime politique: démocratie parlementaire
Voltage-cycles: 110 - 60
Vaccins obligatoires: -
" recommandés: Ty-Po
Passeport: requis
Visa: non requis
Monnaie: dollar américain
1$CA= 0,74 dollar
Conduite: à droite
Permis int'l: recommandé
Indicatif: 011-692
℘ du Canada: –
℘ au Canada: –
Hôtellerie: ★★★
Restauration: ★★★
Transport: ★★
Coût de la vie: ○○○
Rang selon l'ONU: -
Meilleurs mois: fév, mars, avr, mai
Jours fériés: 1,17 jan - 14,17 avr - 4 juil - 25 déc

P. LESAGE

que les Américains ont fait les essais de la bombe atomique, à Bikini plus précisément. Les atolls d'Eniwetok et de Kwajalein sont redevenus de paisibles paradis depuis la fin de la Deuxième Guerre mondiale.

ACHATS

L'artisanat des Marshallais comporte surtout des bijoux faits de coquillages, des feuilles de palmiers tressées et des coraux. Le *kili* est un sac tissé à la main, typique de Bikini. Comme son nom l'indique, le port du bikini est de rigueur dans l'île. Notons toutefois que les monokinis ne sont pas tolérés.

POINTS D'INTÉRÊT

Les îles Ratak (du soleil levant) et les îles Ralik (du soleil couchant) offrent tout ce que les îles du Pacifique ont de plus beau : des kilomètres et des kilomètres de plages, le plus grand atoll au monde (Kwajalein, 120 km de long), des récifs de corail, des poissons multicolores et des habitants qui savent encore jouir d'un coucher de soleil. C'est malheureusement dans ce cadre enchanteur

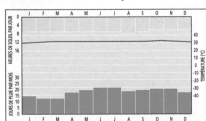

PAPOUASIE-NOUVELLE-GUINÉE

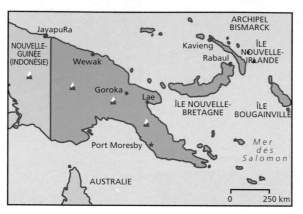

Région: Océanie
Superficie: 461 690 km²
Capitale: Port Moresby
Aéroport: Port Moresby 8 km
Population: 4 196 810 habitants
Langue: anglais, pidjin, motu
Religion: catholique
Régime politique: démocratie parlementaire
Voltage-cycles: 240 - 50
Vaccins obligatoires: Fj*
" recommandés: Cho-Ty-Po
Passeport: requis
Visa: requis
Monnaie: kina
1$CA= 0,99 kina
Conduite: à gauche
Permis int'l: recommandé
Indicatif: 011-675
✆ **du Canada:** –
✆ **au Canada:** –
Hôtellerie: ★★★
Restauration: ★★★
Transport: ★★
Coût de la vie: ○○○
Rang selon l'ONU: 129
Meilleurs mois: juin, juil, août, sep
Jours fériés: 1,2 jan - 14,16,17 avr - 12 juin - 24 juil - 16 sep - 25,26 déc

POINTS D'INTÉRÊT

Les Papous ont depuis toujours fasciné les voyageurs par leurs traditions et leur apparence. Le mot papou vient du malais pupuwa qui signifierait «crépu», puisque les Papous sont plus pigmentés que les Mélanésiens. Aujourd'hui, ce sont surtout leurs costumes élaborés, leurs peintures faciales colorées et leurs croyances ancestrales qui attirent notre attention. La beauté du paysage et de la nature de la Papouasie n'est pas en reste : les montagnes de la chaîne centrale de l'île pricipale sont le berceau de multiples rivières et fleuves où vivent de petites communautés isolées. La côte découpée en baies est protégée d'une barrière de corail et de profondes fosses sous-marines, idéales pour la plongée. Les îles de l'archipel Bismarck sont couvertes d'une forêt dense où vivent des animaux rares. Les villes ont aussi un cachet particulier : Port Moresby allie l'exotisme et la modernité avec son parlement décoré de fresques d'art naïf, son Musée national qui date de 50 000 ans et sa cathédrale catholique construite à la mode papoue. Lae abrite l'Institut écologique de Wau où de magnifiques papillons et des oiseaux de paradis butinent des rhododendrons d'espèces rares. La région des Highlands, spécialement Goroka, est l'endroit rêvé pour l'ethnologue amateur : on peut y assister aux *singsings*, des chants et des danses traditionnels papous. Le mont Wilhem, qui culmine à 4 510 mètres d'altitude, est le centre de la province de Simbu, bien connue pour ses grottes et cavernes sacrées servant de cimetière depuis toujours. La visite ne peut se faire qu'en groupe organisé.

ACHATS

Les costumes, les parures et les bijoux traditionnels des Papous font l'envie de tous. Les statuettes de bois de Sepik, les instruments de musique tribale, les poteries de Madang et les paniers tressés de Buka sont aussi de toute beauté. Attention aux lois qui régissent l'exportation de papillons et de fleurs ainsi que les lois qui protègent le patrimoine papou : les lances servant aux cérémonies et les récits gravés sur les peaux de crocodile des îles Trobriand ne peuvent être achetés.

ÎLES SALOMON

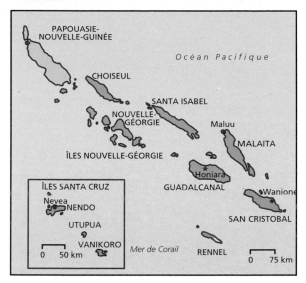

Région: Océan Pacifique
Superficie: 28 450 km²
Capitale: Honiara
Aéroport: Honiara 20 km
Population: 385 820 habitants
Langue: anglais, bichlamar
Religion: anglicane, catholique
Régime politique: démocratie parlementaire
Voltage-cycles: 240 - 50
Vaccins obligatoires: Fj*
" recommandés: Ty-Po-Mal
Passeport: requis
Visa: non requis
Monnaie: dollar des Salomon
1$CA= 2,20 dollars
Conduite: à gauche
Permis int'l: recommandé
Indicatif: 011-677
℡ du Canada: –
℡ au Canada: –
Hôtellerie: ★★
Restauration: ★★
Transport: ★★
Coût de la vie: ○○○
Rang selon l'ONU: 126
Meilleurs mois: mai, juin
Jours fériés: 1 jan - 14,17 avr - 7 juil - 25 déc

ÎLES SALOMON

POINTS D'INTÉRÊT

La culture préhistorique lapita est apparue aux îles Salomon au Ier millénaire; des vestiges de cette époque reculée sont présentés au musée de Honiara. Le passage de la Deuxième Guerre mondiale est palpable partout à Guadalcanal. L'attrait principal des Salomon demeure la diversité de la faune : des oiseaux exotiques comme il n'en existe nulle part ailleurs, des reptiles et des marsupiaux étranges, des grenouilles et des papillons colorés. Bien entendu, seuls les chasseurs d'images ont le droit de circuler dans les îles (même la pêche est très contrôlée).

ACHATS

L'artisanat de l'île Malaita s'inspire des vieilles coutumes des îles : les fameux bracelets, colliers et ceintures, sont faits de coquillages polis qui servaient autrefois de monnaie d'échange entre les tribus. Attention : il est interdit d'acheter des bijoux faits avec des dents de mammifères. Les sculptures de bois d'ébène de l'île de Nouvelle-Géorgie sont uniques.

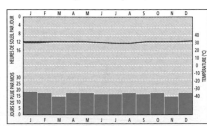

VOLVOX / RÉFLEXION

NAURU

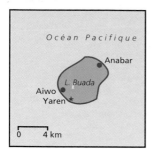

Région: Océanie
Superficie: 21 km²
Capitale: Yaren
Aéroport: Yaren
Population: 10 020 habitants
Langue: anglais, nauruan
Religion: protestante, catholique
Régime politique: démocratie parlementaire
Voltage-cycles: 240 - 50
Vaccins obligatoires: Fj*
" recommandés: Ty-Po
Passeport: requis
Visa: requis
Monnaie: dollar australien
1$CA= 1,0 dollar
Conduite: à gauche
Permis int'l: recommandé
Indicatif: 011-674
✆ du Canada: –
✆ au Canada: –
Hôtellerie: ★
Restauration: ★
Transport: ★
Coût de la vie: ❍❍❍
Rang selon l'ONU: –
Meilleurs mois: mai à oct
Jours fériés: 1,2,26,31 jan - 6,13,20 mars - 14,17,25 avr - 1 mai - 12 juin -2 oct - 25,26 déc

POINTS D'INTÉRÊT

Nauru est une petite perle de corail au milieu de l'océan Pacifique. Cette ancienne colonie britannique a obtenu son indépendance en 1968. L'industrie du tourisme n'y est pas encore développée, ce qui contribue sûrement à la garder dans son état original. Les rives sont peu profondes et permettent aux plongeurs d'observer les merveilles des fonds marins : somptueux coraux et poissons magnifiques. Plus loin, les mouillages sont, semble-t-il, parmi les plus profonds de la planète. L'île est si petite que les nuages de pluie passent souvent à côté. Il peut ne pas pleuvoir pendant plusieurs années. Les mines de phosphate sont le seul intérêt du centre de l'île et l'épuisement de ce sel risque de faire tomber cette charmante île dans l'oubli. Pourtant les plages de Yaren, d'Aiwo et d'Anabar méritent le nom de paradis sur terre.

ACHATS

La vie est faite de choses simples à Nauru : la pêche, la plongée, la cueillette de coquillages. Les fruits et les produits de la mer sont à la base de la gastronomie et l'artisanat puise dans les trésors marins pour confectionner des bijoux et des parures.

VOLVOX / RÉFLEXION

ÎLES KIRIBATI

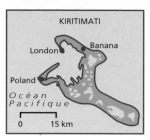

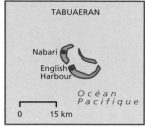

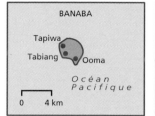

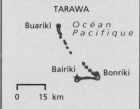

Région: Océan Pacifique
Superficie: 717 km²
Capitale: Bairiki
Aéroport: Bairiki
Population: 77 860 habitants
Langue: anglais, gilbertien
Religion: catholique, protestante
Régime politique: démocratie parlementaire
Voltage-cycles: 240 - 50
Vaccins obligatoires: Fj*
" recommandés: Ty-Po
Passeport: requis
Visa: non requis
Monnaie: dollar australien
1$CA= 1,0 dollar
Conduite: à gauche
Permis int'l: requis
Indicatif: service limité
☎ du Canada: –
☎ au Canada: –
Hôtellerie: ★★
Restauration: ★★
Transport: ★★
Coût de la vie: ○○○
Rang selon l'ONU: -
Meilleurs mois: oct, nov, déc, jan
Jours fériés: 1,2 jan - 14,17 avr - 13 juin - 12 juil - 25,26 déc

POINTS D'INTÉRÊT

Les atolls coralliens qui forment la république de Kiribati vivent encore aujourd'hui au rythme des vagues qui viennent lécher les belles plages sablonneuses. La vie sous-marine aux abords des îles est particulièrement intéressante. Les ornithologues amateurs pourront étudier des espèces rares sur l'île Kiritimati. Pour découvrir les danses traditionnelles il faut aller dans les villages de la communauté maneaba, dont les us et coutumes semblent d'une autre époque.

ACHATS

Le *palu sami* est la spécialité des îles Kiribati : des oignons dans de la crème de coco servis dans une feuille de taro. Le fruit du *pandanus* (palmier), bouilli avec de la crème de coco, est aussi très populaire. D'ailleurs, la noix de coco sert à la fabrication de bien des choses : colliers, parures, objets usuels et jeux, de même que les feuilles de *pandanus*, que l'on tresse, et les coquillages.

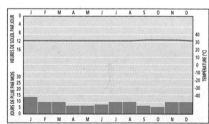

VOLVOX / RÉFLEXION

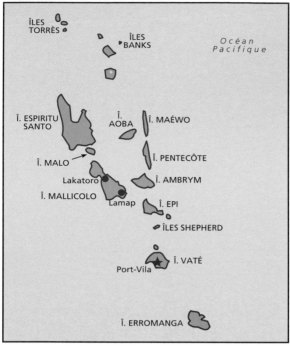

VANUATU

ÎLES TORRÈS
ÎLES BANKS
Océan Pacifique
Î. ESPIRITU SANTO
Î. AOBA
Î. MAÉWO
Î. MALO
Î. PENTECÔTE
Lakatoro
Î. AMBRYM
Î. MALLICOLO
Lamap
Î. EPI
ÎLES SHEPHERD
Port-Vila
Î. VATÉ
Î. ERROMANGA

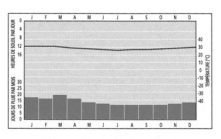

Région: Océan Pacifique
Superficie: 14 760 km²
Capitale: Port-Vila
Aéroport: Port-Vila 35 km
Population: 169 780 habitants
Langue: français, anglais, bichelamar
Religion: presbytérienne, anglicane
Régime politique: démocratie parlementaire
Voltage-cycles: 240 - 50
Vaccins obligatoires: -
" recommandés: Ty-Po
Passeport: requis
Visa: non requis
Monnaie: vatu
1$CA= 81,66 vatus
Conduite: à gauche
Permis int'l: recommandé
Indicatif: 011-678
✆ **du Canada:** –
✆ **au Canada:** –
Hôtellerie: ★★★
Restauration: ★★★
Transport: ★★★
Coût de la vie: ○○○
Rang selon l'ONU: 119
Meilleurs mois: mai à oct
Jours fériés: 1 jan - 14,17 avr - 30 juil - 25 déc

POINTS D'INTÉRÊT

Vanuatu doit sûrement à son climat son ancien nom de Nouvelles-Hébrides : les pluies et la brume s'apparentent au climat des côtes écossaises. Toutefois, le voyageur ne s'arrêtera pas à ce détail quand il verra la splendeur des volcans dont certains sont encore en activité. Le plus beau (et le plus accessible) est le volcan de Yasur. Les plantations de cocotiers sur les rives des îles donnent un air particulier à Vanuatu. Le centre de la plupart des îles est couvert d'une forêt dense où poussent de superbes fleurs et où des oiseaux magnifiques viennent nicher. Les ornithologues amateurs voudront observer les oiseaux lors de la saison d'accouplement, de septembre à janvier. Port-Vila, sur l'île Vaté, est le centre culturel du pays et son Musée national propose l'une des plus grandes collections d'art mélanésien. C'est sur l'île d'Espiritu Santo que l'on pourra voir le fameux «saut du Gaul» : un homme attaché par les chevilles avec une liane minutieusement mesurée saute du haut d'une falaise pour arrêter sa chute à quelques centimètres du sol. Cette pratique a pour but de favoriser les récoltes...

ACHATS

Une liane du saut du Gaul fera sans doute un souvenir original mais les masques de cérémonies en bois, les tressages de pandanus et les costumes traditionnels sont plus appréciés. Les bijoux de coquillages et les jupes de paille sont typiques à Vanuatu.

VOLVOX / RÉFLEXION

ÎLES TUVALU

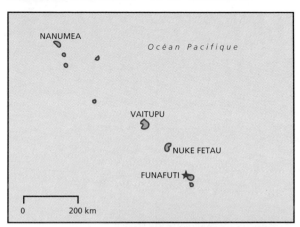

Région: Océan Pacifique
Superficie: 26 km²
Capitale: Funafuti
Aéroport: Funafuti
Population: 9 900 habitants
Langue: anglais, tuvaluan
Religion: Église de Tuvalu
Régime politique: démocratie parlementaire
Voltage-cycles: 240 - 50
Vaccins obligatoires: Fj*
" recommandés: Ty-Po
Passeport: requis
Visa: non requis
Monnaie: dollar tuvaluan et australien
1$CA= 1,0 dollar australien
Conduite: à gauche
Permis int'l: recommandé
Indicatif: service limité
℃ du Canada: –
℃ au Canada: –
Hôtellerie: ★
Restauration: ★
Transport: ★
Coût de la vie: ○○○
Rang selon l'ONU: –
Meilleurs mois: à l'année
Jours fériés: 1,2,26 jan - 6,13,20 mars - 14,17,25 avr - 1 mai - 12 juin -1,2 oct - 25,26 déc

ÎLES TUVALU

core palpable dans la capitale, Funafuti. Les récifs coralliens recèlent une flore et une faune sous-marine exceptionnelles. Les lagons renferment les plus beaux trésors en ce qui concerne les coquillages et les poissons. Attention aux requins!

ACHATS

L'État de Tuvalu est considéré comme l'un des plus isolés du monde : voilà pourquoi les timbres tuvaluans sont inestimables pour les philatélistes. Les *tulumas*, de jolies boîtes de bois qu'utilisent les pêcheurs, sont typiques des îles. La vie est plutôt calme aux Tuvalu; aussi les moeurs sont encore empreintes des valeurs d'antan, notamment en ce qui concerne le port du bikini : un maillot de bain est plus acceptable pour les femmes. L'alcool n'est disponible que dans les bars.

S. O'NEILL / RÉFLEXION

POINTS D'INTÉRÊT

Encore inexplorées, les anciennes îles Ellice sont couvertes d'une végétation luxuriante où les pandanus, les cocotiers et les arbres à pain rafraîchissent les plages chaudes. Le passé colonial est en-

SAMOA-OCCIDENTALES

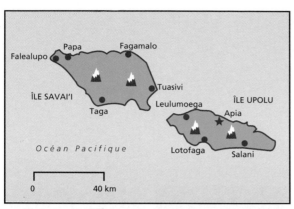

-3 -4 -5 -6 -7

Région: Océan Pacifique
Superficie: 2 860 km²
Capitale: Apia
Aéroport: Apia 35 km
Population: 204 450 habitants
Langue: samoan, anglais
Religion: congrégationaliste, catholique
Régime politique: monarchie constitutionnelle
Voltage-cycles: 240 - 50
Vaccins obligatoires: Fj*
" recommandés: Ty-Po
Passeport: requis
Visa: non requis
Monnaie: tala
1$CA= 1,77 tala
Conduite: à gauche
Permis int'l: recommandé (25 ans minimum)
Indicatif: 011-685
✆ du Canada: –
✆ au Canada: –
Hôtellerie: ★★★★
Restauration: ★★★★
Transport: ★★★
Coût de la vie: ○○○
Rang selon l'ONU: 104
Meilleurs mois: mai, juin, juil, août
Jours fériés: 1 jan - 14,17 mars - 1 juin - 25 déc

S. O'NEILL / RÉFLEXION

l'île avec ses chutes, ses plages de sable blanc et ses petits villages authentiques.

ACHATS

Les timbres des Samoa-Occidentales feront la joie des philatélistes. Le kava est la boisson sacrée que l'on sert lors des cérémonies : boire du kava est un geste qui ne doit pas être pris à la légère. Les tissus teints à la main (les *siapos*) sont uniques aux Samoa. Les oeuvres peintes à la main sur de l'écorce de mûrier et les bijoux faits de coquillages et de coraux sont très jolis.

POINTS D'INTÉRÊT

Savai'i et Upolu sont deux îles sculptées par le relief de volcans dont certains sont encore en activité. La plupart des gens vivent sur Upolu qui a moins souffert des dépôts de lave laissés par l'irruption des volcans. Un chapelet de lagons et de récifs, d'une beauté étonnante, constitue la côte est. La région d'Aleipata, à l'est d'Apia, offre sans doute le plus bel endroit de

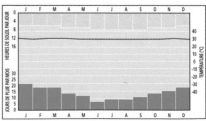

SAMOA-AMÉRICAINES

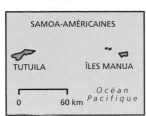

SAMOA-AMÉRICAINES

TUTUILA   ÎLES MANUA

Océan
Pacifique
0   60 km

TUTUILA

Pago Pago
Fagasa
Fagotogo
Anamave   Fagatogo

Océan
Pacifique
0   8 km

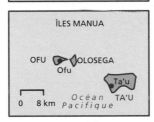

ÎLES MANUA

OFU   OLOSEGA
Ofu
Ta'u

Océan   TA'U
Pacifique
0   8 km

SAMOA-AMÉRICAINES

Région: Océan Pacifique
Superficie: 199 km²
Capitale: Pago Pago
Aéroport: Pago Pago 11 km
Population: 55 230 habitants
Langue: polynésien, anglais
Religion: congrégationaliste, catholique
Régime politique: dépendance américaine
Voltage-cycles: 110 - 60
Vaccins obligatoires: Fj*
" recommandés: Ty-Po
Passeport: requis
Visa: non requis
Monnaie: dollar américain
1$CA= 0,74 dollar
Conduite: à droite
Permis int'l: recommandé (25 ans minimum)
Indicatif: 011-684
℡ **du Canada:** –
℡ **au Canada:** –
Hôtellerie: ★★★★
Restauration: ★★★★
Transport: ★★★
Coût de la vie: ○○○
Rang selon l'ONU: –
Meilleurs mois: mai, juin, juil, août
Jours fériés: 1 jan - 14,17 avr - 4 juil - 25 déc

POINTS D'INTÉRÊT

L'infrastructure touristique des Samoa-Américaines est l'une des meilleures de Polynésie et le niveau de vie est plus élevé qu'ailleurs dans le Pacifique. L'île principale de Tutuila attire les voyageurs surtout à cause de Pago Pago, un port créé à même les flancs d'un volcan éteint. Fagasa, de l'autre côté de l'île, est un endroit de rêve avec sa Baie Interdite, l'une des plus belles du Pacifique. Les villages traditionnels samoans de l'est de l'île sont restés intacts : des croisières sont organisées pour découvrir les merveilles des îles et le charme de la culture des Samoa.

ACHATS

La meilleure façon de découvrir la gastronomie des Samoa est de goûter au *fia fia*, un festin de poisson, de porc et de poulet servi avec de la crème de coco. Le kava est la boisson nationale que l'on consomme lors des cérémonies sacrées. D'ailleurs, les bols à kava sont de très beaux objets, finement décorés. Les *puletasis* (des robes pour les femmes) et les *lavalavas* (des costumes pour les hommes) font l'orgueil des tisserands des îles.

S. LOUIS

+19 +18 +17 +16 +15

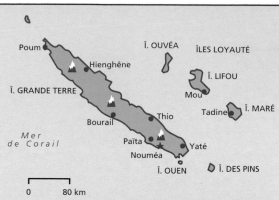

P. LESAGE

Région: Océanie
Superficie: 19 060 km²
Capitale: Nouméa
Aéroport: Nouméa 51 km
Population: 181 310 habitants
Langue: français, dialectes
Religion: catholique
Régime politique: territoire français d'outre-mer
Voltage-cycles: 220 - 50
Vaccins obligatoires: Fj*-Cho*
" recommandés: Ty-Po
Passeport: requis
Visa: non requis
Monnaie: franc CFP
1$CA= 64,72 francs
Conduite: à droite
Permis int'l: requis
Indicatif: 011-687
☎ du Canada: –
☎ au Canada: –
Hôtellerie: ★★★★
Restauration: ★★★
Transport: ★★
Coût de la vie: ○○○
Rang selon l'ONU: –
Meilleurs mois: sep, oct, nov
Jours fériés: 1 jan - 14,17 avr - 14 juil - 25 déc

ACHATS

Crabe, crevettes, langoustes, huîtres et poissons exotiques font partie du menu quotidien! Goûtez au *bougna*, une viande grillée dans de la peau de banane. Le café cultivé à la Grande Terre est excellent. L'art, en particulier la peinture canaque, s'exprime souvent sur l'écorce des niaoulis. Les noix de coco servent aussi de toile de fond ainsi que de matière première pour les bijoux et autres parures. Il est déconseillé d'encourager le commerce des bijoux faits avec de la carapace de tortue.

POINTS D'INTÉRÊT

La Grande Terre est l'île principale de la Nouvelle-Calédonie. Elle s'étire sur plus de 400 km donnant tout autant de kilomètres de plages où s'élèvent des montagnes et des arbres tropicaux. La côte orientale est particulièrement luxuriante avec ses cocotiers, ses lianes et ses arbustes de fleurs écarlates. Sur la côte ouest s'étend une savane de niaoulis, un arbrisseau du pays. À Nouméa, la cathédrale Saint-Joseph et les nombreuses habitations coloniales témoignent de l'influence française. Il faut voir absolument l'aquarium de la ville. L'île des Pins est bien connue des amateurs de spéléologie : de nombreuses grottes abritent de magnifiques colonnades de stalagmites et de stalagtites. L'île a autrefois servi de bagne à 3 000 prisonniers. Les îles Loyauté (Maré, Lifou et Ouvéa) sont idéales pour la plongée sous-marine.

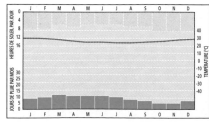

ÎLES FIDJI

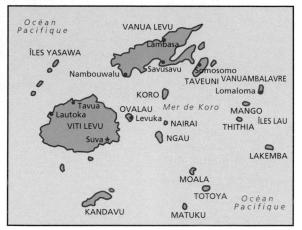

Océan Pacifique

VANUA LEVU

Lambasa

ÎLES YASAWA

Nambouwalu   Savusavu   Somosomo

TAVEUNI VANUAMBALAVRE

KORO   Lomaloma

Tavua   OVALAU Mer de Koro   MANGO

Lautoka   Levuka   ÎLES LAU

VITI LEVU   NAIRAI   THITHIA

Suva ★   NGAU

LAKEMBA

MOALA

TOTOYA   Océan Pacifique

KANDAVU   MATUKU

Région: Océan Pacifique
Superficie: 18 270 km²
Capitale: Suva
Aéroport: Nadi 5 km, Suva 21 km
Population: 764 390 habitants
Langue: anglais, fidjien
Religion: méthodiste, hindoue, catholique
Régime politique: démocratie parlementaire
Voltage-cycles: 240 - 50
Vaccins obligatoires: Fj*
" recommandés: Ty-Po
Passeport: requis
Visa: non requis
Monnaie: dollar fidjien
1$CA= 1,02 dollar
Conduite: à gauche
Permis int'l: recommandé
Indicatif: 011-679
✆ **du Canada:** 1-800-665-0793
✆ **au Canada:** 004-890-1005
Hôtellerie: ★★★★
Restauration: ★★★★
Transport: ★★★
Coût de la vie: ○○○
Rang selon l'ONU: 59
Meilleurs mois: juin, juil, août, sep, oct
Jours fériés: 1 jan - 1,3,4 avr - 6,13 juin - 1,19 août - 10 oct - 7,14 nov -25-27 déc

ÎLES FIDJI

POINTS D'INTÉRÊT

D'une beauté à couper le souffle, les îles Fidji sont synonymes de paradis sur terre et de récits mirifiques d'aventuriers. Les Fidjiens sont par ailleurs reconnus pour leur chaleureux accueil. L'île principale, Viti Levu, possède des plages magnifiques et une superbe barrière de corail la borde au sud. Suva, la capitale, sert de point de départ vers l'intérieur de l'île : les petits villages, les chutes de Wairoro, les sentiers du mont Korobaba et les grottes de la rivière Rewa plairont aux voyageurs. Les embarcations traditionnelles, faites de troncs de bambou, constituent probablement le meilleur moyen de découvrir les rivières de l'île. Les autres îles, telles Ovalau, Vanua Levu, Taveuni et le groupe des îles Yasawa, méritent aussi une visite. Les amateurs d'archéologie et les ethnologues en herbe apprécieront les sites historiques fidjiens, en particulier les mégalithes de Taveuni et le lieu sacré de Naicobocobo, à l'extrême ouest de Vanua Levu.

ACHATS

La cuisine des îles Fidji se compose avant tout de fruits de mer et de poissons cuits dans le *lolo*, du lait de coco. Le *yaqona*, une boisson à base de racines de poivrons, est un vrai délice. Le savon à la noix de coco, les *sulus* et les *bulas*, les chemises aux imprimés colorés, les bijoux de corail et les sculptures de bois sont toujours très appréciés. Les fourchettes des rites cannibales sont des curiosités typiques des îles Fidji. Les objets faits avec des dents de baleine sont des objets sacrés qu'on ne peut exporter : attention à ceux qui voudraient vous en vendre. Il est interdit de chasser les animaux et les insectes (notamment les papillons) ou de cueillir les fleurs sauvages.

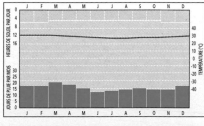

VOLVOX / RÉFLEXION

ÎLES TONGA

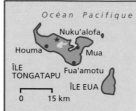

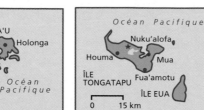

+20 +19 +18 +17 +16

Région: Océan Pacifique
Superficie: 748 km²
Capitale: Nuku'alofa
Aéroport: Nuku'alofa 21 km
Population: 104 800 habitants
Langue: anglais, tonguien
Religion: catholique
Régime politique: monarchie
Voltage-cycles: 240 - 50
Vaccins obligatoires: Fj*
" recommandés: Ty-Po
Passeport: requis
Visa: non requis
Monnaie: 1,01 pa'anga
1$CA= pa'anga
Conduite: à gauche
Permis int'l: recommandé
Indicatif: 011-676
✆ du Canada: –
✆ au Canada: –
Hôtellerie: ★★
Restauration: ★★★
Transport: ★★★
Coût de la vie: ○○○
Rang selon l'ONU: –
Meilleurs mois: mai à nov
Jours fériés: 1 jan - 14,17 avr - 4 juin -
25 déc

VOLVOX / REFLEXION

Tongatapu et les principaux attraits touristiques se trouvent à proximité de la capitale : le palais royal de Nuku'alofa, le Mala'ekula (les tombes royales), le cratère de Houma et les superbes plages d'Ha'atafu et de Monotapu. À dix minutes d'avion, l'île d'Eua constitue un autre site exceptionnel où vivent des milliers d'oiseaux exotiques : l'île est essentiellement vouée au tourisme.

ACHATS

Le *lu pullu* est un mets typique, fait avec de la viande marinée dans du lait de coco et cuit dans une feuille de taro. Le *pola* (un long plateau qui contient plusieurs mets) est le meilleur moyen de goûter à toutes les spécialités des Tonga. Les feuilles de *pandanus* tressées font de beaux tapis et de beaux paniers et les coquillages servent à la confection de bracelets et de colliers.

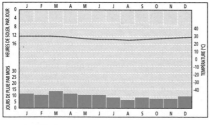

POINTS D'INTÉRÊT

La beauté des îles et des atolls de ces anciennes «îles des Amis» est bien connue. Les 172 îles, dont la plupart sont inhabitées, jouissent d'un climat particulièrement favorable, un peu plus frais que dans les autres îles du Pacifique. La plupart des gens vivent sur

ÎLES COOK

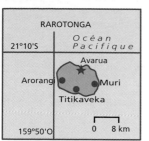

RAROTONGA

21°10'S
Océan Pacifique
Avarua
Arorangi
Muri
Titikaveka
159°50'O
0   8 km

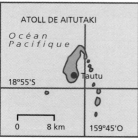

ATOLL DE AITUTAKI

Océan Pacifique
18°55'S
Tautu
0   8 km
159°45'O

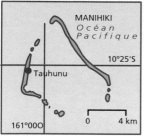

MANIHIKI

Océan Pacifique
10°25'S
Tauhunu
161°00O
0   4 km

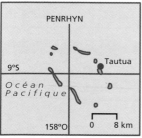

PENRHYN

Tautua
9°S
Océan Pacifique
158°O
0   8 km

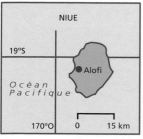

NIUE

19°S
Alofi
Océan Pacifique
170°O
0   15 km

POINTS D'INTÉRÊT

Éparpillées sur plus de 2 200 000 km², les îles Cook se divisent en deux groupes : les îles méridionales, d'origine volcanique, et les îles du nord, des atolls coralliens. Rarotonga est la plus grande île et la plus haute avec le sommet de Te Manga à 650 m d'altitude. La barrière de corail qui entoure l'île est bien connue des amateurs de plongée. Toutes les îles sont couvertes d'une végétation luxuriante et entourées de plages et de baies magnifiques. Les plus belles plages sont sans doute celles de Aitutaki et de Rarotonga. Les vestiges laissés par le capitaine Cook forment l'essentiel des attractions historiques.

ACHATS

Les fruits de mer et les poissons frais sont à la base de la cuisine des îles Cook. Les nombreux fruits tropicaux occupent aussi une large part du menu. Il faut goûter aux punchs de fruits, des rafraîchissements très colorés. Les coquillages se transforment en bijoux et les feuilles de palmiers en paniers et nattes de toutes sortes.

Région: Océan Pacifique
Superficie: 240 km²
Capitale: Avarua
Aéroport: Avarua
Population: 19 125 habitants
Langue: anglais, maori
Religion: catholique
Régime politique: démocratie parlementaire
Voltage-cycles: 220 - 50
Vaccins obligatoires: -
" recommandés: Ty-Po
Passeport: requis
Visa: non requis
Monnaie: dollar néo-zélandais
1$CA= 1,09 dollar
Conduite: à gauche
Permis int'l: recommandé
Indicatif: 011-682
✆ du Canada: –
✆ au Canada: –
Hôtellerie: ★★★
Restauration: ★★★
Transport: ★★★
Coût de la vie: ○○
Rang selon l'ONU: -
Meilleurs mois: juin, juil, août, sep
Jours fériés: 1-3 jan - 6 fév - 14,16,17,25 avr - 5 juin - 4 août - 23 oct -25,26 déc

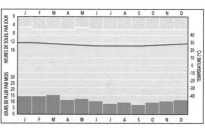

OFF. DE TOURISME DES ÎLES COOK

POLYNÉSIE-FRANÇAISE

-2　-3　-4　-5　-6

ÎLES SOUS-LE-VENT

TAHAA
Patio
Poutoru
RAIATEA　Uturoa
Puohine
0　20 km

HUAHINE
Fare　Maeva
Maroe
Haapu
Parea
0　6 km

ÎLES SOUS-LE-VENT

BORA BORA
Faanui
Povai
0　6 km

RANGIORA　Avatoru
Tiputa
0　20 km

ÎLES SOUS-LE-VENT

MANIHI

Village
0　10 km

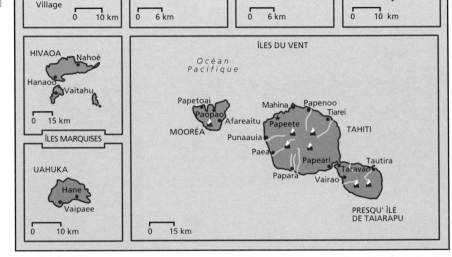

ÎLES TUBUAÏ

TUBUAÏ
Tahueia
Ahua
Mahu
0　6 km

RURUTU
Moerai
Avera
0　6 km

ÎLES GAMBIER

Rikitea
Taravai
0　10 km

HIVAOA
Nahoé
Hanaoo
Vaitahu
0　15 km

ÎLES MARQUISES

UAHUKA
Hane
Vaipaee
0　10 km

ÎLES DU VENT

Océan
Pacifique

Papetoai
Paopao
Afareaitu
MOORÉA

Mahina　Papenoo
Tiarei
Papeete
Punaauia　TAHITI
Paea
Papeari　Tautira
Papara　Taravao
Vairao

PRESQU' ÎLE
DE TAIARAPU

0　15 km

S. O'NEILL / RÉFLEXION

Région: Océan Pacifique
Superficie: 3 941 km²
Capitale: Papeete
Aéroport: Papeete 6 km
Population: 215 130 habitants
Langue: français, dialectes
Religion: protestante, catholique
Régime politique: territoire français d'outre-mer
Voltage-cycles: 240 - 60
Vaccins obligatoires: Fj*
" recommandés: Ty-Po
Passeport: requis
Visa: non requis
Monnaie: franc CFP
1$CA= 64,72 francs
Conduite: à droite
Permis int'l: recommandé
Indicatif: 011-689
✆ du Canada: –
✆ au Canada: –
Hôtellerie: ★★★★★
Restauration: ★★★★★
Transport: ★★★
Coût de la vie: ○○○
Rang selon l'ONU: –
Meilleurs mois: août, sep
Jours fériés: 1 jan - 16,17 avr - 1,8,25 mai - 14 juil - 15 août - 1,11 nov - 25 déc

POINTS D'INTÉRÊT

Paradis de fleurs multicolores, de

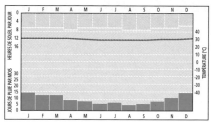

plages ensoleillées et de mer cristalline, chacune des îles de la Polynésie-Française offre au voyageur la quiétude qui émane des toiles de Gauguin. Les villes sont exotiques à souhait : Papeete, sur l'île de Tahiti, est le centre touristique le plus animé de Polynésie. La ville garde toutefois le charme de ses bananeraies, de ses jardins fleuris et des douces pentes du mont Orohena. Il ne faut pas manquer le musée Gauguin. Moorea, plus tranquille, plaît surtout pour ses plages et ses lagons propices à la plongée sous-marine. Les monuments de la vallée d'Opunohu valent le détour. Les autres îles et îlots s'étendent sur une superficie de plus de 3 000 km² : le

bateau est donc le meilleur moyen d'en faire le tour. Bora Bora attire les voyageurs qui admirent ses nombreux temples et ses petits villages typiques. Les Marquises et les îles Gambier sont éloignées de Tahiti mais elles méritent grandement qu'on s'y attarde, ne serait-ce que pour en découvrir les magnifiques paysages qui ont inspiré Gauguin et Jacques Brel.

ACHATS

La noix de coco et la vanille agrémentent la plupart des mets polynésiens. Les paréos sont des pagnes de tissu drapé typiques de la Polynésie-française. Le nacre, les perles, les coquillages et les noix de coco sont transformés en jolis bijoux. Les sculptures des Marquises et le parfum de Tahiti, fait à base d'huile de coco, sont uniques.

AUSTRALIE

AUSTRALIE

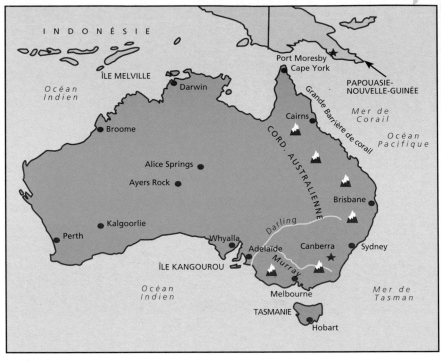

POINTS D'INTÉRÊT

Selon la légende, l'Australie était autrefois une vaste terre plate, sans intérêt, habitée par des esprits géants. Pour se désennuyer, les esprits décidèrent d'entreprendre des voyages à travers le pays, créant ainsi les montagnes, les rivières et les rochers. La culture aborigène est omniprésente en Australie, et les visiteurs ne peuvent s'enfoncer dans les territoires sacrés qu'en prenant part à des expéditions organisées. Autrement, le territoire est protégé : le parc national d'Uluru (Ayers Rock et les monts Olga) abrite des peuples qui vivent là depuis des millénaires et vaut à lui seul le voyage en Australie. Les guides abori-

gènes excellent dans l'art de raconter les *tjukurrpa*, des récits qui régissent leur vie. L'amateur de nature encore vierge et l'amoureux de randonnée pédestre découvriront les richesses de l'Australie, de Sydney à la Grande Barrière de corail, en passant par Alice Springs et la Tasmanie. Sydney est sans doute la ville australienne la plus connue, notamment grâce à son port situé dans l'une des plus belles baies du monde. Les plages de Bondi et Manly offrent un paysage de sable blanc sur fond de ville trépidante. Il faut voir l'Art Gallery de

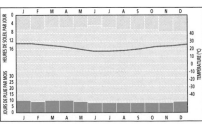

Région: Océanie
Superficie: 7 686 850 km²
Capitale: Canberra
Aéroport: Canberra 20 km, Sydney 12 km
Population: 18 077 420 habitants
Langue: anglais
Religion: anglicane, catholique
Régime politique: démocratie parlementaire
Voltage-cycles: 220 - 50
Vaccins obligatoires: Fj*
" recommandés: -
Passeport: requis
Visa: requis
Monnaie: dollar australien
1$CA= 1,0 dollar
Conduite: à gauche
Permis int'l: recommandé
Indicatif: 011-61
✆ **du Canada:** 1-800-663-0683
✆ **au Canada:** 1-800-551-177
Hôtellerie: ★★★★★
Restauration: ★★★★★
Transport: ★★★★★
Coût de la vie: ○○○
Rang selon l'ONU: 7
Meilleurs mois: nov, déc, jan, fév
Jours fériés: 1,2,26 jan - 6,13,20 mars - 14,17,25 avr - 1 mai - 12 juin - 2 oct - 25,26 déc

même que le Musée australien qui explique bien l'histoire des aborigènes. L'Opéra de Sydney est non seulement un complexe architectural unique en son genre mais c'est aussi l'endroit où se produisent les plus grands orchestres du monde entier. The Rocks, un quartier du vieux Sydney, mérite la visite pour ses maisons qui datent de la première colonie européenne. Un peu plus loin, les Blue Mountains abritent des petits villages et des parcs nationaux où l'on peut voir des cascades, des formations rocheuses et des paysages impressionnants. Hunter Valley est la région viticole la plus ancienne d'Australie : il ne faut pas manquer de visiter les exploitations de la Lower Hunter Valley à partir de la jolie ville de Cessnock. À l'Australian National Gallery de Canberra, la capitale du pays, se trouve l'une des plus belles collections du monde (plus de 70 000 oeuvres) d'art australien et aborigène. Les Snowy Mountains sont bien connues des amateurs de ski, qui apprécieront le parc national de Kosciusko et les sommets de la Chaîne de Crackenback. La ville cosmopolite de Melbourne compte certains des meilleurs restaurants de l'hémisphère sud. De là on peut se rendre dans le Gippsland, une région de forêts luxuriantes et de lacs scintillants. Les peintures rupestres de Grampians sont à voir absolument. Des oiseaux, des koalas, des phoques et des pingouins nains peuvent être observés à Phillip Island, à 130 km au sud-est de Melbourne : c'est un spectacle unique que de voir les pingouins remontant les plages pour passer la nuit à terre. La Tasmanie offre des paysages superbes, où l'on remarque des formations géologi-

T. BOGNAR / RÉFLEXION

ques uniques, comme Tasman Arch et Devil's Kitchen. Hobart, la capitale, est une ville tranquille encore empreinte du charme de l'époque coloniale. Les vignobles de la Barossa Valley, près d'Alélaïde, sont réputés pour la qualité de leur Chardonnay blanc. Kangaroo Island propose une faune abondante, dont les koalas, les kangourous et les émeus (de grands oiseaux uniques à l'Australie). La région de Perth vaut le détour ne serait-ce que pour le paysage désertique des Pinnacles, dans le parc national de Nambung. On part souvent de Darwin pour atteindre le superbe parc national du Kakadu : plus de 19 000 km^2 de formations rocheuses où grouille une faune encore méconnue et plus de 1 000 sites sacrés pour les aborigènes (un guide est requis pour ces visites). À Cairns, on découvre la Grande Barrière de corail, l'une

des merveilles naturelles du monde avec plus de 1 800 km de corail où vivent des poissons multicolores, des animaux marins étrangement beaux et une flore marine incomparable : un paradis pour le plongeur! Les rives du lac d'Ohrid, anciennement renommées pour leur beauté, sont malheureusement à déconseiller tant que les conflits frontaliers ne seront pas réglés.

ACHATS

La réputation des vins autraliens n'est plus à faire. Les peintures aborigènes, les vêtements typiques de style «bush», les peaux de mouton et les pierres précieuses sont disponibles presque partout. Les timbres de Tasmanie feront la joie des philatélistes. Attention aux objets faits de corail : des lois très strictes protègent les coraux et seuls les magasins autorisés peuvent en vendre.

NOUVELLE-ZÉLANDE

+20 +19 +18 +17 +16

Région: Océanie
Superficie: 268 680 km²
Capitale: Wellington
Aéroport: Auckland 22 km, Wellington 8 km
Population: 3 388 740 habitants
Langue: anglais, maori
Religion: anglicane
Régime politique: démocratie parlementaire
Voltage-cycles: 220 - 50
Vaccins obligatoires: –
" recommandés: –
Passeport: requis
Visa: non requis
Monnaie: dollar néo-zélandais
1$CA= 1,09 dollar
Conduite: à gauche
Permis int'l: requis
Indicatif: 011-64
✆ du Canada: 1-800-663-0684
✆ au Canada: 000919
Hôtellerie: ★★★★
Restauration: ★★★★
Transport: ★★★★
Coût de la vie: ○○○
Rang selon l'ONU: 18
Meilleurs mois: déc, jan, fév
Jours fériés: 1-3 jan - 6 fév - 14,16,17,25 avr - 5 juin - 23 oct - 25,26 déc

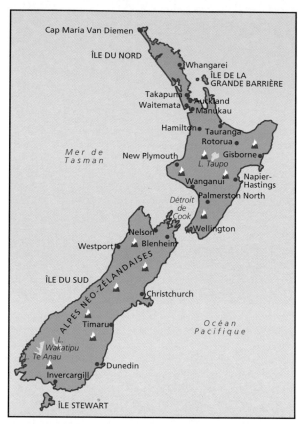

POINTS D'INTÉRÊT

En maori, le pays s'appelle Aotea-roa, «terre du long nuage», sans doute à cause des sources chaudes des geysers qui dégagent souvent une brume à l'horizon. Les volcans de l'île du Nord (l'«île Fumante») découpent le paysage de sommets enneigés et de pics abrupts d'une beauté exceptionnelle. L'île du Sud (l'«île de Jade») est divisée en plaines fertiles et en montagnes de né-phrite qui lui donnent sa couleur verdoyante. La Nouvelle-Zélande se targue d'être à la fine pointe en ma-tière d'écologie : voilà pourquoi les villes, même les grandes métropo-les, respectent les lois de la nature. Auckland en est un bel exemple : le centre économique du pays vit à l'ombre du superbe mont Eden et d'une série de cônes volcaniques transformés en parc. Les plages de Takapuna, le port et les rives des

RÉFLEXION

S. O'NEILL / RÉFLEXION

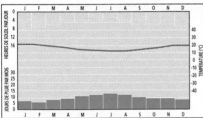

banlieues favorisent les sports nautiques. La capitale, Wellington, est agrémentée de plusieurs rues piétonnes, de musées d'art maori et d'un port très actif. Rotorua demeure sans doute l'attrait touristique le plus connu de la Nouvelle-Zélande : geysers, bains de boue en ébullition, sources thermales et paysages montagneux à couper le souffle. C'est aussi le berceau de la culture maorie. La grotte fluorescente de Waitomo est une curiosité à ne pas manquer. Il faut voir la péninsule nord, jusqu'au Cap Maria Van Diemen, réputé pour la beauté de ses plages et la splendeur du paysage. Des ar-

bres immenses et des fougères géantes feront la joie des amateurs de flore exotique. (Il y a plus de 72 variétés d'orchidées en Nouvelle-Zélande!) L'île du Sud, c'est d'abord la très jolie ville de Christchurch qui a gardé de l'époque coloniale la cathédrale néogothique, l'université Canterbury et plusieurs bâtiments qui semblent directement sortis d'Angleterre. Le reste de l'île est consacré à la nature : le très beau parc national d'Abel Tasman mérite le détour, ainsi que le Fjordland National Park où l'on trouve des oiseaux merveilleux, un fruit exotique, le kiwi, et une flore abondante. Queenstown est un centre de ski privilégié que fréquentent aussi les amateurs de randonnée pédestre. Le mont Cook s'élève à plus de 3 700 mètres, offrant une vue unique sur les lacs, les forêts et les baies.

ACHATS

Il y a plus de moutons (environ 70 millions de bêtes) en Nouvelle-Zélande que d'habitants : la cuisine tente donc d'accommoder la viande de mouton en ragoût, en chaussons, en brochettes, en salades ou en burgers. Avec la laine on fait de très jolis vêtements, dont des gilets de bergers. Les kiwis délicieux sont servis nature ou à la crème de Grand Marnier. Le *pavlova* est un gâteau typique du pays. Le vin néo-zélandais attire de plus en plus d'amateurs avec ses qualités subtiles. L'art maori est une source d'émerveillement avec ses amulettes, breloques et talismans. Le *tiki* demeure le plus répandu des gris-gris. Les Maoris se sont harmonieusement adaptés au mode de vie européen, de sorte que la langue et la culture maories restent toujours vivantes : *Kio Ora* veut dire bonjour.

PROFITEZ DE L'AVANTAGE Or !

La Carte Or MasterCard de la Banque Nationale, c'est bien plus qu'une simple carte de crédit. En plus de vous offrir des avantages de crédit et des avantages bancaires uniques, elle vous permet de bénéficier d'un programme d'assurance exclusif. De plus, chaque achat porté à votre compte vous procure des points-bonis du «Club Avantage Or», échangeables contre des voyages, des services ou des produits de grande qualité.

Procurez-vous sans tarder votre Carte Or MasterCard de la Banque Nationale, un outil indispensable qui vous offre davantage... d'avantages!

BANQUE NATIONALE DU CANADA
Notre banque nationale

CANADA

Région: Amérique du Nord
Superficie: 9 970 610 km²
Capitale: Ottawa
Aéroport: Ottawa 17 km
Population: 27 402 100 habitants
Langue: anglais, français
Religion: catholique, protestante
Régime politique: démocratie parlementaire
Voltage-cycles: 110 - 60
Vaccins obligatoires: -
" recommandés: -
Passeport: -
Visa: -
Monnaie: dollar canadien
1$CA= 1,00 dollar
Conduite: à droite
Permis int'l: -
Indicatif: différent pour chaque province
℃ du Canada: –
℃ au Canada: –
Hôtellerie: ★★★★★
Restauration: ★★★★★
Transport: ★★★★★
Coût de la vie: ○○
Rang selon l'ONU: 1
Meilleurs mois: mai à oct
Jours fériés: 1 jan - 14 avr - 22 mai - 1 juil -
4 sep - 9 oct - 25,26 déc

Terre de grands espaces, le Canada est un festival de forêts rougeoyantes, de montagnes et de sous-bois de neige immaculée, de ports ensoleillés et de champs parfumés du sucre des baies. Les gens, comme les paysages, possèdent leur personnalité propre : du Manitobain riche de ses blés au Terre-Neuvien fier des beautés de son île en passant par l'orgueil de l'Albertain face à ses Rocheuses et la vigueur du Québécois pour sa spécificité culturelle. Le voyageur qui veut découvrir le Canada d'un océan à l'autre doit s'attendre à passer plusieurs mois au pays : il est presque impossible de prétendre avoir vu le Canada en quelques semaines tellement les provinces sont différentes et offrent chacune une multitude d'activités et d'attraits particuliers.

S. O'NEILL / RÉFLEXION

LE NORD

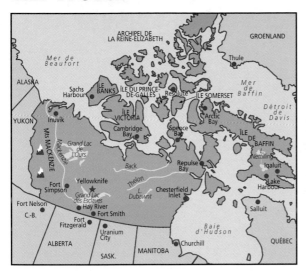

TERR. N.-OUEST

-3 -2 -1 0 -1

Région: Canada
Superficie: 3 426 320 km²
Capitale: Yellowknife
Aéroport: Yellowknife 1 km
Population: 56 500 habitants
Langues: anglais, inuktitut
Religion: protestante
Indicatif: (403)
Meilleurs mois: juin, juil, août
Jours fériés: 1 jan - 14 avr - 22 mai - 1 juil -
  7 août - 4 sep - 9 oct - 25,26 déc

de forêts, de lacs et de rivières, de toundra et de glace qui séduit les voyageurs venus voir les beautés de la faune et de la flore. Le parc national Wood Buffalo est bien connu pour ses hardes de bisons et le parc national Nahanni attire les téméraires qui

POINTS D'INTÉRÊT

Les TERRITOIRES DU NORD-OUEST se divisent en cinq districts (Fort

Smith, Inuvik, Kitikmeot, Keewatin et Baffin) qui couvrent le tiers de tout le territoire canadien. C'est une région

REFLEXION

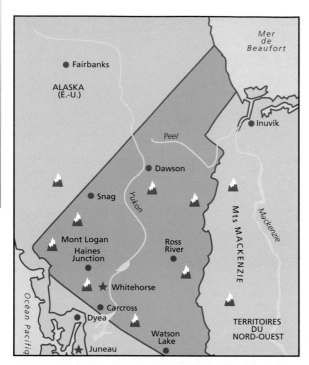

YUKON

0 -1 -2 -3 -4

Région: Canada
Superficie: 483 450 km²
Capitale: Whitehorse
Aéroport: Whitehorse
Population: 27 900 habitants
Langues: anglais, autochtone
Religion: protestante
Régime politique: assemblée législative
Indicatif: (403)
Meilleurs mois: juin, juil
Jours fériés: 1 jan - 14 avr - 22 mai - 1 juil - 7 août - 4 sep - 9 oct - 25,26 déc

veulent descendre les plus belles rivières en canoë. La population est surtout concentrée à Yellowknife mais de multiples villages inuit ponctuent la route qui longe le magnifique fleuve Mackenzie jusqu'à Inuvik. Le YUKON est, lui aussi, un endroit idéal pour se rendre compte à quel point la faune et la flore s'adaptent à merveille aux conditions parfois rudes de Mère Nature. Pour découvrir toute la magnificence de ce territoire, il faut suivre la route des chercheurs d'or qui part de Dyea, en Alaska, et remonte la rivière Yukon jusqu'au Klondike, près de Dawson. De nombreux vestiges de la ruée vers l'or de 1898 se confondent à ce prodigieux paysage sculpté de hautes montagnes, notamment le mont Logan qui s'élève à près de 6 000 mètres.

ACHATS

La viande de caribou et le *muktuk* (viande de baleine trempée dans son huile) sont des spécialités des Territoires du Nord-Ouest. Au Yukon, il est même possible de trouver de la viande de hérisson, un délice paraît-il. La culture des Inuit propose de nombreux articles de chasse et de pêche ainsi que de jolis objets d'artisanat.

RÉFLEXION

L'OUEST

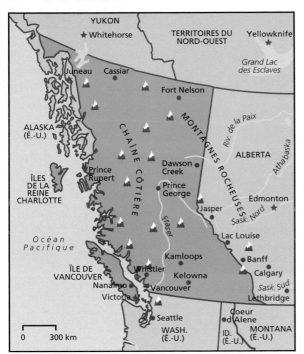

0   -1   -2   -3   -4

Région: Canada
Superficie: 947 800 km²
Capitale: Victoria
Aéroport: Vancouver 15 km
Population: 3 297 600 habitants
Langues: anglais
Religion: protestante
Indicatif: (604)
Meilleurs mois: mai, juin, juil, août, sep
Jours fériés: 1 jan - 14 avr - 22 mai - 1 juil -
7 août - 4 sep - 9 oct - 25,26 déc

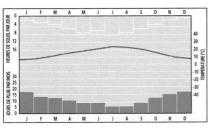

POINTS D'INTÉRÊT

L'Ouest canadien est majestueusement dominé par la splendeur des Rocheuses. La côte du Pacifique donne un climat idéal à la COLOMBIE-BRITANNIQUE qui jouit des joies de l'hiver et des douceurs du printemps, presque à longueur d'année. Vancouver est à ce titre l'une des villes les plus choyées. L'effervescence de la ville tient notamment à la diversité des ethnies qui cohabitent et à la vitalité de son activité culturelle. La ville compte de nombreux musées : le Centen-nial Museum et le Musée maritime sont les plus intéressants. Grouse Mountain est un centre de ski fort apprécié. Stanley Park s'étend au coeur de la ville, offrant un panorama unique de la côte du Pacifique. Whistler détient sans doute la meilleure cote auprès des skieurs. La capitale, Victoria, est renommée pour son architecture classique victorienne. Le reste de la province est essentiellement voué à la nature : plusieurs parcs nationaux dont le Pacific Rim, le Tatshenshini-Alsek et le Glacier National Park font de la Colombie-Britannique un endroit incomparable pour l'amateur de grands espaces. Les grands vergers de la vallée de l'Okanagan, les mines de Kimberley (les plus grandes au Canada) et les troupeaux de Fraser témoignent de la vivacité économique de la province. L'ALBERTA est considérée comme la porte d'entrée des Rocheuses. La charmante ville de Banff (un des principaux centres culturels de la province), le lac Louise et Jasper reposent à l'ombre des premiers pics enneigés de la grandiose chaîne de montagnes. Edmonton garde des vestiges de la ruée vers l'or et du Klondike tandis que Calgary est l'une des plus importantes villes des Prairies. C'est à Edmonton que l'on peut visiter le gigantesque West Edmonton Mall, le plus grand centre commercial au monde avec ses théâtres, ses restaurants, sa piscine et son terrain de golf! Le Edmonton Space Science Centre porte la mention de plus grand planétarium au Canada. Le Dinosaur Trail est une curiosité unique à l'Alberta : on y a découvert des squelettes d'animaux préhistoriques gigantesques.

ALBERTA

+1   0   -1   -2   -3

Région: Canada
Superficie: 661 190 km²
Capitale: Edmonton
Aéroport: Edmonton 30 km, Calgary 17 km
Population: 2 562 700 habitants
Langues: anglais
Religion: protestante
Indicatif: (403)
Meilleurs mois: mai, juin, juil, août, sep
Jours fériés: 1 jan - 20 fév - 14 avr - 22 mai -
1 juil - 7 août - 4 sep - 9 oct -25,26 déc

ACHATS

Le saumon fumé du Pacifique, les oeuvres de la peintre Emily Carr (ou des reproductions!) et les pièces d'artisanat des indiens Haïdas sont typiques à la Colombie-Britannique tandis que les accessoires de rodéo et les articles de cuir font la renommée de l'Alberta. Bien entendu, le boeuf de l'Ouest porte le sceau de la première qualité : il faut goûter au *stew*, un bouilli de légumes et de viande de longuement mijoté. Les eaux poissonneuses de l'Ouest sont propices à la pêche et aux festins !

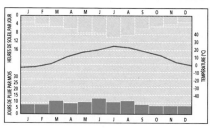

L'OUEST

T. BOGNAR / RÉFLEXION

LES PRAIRIES

SASKATCHEWAN

+2 +1 0 -1 -2

Région: Canada
Superficie: 652 330 km²
Capitale: Regina
Aéroport: Saskatoon 8 km, Regina 5 km
Population: 993 200 habitants
Langues: anglais
Religion: protestante
Indicatif: (306)
Meilleurs mois: juin, juil, août
Jours fériés: 1 jan - 14 avr - 22 mai - 1 juil - 7 août - 4 sep - 9 oct - 25,26 déc

MANITOBA

+2 +1 0 -1 -2

Région: Canada
Superficie: 649 950 km²
Capitale: Winnipeg
Aéroport: Winnipeg 6 km
Population: 1 096 800 habitants
Langues: anglais, français
Religion: protestante, catholique
Indicatif: (204)
Meilleurs mois: juin, juil, août, sep
Jours fériés: 1 jan - 14 avr - 22 mai - 1 juil - 7 août - 4 sep - 9 oct - 25,26 déc

POINTS D'INTÉRÊT

On distingue deux paysages en SASKATCHEWAN : au nord, des lacs cristallins et des forêts inexplorées; au sud, de longues prairies où poussent les blés, ponctuées de ranchs et de petites villes sympathiques. Les Cypress Hills, au sud, découpent un certain relief dans ces vastes étendues. Regina est la principale ville de la province, à visiter notamment pour le musée d'Histoire naturelle et le musée de la Gendarmerie Royale. Les nombreux musées de Saskatoon démontrent la vitalité culturelle et artistique de la ville. Les parcs nationaux de Prince Albert et de Batoche sont parmi les plus connus de la province. Ce dernier rend hommage à Louis Riel et aux Métis. Au MANITOBA, ce sont les champs de blé qui prédominent dans le paysage mais il y a aussi de belles forêts touffues, des milliers de lacs et une plaine côtière qui longe la baie d'Hudson. La capitale, Winnipeg, est l'une des plus inté-

LES PRAIRIES

S. NAIMAN / RÉFLEXION

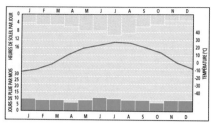

ressantes villes canadiennes au point de vue culturel : le ballet royal, l'orchestre symphonique, le Theatre Centre et les nombreuses galeries d'art prouvent à quel point la ville est dynamique. C'est à Saint-Boniface qu'est née l'au-teure Gabrielle Roy : les Franco-Manitobains apportent une autre couleur à la culture de la province. Pour découvrir les beautés du Manitoba, on propose des croisières sur les rivières Rouge et Assiniboine. À certains endroits, la rivière Rouge est très fougueuse! Le grand lac Winnipeg est apprécié des amateurs de sports nautiques et les skieurs de randonnée connaissent bien le Riding Mountain National Park. La ville de Flin Flon, quand à elle, attire les pêcheurs de saumon de rivière

ACHATS

L'artisanat s'inspire de la culture des Métis : les tissages, les broderies et les poteries sont souvent décorés de motifs âmerindiens. C'est à Le Pas, un village indien du nord du Manitoba, que l'on trouve les mocassins, moufles et manteaux décorés de perles colorées typiquement âmerindiens.

ONTARIO

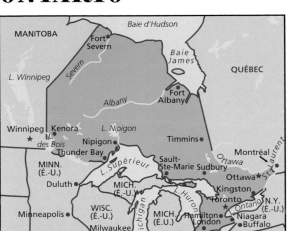

Région: Canada
Superficie: 1 068 580 km²
Capitale: Toronto
Aéroport: Toronto 35 km
Population: 10 098 600 habitants
Langues: anglais, français
Religion: protestante, catholique
Indicatif: (416),(519),(613),(705),(807),(905)
Meilleurs mois: juin, juil, août, sep
Jours fériés: 1 jan - 14 avr - 22 mai - 1 juil -
7 août - 4 sep - 9 oct - 25,26 déc

POINTS D'INTÉRÊT

On associe souvent l'Ontario à sa ville principale, Toronto. Bien que cette métropole soit d'une importance sans conteste, la province n'est pas moins un paradis de lacs lumineux, de forêts verdoyantes et de rivières tumultueuses. Les rives des lacs Érié et Supérieur et la baie Géorgienne ravissent les plaisanciers; et la White River, qui se jette dans le lac Supérieur, est très appréciée des amateurs de descente de rapides. Les chutes Niagara, les Mille-Îles et les nombreux parcs nationaux, dont celui de Pukaskwa, font la renommée de l'Ontario. Toronto est évidemment à visiter : la tour du CN, le Jardin zoologique, le Centre des sciences, le quartier chinois et les multiples galeries d'art et musées de toutes sortes méritent le déplacement. La scène culturelle de l'Ontario propose de tout pour tous, du festival franco-ontarien à Ottawa au festival d'été de Guelph, en passant par les événements internationaux comme le Festival of Festivals (festival de cinéma de Toronto). Les représentations théâtrales du Stratford Theatre ont acquis une solide réputation. La capitale fédérale, Ottawa, attire surtout pour le magnifique Parlement, le musée des Civilisations et le musée des Beaux-Arts. En hiver, il est fort agréable de patiner sur le canal Rideau. Plusieurs petites villes ontariennes valent qu'on s'y arrête, dont Windsor pour son caractère très anglais et Thunder Bay pour ses stations de ski. La proximité du lac Nipigon rappelle l'histoire des Amérindiens qui vivaient là autrefois. Le site touristique de Upper Canada Village reconstitue avec justesse la vie des Canadiens au XIXe siècle.

ACHATS

Les galeries torontoises exposent les oeuvres des artistes ontariens dont la culture a un cachet propre. Pour la connaître, les romans de Robertson Davies sont tout à fait indiqués. Les restaurants de Toronto et d'Ottawa offrent une grande variété de produits venant d'un peu partout au pays et d'ailleurs : le Eaton Centre de Toronto est sans doute le meilleur endroit pour faire des achats. Le Niagara Grape and Wine Festival qui a lieu à l'automne permet de goûter aux produits viticoles de la province.

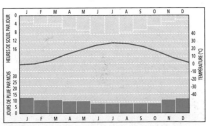

J. HUARD

QUÉBEC

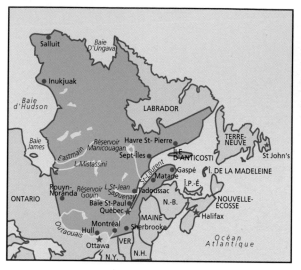

Région: Canada
Superficie: 1 540 680 km²
Capitale: Québec
Aéroport: Mtl-Mirabel 55 km, Dorval 22 km
Population: 6 925 200 habitants
Langues: français, anglais
Religion: catholique, protestante
Indicatif: (514),(418),(819)
Meilleurs mois: juin, juil, août, sep, oct
Jours fériés: 1 jan - 14 avr - 22 mai - 24 juin
- 1 juil - 4 sep - 9 oct - 25,26 déc

POINTS D'INTÉRÊT

La «belle province» est particulièrement choyée en rivières scintillantes et en lacs poissonneux, en forêts grouillantes de faune sauvage et en montagnes enneigées. Les villes, grandes et petites, respirent au rythme des saisons, chacune ayant ses charmes particuliers. De l'été, propice aux vacances sur le bord des plages, jusqu'à l'hiver qui favorise les randonnées dans les sous-bois, le Québec offre aussi une multitude d'activités culturelles allant du Festival western de Saint-Tite au Festival des films du monde de Montréal ou du Carnaval de Québec aux mongolfières de Saint-Jean-sur-Richelieu. Montréal, la métropole, est sans doute le centre névralgique de l'activité touristique et culturelle de la province : les touristes viennent y visiter le fameux stade olympique, le Biodôme, le Jardin botanique, les rues européennes du Vieux-Montréal, le musée des Beaux-Arts et le musée d'Art contemporain, les multiples galeries d'art, les rues commerciales et les différents quartiers, tels que le plateau Mont-Royal, le quartier latin de la rue Saint-Denis ou les grands magasins de l'ouest de la ville, sans oublier le poumon de la ville, le mont Royal. Québec, la capitale provinciale, est aussi une destination privilégiée pour découvrir l'histoire du pays : le quartier du Petit-Champlain (le plus vieux quartier d'Amérique du Nord), la place Royale, la très belle église Notre-Dame-des-Victoires, le château Frontenac, la Citadelle et les fortifications témoignent de l'importance historique de la ville. Le musée du Séminaire, l'Assemblée nationale, les plaines d'Abraham (ou parc des Champs-de-Bataille) ainsi que le musée de la Civilisation sont à visiter. Tout près, l'île d'Orléans est l'un des plus charmants endroits de la province avec ses maisons centenaires et ses églises tout droit sorties d'une autre époque. Les chutes Montmorency (les plus hautes d'Amérique) valent

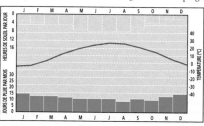

Y. TESSIER / RÉFLEXION

le détour en été comme en hiver. Le Québec est divisé en régions dont chacune mérite le déplacement. Charlevoix attirera tout autant les amateurs de nature que de culture avec notamment le parc des Hautes-Gorges-de-la-rivière-Malbaie, Baie-Saint-Paul avec ses galeries d'art, la pittoresque île aux Coudres et l'embouchure majestueuse du Saguenay où s'ébattent les baleines. Les joueurs voudront visiter le nouveau casino de La Malbaie. Le Saguenay-Lac-Saint-Jean propose un pays de nature somptueuse avec les fjords, les pics et les caps de la rivière Saguenay, et les rives du beau lac Saint-Jean peuplées des sympathiques Saguenayens. La Gaspésie est une région touristique bien connue pour son superbe parc Forillon, son parc de la Gaspésie (l'un des plus beaux de tout le pays) ainsi que pour la magnificence du fleuve Saint-Laurent qui va s'élargissant jusqu'à l'île Bonaventure, un sanctuaire unique pour les fous de Bassan. Les villes et villages qui longent la côte de la péninsule gaspésienne possèdent un charme indéniable. La Côte-Nord offre une beauté rude dominée par le golfe du Saint-Laurent. L'Archipel-de-Mingan, l'île d'Anticosti et les îles de la Madeleine gardent intactes les beautés de la nature, de la faune et de la flore. L'Estrie s'enorgueillit de ses centres de ski, de ses petits villages typiques où il fait bon flâner et de ses bonnes tables, notamment à North Hatley. C'est en Montérégie que l'on découvre l'histoire des Patriotes de 1837 (à Saint-Denis-sur-Richelieu) et, dans un autre domaine, les pommes de Rougemont

RÉFLEXION

du mont Saint-Hilaire. Lanaudière est maintenant bien connue grâce à son festival international de musique et au beau musée d'Art de Joliette mais la région est aussi un paradis de petites rivières et de boisés à découvrir au fil des randonnées. Les motoneigistes connaissent déjà les charmes des bois de Saint-Michel-des-Saints. L'amateur de ski ira dans les Laurentides, à Saint-Sauveur-des-Monts, à Morin Heights, à Mont-Laurier et à Mont-Tremblant. Même en été, la région est parcourue par les randonneurs qui peuvent observer une faune variée. L'Outaouais est un heureux mélange de sites touristiques et de nature : le château Montebello et le parc Papineau-Labelle, de même que le parc de la Gatineau, offrent de merveilleux lacs remplis de truites et des sentiers où se promènent les chevreuils. L'Abitibi n'est pas en reste avec des villes dynamiques comme Val-d'Or, Amos et Rouyn-Noranda, dont le Festival international de cinéma attire bien des cinéphiles. Le Nord québécois peut être exploré en randonnées organisées : les traîneaux à chien et les motoneiges sont les vedettes de cette région moins accessible mais d'une beauté sans pareille.

ACHATS

La gastronomie québécoise ne se limite pas au ragoût de boulettes et à la tourtière. Chaque région a sa spécialité : le homard des Îles-de-la-Madeleine, les crevettes de Matane, les bleuets du Saguenay, les pommes de Rougemont (le cidre aussi!), le sirop d'érable de la Beauce et le fromage d'Oka. C'est souvent dans les brasseries que l'on trouve la cuisine familiale québécoise à son meilleur. La bière québécoise est réputée pour être l'une des meilleures, spécialement celle des microbrasseries. Les vignobles québécois commencent à prendre une certaine notoriété, notamment celui de l'Orpailleur à Dunham. À Montréal, les nombreux immigrants ont apporté avec eux les recettes de leur pays d'origine. On peut donc manger, entre autres cuisines, malgache ou coréen, suisse ou péruvien sans compter les grandes tables françaises ou italiennes. Les artisans québécois de Saint-Jean-Port-Joli sont bien connus pour leurs sculptures sur bois mais tous les centres d'artisanat proposent des sculptures, des tricots, des poteries et des objets d'inspiration autochtone (le Salon des métiers d'art qui se tient habituellement au mois de décembre à Montréal est une occasion unique de voir ce qui se fait au Québec). Les oeuvres des artistes (chanteurs, peintres ou écrivains) font aussi d'impérissables souvenirs.

LES MARITIMES

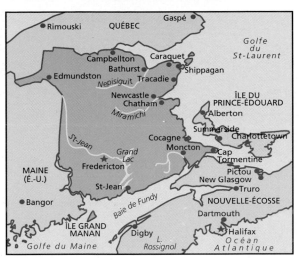

N.-BRUNSWICK

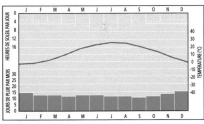

+4   +3   +3   +1   0

Région: Canada
Superficie: 73 440 km²
Capitale: Fredericton
Aéroport: Fredericton, Saint-Jean
Population: 729 300 habitants
Langues: anglais, français
Religion: protestante, catholique
Indicatif: (506)
Meilleurs mois: juin, juil, août
Jours fériés: 1 jan - 14 avr - 22 mai - 1 juil - 7 août - 4 sep - 9 oct - 25,26 déc

POINTS D'INTÉRÊT

L'Est du Canada vit sous le signe de l'eau. La douceur et la rigueur de l'Atlantique sont présentes partout, sur les plages sablonneuses de l'île du Prince-Édouard comme sur les côtes escarpées de la Nouvelle-Écosse.

Le NOUVEAU-BRUNSWICK est la plus grande province des Maritimes et ses habitants occupent surtout les berges du golfe du Saint-Laurent et de la baie de Fundy. Le parc Fundy est sans doute l'un des plus beaux sites naturels des Maritimes avec l'île Grand Manan qui accueille des milliers d'oiseaux. Les petites villes d'Acadie ont un cachet à part, surtout Caraquet, Shippagan et Tracadie. Près de Tracadie, «le Village acadien» recrée la vie des colons du XVIIIe siècle. Les plus grandes villes, comme Fredericton, Saint-Jean et Moncton mélangent bien la modernité urbaine au rythme de vie plus calme nécessaire pour apprécier les beautés de cette province. Les voyageurs en

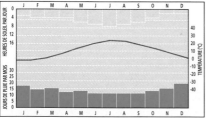

ÎLE DU PRINCE-ÉDOUARD

+4 +3 +3 +1 0

Région: Canada
Superficie: 5 660 km²
Capitale: Charlottetown
Aéroport: Charlottetown 8 km
Population: 130 500 habitants
Langues: anglais
Religion: protestante
Indicatif: (902)
Meilleurs mois: juin, juil, août
Jours fériés: 1 jan - 14 avr - 22 mai - 1 juil -
7 août - 4 sep - 9 oct - 25,26 déc

quête de blanches plages iront
sur l'ÎLE DU PRINCE-ÉDOUARD
qui sera bientôt rattachée par un
pont au Nouveau-Brunswick. La
côte nord de la province est particulièrement favorisée et les
dunes rougeâtres qui protègent
les plages sont des curiosités naturelles uniques. Charlottetown,
la capitale, est une ville charmante à l'architecture coloniale
encore intacte. Les petits ports de
pêche, les villages acadiens et les
champs de tabac du centre de
l'île sont les autres attraits de
cette petite province. La NOU-
VELLE-ÉCOSSE est une terre
battue par la mer et son climat
rappelle celui de son homonyme
britannique. Le parc du Cap-Bre-
ton, sur l'île du même nom, est
considéré par plusieurs comme le
plus beau site naturel du Canada :
la nature y est encore reine et la
majesté de la mer est époustouflante. La forteresse de Louis-
bourg témoigne du passé des premiers colons français tandis que
les villes du détroit de Northum-
berland sont encore empreintes
des influences écossaises. Les villages acadiens comme Grand-Pré
rappellent la déportation des

J. HUARD

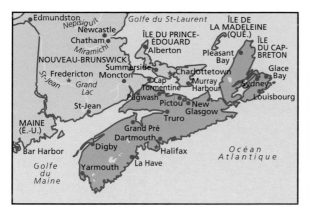

Région: Canada
Superficie: 55 490 km²
Capitale: Halifax
Aéroport: Halifax 41 km
Population: 906 300 habitants
Langues: anglais
Religion: protestante
Indicatif: (902)
Meilleurs mois: juin, juil, août
Jours fériés: 1 jan - 14 avr - 22 mai - 1 juil - 7 août - 4 sep - 9 oct - 25,26 déc

LES MARITIMES

Acadiens. Halifax est une agréable capitale et les villes plus importantes comme Truro et New Glasgow ont su garder le cachet du siècle dernier. La grande île de TERRE-NEUVE est isolée du reste du Canada, ce qui lui

donne un air bien particulier. Les Terre-Neuviens vivent surtout dans la capitale, Saint John's, à l'extrême est de la péninsule d'Avalon, baignée par toute la force de l'Atlantique. La route principale fait le tour de l'île en partant de Channel-Port-aux-Basques jusqu'à Gander et South Brook. Le reste de l'île, notamment la péninsule de l'Anse aux Mead-

ows, est d'une beauté stupéfiante. C'est aussi à cet endroit que l'on a découvert des habitations vikings remontant à l'an 1000. Le Labrador est tout près, à quelques kilomètres. Presque inexplorée, cette terre de glace recèle de nombreux trésors pour les amateurs de grands espaces encore vierges.

ACHATS

La cuisine des Maritimes se déploie évidemment à partir des produits de la mer : les huîtres

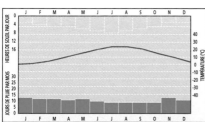

RÉFLEXION

TERRE-NEUVE ET LABRADOR

+4   +3   +3   +1   0

Région: Canada
Superficie: 405 720 km²
Capitale: Saint John's
Aéroport: Saint John's 9 km, Gander 3 km
Population: 577 500 habitants
Langues: anglais
Religion: protestante
Indicatif: (709)
Meilleurs mois: juin, juil, août
Jours fériés: 1 jan - 14 avr - 22 mai - 1 juil -
4 sep - 9 oct - 25,26 déc

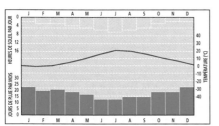

de Caraquet ou de Malpèque, le homard de la Nouvelle-Écosse, et le poisson toujours frais apprêté de mille et une façons. L'artisanat exploite le thème de la mer en sculpture et en peinture. Les produits du tabac de l'île du Prince-Édouard sont réputés. La culture acadienne offre de bons chanteurs, la plus connue étant Édith Butler. Antonine Maillet et Hugh MacLennan sont de grands écrivains canadiens venus des Maritimes.

A. GARDON / RÉFLEXION

SAINT-PIERRE-ET-MIQUELON

+4 +3 +3 +1 0

Région: Amérique du Nord
Superficie: 242 km²
Capitale: Saint-Pierre
Aéroport: Saint-Pierre
Population: 6 710 habitants
Langue: français
Religion: catholique
Régime politique: département français
Voltage-cycles: 220 - 50
Vaccins obligatoires: -
° **recommandés:** -
Passeport: requis
Visa: non requis
Monnaie: franc français
1$CA= 3,52 francs
Conduite: à droite
Permis int'l: recommandé
Indicatif: 011-508
✆ **du Canada:**
✆ **au Canada:**
Hôtellerie: ★★★
Restauration: ★★★★
Transport: ★★★
Coût de la vie: ○○
Rang selon l'ONU: -
Meilleurs mois: juil, août
Jours fériés: 1 jan - 16,17 avr - 1,8,25 mai -
  4,5 juin - 14 juil - 15 août - 1,11 nov -25 déc

POINTS D'INTÉRÊT

La France a laissé à Saint-Pierre-et-Miquelon un peu d'Europe en Améri-que. Les Saint-Pierrais sont de nationalité française mais ils vivent à quelques kilomètres du Canada. Leurs îles sont de véritables petits morceaux de France échoués dans les eaux de l'Atlantique : des boulangeries où l'on vend des baguettes et des croissants, des bistrots où l'on sert du bon rouge et du pastis, un bureau des PTT et même une place du Général-de-Gaulle. Langlade et Miquelon sont des hymnes à la beauté de la nature, avec de nombreux oiseaux marins qui viennent y nicher et des chevaux qui galopent librement dans les dunes de sable de l'Anse du Gouvernement.

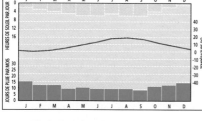

ACHATS

Les timbres-poste de Saint-Pierre-et-Miquelon font la joie des philatélistes. L'artisanat local, les articles tirés de la mer, les sculptures sur bois et les peintures sont aussi très intéressants.

MAISON DE LA FRANCE

ÉTATS-UNIS

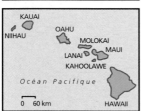

Des profonds canyons aux plages dorées, des gratte-ciel aux domaines du siècle dernier, les États-Unis offrent une vaste palette de paysages et d'attractions qui plairont autant à l'amateur d'escalade qu'à l'apprenti œnologue. Des casinos du Nevada aux expéditions sous-marines de Maui, en passant par les grizzlis de Yellowstone, le voyageur trouvera dans cet immense territoire non pas un pays uniforme mais bien une multitude de reliefs dont chacun donne sa couleur à l'ensemble américain.

Région: Amérique du Nord
Superficie: 9 372 610 km²
Capitale: Washington D.C.
Aéroport: Washington D.C. 40 km
Population: 260 713 590 habitants
Langue: anglais, espagnol
Religion: protestante, catholique
Régime politique: démocratie présidentielle
Voltage-cycles: 110 - 60
Vaccins obligatoires: -
" recommandés: –
Passeport: preuve de citoyenneté
Visa: –
Monnaie: dollar américain
1$CA= 0,74 dollar
Conduite: à droite
Permis int'l: –
Indicatif: différent selon l'État
℃ du Canada: –
℃ au Canada: –
Hôtellerie: ★★★★★
Restauration: ★★★★★
Transport: ★★★★★
Coût de la vie: ◐◐
Rang selon l'ONU: 8
Meilleurs mois: différent selon la région
Jours fériés: 1,16 jan - 12,20 fév - 14,16 avr - 29 mai - 4 juil - 4 sep - 9 oct -11,23 nov - 25,26 déc

P. HALLY

LE NORD-OUEST

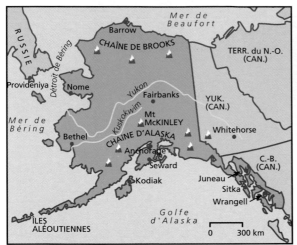

OFF. DE TOURISME DES É.-U.

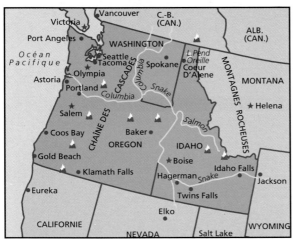

IDAHO

Région: États-Unis
Superficie: 216 413 km²
Capitale: Boise
Aéroport: Boise 11 km
Population: 1 007 000 habitants
Indicatif: (208)
Meilleurs mois: juin, juil

ALASKA

Région: États-Unis
Superficie: 1 518 740 km²
Capitale: Juneau
Aéroport: Anchorage 10 km, Fairbanks 5 km
Population: 550 000 habitants
Indicatif: (907)
Meilleurs mois: juin, juil

OREGON

Région: États-Unis
Superficie: 248 281 km²
Capitale: Salem
Aéroport: Portland 14 km
Population: 2 842 000 habitants
Indicatif: (503)
Meilleurs mois: juin, juil

WASHINGTON

Région: États-Unis
Superficie: 176 617 km²
Capitale: Olympia
Aéroport: Seattle 22 km
Population: 4 867 000 habitants
Indicatif: (206),(509)
Meilleurs mois: juin, juil

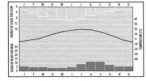

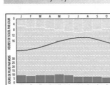

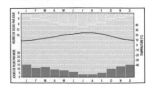

S. LOUIS

POINTS D'INTÉRÊT

L'ALASKA est le plus grand État de l'Union et, pourtant, c'est celui qui est le moins peuplé. Les glaciers, les rivières et les fjords partagent un somptueux décor de toundras et de forêts. Le parc national Denali, les centres de ski et le mont McKinley (le plus haut d'Amérique du Nord à 6 194 mètres) sont les principaux attraits de cette ancienne terre de la ruée vers l'or. L'IDAHO possède aussi de grandes beautés avec, entre autres, le fameux Hell's Canyon, le canyon le plus profond d'Amérique du Nord, et le Craters of the Moon National Monument. Les amateurs de ski connaissent bien la région de Sun Valley, et les chasseurs le Chamberlain Bassin. L'OREGON plaît surtout pour sa portion du Hell's Canyon, ses quelque 230 parcs nationaux, ses forêts protégées et ses fameuses Oregon Caves. Portland est une ville fort agréable avec ses jardins publics qui lui ont valu le nom de «ville des roses». L'État de WASHINGTON mêle savamment les grandes villes modernes, comme Seattle, et les richesses de la nature : le Olympic National Park, le parc national du mont Rainier et le mont Saint Helens méritent à eux seuls le voyage dans cet État.

P. HALLY

OFF. DE TOURISME DES E.-U.

LE FAR WEST

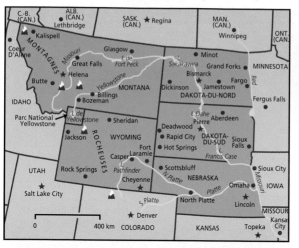

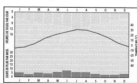

ZEPHYR / BUCHANAN / RÉFLEXION

DAKOTA-DU-NORD

Région: États-Unis
Superficie: 183 022 km²
Capitale: Bismarck
Aéroport: Bismarck, Fargo, Grand Forks
Population: 669 000 habitants
Indicatif: (701)
Meilleurs mois: mai à oct

DAKOTA-DU-SUD

Région: États-Unis
Superficie: Superficie : 199 552 km²
Capitale: Pierre
Aéroport: Pierre, Rapid City, Sioux Falls
Population: 715 000 habitants
Indicatif: (605)
Meilleurs mois: mai à oct

MONTANA

Région: États-Unis
Superficie: 381 087 km²
Capitale: Helena
Aéroport: Helena, Butte, Great Falls
Population: 809 000 habitants
Indicatif: (406)
Meilleurs mois: mai à oct

NEBRASKA

Région: États-Unis
Superficie: 200 018 km²
Capitale: Lincoln
Aéroport: Lincoln
Population: 1 605 000 habitants
Indicatif: (308),(402)
Meilleurs mois: mai à oct

WYOMING

Région: États-Unis
Superficie: Superficie : 253 597 km²
Capitale: Cheyenne
Aéroport: Casper, Jackson
Population: 483 000 habitants
Indicatif: (307)
Meilleurs mois: mai à oct

POINTS D'INTÉRÊT

Pour l'amateur de western, le DA-KOTA-DU-NORD est la destination rêvée : Fort Lincoln, le Slant Indian Village, le quartier général du colonel Custer et les nombreux ranchs témoignent de la conquête de l'Ouest et de ses chevauchées pétaradantes. C'est au DAKOTA-DU-SUD que l'on découvre le fameux mont Rushmore, dans lequel sont sculptés les visages de quatre présidents. Les Badlands sont de fertiles prairies conquises autrefois par les pionniers et les Black Hills, une région de forêts, de lacs et de cavernes idéale pour la randonnée pédestre. Les Rocheuses et la rivière Missouri traversent le MONTANA, lui donnant un relief de lacs et de chutes, de montagnes et de plateaux. Omaha est l'une des villes principales de l'État du NE-BRASKA, avec Lincoln et Scotts-bluff, mais il ne faut pas rater fort Robinson et Chimney Rock ni le parc historique Buffalo Bill. Le WYOMING est connu de par le monde pour la splendeur de son parc Yellowstone, assurément le point culminant des sites naturels du pays tout entier : des canyons, des geysers dont le Old Faithful, qui jaillit inlassablement à toutes les heures, des animaux sauvages comme les bisons, les pumas, les grizzlis et une multitude d'oiseaux et de petits mammifères.

LES GRANDS LACS

IOWA

Région: États-Unis
Superficie: 145 791 km²
Capitale: Des Moines
Aéroport: Des Moines
Population: 2 777 000 habitants
Indicatif: (319),(515),(712)
Meilleurs mois: juin, juil, août, sep

MICHIGAN

Région: États-Unis
Superficie: 150 779 km²
Capitale: Lansing
Aéroport: Detroit 34 km
Population: 9 295 000 habitants
Indicatif: (313),(517),(616),(906)
Meilleurs mois: juin, juil, août, sep

OHIO

Région: États-Unis
Superficie: 106 289 km²
Capitale: Columbus
Aéroport: Cincinnati 23 km, Cleveland 19 km
Population: 10 857 000 habitants
Indicatif: (216),(419),(513),(614)
Meilleurs mois: juin, juil, août, sep

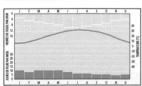

ILLINOIS

Région: États-Unis
Superficie: 146 756 km²
Capitale: Springfield
Aéroport: Chicago 27 km
Population: 11 630 000 habitants
Indicatif: (312),(708)
Meilleurs mois: juin, juil, août, sep

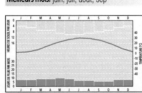

MINNESOTA

Région: États-Unis
Superficie: 217 736 km²
Capitale: Saint Paul
Aéroport: Minneapolis, Saint Paul
Population: 4 375 000 habitants
Indicatif: (218),(507),(612)
Meilleurs mois: juin, juil, août, sep

INDIANA

Région: États-Unis
Superficie: 94 153 km²
Capitale: Indianapolis
Aéroport: Indianapolis 8 km
Population: 5 559 000 habitants
Indicatif: (219),(317),(812)
Meilleurs mois: juin, juil, août, sep

WISCONSIN

Région: États-Unis
Superficie: 145 439 km²
Capitale: Madison
Aéroport: Milwaukee 9 km
Population: 4 892 000 habitants
Indicatif: (414),(608),(715)
Meilleurs mois: juin, juil, août, sep

OFF. DE TOURISME DES É.-U.

POINTS D'INTÉRÊT

La présence des Grands Lacs confère aux États limitrophes de l'Ontario une vocation tout empreinte des joies de la voile et du nautisme. Bien que son ouverture sur le lac Michigan ne soit pas très grande, l'ILLINOIS propose un vaste choix de sports nautiques et son port est l'un des plus actifs du pays. Même la ville de Chicago, surtout connue pour ses gratte-ciel et ses gangsters, est bordée de plages très agréables. De nombreux musées et une foule de richesses culturelles en font une ville très dynamique. Les sites historiques de Fort Crèvecoeur et New Salem State Park retracent les étapes de l'histoire américaine. En INDIANA, la belle rivière Wabash divise l'État en deux. Le Dunes National Lakeshore, en bordure du lac Michigan, est un autre attrait de cet État avec Fort Wayne où ont eu lieu plusieurs batailles historiques. L'agriculture occupe presque la totalité du territoire de l'IOWA. Les colons venus d'Allemagne, des Pays-Bas, de Suisse et d'Alsace y ont apporté leurs traditions : il n'y a qu'à voir les grands champs de tulipes tout droit sortis de

Hollande et l'architecture de certaines villes. Les sports nautiques sont à l'honneur au MICHIGAN puisque l'État est touché par les quatre Grands Lacs. Le Pictured Rocks National Lakeshore et l'Isle Royale National Park sont les gardiens de splendeurs naturelles : les immenses rochers de Pictured Rock valent à eux seuls le déplacement. À Detroit, l'Institute of Art est l'un des musées les plus importants du pays, et toute la ville possède un cachet artistique avec ses nombreuses galeries d'art et ses centres culturels. Au MINNESOTA, le charme de Saint Paul et Minneapolis séduit les amoureux d'art et d'architecture. Le reste du territoi-

re est occupé par plus de 11 000 lacs, 64 parcs nationaux et 55 forêts protégées! L'OHIO n'est pas en reste avec le très beau parc Cuyahoga Valley et les îles tranquilles du lac Érié. La ville de Cleveland profite des belles plages de Cedar Point, sur le lac Érié. Des kilomètres de plages bordent l'État du WISCONSIN. Le lac Michigan, les lacs et rivières (plus de 15 000!) et les grandes fermes constituent l'essentiel du paysage de cet État. L'influence européenne est palpable dans les grandes villes comme dans les petits villages : Milwaukee est à ce titre l'une des villes américaines les plus charmantes.

OFF. DE TOURISME DES É.-U.

LA CÔTE EST

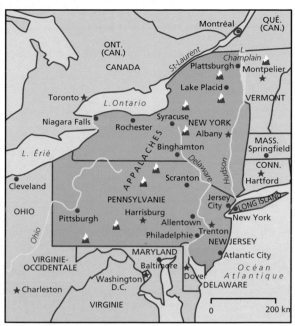

NEW JERSEY

Région: États-Unis
Superficie: 21 300 km²
Capitale: Trenton
Aéroport: Newark 27 km
Population: 7 730 000 habitants
Indicatif: (201),(609)
Meilleurs mois: mai à oct

NEW YORK

Région: États-Unis
Superficie: 127 433 km²
Capitale: Albany
Aéroport: NYC (JFK 24 km, La Guardia 13 km)
Population: 17 990 000 habitants
Indicatif: (212), (315), (518), (716)
Meilleurs mois: mai à oct

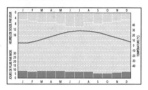

PENNSYLVANIE

Région: États-Unis
Superficie: 117 413 km²
Capitale: Harrisburg
Aéroport: Philadelphie 13 km
Population: 11 882 000 habitants
Indicatif: (215),(412),(717)
Meilleurs mois: mai à oct

POINTS D'INTÉRÊT

La côte est ne se limite pas à la grande ville de New York : le NEW JERSEY, avec ses kilomètres de belles plages et ses villes animées, fait l'envie de plusieurs. Atlantic City est à ce titre l'une des plus vieilles stations balnéaires de la côte avec Wildwood et Cape May. Trenton est une charmante ville remplie de galeries d'art et de sites historiques puisque cette ville fut autrefois la capitale du pays (1794). La région des Skylands, dans le nord-ouest de l'État, est considérée par certains comme l'un des plus beaux endroits de la côte est : en hiver, des centres de ski attirent les sportifs sur les pentes du Vernon Valley et en été, les randonneurs vont s'émerveiller sur les sentiers de la Great Gorge. L'État de NEW YORK possède aussi de nombreux sites naturels qui rivalisent de beauté : les fameuses chutes du Niagara, les Mille-Îles, les montagnes Adirondacks et le joli lac George. Bien sûr, on ne peut passer à côté de New York, la ville. L'île de Manhattan est une destination à elle seule, avec ses rues bigarrées, ses galeries d'art, ses musées (dont le très beau Metropolitain Museum of Art et le musée d'Art moderne), les gratte-ciel majestueux comme le Chrysler Building et le Rockefeller Center, les quartiers d'artistes et les boîtes de nuit de Soho et de Greenwich Village, Central Park, Times Square et le magnifique Lincoln Center. Les grands magasins de la 5e Avenue, les attractions plus connues, comme la statue de la Liberté, l'Empire State Building et le World Trade Center, valent bien sûr le détour. C'est en PENNSYLVANIE que fut signée la Déclaration d'indépendance des États-Unis, à Philadelphie plus précisément. Cette ville propose d'ailleurs plusieurs sites historiques d'une grande importance dont le Franklin Court, le vieil hôtel de ville et le Independant National Historical Park. Pittsburgh et la région des monts Poconos font partie des autres agréments de cet État.

LA NOUVELLE-ANGLETERRE

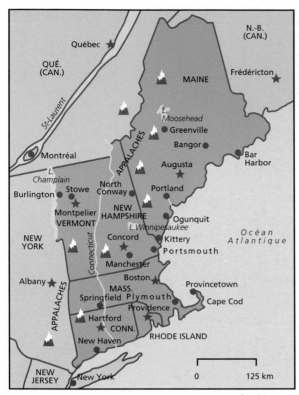

MAINE

Région: États-Unis
Superficie: 86 027 km²
Capitale: Augusta
Aéroport: Bangor 6 km, Portland 5 km
Population: 1 228 000 habitants
Indicatif: (207)
Meilleurs mois: mai à oct

MASSACHUSETTS

Région: États-Unis
Superficie: 21 408 km²
Capitale: Boston
Aéroport: Boston
Population: 6 016 000 habitants
Indicatif: (413),(508),(617)
Meilleurs mois: mai à oct

NEW HAMPSHIRE

Région: États-Unis
Superficie: 24 192 km²
Capitale: Concord
Aéroport: Manchester
Population: 1 109 000 habitants
Indicatif: (603)
Meilleurs mois: mai à oct

VERMONT

Région: États-Unis
Superficie: 24 887 km²
Capitale: Montpelier
Aéroport: Burlington 5 km
Population: 563 000 habitants
Indicatif: (802)
Meilleurs mois: mai à oct

RHODE ISLAND

Région: États-Unis
Superficie: 3 233 km²
Capitale: Providence
Aéroport: Warwick
Population: 1 003 000 habitants
Indicatif: (401)
Meilleurs mois: mai à oct

CONNECTICUT

Région: États-Unis
Superficie: 12 850 km²
Capitale: Hartford
Aéroport: Harford 19 km
Population: 3 287 000 habitants
Indicatif: (203)
Meilleurs mois: mai à oct

POINTS D'INTÉRÊT

Les anciennes colonies anglaises fondées au XVIIe siècle ont gardé des allures typiquement «british» qui donnent aux États de la Nouvelle-Angleterre leur cachet particulier. Le CONNECTICUT, à l'instar d'Oxford en Grande-Bretagne, est connu surtout pour sa grande université de Yale à New Haven. La nature n'est pas en reste avec les plages, les petits ports de pêche et les charmants villages de la côte. Le MAINE est dédié aux sports de plaisance et aux joies de la villégiature : la côte, de Bar Harbor à Ogunquit, est une suite de belles plages et de coquets villages. À l'intérieur des terres, plus de 2 000 lacs ponctuent les forêts et les montagnes de cet

État. L'affluence des étudiants de l'université Harvard à Cambridge, au MASSACHUSETTS, procure son dynamisme à cet État. Boston est l'une des plus jolies villes de la Nouvelle-Angleterre, avec ses bâtiments victoriens de briques rouges et ses rues piétonnes. Le Freedom Trail est un circuit qui mène aux points importants de la ville. Le musée des Beaux-Arts de Boston propose souvent des exposi-

P. HALLY

en revanche, il possède les berges du grand lac Champlain, et les plaisanciers en apprécient les belles eaux calmes. Le Vermont est aussi réputé pour ses nombreux centres de ski, ses sentiers de randonnée pédestre et ses forêts grouillantes d'animaux sauvages.

tions uniques. Provincetown, Martha's Vineyard et le Cape Cod National Seashore séduisent les vacanciers qui veulent profiter des douceurs de la mer. Le mont Washington est sans doute le principal attrait de l'État du NEW HAMPSHIRE : les White Mountains offrent des paysages de vallées profondes, de calmes plateaux et de pics enneigés. Franconia Notch est une gorge spectaculaire qu'il vaut la peine de visiter. Les plages de Hampton et la jolie ville de Laconia plaisent aussi. Le RHODE ISLAND est le plus petit des États mais ses jolies villes du XVIIIe siècle, ses plages et ses clubs de navigation de plaisance en font l'un des endroits les plus prisés des visiteurs. Le VERMONT n'a pas de côte Atlantique;

OFF. DE TOURISME DES E.-U.

CALIFORNIE-NEVADA

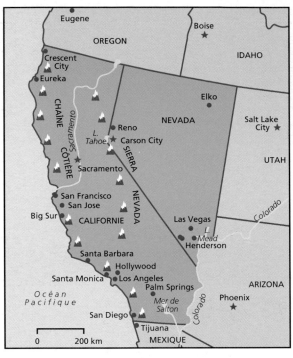

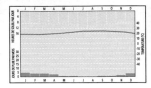

CALIFORNIE

Région: États-Unis
Superficie: 411 012 km²
Capitale: Sacramento
Aéroport: L.A. 24 km, San Fransisco 21 km
Population: 30 000 000 habitants
Indicatif: (213),(215),(619)
Meilleurs mois: à l'année

NEVADA

Région: États-Unis
Superficie: 286 299 km²
Capitale: Carson City
Aéroport: Las Vegas 13 km
Population: 1 202 000 habitants
Indicatif: (702)
Meilleurs mois: à l'année

POINTS D'INTÉRÊT

Los Angeles, San Fransisco et Holly-wood sont les villes les plus connues de la CALIFORNIE mais la réputation de cet État vient surtout de son soleil presque toujours radieux. Le Golden State, comme on l'appelle, est une terre de montagnes, de plages, de déserts, de forêts, de vergers et de vignobles. Des villes au nom ensoleillé longent la côte de San Diego à San Francisco, en passant par Santa Barbara et Los Angeles. Le parc national Joshua Tree, la Sierra Nevada et le très beau parc Yosemite proposent des étendues d'une beauté incomparable. La vallée de Napa est une région viticole qui comblera les amateurs de vin californien. C'est au NEVADA, en plein désert, que l'on découvre Las Vegas : une ville consacrée aux jeux avec ses casinos, ses boîtes de nuit et ses salles de spectacles. On aurait tort de croire que c'est la seule attraction de cet État : le lac Mead, le mont Charles avec ses fabuleuses cavernes et Death Valley, qui présente un paysage extraterrestre, sont aussi à voir.

ZEPHYR / BUCHANAN / RÉFLEXION

LES ROCHEUSES

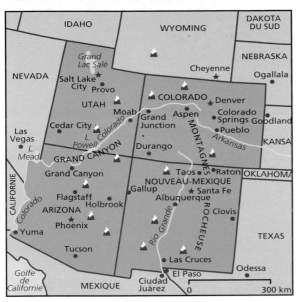

ARIZONA

Région: États-Unis
Superficie: 295 014 km²
Capitale: Phoenix
Aéroport: Phoenix 6 km
Population: 3 665 000 habitants
Indicatif: (602)
Meilleurs mois: à l'année

COLORADO

Région: États-Unis
Superficie: 270 000 km²
Capitale: Denver
Aéroport: Denver 11 km
Population: 3 305 000 habitants
Indicatif: (303),(719)
Meilleurs mois: à l'année

NOUVEAU-MEXIQUE

Région: États-Unis
Superficie: 315 115 km²
Capitale: Santa Fe
Aéroport: Albuquerque
Population: 1 515 000 habitants
Indicatif: (505)
Meilleurs mois: à l'année

UTAH

Région: États-Unis
Superficie: 219 932 km²
Capitale: Salt Lake City
Aéroport: Salt Lake City 11 km
Population: 1 723 000 habitants
Indicatif: (801)
Meilleurs mois: à l'année

POINTS D'INTÉRÊT

L'attrait touristique le plus connu des États-Unis est sans doute le Grand Canyon, en ARIZONA. On peut visiter cette merveille géologique de différentes façons : àpied, en avion, en hélicoptère ou en train. Le paysage déchiqueté de roches rouges et ocres et les profondes vallées creusées par le vent sont d'une incomparable beauté. Le Monument Valley, où vivent les indiens Navajos, est un lieu protégé. Les musées de la ville de Phoenix sont bien documentés sur l'histoire des Navajos et des Hopis. Colorado Springs, au COLORADO, est au coeur des montagnes Rocheuses; cela lui a valu sa renommée de centre de ski de première classe. Les nombreuses sources d'eau minérale font de cet État une région chérie par les vacanciers. On peut admirer de vieilles habitations troglodytes au parc national de Mesa Verde et les villes fantômes qui datent de la ruée vers l'or. Moitié espagnol, moitié américain, l'État du NOU-

P. HALLY

VEAU-MEXIQUE allie bien les deux cultures : Santa Fe et Albuquerque possèdent de nombreux vestiges de l'époque coloniale espagnole et des monuments à la mémoire de la conquête américaine. Le Rio Grande sépare l'État en deux et donne au paysage un air particulier. L'UTAH est réputé pour ses nombreux parcs nationaux et pour sa population de mormons qui vit sur les rives du lac Salé (Salt Lake City). Canyonlands, Capitol Reef et les parcs

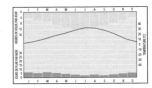

Zion et Glenn Canyon font partie des beautés de cet État. Le Dinosaur National Monument, près de Vernal, est aussi à visiter.

LE CENTRE SUD

ARKANSAS

Région: États-Unis
Superficie: 137 539 km²
Capitale: Little Rock
Aéroport: Little Rock 7 km
Population: 2 399 000 habitants
Indicatif: (501)
Meilleurs mois: fév, mars, avr, oct

KANSAS

Région: États-Unis
Superficie: 213 095 km²
Capitale: Topeka
Aéroport: Kansas City 29 km, Wichita 16 km
Population: 2 478 000 habitants
Indicatif: (316),(913)
Meilleurs mois: fév, mars, avr, oct

MISSOURI

Région: États-Unis
Superficie: 180 456 km²
Capitale: Jefferson City
Aéroport: Saint Louis 16 km
Population: 5 117 000 habitants
Indicatif: (314),(417),(816)
Meilleurs mois: fév, mars, avr, oct

OKLAHOMA

Région: États-Unis
Superficie: 181 090 km²
Capitale: Oklahoma City
Aéroport: Oklahoma City
Population: 3 245 000 habitants
Indicatif: (405),(918)
Meilleurs mois: fév, mars, avr, oct

TEXAS

Région: États-Unis
Superficie: 692 408 km²
Capitale: Austin
Aéroport: Dallas 29 km, Houston 32 km
Population: 16 987 000 habitants
Indicatif: (214),(713)
Meilleurs mois: fév, mars, avr, oct

POINTS D'INTÉRÊT

La conquête de l'Ouest a laissé de nombreux vestiges en ARKANSAS : Little Rock est l'un des premiers sites de colonisation de l'État. Le KANSAS est le centre géographique du pays, et les champs de blé colorent le paysage. Dodge City recrée l'ambiance du temps des grands ranchs. Saint Louis, au MISSOURI, possède quelques témoignages de son passé colonial. Ozark National Scenic Riverways est un site naturel qui plaît aux voyageurs. C'est en OKLAHOMA que l'on compte le plus de tribus amérindiennes : il ne faut pas manquer le grand pow-wow de Tulsa, en juillet ou en août. Deuxième plus grand État après l'Alaska, le TEXAS, est une vaste région de montagnes, de canyons, de lacs, de plages et de plantations qui s'étendent sur un sol riche en pétrole. El Paso sert de porte d'entrée vers les grands canyons : le Big Bend National Park, formé par les méandres du Rio Grande, vaut à lui seul le détour dans ces confins. Le parc des Monts Guadalupe, à quelques kilomètres à l'est d'El Paso, est un paradis pour les amateurs de trekking.

ZEPHYR / BUCHANAN / RÉFLEXION

LE SUD

ALABAMA

Région: États-Unis
Superficie: 105 145 km²
Capitale: Montgomery
Aéroport: Montgomery, Birmingham
Population: 4 105 000 habitants
Indicatif: (205)
Meilleurs mois: fév, mars, avr, oct

KENTUCKY

Région: États-Unis
Superficie: 104 623 km²
Capitale: Frankfort
Aéroport: Louisville 8 km
Population: 3 685 000 habitants
Indicatif: (502),(606)
Meilleurs mois: fév, mars, avr, oct

MISSISSIPPI

Région: États-Unis
Superficie: 123 584 km²
Capitale: Jackson
Aéroport: Jackson
Population: 2 573 000 habitants
Indicatif: (601)
Meilleurs mois: fév, mars, avr, oct

POINTS D'INTÉRÊT

Le Sud est inévitablement associé
aux grandes plantations de coton, à
la musique du Dixieland et aux
bayous. Pourtant, en ALABAMA, les
plages de Mobile et le Russell Cave
National Monument attirent davantage les touristes. Même chose pour
le KENTUCKY, mieux connu pour ses
chevaux, son bourbon et Fort Knox
(la réserve d'or des États-Unis). C'est
en Louisiane et au Mississippi que la
culture et la géographie du Sud révè-
lent le plus de charme. En LOUISIA-
NE, la Nouvelle-Orléans est en soi
une destination : le quartier français
avec son architecture coloniale, les
«jazz bands», les clubs de nuit et les
artistes de rue donnent à la ville un
cachet unique en Amérique. Dans
l'État du MISSISSIPPI revit le souvenir des grandes plantations de coton.
Une croisière sur le fleuve du même
nom vaut le déplacement. Les plages
du golfe du Mexique, spécialement
celles de Biloxi, sont très courues. Au
TENNESSEE, les soirées de musique
country de Nashville ainsi que

TENNESSEE

Région: États-Unis
Superficie: 109 412 km²
Capitale: Nashville
Aéroport: Memphis 12 km
Population: 4 877 000 habitants
Indicatif: (615),(901)
Meilleurs mois: fév, mars, avr, oct

Graceland, la dernière demeure
d'Elvis Presley, confèrent à cet État
sa réputation de «capitale de la
musique». Le Smoky Mountain National Park est l'un des beaux parcs
du Sud qui séduisent ceux qui sont
plus intéressés par les forêts touffues.

LOUISIANE

Région: États-Unis
Superficie: 125 625 km²
Capitale: Baton Rouge
Aéroport: Nouvelle Orléans 18 km
Population: 4 220 000 habitants
Indicatif: (318),(504)
Meilleurs mois: fév, mars, avr, oct

ZEPHYR / BUCHANAN / RÉFLEXION

LE BERCEAU DES É.-U.

A. GARDON / RÉFLEXION

DELAWARE

Région: États-Unis
Superficie: 6 138 km²
Capitale: Dover
Aéroport: Wilmington
Population: 666 000 habitants
Indicatif: (302)
Meilleurs mois: mai à oct

MARYLAND

Région: États-Unis
Superficie: 31 296 km²
Capitale: Annapolis
Aéroport: Baltimore 16 km
Population: 4 781 000 habitants
Indicatif: (301)
Meilleurs mois: mai à oct

VIRGINIE

Région: États-Unis
Superficie: 105 613 km²
Capitale: Richmond
Aéroport: Richmond 10 km
Population: 6 187 000 habitants
Indicatif: (703),(804)
Meilleurs mois: mai à oct

WASHINGTON D.C.

Région: États-Unis
Superficie: 163 km²
Capitale: Washington
Aéroport: Washington-Dulles (Virginie) 40 km
Population: 607 000 habitants
Indicatif: (202)
Meilleurs mois: mai à oct

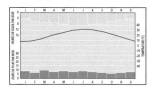

POINTS D'INTÉRÊT

Cette petite portion de la côte est
américaine porte bien son nom de
«berceau des États-Unis» : l'histoire
de George Washington, le premier
président des États-Unis, plane un
peu partout sur les villes où il a posé
le pied dans la conquête pour
l'indépendance du pays. Le
DELAWARE échappe un peu à ce
grand personnage et attire surtout
pour le Delaware Seashore State
Park, réputé pour la beauté de ses
plages. Au MARYLAND, les berges de

VIRGINIE-OCCID.

Région: États-Unis
Superficie: 62 600 km²
Capitale: Charleston
Aéroport: Charleston 6 km
Population: 1 793 000 habitants
Indicatif: (304)
Meilleurs mois: mai à oct

la Chesapeake Bay plaisent aussi
aux amateurs de sports nautiques et
aux vacanciers. Tout l'État vit sous
le signe de la grande baie : l'Ohio

Canal National Park, l'Assateague
Island National Seashore et Deep
Creek Lake méritent la visite. La
grande ville de Baltimore offre une
variété de distractions, dont le Mary-

OFF. DE TOURISME DES E.-U.

land Historical Museum et le port animé de la vieille ville. La VIRGINIE est sans doute l'un des États possédant le plus de sites reliés à la guerre civile, notamment Richmond, Williamsburg, Yorktown et Jamestown. Norfolk, sur la côte Atlantique, et Virginia Beach sont des stations balnéaires très courues. La VIRGINIE-OCCIDENTALE est une vaste étendue montagneuse en majorité occupée par le Monongahela National Forest et quelques-uns des plus beaux parcs nationaux du pays, entre autres ceux de Bluestone et de Pipestone. Mammoth Mound est un sanctuaire sacré amérindien qui impose le respect. C'est à WASHINGTON D.C. que l'on peut voir la Maison-Blanche, le Capitole, le Pentagone et la superbe bibliothèque du Congrès. La capitale fédérale propose aussi un nombre impressionnant de musées et de galeries d'art : la National Gallery of Art est sans doute le plus beau musée de la capitale. La belle rivière Potomac agrémente le paysage de ses méandres.

OFF. DE TOURISME DES E.-U.

LE SUD-EST

CAROLINE-DU-NORD

Région: États-Unis
Superficie: 135 000 km²
Capitale: Raleigh
Aéroport: Charlotte 11 km, Raleigh 23 km
Population: 6 629 000 habitants
Indicatif: (704),(919)
Meilleurs mois: fév, mars, avr, oct

CAROLINE-DU-SUD

Région: États-Unis
Superficie: 79 176 km²
Capitale: Columbia
Aéroport: Charleston 18 km
Population: 3 487 000 habitants
Indicatif: (803)
Meilleurs mois: fév, mars, avr, oct

FLORIDE

Région: États-Unis
Superficie: 151 940 km²
Capitale: Tallahassee
Aéroport: Miami, Orlando, Tampa
Population: 12 938 000 habitants
Indicatif: (305),(407),(813),(904)
Meilleurs mois: nov à avr

GÉORGIE

Région: États-Unis
Superficie: 152 589 km²
Capitale: Atlanta
Aéroport: Atlanta 14 km, Savannah 16 km
Population: 6 478 000 habitants
Indicatif: (404),(912)
Meilleurs mois: déc à avr

POINTS D'INTÉRÊT

Le soleil et la douceur du climat
sont les premiers charmes de cette
portion des États-Unis. Le Sud-Est
s'étend sur des milliers de kilomètres de plages où la mer peut être
calme et chaleureuse ou forte et
sportive, au goût de chacun. La
CAROLINE-DU-NORD est bien
connue pour la beauté de son Cape

ZEPHYR / BUCHANAN / RÉFLEXION

OFF. DE TOURISME DES É.-U.

très belles mais il y a plus : des villes aux charmes espagnols comme Saint Augustine, des *keys* dont la réputée Key West, le magnifique parc des Everglades, Cap Canaveral, les studios Universal qui produisent les grands succès cinématographiques et, bien sûr, Walt Disney World, Epcot Center et le Magic Kingdom. Les amateurs de golf adorent cet État pour la quantité et la qualité des terrains. Les nombreux parcs d'attractions et parcs thématiques proposent un tour d'horizon de la faune et de la flore des États-Unis, notamment à Busch Garden. Les grandes villes de Miami, Orlando et Tampa offrent des restaurants, des musées, des grands magasins et des théâtres pour plaire à tous. En GÉORGIE, le paysage passe des côtes ensoleillées aux pics montagneux battus par le vent. Les Blue Ridge Mountains découpent le paysage pour s'étendre ensuite vers le Okefenokee Swamp, une région de marécages où vit une faune protégée. Atlanta et Savannah, les deux villes les plus importantes de l'État, méritent la visite pour l'architecture typiquement géorgienne de Savannah et pour la vitalité d'Atlanta.

Hatteras National Seashore et des îles Outer Banks. À l'intérieur des terres, le Great Smoky Mountains National Park est une merveilleuse solution de rechange aux sports nautiques. En CAROLINE-DU-SUD, toutes les plages de la côte, de Myrtle Beach à Hilton Head Island, méritent leur réputation de «plus belles plages de la côte est». Les parcs nationaux protègent la berge riche en paysages de toutes sortes : le Congaree Swamp National Park est spécialement intéressant avec ses marécages où vit une faune exotique. La FLORIDE est devenue synonyme de soleil, de grands terrains de golf et de vacances d'hiver. Les plages sont effectivement

A. GARDON / RÉFLEXION

HAWAII

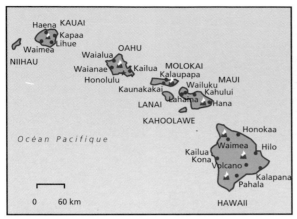

Haena KAUAI
Kapaa
Waimea Lihue
NIIHAU
OAHU
Waialua
Waianae Kailua
Honolulu MOLOKAI
Kaunakakai Kalaupapa
LANAI Lahaina Wailuku MAUI
Kahului
Hana
KAHOOLAWE
Honokaa
Waimea Hilo
Kailua
Kona
Volcano
Kalapana
Pahala
HAWAII

Océan Pacifique

0   60 km

Région: Océan Pacifique
Superficie: 16 764 km²
Capitale: Honolulu
Aéroport: Honolulu 14 km
Population: 1 108 000 habitants
Indicatif: (808)
Meilleurs mois: mai à oct

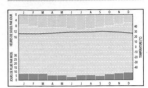

POINTS D'INTÉRÊT

Anciennement peuplées par les Polynésiens, les îles d'Hawaii sont devenues américaines en 1893 et ont pris le statut d'État à part entière en 1959. Comme elles sont séparées de la mère patrie par l'immensité de l'océan Pacifique, les îles hawaiiennes ont gardé un peu de leurs racines polynésiennes, notamment dans le nom des îles (Oahu, Maui, Kauai et Molokai) et dans la façon de profiter au jour le jour des douceurs du climat. Les voyageurs qui vont à Hawaii s'attendent à voir des palmiers lourds de noix de coco, des plages aux eaux cristallines et des danseurs souriants habillés de jupes colorées. Mais il y a plus : des chutes magnifiques à Oahu, des vergers de fruits exotiques à Hawaii, des volcans spectaculaires à Maui et une flore et une faune sous-marines fantastiques partout entre les îles. La ville d'Honolulu, sur l'île d'Oahu, est le point de départ de la plupart des voyages à Hawaii. Il faut y visiter le Sea Life Park et le Polynesian Cultural Center, la plage de Waikiki et le tristement célèbre Pearl Harbour. Les nombreux musées de la ville expliquent bien l'histoire des îles.

T. BOGNAR / RÉFLEXION

M. HOWELL / CAMÉRIQUE / RÉFLEXION

ANTILLES

Le mot «Antilles» vient du latin *antilia* qui veut dire «île légendaire». Découvertes par les Espagnols, les Antilles ont ensuite été colonisées par les Français, les Anglais et les Hollandais qui y ont vu l'équivalent du paradis sur terre. Aujourd'hui, le voyageur s'évade dans ces eaux cristallines et explore des forêts tropicales verdoyantes. La croisière en bateau semble être le meilleur moyen de bien apprécier toute la beauté de cette région du globe. L'accueil chaleureux des Antillais n'a d'égal que la passion qu'ils mettent à fêter la beauté de leur coin de terre, riche en reliefs extraordinaires. Le bagage historique de ces îles «légendaires» leur donne encore plus de couleur.

J. HUARD

BERMUDES

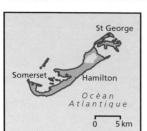

+4 +3 +2 +1 0

Région: Atlantique Nord
Superficie: 50 km²
Capitale: Hamilton
Aéroport: Hamilton 19 km
Population: 61 160 habitants
Langue: anglais
Religion: anglicane, catholique
Régime politique: territoire britannique
Voltage-cycles: 110 - 60
Vaccins obligatoires: -
" recommandés: -
Passeport: non requis
Visa: non requis
Monnaie: dollar des Bermudes
1$CA= 0,74 dollar
Conduite: à gauche
Permis int'l: recommandé
Indicatif: 011-809
✆ du Canada: 1-800-363-4099
✆ au Canada: ■1-800-744-2580
Hôtellerie: ★★★★
Restauration: ★★★★
Transport: ★★★
Coût de la vie: ○○○
Rang selon l'ONU: -
Meilleurs mois: juin, juil, août, sep
Jours fériés: 1,2 jan - 14,16 avr - 22,24 mai - 19 juin - 27,28 juil - 4 sep - 13 nov - 25,26 déc

POINTS D'INTÉRÊT

Les Bermudes sont bien connues des amateurs de... golf! Leurs terrains sont parmi les plus réputés du monde. Mais le voyageur vient dans ces îles enchanteresses surtout pour les plages rosées, les grottes creusées par la mer, les récifs de corail et les charmants petits ports. Saint George et surtout Hamilton, la capitale, conservent des vestiges de la colonisation britannique et le charme typiquement anglais des rues gardées par les *bobbies* ainsi que les matchs de cricket. Les forts ponctuent le paysage de l'île principale : le fort Hamilton, qui date du XIXe siècle, le fort Saint Catherine et principalement Gates Fort. La formule *bed & breakfast* est l'un des meilleurs moyens non seulement de découvrir des coins d'île inexplorés, mais aussi de rencontrer les sympathiques habitants.

ACHATS

Le homard est le mets le plus populaire des Bermudes. La sauce épicée Outerbridge Sherry Pepper est habituellement ajoutée aux ragoûts de poissons et de fruits de mer. Les artisans fabriquent de belles poteries, des sculptures en bois de cèdre et des tissus imprimés. Les peintres s'inspirent beaucoup des beautés du paysage.

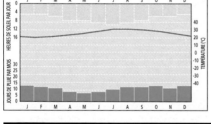

BAHAMAS

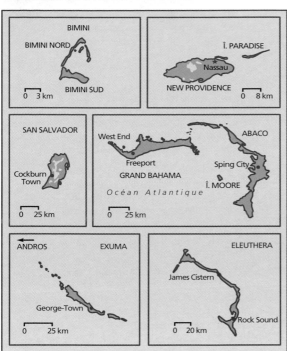

Région: Antilles
Superficie: 13 935 km²
Capitale: Nassau
Aéroport: Nassau 16 km
Population: 273 060 habitants
Langue: anglais, créole
Religion: baptiste, anglicane, catholique
Régime politique: parlementaire
Voltage-cycles: 120 - 60
Vaccins obligatoires: Fj*
" recommandés: -
Passeport: non requis
Visa: non requis
Monnaie: dollar des Bahamas
1$CA= 0,74 dollar
Conduite: à gauche
Permis int'l: recommandé
Indicatif: 011-809
☎ **du Canada:** 1-800-463-0585
☎ **au Canada:** 1-800-463-0501
Hôtellerie: ★★★★★
Restauration: ★★★★★
Transport: ★★★★
Coût de la vie: ○○○
Rang selon l'ONU: 36
Meilleurs mois: avr, mai, juin, juil, août
Jours fériés: 1,2 jan - 14,16,17 avr - 2,4,5
juin - 10 juil - 7 août - 25,26 déc

POINTS D'INTÉRÊT

Certains historiens croient que c'est sur l'île de San Salvador que Christophe Colomb à posé le pied, le 12 octobre 1492. Cette petite île est la plus orientale des Bahamas. Les 700 autres îles sont tout aussi chargées du poids de l'histoire avec des vestiges espagnols, anglais et français. Mais le voyageur se rend aux Bahamas surtout pour la beauté des plages et la tranquillité des villes et des villages. Nassau est à ce titre une capitale où il fait bon flâner en visitant les jardins botaniques, les bazars, les casinos et le fort. Par ailleurs, les soirées consacrées au goombay et au calypso sauront plaire aux amateurs de danses endiablées. Les pêcheurs connaissent bien les abîmes des îles Andros et Bimini. Les Exumas sont idéales pour la voile et le parc national de l'île protège une flore et une faune exotiques. Les Abacos, quant à elles, attirent les golfeurs, et Long Island, les surfeurs.

ACHATS

Le rhum est une spécialité des Bahamas, surtout de Nassau. Le ragoût de tortue est un mets très délicat que certains évitent de manger pour ne pas affecter la population décroissante de tortues.

L'artisanat propose des paniers tressés, des poteries et des sculptures de bois ainsi que des bijoux de corail et de coquillages.

TURKS ET CAICOS

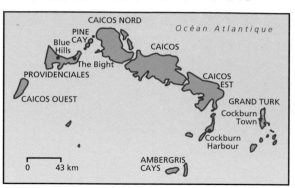

+3 +2 +1 0 -1

Région: Antilles
Superficie: 430 km²
Capitale: Cockburn Town
Aéroport: Grand Turk
Population: 13 560 habitants
Langue: anglais
Religion: baptiste, anglicane
Régime politique: territoire britannique
Voltage-cycles: 220 - 50
Vaccins obligatoires: Fj*
" recommandés: Ty-Po
Passeport: non requis
Visa: non requis
Monnaie: dollar américain
1$CA= 0,74 dollar
Conduite: à gauche
Permis int'l: recommandé
Indicatif: 011-809
✆ du Canada: –
✆ au Canada: ■01-800-744-2580
Hôtellerie: ★★★★
Restauration: ★★★★
Transport: ★★★
Coût de la vie: ○○
Rang selon l'ONU: –
Meilleurs mois: fév, mars, avr
Jours fériés: 1,2 jan - 13 mars - 14,16,17 avr - 29 mai - 12 juin - 7, 30 août -12,23 oct - 25,26 déc

POINTS D'INTÉRÊT

Le tourisme aux îles Turks et Caicos n'a pas encore altéré la beauté des plages et des villages. Il existe encore de petits endroits où les gens vous proposent une balade en bateau pour admirer des grottes secrètes ou des baies superbes et peu connues. Les îles Caicos sont plus populaires, notamment à cause de Providenciales, un centre touristique plus connu. Mais les autres Caicos sont des paradis d'oiseaux exotiques, de plages sablonneuses et de fonds marins d'une exceptionnelle beauté. Des poissons magnifiques fraient dans une barrière de corail multicolore au Caicos Cays National Underwater Park, au large de Pine Cay : il va sans dire que la pêche y est interdite. Les îles Turks sont plus petites que les Caicos mais la splendeur de la mer y est tout aussi imposante. Grand Turk, avec la ville dynamique de Cockburn Town, attire non seulement les amateurs de plongée sous-marine mais aussi les amateurs d'architecture coloniale.

ACHATS

La mer pourvoit non seulement aux tables des îles mais elle donne aux artisans les matériaux nécessaires à la fabrication de bijoux et de parures : les perles, les coraux et les coquillages sont les matières premières. Les timbres-poste de Turks et Caicos possèdent une grande valeur aux yeux des philatélistes.

J. HUARD

206—ANTILLES–TURKS ET CAICOS

★ CUBA

+3 +2 +1 0 -1

Région: Antilles
Superficie: 110 860 km²
Capitale: La Havane
Aéroport: La Havane 18 km
Population: 11 064 350 habitants
Langue: espagnol
Religion: catholique (pays athée)
Régime politique: socialiste à parti unique
Voltage-cycles: 110/220 - 60
Vaccins obligatoires: –
" recommandés: Ty-Po
Passeport: requis
Visa: requis
Monnaie: peso cubain
1$CA= 0,55 peso
Conduite: à droite
Permis int'l: recommandé
Indicatif: 011-53
© du Canada: –
© au Canada: –
Hôtellerie: ★★★★
Restauration: ★★★★
Transport: ★★★
Coût de la vie: ○○
Rang selon l'ONU: 89
Meilleurs mois: déc, jan, fév, mars
Jours fériés: 1 jan - 1 mai - 26 juil - 10 oct

CUBA

MAURITIUS / RAWI / RÉFLEXION

POINTS D'INTÉRÊT

Cuba est la plus grande des îles antillaises et est située à un peu moins de 145 kilomètres de la pointe de la Floride. Un paysage montagneux, que tapisse une forêt de pins et d'acajou couvre plus du quart de l'île : un paradis pour les oiseaux. Les plages, la faune et la flore, le climat et les sites historiques ont donné à Cuba sa réputation de centre de villégiature par excellence. Plus de 280 plages entourent l'île et les plus belles sont sûrement Varadero, Cayo Largo, Playa Giron et Maria del Portillo. De nombreux oiseaux exotiques, surtout le tocororo (l'oiseau national), habitent le parc national de la péninsule de Zapata. Les marécages accueillent aussi une multitude d'oiseaux et des *jicoteas*, de petites tortues d'eau douce. La Havane est riche sur le plan historique et le vieux quartier propose de nombreux vestiges de la conquête espagnole. Les grottes de Bellamar près de Varadero et Cienfuegos, une charmante ville coloniale, n'ont de rivale que Santiago de Cuba, ville bien connue pour son carnaval, en juillet. La vallée de Vinales produit l'un des meilleurs tabacs du monde et ses *mogotes* (buttes irrégulières) en font un site unique en son genre.

ACHATS

Les cigares de La Havane sont sans contredit le meilleur achat à faire à Cuba. Bien sûr, le rhum, les chemises légères typiquement cubaines (les *guayaberas*), et les sculptures de bois d'acajou ont aussi leurs amateurs. Les soirées de tropicana font place aux rythmes exotiques du tambour cubain, le conga.

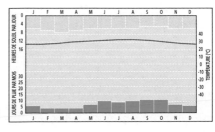

ÎLES CAÏMANS

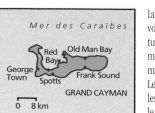

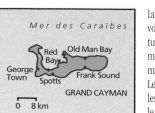

Mer des Caraïbes

Red Bay • Old Man Bay
George Town • Spotts • Frank Sound
GRAND CAYMAN

0   8 km

POINTS D'INTÉRÊT

Seven Mile Beach au nord de George Town est, selon certains, la plus belle plage des Antilles : une barrière de corail protège la côte et la mer des Caraïbes y est toujours chaude et douce. L'infrastructure touristique n'a pas tué le charme des plages et du paysage, comme c'est le cas en d'autres endroits. C'est à Bodden Town que l'on peut voir le «mur de Chine» de Grand Cayman, une imposante construction de pierres érigée au XVIIe siècle pour protéger les habitants contre les pirates. La ferme de tortues représente une entreprise unique en son genre : on y éleve des tortues destinées à la consommation locale. Avant de manger de la tortue, assurez-vous qu'elle provient bien de la ferme, les autres tortues étant en voie d'extinction. D'ailleurs, les tortues «sauvages» habitent les fonds marins à proximité de Grand Cayman, de Little Cayman et de Brac. Les plongeurs peuvent aussi admirer les splendeurs sous-marines comme le superbe récif de corail au sud-ouest de Grand Cayman. Des oiseaux magnifiques et des iguanes occupent les îles de Brac et de Little Cayman.

ACHATS

Le steak de tortue, la soupe de tortue et les chaudrées de fruits de mer sont les spécialités des Caïmans. Encore une fois, assurez-vous de la provenance des tortues avant d'en commander. Il n'est pas recommandé d'encourager le commerce des bijoux faits de carapace de tortue ou de tout autre objet produit avec de la peau d'iguane. L'artisanat local offre plutôt des coquillages et des chapeaux de paille. Les îles Caïmans sont reconnues pour être un paradis fiscal et constituent une zone hors taxes ; on peut donc acheter les produits de luxe comme les parfums et les appareils-photo, à prix réduit. D'ailleurs, les photos que vous aurez prises resteront vos meilleurs souvenirs.

+3 +2 +1 0 -1

Région: Antilles
Superficie: 260 km²
Capitale: George Town
Aéroport: George Town
Population: 31 800 habitants
Langue: anglais
Religion: presbytérienne, anglicane
Régime politique: territoire britannique
Voltage-cycles: 110 - 60
Vaccins obligatoires: -
" recommandés: -
Passeport: non requis
Visa: non requis
Monnaie: dollar des îles Caïmans
1$CA= 0,62 dollar
Conduite: à gauche
Permis int'l: requis
Indicatif: 011-809
✆ **du Canada:** 1-800-263-6402
✆ **au Canada:** ■ 1-800-744-2580
Hôtellerie: ★★★★
Restauration: ★★★★
Transport: ★★★
Coût de la vie: ○○○
Rang selon l'ONU: -
Meilleurs mois: sep à avr
Jours fériés: 1 jan - 1 mars - 14,16,17 avr - 15 mai - 19 juin - 3 juil - 6 nov - 25,26 déc

J. HUARD

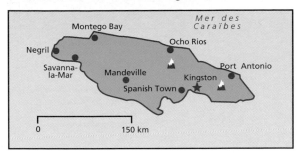

JAMAÏQUE

Région: Antilles
Superficie: 10 990 km²
Capitale: Kingston
Aéroport: Kingston 17 km
Population: 2 555 070 habitants
Langue: anglais, créole
Religion: protestante
Régime politique: parlementaire
Voltage-cycles: 110/220 - 50
Vaccins obligatoires: Fj*
" recommandés: Ty-Po
Passeport: non requis
Visa: non requis
Monnaie: dollar jamaïcain
1$CA= 25,36 dollars
Conduite: à gauche
Permis int'l: requis
Indicatif: 011-809
☎ du Canada: 1-800-463-2403
☎ au Canada: 800-222-0016
Hôtellerie: ★★★★
Restauration: ★★★★
Transport: ★★★
Coût de la vie: ○○
Rang selon l'ONU: 65
Meilleurs mois: déc, jan, fév, mars
Jours fériés: 1,2 jan - 1 mars - 14,16,17
avr - 23 mai - 7 août - 16 oct - 25,26 déc

POINTS D'INTÉRÊT

Le nom *Xamaica* vient de la langue des Arawaks et signifierait «pays des sources et des bois». On pourrait aisément ajouter «pays de montagnes et de ravins vertigineux». Les Blue Mountains s'élèvent à 2 256 mètres pour ensuite s'étendre en pentes crevassées d'où jaillissent des chutes et où pousse une végétation luxuriante. Les montagnes viennent mourir en plages superbes, probablement parmi les plus belles des Antilles. Montego Bay est bien connue pour ses eaux cristallines d'où il est facile de voir les récifs de corail qui bordent l'île. Les plages de Doctor's Cave et de Cornwall sont les plus courues. Les ornithologues amateurs apprécieront Rockland Feeding Station : on peut y apercevoir les espèces les plus colorées et les plus exotiques des Antilles. Les villages de la côte nord sont tous plus sympathiques les uns que les autres, spécialement Ocho Rios qui est devenu avec le temps une station balnéaire réputée. Port Antonio attire surtout pour ses majestueux domaines, qui datent de l'époque des grandes plantations, et pour ses rives poissonneuses. Kingston, la capitale, est aussi le centre culturel de la Jamaïque : la National Gallery of Art est à voir ainsi que le musée White Marl qui explique bien l'histoire des Indiens arawaks. Les golfeurs apprécieront les terrains des environs de la capitale. Spanish Town et Mandeville sont les deux autres villes d'importance, avec les vestiges espagnols pour l'une, et les vergers de citronniers pour l'autre.

ACHATS

L'un des meilleurs cafés au monde est cultivé sur les flancs des Blue Mountains et le rhum pourrait porter la même étiquette de qualité. La gastronomie jamaïcaine peut souvent brûler les palais non avertis. Un verre de rhum s'avère alors rafraîchissant! Le Tia Maria est une liqueur typique de l'île de même que le Rumona, une liqueur à base de rhum. Le centre d'artisanat de la ville de Negril propose tous les colliers, bracelets et bonnets brodés que l'on peut désirer. Le festival de reggae qui a lieu en juillet est un événement à ne pas manquer. Attention, on vous proposera souvent de la drogue : sachez que sa consommation est passible d'une peine d'emprisonnement.

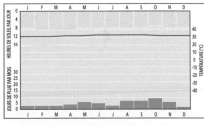

HAÏTI

Océan Atlantique

CUBA
Santiago de Cuba
Port-de-Paix
Monte Cristi
Puerto Plata
Môle St-Nicolas
Cap-Haïtien
Santiago
RÉPUBLIQUE DOMINICAINE
ÎLE DE LA GONÂVE
Jérémie
San Pedro de Macoris
Port-au-Prince
Santo Domingo
Port-Salut
Jacmel
Barahona
Mer des Caraïbes

0   150 km

Région: Antilles
Superficie: 27 750 km²
Capitale: Port-au-Prince
Aéroport: Port-au-Prince 13 km
Population: 6 591 450 habitants
Langue: français, créole
Religion: catholique
Régime politique: présidentiel
Voltage-cycles: 110 - 60
Vaccins obligatoires: Fj*
" recommandés: Ty-Po-Mal
Passeport: requis
Visa: requis
Monnaie: gourde
1$CA= 10,97 gourdes
Conduite: à droite
Permis int'l: recommandé
Indicatif: 011-509
℃ **du Canada:** –
℃ **au Canada:** 001-800-522-1055
Hôtellerie: ★★
Restauration: ★★
Transport: ★
Coût de la vie: ○○
Rang selon l'ONU: 137
Meilleurs mois: déc, jan, fév, mars
Jours fériés: 1,2 jan - 26 fév - 14 avr - 1,18,25 mai - 15 juin - 15 août - 17,24 oct - 1,18 nov - 5,25 déc

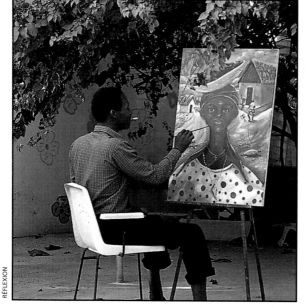

RÉFLEXION

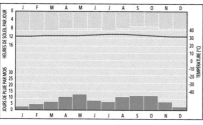

mètres d'altitude. La faune est très appauvrie mais la flore conserve encore de beaux spécimens de plantes. Port-au-Prince et les plus petites villes comme Cap-Haïtien, au nord de l'île, et Jacmel, au sud, non seulement possèdent de nombreux sites historiques intéressants mais elles sont entourées de forêts riches et de plages sablonneuses. Haïti ne saurait accueillir les touristes en ce moment ; espérons que la situation changera bientôt.

ACHATS

Pour encourager la reprise économique d'Haïti ont pourra acheter les superbes toiles des peintres naïfs haïtiens. Ces toiles expriment bien toute la couleur et la vivacité de l'âme haïtienne. Pour se mettre dans l'ambiance des chaudes soirées haïtiennes, il faut lire *Gouverneurs de la rosée* de Jacques Roumain.

POINTS D'INTÉRÊT

Le président Aristide a hérité de la lourde tâche de remettre Haïti sur pied : l'économie est complètement dévastée et les conditions de vie de la population se sont affreusement aggravées. Heureusement, les Haïtiens sont des gens fiers et courageux. Le pays, si on lui laisse le temps, retrouvera sûrement ses villes colorées et ses plages ensoleillées. Le nom Haïti vient de *Ayti* qui signifie «montagne dans la mer», en l'honneur du relief très accidenté de l'île dont le point culminant est le massif de la Selle, à 2 640

RÉPUBLIQUE DOMINICAINE

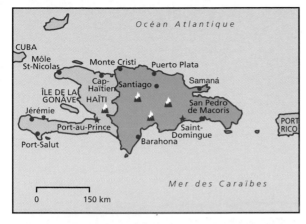

+4 +3 +2 +1 0

OFF. DE TOURISME DE LA RÉP. DOMINICAINE

Région: Antilles
Superficie: 48 730 km²
Capitale: Saint-Domingue
Aéroport: Saint-Domingue 30 km
Population: 7 826 100 habitants
Langue: espagnol, anglais
Religion: catholique
Régime politique: présidentiel
Voltage-cycles: 110 - 60
Vaccins obligatoires: –
" recommandés: Ty-Po-Mal
Passeport: requis
Visa: non requis
Monnaie: peso dominicain
1$CA= 9,27 pesos
Conduite: à droite
Permis int'l: recommandé
Indicatif: 011-809
✆ du Canada: 1-800-463-3958
✆ au Canada: 1-800-333-0111
Hôtellerie: ★★★★
Restauration: ★★★
Transport: ★★★
Coût de la vie: ○○
Rang selon l'ONU: 96
Meilleurs mois: déc, jan, fév, mars
Jours fériés: 1,2,23,26 jan - 27 fév -
14,16,17 avr - 1 mai - 15 juin - 16 août -
25 sep - 12 oct - 25 déc

POINTS D'INTÉRÊT

Plus de 60 % des Dominicains vivent encore sous le seuil de la pauvreté. Le voyageur qui s'aventure un peu plus avant dans le pays découvrira non seulement les preuves de cette pauvreté, mais aussi une terre riche de montagnes, de plaines et de collines où coulent de longues rivières scintillantes. Les petites villes comme Higüey, Samana et Azua respirent le charme antillais avec leurs plages moins fréquentées et leurs communautés accueillantes. Les stations balnéaires plus courues comme Puerto Plata, Cayo Levantado et Playa Dorada sont toutefois encore très agréables. La Romana est une plus grande ville avec un quartier d'artistes très animé. Bien sûr, Saint-Domingue est à visiter pour sa cathédrale Santa Maria La Menor, la forteresse d'Alcazar et les nombreux musées qui retracent l'histoire d'une des plus vieilles villes d'Amérique. La région montagneuse entourant le sommet du Pico Duarte, à 3 175 mètres, est un paradis pour l'amateur d'escalade et de randonnée pédestre. Les collines succèdent aux montagnes et une flore changeante tapisse les paysages.

ACHATS

Le porc et le poulet se servent avec

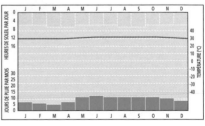

du riz ou des fèves noires : le mets national est le *chicharrones de pollo* (du poulet frit) servi avec le *moro de habicuelas* (une macédoine de riz et de fèves). Le café, le cacao et le rhum sont d'autres produits dominicains de qualité. La côte nord de l'île est riche en ambre : on fabrique des bijoux, des objets usuels et des oeuvres d'art avec ce matériau d'une grande beauté.

PORTO RICO

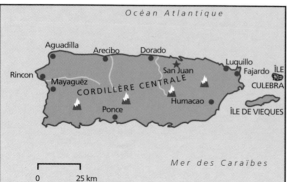

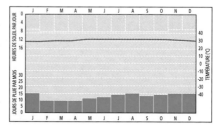

Région: Antilles
Superficie: 9 104 km²
Capitale: San Juan
Aéroport: San Juan 14 km
Population: 3 802 000 habitants
Langue: espagnol, anglais
Religion: catholique
Régime politique: État lié aux États-Unis
Voltage-cycles: 110 - 60
Vaccins obligatoires: –
" recommandés: Ty-Po
Passeport: non requis
Visa: non requis
Monnaie: dollar américain
1$CA= 0,74 dollar
Conduite: à droite
Permis int'l: requis
Indicatif: 011-809
☎ du Canada: 1-800-463-8909
☎ au Canada: 1-800-496-7123
Hôtellerie: ★★★★
Restauration: ★★★★
Transport: ★★★★
Coût de la vie: ○○
Rang selon l'ONU: –
Meilleurs mois: jan, fév, mars, avr
Jours fériés: 1,16 jan - 12,20 fév - 14,16 avr
- 29 mai - 4,25 juil - 4 sep - 9 oct -11 nov
- 25,26 déc

POINTS D'INTÉRÊT

Pour le voyageur, Porto Rico est une destination idéale qui allie le charme du dépaysement antillais et le confort d'un monde connu : Porto Rico est un État librement associé aux États-Unis. Malgré cela, les Portoricains ont une culture qui leur est propre et la plupart des gens parlent l'espagnol et l'anglais. À San Juan, le vieux quartier date de plus de 450 ans : les forts de El Morro et San Cristobal, qu'entourent les hautes murailles de la ville, rappellent la conquête espagnole. L'architecture du vieux San Juan est particulièrement jolie avec les maisons de couleurs pastel et le fin travail d'ornementation des façades: la Plaza de San Jose et celle de Armas en sont de beaux exemples. L'église San José, que l'on croit être le plus vieux bâtiment religieux du Nouveau Monde, est à voir absolument. Le musée d'Art de Porto Rico et le musée Pablo Casals méritent aussi la visite. À quelques kilomètres de la capitale, El Yunque est un magnifique sanctuaire d'oiseaux. Phosphorescent Bay, comme son nom l'indique, est un bassin d'eau phosphorée d'une beauté étrange. La ville de Ponce attire pour son excellent musée d'Art et pour la cathédrale de Guadalupe, et la petite ville de San German est considérée comme l'un des plus charmants endroits de l'île. Les montagnes du centre de l'île culminent au Cerro de Punta à 1 348 mètres : voilà une montée très sportive!

ACHATS

Influencée par la gastronomie espagnole, la cuisine portoricaine est surtout composée de riz, de fèves et de poulet : *l'arroz con pollo* (un plat de riz et de poulet) et les *paellas* (riz et fruits de mer) apparaissent sur tous les menus. Le rhum portoricain est souvent servi avec des jus de fruits, dont le fameux *piña colada* fait avec du jus d'ananas et du lait de coco. Les cigares roulés à la main, les *santos*, de petites statuettes représentant des saints et des personnages bibliques, sont uniques à Porto Rico.

A. GARDON / RÉFLEXION

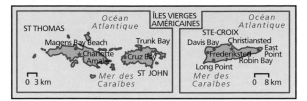

ÎLES VIERGES AMÉRICAINES

ST THOMAS — Océan Atlantique — ÎLES VIERGES AMÉRICAINES — Océan Atlantique — STE-CROIX

Magens Bay Beach — Trunk Bay — Davis Bay — Christiansted — East Point
Charlotte Amalie — Cruz Bay — Frederiksted — Robin Bay
Long Point
ST JOHN — Mer des Caraïbes — Mer des Caraïbes

0 3 km — 0 8 km

+4 +3 +2 +1 0

POINTS D'INTÉRÊT

Achetées au Danemark en 1917 pour la somme de 25 millions de dollars, les îles Vierges sont devenues d'importants centres de villégiature, spécialement grâce à la beauté de la baie Magens, sur la côte nord de l'île Saint Thomas, l'une des plus belles de toutes les Antilles. Les îles Saint John et Sainte-Croix ont gardé des traces de l'influence danoise, principalement dans le nom des villes et villages (Christiansted et Frederiksted). Charlotte Amalie est une ville unique, avec ses rues dallées, ses boutiques et sa baie où viennent amarrer de magnifiques bateaux. Les terrains de golf attirent de plus en plus d'amateurs. Saint John est la moins populeuse des îles, sauf en ce qui concerne les oiseaux, qui nichent dans le parc national, et la faune et la flore sous-marines de Trunk Bay. Il existe aussi quelques vestiges du temps des Indiens arawaks, à Petroglyph Falls notamment.

ACHATS

La gastronomie des îles Vierges fait appel aux délices de la mer : la spécialité est la soupe de poissons qui peut varier de composition selon l'arrivage de produits frais. Le rhum est bien entendu la boisson préférée, surtout celui des distilleries de Saint Thomas. L'artisanat s'inspire souvent des vieilles traditions arawaks. Les boutiques hors taxes sont très populaires auprès des touristes.

Région: Antilles
Superficie: 352 km²
Capitale: Charlotte Amalie
Aéroport: Charlotte Amalie 3 km
Population: 97 570 habitants
Langue: anglais, espagnol
Religion: baptiste, catholique
Régime politique: territoire américain
Voltage-cycles: 110 - 60
Vaccins obligatoires: -
" recommandés: -
Passeport: non requis
Visa: non requis
Monnaie: dollar américain
1$CA= 0,74 dollar
Conduite: à gauche
Permis int'l: recommandé
Indicatif: 011-809
☎ du Canada: 1-800-463-4812
☎ au Canada: ■1-800-496-0008
Hôtellerie: ★★★★
Restauration: ★★★★
Transport: ★★★
Coût de la vie: ○○○
Rang selon l'ONU: -
Meilleurs mois: fév, mars, avr
Jours fériés: 1 jan -12,20 fév - 31 mars - 16 avr - 29 mai - 4 juil - 4 sep - 9 oct - 25,26 déc

ÎLES VIERGES BRITANNIQUES

Océan Atlantique	ÎLES VIERGES BRITANNIQUES	Océan Atlantique

Cane Garden Bay — East End — ÎLE BEEF
Road Town
West End — TORTOLA
Mer des Caraïbes
0 5 km

Gun Creek
Spanish Town — VIRGIN GORDA
Mer des Caraïbes
0 5 km

+3 +2 +1 0 -1

Région: Antilles
Superficie: 150 km²
Capitale: Road Town
Aéroport: Road Town 14 km
Population: 12 870 habitants
Langue: anglais
Religion: protestante
Régime politique: territoire britannique
Voltage-cycles: 110 - 60
Vaccins obligatoires: –
" recommandés: Ty-Po
Passeport: requis
Visa: non requis
Monnaie: dollar américain
1$CA= 0,74 dollar
Conduite: à gauche
Permis int'l: recommandé
Indicatif: 011-809
✆ du Canada: 1-800-387-0852
✆ au Canada: ■1-800-744-2580
Hôtellerie: ★★★
Restauration: ★★★
Transport: ★★★
Coût de la vie: ○○○
Rang selon l'ONU: –
Meilleurs mois: fév, mars, avr
Jours fériés: 1 jan - 14,16,17 avr - 1 mai - 1 juil - 28 août - 25,26 déc

POINTS D'INTÉRÊT

Les plaisanciers considèrent les alentours des îles Vierges britanniques comme le meilleur endroit pour naviguer : des baies, des anses bordées de plages et de magnifiques lignes de frangipaniers ou de manguiers colorent les contours des îles. L'île de Tortola (plus particulièrement la baie de Road Town) est le haut lieu de rencontre des voiliers venus de partout dans le monde. La côte nord de l'île est plus connue pour ses magnifiques plages protégées par un massif de corail impressionnant. Sur la petite île de Virgin Gorda subsistent de nombreuses légendes de flibustiers et de pirates qui y auraient laissé des trésors merveilleux : c'est d'ailleurs là que R. L. Stevenson a situé l'action de son récit d'aventures *L'île au trésor*. C'est à Norman Island que l'on trouve les *baths*, des grottes fluorescentes qui alimentent depuis toujours les légendes les plus fantastiques.

ACHATS

Le rhum de Tortola sert à la préparation de nombreux cocktails délicieux et rafraîchissants. Il vaut mieux acheter des batiks, des sculptures de bois, des paniers tressés et des bijoux faits de corail noir que d'encourager le commerce des bijoux et autres objets faits de carapace de tortue.

J. HUARD

ANGUILLA

+4 +3 +2 +1 0

POINTS D'INTÉRÊT

Le mot *anguilla* veut dire anguille, et ce nom fut donné à l'île par les Espagnols, probablement à cause de sa forme allongée. Certains prétendent que les

Région: Antilles
Superficie: 91 km²
Capitale: The Valley
Aéroport: The Valley 3 km
Population: 7 060 habitants
Langue: anglais
Religion: anglicane, méthodiste
Régime politique: territoire britannique
Voltage-cycles: 110/220 - 60
Vaccins obligatoires: Fj*
" recommandés: –
Passeport: requis
Visa: non requis
Monnaie: dollar des Caraïbes orientales
1$CA= 1,99 dollar
Conduite: à gauche
Permis int'l: recommandé
Indicatif: 011-809
✆ **du Canada:** 1-800-463-5831
✆ **au Canada:** ■1-800-744-2580
Hôtellerie: ★★★★
Restauration: ★★★★
Transport: ★★★
Coût de la vie: ○○○
Rang selon l'ONU: –
Meilleurs mois: fév, mars, avr
Jours fériés: 1 jan - 14,16,17 avr - 1,30 mai - 28 août - 25,26 déc

plages de la baie Crocus sont les plus belles du monde, spécialement celles avoisinant Sandy Ground : les massifs de corail protègent les plages et la mer est toujours chaude et calme. Certains vestiges coloniaux méritent le détour, notamment le fort hollandais de Sandy Hill et la maison Wallblake, le superbe domaine d'une vieille plantation britannique.

ACHATS

Le homard est la spécialité d'Anguilla: on le sert simplement bouilli ou accompagné d'une sauce onctueuse à base de fruits de mer. La mer est bien sûr très présente dans l'artisanat : bijoux et parures sont faits de coquillages et la navigation est le thème préféré des artistes.

ANGUILLA

J. HUARD

SAINT-MARTIN

+4 +3 +2 +1 0

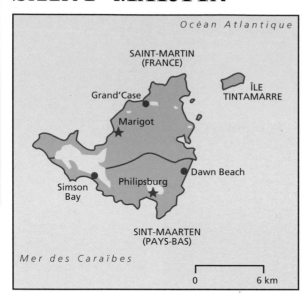

Océan Atlantique

SAINT-MARTIN
(FRANCE)

Grand'Case

ÎLE
TINTAMARRE

Marigot

Dawn Beach

Philipsburg

Simson
Bay

SINT-MAARTEN
(PAYS-BAS)

Mer des Caraïbes

0   6 km

Région: Antilles
Superficie: 34 km² (néer.), 53 km² (fr.)
Capitale: Philipsburg, Marigot
Aéroport: Juliana 15 km
Population: 32 000 (néer) 28 530 (fr.) habitants
Langue: néerlandais, français, anglais
Religion: catholique, protestante
Régime politique: division néerlandaise et française
Voltage-cycles: 110/220 - 60
Vaccins obligatoires: Fj*
" recommandés: Ty-Po
Passeport: requis
Visa: non requis
Monnaie: florin, franc français
1$CA= 1,32 florin, 3,52 francs
Conduite: à droite
Permis int'l: recommandé
Indicatif: 011-599, 595
☎ du Canada: –
☎ au Canada: 19◆00-16
Hôtellerie: ★★★★
Restauration: ★★★★
Transport: ★★★
Coût de la vie: ○○○
Rang selon l'ONU: –
Meilleurs mois: fév, mars, avr
Jours fériés: 1 jan - 14,16,17 avr - 1 mai - 14 juil - 11 nov - 25,26 déc

POINTS D'INTÉRÊT

L'île est partagée depuis 1648 entre la France, au nord, et les Pays-Bas, au sud. La frontière est plutôt symbolique même s'il y a deux langues, deux styles d'architecture, deux façons de vivre et deux cultures différentes. Pour passer d'un côté à l'autre, il n'y a qu'à changer le «Saint-Martin» pour un «Sint Maarten» et vice-versa. Du côté français, Marigot est un charmant bourg qui bénéficie de belles plages et de quelques vestiges historiques. L'île de Saint-Barthélemy est aussi un territoire fran-

çais idéal pour les escapades hors des sentiers battus. Sint Maarten est découpé par le mont Flagstaff, un volcan éteint qui protège les plages de la côte est. Philipsburg se compose essentiellement de deux rues au style colonial néerlandais : le fort Amsterdam et le monument de la reine Wilhelmina sont de beaux exemples d'architecture coloniale. Le lagon de Simson Bay est un site naturel incomparable qui accueille de nombreux oiseaux. Les amateurs de plongée sous-marine seront émerveillés par les fonds marins de

la côte sud de l'île.

ACHATS

D'un côté comme de l'autre, la gastronomie prend son inspiration dans les trésors de la mer et le menu offre une place de choix au homard. Les spécialités locales sont le tressage de feuilles de palmier, la sculpture et les bijoux faits de coquillages.

ANTIGUA-ET-BARBUDA

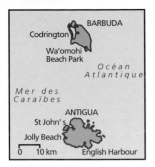

BARBUDA
Codrington
Wa'omohi
Beach Park
*Océan
Atlantique*
*Mer des
Caraïbes*
ANTIGUA
St John's
Jolly Beach
0   10 km   English Harbour

POINTS D'INTÉRÊT

L'État d'Antigua-et-Barbuda comprend en fait trois îles : Antigua, Barbuda et Redonda. Cette derniè-re n'est habitée que par des chèvres et des milliers d'oiseaux que l'on peut observer à satiété. Antigua est appréciée des amateurs de plongée sous-marine à cause des nombreuses baies et anses profondes qui attirent des poissons magnifiques. À Barbuda, des cerfs et de nombreux oiseaux exotiques habitent l'île. Ici aussi, les plages sont censées être les plus belles du monde. À Saint John's, la capitale d'Antigua, les vestiges de l'époque coloniale comme la cathédrale Saint John's et Fort James ajoutent une valeur historique à l'île.

+4   +3   +2   +1   0

Région: Antilles
Superficie: 440 km²
Capitale: Saint John's
Aéroport: Saint John's 10 km
Population: 64 770 habitants
Langue: anglais
Religion: anglicane, catholique
Régime politique: parlementaire
Voltage-cycles: 110/220 - 60
Vaccins obligatoires: Fj*
" recommandés: -
Passeport: non requis
Visa: non requis
Monnaie: dollar des Caraïbes orientales
1$CA= 1,99 dollar
Conduite: à gauche
Permis int'l: recommandé
Indicatif: 011-809
✆ du Canada: –
✆ au Canada: ■1-800-744-2580
Hôtellerie: ★★★★
Restauration: ★★★★
Transport: ★★★
Coût de la vie: ○○○
Rang selon l'ONU: 55
Meilleurs mois: fév, mars, avr
Jours fériés: 1,2 jan - 14,16,17 avr - 1 mai - 4,5 juin - 3,31 juil - 1 août - 1 nov - 25,26 déc

Greencastle Hill possède même des mégalithes qui feraient reculer le début de l'histoire de l'île de plusieurs siècles. C'est durant la dernière semaine de juillet qu'a lieu le carnaval d'Antigua : un événement haut en couleur!

ACHATS

Le rhum blanc d'Antigua est excellent. La gastronomie prend son inspiration dans les trésors de la mer avec des poissons frais, des fruits de mer et des algues. Les tissus teints, les batiks colorés et les bijoux de coquillages sont typiques de l'île d'Antigua. Il n'est pas recommandé d'encourager le commerce de plumes d'oiseaux et d'oiseaux empaillés.

T. BOGNAR / RÉFLEXION

SAINT-KITTS-ET-NEVIS

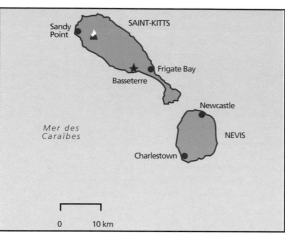

Sandy Point

SAINT-KITTS

Frigate Bay

Basseterre

Mer des Caraïbes

Newcastle

NEVIS

Charlestown

0   10 km

+4 +3 +2 +1 0

Région: Antilles
Superficie: 269 km²
Capitale: Basseterre
Aéroport: Golden Rock 4 km
Population: 40 680 habitants
Langue: anglais, créole
Religion: anglicane
Régime politique: parlementaire
Voltage-cycles: 230 - 60
Vaccins obligatoires: Fj*
" recommandés: Ty-Po
Passeport: non requis
Visa: non requis
Monnaie: dollar des Caraïbes orientales
1$CA= 1,99 dollar
Conduite: à gauche
Permis int'l: recommandé
Indicatif: 011-809
☎ du Canada: –
☎ au Canada: ■1-800-744-2580
Hôtellerie: ★★★★
Restauration: ★★★★
Transport: ★★★
Coût de la vie: ○○
Rang selon l'ONU: 70
Meilleurs mois: fév, mars, avr
Jours fériés: 1,2 jan - 14,16,17 avr - 1 mai - 4,5 juin - 7 août - 19 sep - 25, 26 déc

POINTS D'INTÉRÊT

Les Kitticiens et les Néviciens habitent des îles paradisiaques : Saint-Kitts s'étend autour de trois principales montagnes volcaniques où ravins et cratères ponctuent des forêts luxuriantes. Le mont Liamuiga atteint plus de 1 200 mètres et ses pentes sont couvertes de plantations de canne à sucre et de vergers de fruits exotiques où poussent manguiers et papayers. Les rives de l'île sont des lits de sable volcanique protégés par une ceinture de palmiers et d'arbres à pain. Nevis tire son nom de *Nuestra Señora de las Nieves* (Notre-Dame-des-Neiges), baptisée ainsi par Colomb qui croyait voir des neiges éternelles au sommet du mont Nevis (1 090 mètres) : en fait, la montagne se perd dans les nuages. Les plages sont bordées de cocotiers et de palmiers et un massif de corail protège la côte nord de l'île. Les pêcheurs et les amateurs de plongée sous-marine apprécient les eaux calmes qui séparent les deux îles. Basseterre est encore empreinte de l'influence anglaise et nombreux sont les vestiges historiques valant la peine d'être visités. Frigate Bay est plus touristique avec ses plages ensoleillées et ses ports de plaisance. Les terrains de golf de Frigate Bay sont réputés ainsi que le casino. On ne regrettera pas de s'être rendu à Brimstone Hill, un impressionnant fort construit en 1690. Sur l'île de Nevis, Charlestown est une ville magnifique avec ses bougainvillées et ses maisons pastel. Plusieurs anciens domaines de plantations sont devenus de charmants hôtels.

ACHATS

La cuisine de Saint-Kitts-et-Nevis accomode les fruits de mer, le porc et le mouton à une sauce épicée. Les fruits frais font d'excellents desserts et des jus très rafraîchissants. Les batiks de Saint-Kitts sont réputés à travers le monde. Les philatélistes apprécient les timbres-poste de ces îles exotiques. Le carnaval de Nevis (juste après Noël) est l'occasion de danser sur des rythmes de calypso et de découvrir les traditions folkloriques des îles.

J. HUARD

MONTSERRAT

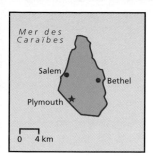

Mer des
Caraïbes

Salem

Bethel

Plymouth

0   4 km

La plantation Galways, cultivée par la famille irlandaise du même nom dans les années 1660, est devenue un important centre historique où l'on raconte les racines irlandaises des habitants de l'île. À Plymouth, l'église Saint Anthony et le fort Saint George témoignent de l'époque coloniale. Le musée de Montserrat rappelle l'histoire du pays.

Région:	Antilles
Superficie:	100 km²
Capitale:	Plymouth
Aéroport:	Plymouth 17 km
Population:	12 710 habitants
Langue:	anglais
Religion:	anglicane
Régime politique:	territoire britannique
Voltage-cycles:	220 - 60
Vaccins obligatoires:	Fj*
" recommandés:	Ty-Po
Passeport:	non requis
Visa:	non requis
Monnaie:	dollar des Caraïbes orientales
1$CA=	1,99 dollar
Conduite:	à gauche
Permis int'l:	recommandé
Indicatif:	011-809
✆ du Canada:	–
✆ au Canada:	■1-800-744-2580
Hôtellerie:	★★★
Restauration:	★★★
Transport:	★★★
Coût de la vie:	○○
Rang selon l'ONU:	-
Meilleurs mois:	fév, mars, avr
Jours fériés:	1 jan - 14,16,17 avr - 1,29 mai - 28 août - 23 nov - 25,26 déc

MONTSERRAT

POINTS D'INTÉRÊT

Montserrat est une île volcanique bordée de belles plages de sable noir. Les montagnes sculptent le paysage en trois pics principaux, dont le Chances Peak, le plus haut sommet de l'île avec ses 915 mètres. Le cratère de la Galways Soufrière apparaît au centre d'une région de sources sulfureuses d'une impressionnante beauté. Le point culminant des randonnées dans cette région se trouve sans doute aux chutes de Great Alps. Quant au sanctuaire d'oiseaux Fox's Bay, c'est un paradis pour l'observation d'espèces d'oiseaux exotiques.

ACHATS

Il est étrange de voir que la Saint Patrick (17 mars) est fêtée sous ces cieux antillais : les ancêtres des habitants de l'île étaient pour la plupart des Irlandais et leur influence est encore très vive. La cuisine de Montserrat est donc empreinte des goûts irlandais notamment dans le *goat water*, un ragoût de chèvre qui rappelle le mouton irlandais. Ne vous laissez par tromper par le *mountain chicken*: il s'agit en fait d'un plat de cuisses de grenouilles! La céramique, les batiks et les bijoux faits

de coquillages occupent la première place de l'artisanat local.

J. HUARD

GUADELOUPE

+4   +3   +2   +1   0

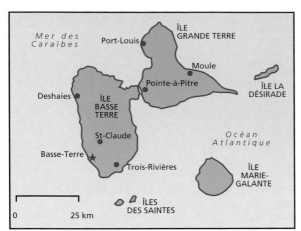

Mer des
Caraïbes

Port-Louis

ÎLE
GRANDE TERRE

Moule

Pointe-à-Pitre

ÎLE LA
DÉSIRADE

Deshaies

ÎLE
BASSE
TERRE

St-Claude

Océan
Atlantique

ÎLE
MARIE-
GALANTE

Basse-Terre

Trois-Rivières

ÎLES
DES SAINTES

0   25 km

GUADELOUPE

Région: Antilles
Superficie: 1 780 km²
Capitale: Basse-Terre
Aéroport: Pointe-à-Pitre 3 km
Population: 428 950 habitants
Langue: français, créole
Religion: catholique
Régime politique: département français
Voltage-cycles: 220 - 50
Vaccins obligatoires: Fj*
" recommandés: Ty-Po
Passeport: requis
Visa: non requis
Monnaie: franc français
1$CA= 3,52 francs
Conduite: à droite
Permis int'l: recommandé
Indicatif: 011-590
✆ **du Canada:** –
✆ **au Canada:** 19◆00-16
Hôtellerie: ★★★★
Restauration: ★★★★
Transport: ★★
Coût de la vie: ○○○
Rang selon l'ONU: -
Meilleurs mois: fév, mars, avr
Jours fériés: 1 jan - 16,17 avr - 1,8,25 mai -
4,5 juin - 14 juil - 15 août - 1,11 nov -
25 déc

POINTS D'INTÉRÊT

La Guadeloupe portait le nom de
Karukera avant que Colomb la découvre et que les Français la coloni-
sent. Les Caribes ont été remplacés
par des esclaves africains et, depuis,
les îles de la Guadeloupe appartiennent à la France. Le statut de département d'outre-mer confère à la
Guadeloupe des liens privilégiés
avec la mère patrie. Les influences
françaises donnent à ces merveilleuses îles un cachet unique aux
Antilles (Saint-Martin et la Martinique sont d'autres départements
français des Antilles). La Guadeloupe a de particulier sa géographie
tout empreinte du caractère volcanique des îles : la Soufrière est le
sommet le plus élevé de l'île de Basse Terre, à 1467 mètres. C'est de
Saint-Claude que partent les expéditions vers la forêt tropicale qui entoure la base du volcan. La ville de
Basse-Terre, au pied de la Soufrière,
est une charmante ville coloniale
avec un joli fort, une cathédrale et
un marché très animé. Pointe-à-Pitre, sur Grande Terre, est la ville la
plus dynamique de la Guadeloupe
avec sa place de la Victoire entourée
du port et du marché. Le musée
Remy Naisouta retrace l'histoire des

luttes entre Caribes, Espagnols,
Français et Anglais. Les îles des
Saintes, Marie-Galante et La Désirade sont bien connues des amateurs
de voile qui sillonnent les eaux cristallines des Antilles. L'ancienne
plantation de canne à sucre de Marie-Galante est un vestige historique
très intéressant.

ACHATS

La cuisine créole joue savamment
avec les poissons et les fruits de
mer : les *accras*, de petits pâtés de
poissons frits, sont la spécialité de
la Guadeloupe. Les
plats sont souvent
assaisonnés de *co-
lombo*, un curry
savoureux. Le
rhum guadelou-
péen se sert aro-
matisé de jus de
lime : un délice!

Les tissus colorés (*madras*), les
épices, les poupées *dou-dou* (des
poupées de rites païens), les amulettes et racines de tous genres se
retrouvent dans les marchés,
d'ailleurs très colorés.

A. GARDON / RÉFLEXION

DOMINIQUE

Océan
Atlantique
Indian River
Marigot
Mer des
Caraïbes
Sulphur
Springs
Roseau   Rosalie

Stowe

0   10 km

POINTS D'INTÉRÊT

La Dominique est l'île la plus montagneuse des Antilles, ce qui en fait une destination prisée des amateurs de randonnée pédestre et de trekking. Boiling Lake est, comme son nom l'indique, un lac en constante ébullition à cause de la chaleur sortant du cratère du volcan : l'ascension du volcan vaut, à elle seule, le voyage dans cette île. Le parc national de Morne Trois Pitons protège plus de 17 000 acres de forêts, de jungles, de chutes et de cratères volcaniques dont certains sont encore actifs. C'est dans la réserve naturelle de Morne Diablotin (le plus haut sommet de l'île avec ses 1 447 mètres) que l'on peut observer les fameux perroquets sisserou et jacquot, tout deux en voie d'extinction. Le territoire caribe, au nord de l'île, appartient aux descendants des Indiens caribes qui s'étaient établis sur l'île avant la venue des Espagnols. Les chutes de Trafalgar, la vallée de la Désolation (qui doit son nom aux nombreuses sources sulfureuses et aux piscines naturelles d'eau bouillante) et la Indian River, bordée d'une végétation particulièrement dense, sont les autres attractions de cette île magnifique.

ACHATS

Les mets créoles sont habituellement épicés mais à la Dominique ils sont délicatement parfumés avec du jus de lime ou du lait de coco. Les fruits les plus exotiques poussent sur ces terres riches, notamment la banane plantain que l'on déguste à peine chauffée sur un feu de bois : un régal! Les feuilles de bananiers servent d'ailleurs à la fabrication de nombreux objets

Région: Antilles
Superficie: 750 km²
Capitale: Roseau
Aéroport: Melville Hall 50 km
Population: 87 700 habitants
Langue: anglais, créole
Religion: catholique
Régime politique: parlementaire
Voltage-cycles: 220/240 - 50
Vaccins obligatoires: Fj*
" recommandés: Ty-Po
Passeport: requis
Visa: non requis
Monnaie: dollar des Caraïbes orientales
1$CA= 1,99 dollar
Conduite: à gauche
Permis int'l: recommandé
Indicatif: 011-809
✆ **du Canada:** 1-800-463-3958
✆ **au Canada:** ■1-800-744-2580
Hôtellerie: ★★★
Restauration: ★★★
Transport: ★★
Coût de la vie: ○○
Rang selon l'ONU: 64
Meilleurs mois: fév, mars, avr
Jours fériés: 1,2 jan - 27,28 fév - 14,16,17 avr - 1 mai - 4,5,18 juin - 7 août - 3 nov - 25,26 déc

usuels comme les tapis, les sacs et les chapeaux.

J. HUARD

DOMINIQUE

MARTINIQUE

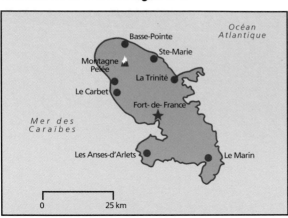

A. GARDON / RÉFLEXION

Région: Antilles
Superficie: 1 100 km²
Capitale: Fort-de-France
Aéroport: Fort-de-France 15 km
Population: 392 370 habitants
Langue: français, créole
Religion: catholique
Régime politique: département français
Voltage-cycles: 220 - 50
Vaccins obligatoires: Fj*
" recommandés: Ty-Po
Passeport: requis
Visa: non requis
Monnaie: franc français
1$CA= 3,52 francs
Conduite: à droite
Permis int'l: recommandé
Indicatif: 011-596
✆ du Canada: –
✆ au Canada: 19◆00-16
Hôtellerie: ★★★★
Restauration: ★★★★
Transport: ★★★
Coût de la vie: ○○○
Rang selon l'ONU: –
Meilleurs mois: fév, mars, avr
Jours fériés: 1 jan - 16,17 avr - 1,8,25 mai -
4 juin - 14 juil - 15 août - 1,11 nov -
25 déc

Pointe, le superbe domaine de la
vieille plantation, érigé en 1700,
trône au milieu des champs de bananes et d'ananas. C'est au Macou-
ba que se trouve l'une des plus
vieilles distilleries de rhum de la
Martinique.

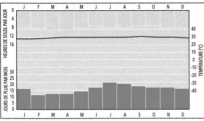

POINTS D'INTÉRÊT

La Martinique est un département
français des Petites Antilles. Fort-de-
France est un lieu touristique de
premier ordre avec sa superbe baie,
le jardin de La Savane, la cathédrale Saint-Louis et le marché aux
poissons. Les gor-
ges de la falaise à
Ajoupa-Bouillon, le
rocher du Diamant
à Le Diamant, le
tombeau des Cari-
bes et les sources
chaudes à Le Prê-
cheur ainsi que la
savane des Pétrifications, à Sainte-
Anne, sont des sites naturels qui attirent les amateurs de formations
géologiques étranges et les ethnologues en herbe. La montagne Pelée
atteint 1 397 mètres et sculpte le
paysage du nord de l'île. À Basse-

ACHATS

Les *accras*, des beignets frits de
morue, le *féroce*, une préparation à
base d'avocat et de morue et le crabe
farci sont des spécialités de la Martinique. Le rhum vieilli est particulièrement savoureux. À Ducos, le centre
d'artisanat offre des bijoux de corail,
des objets de bambou, des poupées
créoles et des *madras* (tissus colorés). Les fameux colliers chou ou
chaînes forçat sont des bijoux lourds
d'histoire. Les figurines, les amulettes et les objets du rite vaudou sont
des curiosités typiques du mélange
des cultures de la Martinique.

ROYAL
le transporteur
«tout inclus»

Découvrez le plaisir de voyager à bord de ROYAL, le transporteur «tout inclus». Avec ROYAL, le prix de votre billet comprend tous les services sans supplément... vin mousseux, menu savoureux rehaussé de grands vins français et de digestifs, casque d'écoute sur nos *Lockheed 1011*, bagages excédentaires incluant les équipements de sport (acceptés selon l'espace disponible) et service attentionné. Faites appel à votre agence de voyages.

SAINTE-LUCIE

SAINTE-LUCIE

POINTS D'INTÉRÊT

L'île de Sainte-Lucie est caractérisée par le profil de Gros Piton et de Petit Piton, deux volcans éteints qui se tiennent majestueusement côte à côte. La végétation particulièrement abondante recouvre maintenant les deux montagnes. Soufrière est protégée par ces deux Pitons : la ville est un mélange typique d'architecture coloniale antillaise et de luxuriance tropicale. Non loin de la ville, les chutes Diamond et Sulphur Springs témoignent de l'activité géologique de l'île. La forêt tropicale protège de nombreux animaux dont certaines espèces de perroquets aujourd'hui en voie d'extinction. Castries est un port bien abrité par une superbe baie. Morne Fortune, Gros Islet, Pigeon Point et Anse La Raye sont tous des sites qui méritent le détour pour la beauté du paysage et l'accueil des habitants. Certains vestiges historiques rappellent les tensions qui existèrent entre Anglais et Français, au XVIIIe siècle.

ACHATS

La cuisine des Saint-Luciens privilégie les fruits de mer, le homard, les langoustes et les coquillages tout particulièrement. Le rhum distillé sur place est excellent de même que les jus de fruits. Les batiks et les objets tressés comme les tapis, les paniers et les chapeaux sont vendus dans tous les marchés. À Castries, le jour de marché est l'occasion de trouver une multitude d'objets d'artisanat. Pointe Séraphine est une zone hors taxes.

Région: Antilles
Superficie: 620 km²
Capitale: Castries
Aéroport: Castries 3 km
Population: 145 100 habitants
Langue: anglais, créole
Religion: catholique
Régime politique: parlementaire
Voltage-cycles: 220 - 50
Vaccins obligatoires: Fj*
" recommandés: Ty-Po
Passeport: non requis
Visa: non requis
Monnaie: dollar des Caraïbes orientales
1$CA= 1,99 dollar
Conduite: à gauche
Permis int'l: recommandé
Indicatif: 011-809
℡ du Canada: –
℡ au Canada: ■1-800-744-2580
Hôtellerie: ★★★★
Restauration: ★★★★
Transport: ★★★
Coût de la vie: ◯◯
Rang selon l'ONU: 77
Meilleurs mois: fév, mars, avr
Jours fériés: 1-3 jan - 22 fév - 14,16,17 avr - 1 mai - 4,5,15 juin - 7 août - 2 oct - 13,25,26 déc

SAINT-VINCENT- ET- LES-GRENADINES

Région: Antilles
Superficie: 340 km²
Capitale: Kingstown
Aéroport: Kingstown 3 km
Population: 115 440 habitants
Langue: anglais
Religion: anglicane
Régime politique: parlementaire
Voltage-cycles: 220 - 50
Vaccins obligatoires: Fj*
" recommandés: Ty-Po
Passeport: non requis
Visa: non requis
Monnaie: dollar des Caraïbes orientales
1$CA= 1,99 dollar
Conduite: à droite
Permis int'l: recommandé
Indicatif: 011-809
℡ du Canada: –
℡ au Canada: ■1-800-744-2580
Hôtellerie: ★★★★
Restauration: ★★★★
Transport: ★★★
Coût de la vie: ○○
Rang selon l'ONU: 69
Meilleurs mois: fév, mars, avr
Jours fériés: 1,2,23 jan - 14,16,17 avr -
  1 mai - 4,5,15 juin - 7 août - 2, 27 oct -
  13,25,26 déc

POINTS D'INTÉRÊT

Saint-Vincent est une île volcanique et ses plages sont de sable noir tandis que les Grenadines sont connues pour leur sable blanc. Les unes comme les autres attirent les voyageurs qui cherchent un paysage paradisiaque sous un ciel particulièrement clément. À Saint-Vincent, le sommet de la Soufrière s'élève à plus de 1 220 mètres et les chutes, les gouffres et les vallées découpent le paysage couvert d'une végétation dense et généreuse. Kingstown est une petite ville animée les jours de marchés. Il ne faut pas oublier de visiter la cathédrale Sainte-Marie et le fort Charlotte, de même que le Jardin botanique. Une série de merveilles naturelles constitue le reste de l'île, comme les chutes de La Baleine, au nord, et le cratère de la Soufrière, une expédition qui est récompensée par le point de vue magnifique sur les Grenadines qui s'étendent au

loin. Celles-ci sont surtout connues des amateurs de voile qui sillonnent les eaux cristallines de Bequia à Mustique et Canouan. La faune et la flore sous-marines sont bien sûr d'une exceptionnelle beauté. La pêche est interdite à certains endroits : informez-vous avant d'entreprendre un voyage de pêche.

ACHATS

Les batiks, les poupées faites de feuilles de palmier et les bijoux faits de coquillages sont typiques de la région. Les harpons de pêche, comme les fabriquaient les Indiens arawaks se vendent un peu partout. La navigation étant le sport national, il ne faut pas manquer les régates qui se tiennent tout au long de l'année, surtout celles de Canouan au mois d'août. Le carnaval, à la fin juin, est un autre événement plein d'intérêt.

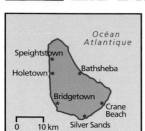
LA BARBADE

Océan Atlantique

Speightstown
Bathsheba
Holetown
Bridgetown
Crane Beach
Silver Sands

0   10 km

POINTS D'INTÉRÊT

Vers 1537, les Portugais se dirigeant vers le Brésil débarquèrent sur une petite île: Los Barbados est le nom qu'ils lui donnèrent, à cause des racines aériennes des figuiers ressemblant à des poils de barbe. Aujourd'hui, la côte s'étend en longues plages dorées, et plus particulièrement l'ouest de l'île, baigné par la mer des Caraïbes. Bridgetown constitue un point de départ intéressant pour la visite, avec le port de Careenage où des bateaux aux couleurs vives viennent accoster, Trafalgar Square et le musée de la Barbade qui raconte l'histoire jusqu'à l'époque des Indiens arawaks. Pour les amateurs de plongée, la côte nord et la côte est invitent aux expéditions et à la découverte des grottes sous-marines : Animal Flower Cave, près de Saint Lucy, est à voir absolument. Dans les vallées de l'intérieur des terres, on trouve le Welchman Hall Gully, un profond ravin où poussent des citronniers et des arbres à épices plantés là il y a plus de 150 ans. Les domaines des plantations de canne à sucre, comme la Villa Nova à Saint John et Saint Nicholas Abbey à Saint Peter, sont des témoins d'une autre époque.

ACHATS

Les Bajans fabriquent un rhum délicieux : le Crop Over Festival, qui a lieu de la mi-juillet au début d'août, célèbre la cueillette de la canne à sucre et le divin liquide qu'on en tire. Les rythmes de calypso se font entendre durant les chaudes soirées de festival. Le poisson-volant est un mets typiquement bajan, de même que le *cou-cou* (farine de maïs et gombos) et le *pepper-pot*, un ragoût épicé. Le *mauby*, un alcool d'écorces et d'épices, est aussi une boisson unique à la Barbade. Les boutiques d'artisanat proposent des éventails *khus-khus* (en paille), des paniers tressés, des bijoux faits de coquillages et de corail et des articles taillés dans des noix de coco.

Région: Antilles
Superficie: 430 km²
Capitale: Bridgetown
Aéroport: Bridgetown 18 km
Population: 255 830 habitants
Langue: anglais
Religion: protestante
Régime politique: parlementaire
Voltage-cycles: 110/220 - 50
Vaccins obligatoires: Fj*
" recommandés: –
Passeport: non requis
Visa: non requis
Monnaie: dollar de la Barbade
1$CA= 1,48 dollar
Conduite: à gauche
Permis int'l: requis
Indicatif: 011-809
✆ du Canada: –
✆ au Canada: ■1-800-744-2580
Hôtellerie: ★★★★
Restauration: ★★★★
Transport: ★★★★
Coût de la vie: ○○○
Rang selon l'ONU: 20
Meilleurs mois: fév, mars, avr
Jours fériés: 1,2,21 jan - 14,16,17 avr - 1 mai - 4,5 juin - 7 août - 2 oct - 30 nov - 25,26 déc

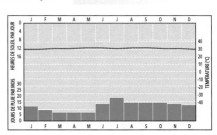

GRENADE

POINTS D'INTÉRÊT

L'île de Grenade est une grande productrice de bananes, de cacao, de muscade et de canne à sucre. Ces cultures occupent une grande partie du territoire qui se compose surtout de montagnes et d'anciens volcans. Les côtes de l'île sont découpées en gorges et en baies qui protègent de superbes plages, spécialement celles de Levera Bay et Grande Anse. Saint George's est un charmant petit port protégé par un fort construit sous le Régime français, en 1705. Le port lui-même revêt un intérêt historique important puisque c'est de là que partaient les cargaisons d'épices. Encore aujourd'hui, les vieux entrepôts embaument du parfum de la muscade fraîche. Les chutes Annandale et Morne des Sauteurs sont d'autres sites qu'il faut voir.

ACHATS

Le rhum de Grenade est excellent et on le sert souvent avec des jus de fruits exotiques ou parsemé de muscade. Le *calaloo* est une soupe de poissons typique de l'île. Les tissus de coton colorés, les bijoux faits de coquillages et, bien sûr, les épices fraîches sont vendus dans tous les marchés.

Région: Antilles
Superficie: 340 km²
Capitale: Saint George's
Aéroport: Pearl 25 km
Population: 94 110 habitants
Langue: anglais
Religion: catholique, anglicane
Régime politique: parlementaire
Voltage-cycles: 220 - 50
Vaccins obligatoires: Fj*
" recommandés: Ty-Po
Passeport: non requis
Visa: non requis
Monnaie: dollar des Caraïbes orientales
1$CA= 1,99 dollar
Conduite: à gauche
Permis int'l: recommandé
Indicatif: 011-809
☏ du Canada: -
☏ au Canada: ■1-800-744-2580
Hôtellerie: ★★★★
Restauration: ★★★
Transport: ★★★
Coût de la vie: ○○○
Rang selon l'ONU: 78
Meilleurs mois: fév, mars, avr
Jours fériés: 1 jan - 7 fév - 14,16 avr - 1,22 mai - 2 juin - 1,8 août - 25 nov - 25,26 déc

GRENADE

J. HUARD

ANTILLES NÉERLANDAISES

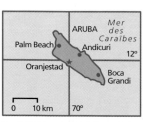

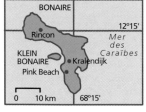

+4	+3	+2	+1	0

Région: Antilles
Superficie: 960 km²
Capitale: Willemstad
Aéroport: Willemstad 12 km
Population: 185 800 habitants
Langue: néerlandais, papiamento, anglais
Religion: catholique, protestante
Régime politique: démocratie liée aux Pays-Bas
Voltage-cycles: 110 - 50
Vaccins obligatoires: Fj*
" recommandés: Ty-Po
Passeport: requis
Visa: non requis
Monnaie: florin
1$CA= 1,32 florin
Conduite: à droite
Permis int'l: recommandé
Indicatif: 011-297, 298
☏ du Canada: 1-800-463-3127
☏ au Canada: –
Hôtellerie: ★★★★
Restauration: ★★★★
Transport: ★★★★
Coût de la vie: ○○○
Rang selon l'ONU: -
Meilleurs mois: jan, fév, mars, avr
Jours fériés: 1,2 jan - 14,16,17,30 avr -
   5,25 mai - 4,5 juin - 25,26 déc

par plusieurs milliers de kilomètres. À Aruba, les moulins à vent typiquement hollandais et les maisons de couleur pastel participent au charme de la ville d'Oranjestad. Palm Beach est bien connue pour ses plages magnifiques et aussi pour les *divi-divis* (ou *watapanas*), des arbres qui poussent presque horizontalement à cause du vent. Les Indiens arawaks qui habitaient autrefois l'île ont laissé des peintures rupestres dans les grottes de Fontein et d'Arikok. La flore sous-marine de Bonaire attire les plongeurs qui viennent y admirer les couleurs changeantes des algues, passant du fuchsia au rose tendre. Le parc national Slagbaai protège la faune et la flore de l'île. Curaçao mélange à merveille les attractions citadines et les beautés de la nature : Willemstad est une réplique presque parfaite d'une ville néerlandaise avec ses maisons colorées et ses jardins de tulipes (et d'orchidées!). En outre, les plages de Curaçao sont superbes.

POINTS D'INTÉRÊT

Aruba, Bonaire et Curaçao (ou plus familièrement ABC) sont les trois îles qui composent les Antilles néerlandaises. Les influences espagnoles et hollandaises subsistent encore aujourd'hui, même si ces îles néerlandaises sont séparées de la mère patrie

ACHATS

Les *ayacas*, des rouleaux de viande cuits dans une feuille de palmier, et le *sopito*, un ragoût de poissons, sont des spécialités d'Aruba. La liqueur de Curaçao, un alcool à base d'écorces d'oranges et d'épices, se boit à toute heure du jour. L'artisanat utilise surtout les produits de la mer comme les coquillages et les coraux.

TRINITÉ-ET-TOBAGO

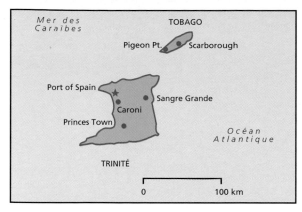

+4 +3 +2 +1 0

Région: Antilles
Superficie: 5 130 km²
Capitale: Port of Spain
Aéroport: Port of Spain
Population: 1 328 290 habitants
Langue: anglais, hindi, français
Religion: catholique, hindoue
Régime politique: parlementaire
Voltage-cycles: 110/230 - 60
Vaccins obligatoires: Fj*
" recommandés: Ty-Po
Passeport: requis
Visa: non requis
Monnaie: dollar de Trinité-et-Tobago
1$CA= 4,38 dollars
Conduite: à gauche
Permis int'l: requis
Indicatif: 011-809
℮ du Canada: –
℮ au Canada: –
Hôtellerie: ★★★★
Restauration: ★★★★
Transport: ★★★
Coût de la vie: ○○○
Rang selon l'ONU: 35
Meilleurs mois: fév, mars, avr
Jours fériés: 1,2 jan - 4 mars - 14,16,17 avr - 4,5 mai - 15,19 juin - 1,31 août -25 sep - 25,26 déc

POINTS D'INTÉRÊT

Le carnaval de Trinité-et-Tobago est sans doute l'attrait premier de ces deux îles antillaises. C'est en février que se produit l'événement et cette manifestation vaut à elle seule le voyage dans ces îles situées si près du continent sud-américain. Les Steel Bands et les Calypso Bands entraînent les danseurs à un rythme effréné, caractéristique de ce carnaval. Plus calmes, les ornithologues affluent chaque année vers les lagunes de Caroni pour y observer des milliers d'oiseaux, en particulier l'ibis et le pélican. De nombreux papillons viennent aussi butiner des fleurs merveilleuses comme les orchidées (il y a plus de 700 différentes espèces de cette fleur!). On peut découvrir à Tobago 19 espèces différentes d'oiseaux-mouches. Les amateurs d'histoire ne sont pas en reste avec les sites historiques de Port of Spain : une cathédrale gothique, un château allemand, un parlement de style mauresque et des maisons victoriennes! Le musée de la ville retrace les différentes périodes d'occupation qu'ont subies ces îles. Tobago, beaucoup plus petite que sa voisine, est une île au charme colonial, particulièrement à Scarborough avec son fort de 1779 et ses petites rues enlacées. Les plages sont idéales pour la plongée.

ACHATS

La gastronomie des îles mélange savamment la cuisine créole et la cuisine antillaise : les fruits de mer composent une soupe souvent très épicée et les viandes sont accompagnées de fruits exotiques. Les pastelles (des rouleaux de viande cuits dans des feuilles de bananiers) et le *tum-tum*, une purée de banane plantain, sont des spécialités très savoureuses. Les costumes du carnaval ainsi que les instruments de musique de calypso et les tambours des Steel Bands sont des achats incontournables. Attention au laisser-aller qui prévaut lors du carnaval : les voleurs à la tire ne chôment pas.

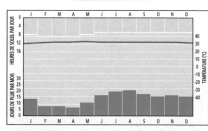

J. HUARD

AMÉRIQUE LATINE

L'Amérique latine est un puzzle de cultures qui ont comme dénominateur commun une racine espagnole ou portugaise. Les Latino-Américains, qu'ils soient du Guatemala ou de Bolivie, ont ce sourire large et chaleureux qu'ils ont hérité de leurs ancêtres indiens. Le voyageur pourra trouver des paysages fabuleux et des villes séduisantes, des gens affables et des traditions surprenantes.

J. HUARD

MEXIQUE

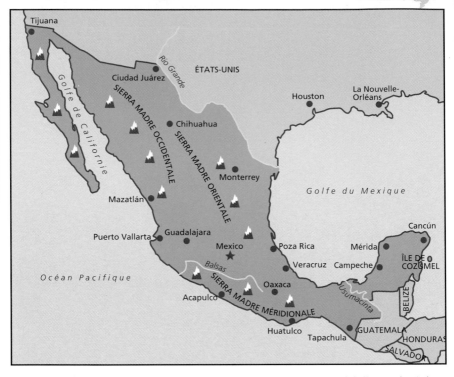

POINTS D'INTÉRÊT

Un soleil torride plombant sur des cactus en fleurs au milieu d'un désert aride est l'une des images que l'on peut avoir du Mexique. Une autre serait celle des plages encombrées où des milliers de corps huilés rôtissent au soleil. D'autres encore y voient des villes poussiéreuses et surpeuplées. Le Mexique a heureusement beaucoup plus à offrir : des sites archéologiques sans pareil, des montagnes verdoyantes ou enneigées, des vallées luxuriantes, de superbes plages oubliées et des villes accueillantes. Les centres de villégiature les plus connus du Mexique sont sans doute Puerto Vallarta, Acapulco, Cancún, Manzanillo, Veracruz et Cozumel. On se rend dans ces paradis de plages ensoleillées pour profiter de la mer (soit l'océan Pacifique, soit le golfe du Mexique) et pour savourer la douceur du cli-

mat. Les amateurs de plongée sous-marine et les sportifs qui pratiquent la planche à voile ou le surf aiment ces centres touristiques bien équipés. Toutefois, les richesses du pays débordent au-delà des lieux de villégiature. C'est au Yucatán que l'on trouve le très beau site archéologique de Chichén Itza, l'ancienne capitale maya-toltèque, avec la pyramide de Kukulcan, la place des Mille Colonnes, le temple des Tigres

et le jeu de balle. Uxmal, Mérida et Campeche possèdent aussi de nombreux vestiges d'une rare beauté, entre autres la grande pyramide d'Uxmal. Les cités préhispaniques de Teotihuacán et de Palenque valent aussi le détour. El Tajín, dans l'État de Veracruz, est célèbre pour sa majestueuse pyramide à sept étages percée de plus de 350 niches. C'est à Xochicalco, près de Cuernavaca que se trouvent les fabuleuses

T. BOGNAR / RÉFLEXION

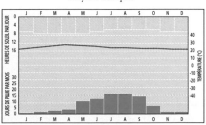

P. HALLY

Région: Amérique centrale
Superficie: 1 972 550 km²
Capitale: Mexico
Aéroport: Mexico 13 km
Population: 92 202 200 habitants
Langue: espagnol (off.), langues indiennes
Religion: catholique
Régime politique: démocratie présidentielle
Voltage-cycles: 110 - 60
Vaccins obligatoires: Fj*
" recommandés: Ty-Po-Mal
Passeport: req. + preuve de citoyenneté
Visa: non requis
Monnaie: nouveau peso
1$CA= 4,52 pesos
Conduite: à droite
Permis int'l: recommandé
Indicatif: 011-52
✆ **du Canada:** –
✆ **au Canada:** 95-800-010-1990
Hôtellerie: ★★★★★
Restauration: ★★★★
Transport: ★★★★
Coût de la vie: ◯◯
Rang selon l'ONU: 52
Meilleurs mois: mars, avr, sep,oct
Jours fériés: 1,6 jan - 5 fév - 1,21 mars -
14,16,17,30 avr - 1,5,10 mai - 16 sep -
12 oct - 1,20 nov - 12,25,26 déc

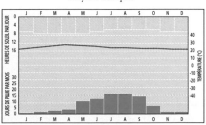

pyramides au relief du «Serpent à plumes», un symbole cher aux Mexicains. La capitale, Mexico, reste sans doute le point de mire des voyageurs : la ville est construite sur l'ancienne cité aztèque de Tenochtitlán protégée par les flancs du Popocatépetl et de l'Ixtaccihuatl. Le vieux quartier de la ville est classé patrimoine mondial par l'Unesco avec la très belle basilique Nuestra Señora de Guadalupe qui date de 1533 et les nombreuses églises baroques. La cité universitaire confère à la ville une vitalité unique. Le musée d'Anthropologie et d'Archéologie mérite qu'on lui consacre plus d'une visite. La ville, comme toutes les grande villes, souffre bien sûr d'un haut taux de pollution qui peut en incommoder plusieurs. En contrepartie, tout le nord du pays, la Sierra Madre, et la presqu'île de Californie, qui longe

le continent, sont des endroits presque vierges où règnent encore la faune et la flore.

ACHATS

On connaît bien la cuisine mexicaine pour ses *tacos, enchiladas* et autres *tortillas*, mais on connaît moins les *mole de guajalote* (de la dinde en sauce aromatisée au chocolat!), les *ceviches*, du poisson mariné et le délicieux *guacamole* (une purée d'avocats délicatement épicée). Attention à la sauce *picante* qui peut littéralement vous brûler la bouche. Pour se brûler l'estomac, il faut goûter au *mascal*, un alcool féroce qui n'est pas toujours de première qualité. Mieux vaut boire la fameuse *te-*

quila, un alcool d'agave particulièrement rafraîchissant quand il est servi en margarita. La voyageuse devra faire preuve de vigilance surtout si elle fréquente les débits de boissons. L'alcool est le meilleur ami des voleurs, soyez donc toujours alerte. Les plages sont aussi des endroits où l'on peut facilement se faire voler : n'y apportez que le nécessaire. Au marché, on trouvera des poteries, des trompettes de *mariachis*, des céramiques, des tissages très colorés, des cuirs et de nombreux bijoux d'inspiration maya et toltèque.

GUATEMALA

+2 +1 0 -1 -2

Région: Amérique centrale
Superficie: 108 890 km²
Capitale: Ciudad Guatemala
Aéroport: Ciudad Guatemala 7 km
Population: 10 721 390 habitants
Langue: espagnol (off.), langues indiennes
Religion: catholique
Régime politique: présidentiel
Voltage-cycles: 220 - 60
Vaccins obligatoires: Fj*
" recommandés: Ty-Po-Mal
Passeport: requis
Visa: non requis
Monnaie: quetzal
1$CA= 4,25 quetzals
Conduite: à droite
Permis int'l: recommandé
Indicatif: 011-502
✆ **du Canada:** 1-800-463-3180
✆ **au Canada:** ▲198
Hôtellerie: ★★★
Restauration: ★★★
Transport: ★★
Coût de la vie: ○○
Rang selon l'ONU: 108
Meilleurs mois: nov à avr
Jours fériés: 1 jan - 14,16,17 avr - 1 mai - 30 juin - 15 sep - 20 oct - 1 nov - 25,26 déc

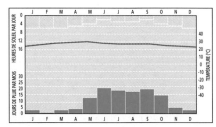

POINTS D'INTÉRÊT

Le Guatemala est la destination rêvée pour l'amateur d'histoire et de sites archéologiques. Le pays possède quelques-uns des plus importants vestiges de la culture maya, le plus connu étant Tikal avec ses six majestueux temples reliés les uns aux autres par de vieux escaliers de pierre, ses voûtes sculptées décorées de stèles gravées. D'autres sites, comme Seibal, Yaxhá et Uaxactún, méritent aussi la visite. Pour ceux qui s'intéressent moins aux ruines mayas, le lac Atitlán propose un paysage de montagnes couvertes d'une végétation dense et luxuriante. Les grandes villes comme Quetzaltenango et Ciudad Guatemala ont gardé leur charme de villes coloniales. Les sportifs seront mis au défi avec les hauts sommets des volcans que l'on peut escalader avec plus ou moins de difficulté : le Tajumulco, qui atteint 4 211 mètres, est particulièrement beau. Quant aux amateurs de plages, ils iront plutôt sur les côtes du golfe du Honduras, notamment à Puerto Barrios, bien connu pour la douceur des eaux de la mer des Caraïbes.

ACHATS

Le cuisine du Guatemala est simple et nourrissante : les fèves noires, la viande de boeuf et le maïs sont à l'origine de la plupart des mets. Le café guatémaltèque est très corsé et on le boit bouillant. C'est à Momostenango que l'on trouve les plus beaux tissages du pays, et à Totonicapán les plus belles poteries. L'argent se transforme en bijoux et le bois en statuettes. Les marimbas, de petits xylophones, sont le secret de la musique entraînante du Guatemala.

J. HUARD

BELIZE

+2 +1 0 -1 -2

Région: Amérique centrale
Superficie: 22 960 km²
Capitale: Belmopan
Aéroport: Belize City 14 km
Population: 208 950 habitants
Langue: anglais (off.), espagnol
Religion: catholique, protestante
Régime politique: démocratie parlementaire
Voltage-cycles: 220 - 60
Vaccins obligatoires: Fj*
" recommandés: Ty-Po-Mal
Passeport: requis
Visa: non requis
Monnaie: dollar de Belize
1$CA= 1,47 dollar
Conduite: à droite
Permis int'l: recommandé
Indicatif: 011-501
☏ **du Canada:** 1-800-463-1154
☏ **au Canada:** 558
Hôtellerie: ★★★
Restauration: ★★★
Transport: ★★
Coût de la vie: ◯◯
Rang selon l'ONU: 88
Meilleurs mois: fév, mars, avr
Jours fériés: 1 jan - 9 mars - 14,16,17 avr - 10,21 sep - 12 oct - 25,26 déc

BELIZE

POINTS D'INTÉRÊT

On pourrait diviser le Belize en deux : la côte atlantique et l'intérieur des terres. Les récifs coralliens, au large des côtes, représentent les plus importants sites touristiques du pays, tant par la beauté des coraux que par l'étendue des récifs. Ambergris Cay et Half Moon Cay sont des paradis de grottes sous-marines, de faune et de flore extraordinaires et de plages dorées. Le sanctuaire d'oiseaux de Red Footed Booby, à Half Moon Cay, protège des espèces uniques à cette région. La côte, de Belize City à Punta Gorda, s'étire en douces plages protégées par le fameux récif de corail. Belize City est la plus grande ville du pays mais elle garde un certain charme colonial. L'intérieur des terres est une jungle où foisonnent les sites archéologiques : Santa Rita, Colha, Altun Ha, Caracol et Pusilha pour ne nommer que ceux-là, prouvent que les Mayas occupaient la région bien avant l'arrivée des Espagnols. Les monts Mayas, les vallées et les chutes de Pine Ridge Forest Reserve et le parc national de Victoria constituent les autres splendeurs naturelles du pays.

ACHATS

Le homard et les fruits de mer sont à la base de l'alimentation des Béliziens. Les statuettes de bois, les bijoux d'inspiration maya et les bijoux de corail sont vendus un peu partout. La pêche et la cueillette de corail sont strictement interdites en certains endroits. De même, les fleurs et les oiseaux des cays peuvent uniquement être photographiés.

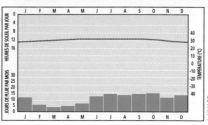

J. HUARD

SALVADOR

+2 +1 0 -1 -2

Région: Amérique centrale
Superficie: 21 040 km²
Capitale: San Salvador
Aéroport: San Salvador 35 km
Population: 5 752 520 habitants
Langue: espagnol, nahuatlpipil
Religion: catholique
Régime politique: présidentiel
Voltage-cycles: 110 - 60
Vaccins obligatoires: Fj*
" **recommandés:** Ty-Po-Mal
Passeport: requis
Visa: requis
Monnaie: colón
1$CA= 6,48 colóns
Conduite: à droite
Permis int'l: recommandé
Indicatif: 011-503
℃ du Canada: –
℃ au Canada: –
Hôtellerie: ★★
Restauration: ★★
Transport: ★★
Coût de la vie: ○
Rang selon l'ONU: 112
Meilleurs mois: déc, jan, fév, mars, avr
Jours fériés: 1 jan - 14,16,17 avr -1 mai -
   5,6 août -15 sep - 12 oct - 25,26 déc

POINTS D'INTÉRÊT

Le Salvador conserve encore l'image d'un pays ruiné par la guerre civile même si celle-ci s'est terminée par des accords pacifiques entre le gouvernement et les guérilleros. L'industrie du tourisme n'est pas très bien implantée au Salvador, mais le voyageur qui veut encourager la reprise écomonique de ce charmant petit pays ne regrettera pas d'avoir choisi ses belles plages du Pacifique, ses quelque 200 volcans, ses ruines mayas et ses vestiges de l'époque précolombienne. Les amateurs d'archéologie aimeront voir les ruines de Tazumal à Chalchuapa et les ruines de San Andres. C'est à Panchimalco que vivent les Panchos, les descendants directs des Indiens Pilpils qui habitaient le pays avant l'arrivée des Espagnols : leur mode de vie n'a guère changé depuis. Les nombreux volcans qui découpent le pays ne sont pas tous accessibles mais le Santa Ana, le San Salvador et le Izalco méritent la longue montée pour admirer le paysage qui s'étend en bas. Bien sûr, la capitale vaut aussi la visite. San Salvador est une grande ville (la deuxième en Amérique centrale) qui marie les bâtiments coloniaux aux nouvelles constructions (séisme de 1986). Il ne faut pas manquer de visiter l'église de Saint-Ignace, un bel exemple d'architecture espagno-

le, le Palais national et le Théâtre national. Les amateurs de plages ne sont pas en reste avec les quelque 350 kilomètres de sable de la Costa del Sol.

ACHATS

Le café du Salvador est délicieux. Le maïs étant l'une des principales cultures du pays, on le retrouve dans la plupart des mets typiquement salvadoriens. L'artisanat de la ville d'Ilobasco est réputé dans tout le pays : les cuirs, les tissus, les paniers tressés, les poteries et les bijoux s'inspirent pour la plupart de motifs indiens. Il faut assister aux fêtes religieuses du Salvador qui peuvent durer plusieurs jours et sont tout empreintes du mystère de la

foi. Les voyageurs seront surpris du chaleureux accueil que leur réserveront les Salvadoriens.

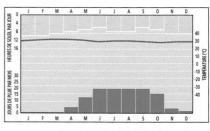

J. HUARD

HONDURAS

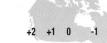
+2 +1 0 -1 -2

Région:	Amérique centrale
Superficie:	112 090 km²
Capitale:	Tegucigalpa
Aéroport:	Tegucigalpa 7 km
Population:	5 314 800 habitants
Langue:	espagnol (off.), langues indiennes
Religion:	catholique
Régime politique:	présidentiel
Voltage-cycles:	220 - 60
Vaccins obligatoires:	Fj*
" recommandés:	Ty-Po-Mal
Passeport:	requis
Visa:	non requis
Monnaie:	lempira
1$CA=	6,99 lempiras
Conduite:	à droite
Permis int'l:	recommandé
Indicatif:	011-504
℘ du Canada:	–
℘ au Canada:	–
Hôtellerie:	★★★
Restauration:	★★★
Transport:	★★★
Coût de la vie:	○○
Rang selon l'ONU:	115
Meilleurs mois:	nov à avr
Jours fériés:	1 jan - 14,16,17 avr - 1 mai - 15 sep - 3,12,21 oct - 25,26 déc

HONDURAS

P. LESAGE

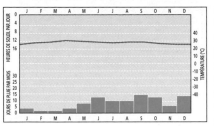

POINTS D'INTÉRÊT

Le Honduras est un grand verger : des fruits tropicaux y poussent (surtout des bananes), et de grandes plantations de café et de tabac tapissent les flancs des montagnes. Bien que le pays soit l'un des plus pauvres de l'Amérique latine, les Honduriens peuvent tout de même s'enorgueillir de posséder d'impressionnants vestiges de l'époque maya et des plages merveilleuses baignées par la douceur de la mer des Caraïbes. C'est à Copán que l'on a découvert l'immense site archéologique maya avec ses temples, son grand amphithéâtre et son Acropole. Ces trésors valent à eux seuls le voyage au Honduras. La côte, de Trujillo à La Ceiba, est particulièrement belle. Les récifs coralliens qui protègent les îles de la Baie attirent de plus en plus les amateurs de plongée sous-marine. La capitale, Tegucigalpa, est une ville agréable et il faut absolument visiter sa cathédrale décorée de feuilles d'or et de dentelles de bois. Certaines petites villes ont gardé leur charme colonial, entre autres Comayagua, Ojojona et Santa Luciá.

ACHATS

Les tortillas, de petits cornets de maïs fourrés de viande et de fèves rouges, peuvent être extrêmement épicés au Honduras. La banane étant la principale ressource du pays, on la retrouve à l'origine de plusieurs plats dont le *mondongo*, une soupe de légumes et de bananes. Les produits du tabac, notamment les cigares roulés à la main, sont de très bonne qualité. Les feuilles de bananier servent à la confection de paniers, de tapis et de multiples objets.

NICARAGUA

+2 +1 0 -1 -2

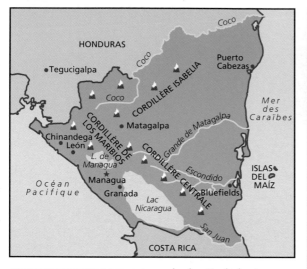

NICARAGUA

Région: Amérique centrale
Superficie: 129 494 km²
Capitale: Managua
Aéroport: Managua 11 km
Population: 4 096 690 habitants
Langue: espagnol (off.), langues indiennes
Religion: catholique
Régime politique: présidentiel
Voltage-cycles: 110 - 60
Vaccins obligatoires: Fj*
" recommandés: Ty-Po-Mal
Passeport: requis
Visa: requis
Monnaie: cordoba
1$CA= 5,60 cordobas
Conduite: à droite
Permis int'l: recommandé
Indicatif: 011-505
℘ **du Canada:** 1-800-463-0729
℘ **au Canada:** 168
Hôtellerie: ★★★
Restauration: ★★★
Transport: ★★★
Coût de la vie: ○○
Rang selon l'ONU: 106
Meilleurs mois: déc, jan, fév, mars, avr
Jours fériés: 1 jan - 14,16,17 avr - 1 mai -
15 sep - 8,25,26 déc

POINTS D'INTÉRÊT

Après une période de tensions politiques et économiques, les Nicaraguayens voudraient redorer l'image du pays. Le nouveau gouvernement tente de bâtir une industrie touristique qui mette en valeur les superbes plages, tant du côté du Pacifique que du côté de la mer des Caraïbes. À l'instar du Costa Rica, le Nicaragua pourrait attirer les amateurs de randonnée pédestre : la région de Matagalpa est particulièrement riche en forêts de pins, en champs d'orchidées et en jungles où vivent des espèces d'animaux extraordinaires. La côte des Mosquitos et, au large, les Islas del Maíz, sont encore presque vierges : le massif de corail qui borde les îles est idéal pour la plongée sous-marine. En ce qui concerne les villes, Managua, la capitale, est une ville entièrement reconstruite (un terrible séisme a presque tout détruit en 1972) qui vaut la peine d'être visitée, entre autres pour son vieux quartier qui date de l'époque coloniale et qui a miraculeusement été épargné par le tremblement de terre. León possède quelques belles églises et une magnifique cathédrale, et Granada, protégée

par le volcan Mombacho, s'enorgueillit de sa belle forteresse San Francisco.

ACHATS

Le végétarisme a longtemps été prôné par le gouvernement pour remplacer la viande devenue trop chère ; il existe donc une variété impressionnante de mets à base de soja et de fèves. Plusieurs plantations de canne à sucre produisent un rhum délicieux. Le café est aussi excellent. C'est à Matagalpa que l'on trouve les belles poteries noires typiques du pays. Le cuir, les dentelles et les tissages de toutes sortes sont vendus dans

tous les marchés. Les sculptures de bois et les peintures racontent l'histoire du pays. Le Nicaragua est un pays relativement sûr pour la voyageuse : avec le temps, ses habitants prendront l'habitude de voir des touristes.

T. BOGNAR / RÉFLEXION

COSTA RICA

+2 +1 0 -1 -2

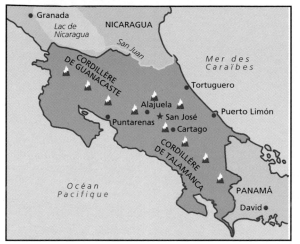

COSTA RICA

POINTS D'INTÉRÊT

Depuis quelques années, le Costa Rica est devenu la destination privilégiée des amateurs de randonnée pédestre. De nombreuses réserves écologiques protègent des sites naturels extraordinaires : le parc national Chirripo, le parc du volcan Poás, la réserve biologique Carara, le parc volcanique Irazú, le parc Braulio Carrillo, les parcs de Barra Honda, Palo Verde et Rincón de la Vieja ainsi que ceux de Santa Rosa, Guanacaste, Cahuita, Tortuguero et le magnifique parc national Manuel Antonio pour en nommer quelques-uns. Les côtes de la mer des Caraïbes et celles de l'océan Pacifique sont bien connues des plongeurs qui viennent y admirer les splendeurs sous-marines. Les tortues de mer, les coraux de la côte des Caraïbes et les nombreuses espèces de poissons et d'oiseaux ajoutent à la richesse du pays. À San José, le Musée national, le musée de l'Or et le musée de Jade exposent de nombreux artefacts datant de l'époque précolombienne. L'excellent musée de Science naturelle possède de nombreux spécimens, dont certains d'espèces aujourd'hui disparues. C'est sur la péninsule de Nicoya que se trouvent la plupart des vestiges laissés par les Indiens, entre autres les ruines d'El Hacha.

ACHATS

La cuisine costaricaine est plutôt simple : les fruits de mer, les poissons et les viandes (*carne*) sont à la base de l'alimentation quotidienne. Il faut goûter aux *tamales*, un mélange de viande et de riz enroulé dans une feuille de bananier. La bière et les jus de fruits accompagnent souvent les repas. Les sculptures, les figurines de bois, les cuirs (surtout ceux de Moravia), les pièces de bois peintes à la main et les paniers tressés sont vendus à Sarchi, la capitale de l'artisanat costaricain.

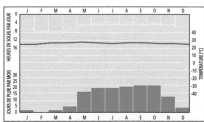

PANAMÁ

Région: Amérique centrale
Superficie: 78 200 km²
Capitale: Panamá
Aéroport: Panamá 27 km
Population: 2 630 000 habitants
Langue: espagnol (off.), anglais
Religion: catholique
Régime politique: présidentiel
Voltage-cycles: 110 - 60
Vaccins obligatoires: Fj*
" recommandés: Ty-Po-Mal
Passeport: requis
Visa: non requis
Monnaie: dollar américain
1$CA= 0,74 dollar américain
Conduite: à droite
Permis int'l: recommandé
Indicatif: 011-507
☏ du Canada: –
☏ au Canada: –
Hôtellerie: ★★★
Restauration: ★★★
Transport: ★★★
Coût de la vie: ○
Rang selon l'ONU: 47
Meilleurs mois: jan, fév, mars, avr
Jours fériés: 1,9 jan - 28 fév - 14,16,17 avr - 1 mai - 15 août - 12 oct - 3,10,28 nov - 8,25,26 déc

J. HUARD

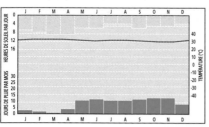

POINTS D'INTÉRÊT

Véritable pont entre l'Amérique du Sud et l'Amérique centrale, le Panamá profite de deux mers : la mer des Caraïbes lui offre des plages merveilleuses et des îles paradisiaques comme les îles de San Blas où vivent les Indiens Cuna. Le parc Portobelo, une ancienne garnison espagnole, et Colón, mieux connue pour ses boutiques hors taxes que pour sa somptueuse cathédrale, sont les principales attractions de la côte nord du pays. Le parc national du Darién propose une incursion dans la vie tribale des Indiens chocos. Sur la côte du Pacifique, il y a bien sûr la ville de Panamá qui marie les vestiges de l'époque coloniale espagnole au modernisme américain. Le Panamá Viejo, ou vieux Panamá, conserve des ruines qui valent la peine d'être vues. Le canal lui-même est une impressionnante construction qui défie l'imagination. L'archipel des Perles, protégé par le golfe de Panamá, connaît un nouvel essor touristique grâce à la beauté de ses plages. Les sites archéologiques du pays sont un peu moins accessibles bien que la route Panaméricaine facilite les déplacements : La Pita, près de Santiago et Sitio Conte, près d'Aguadulce, méritent le détour.

ACHATS

Les Panaméens aiment les *carimanolas* (petits pâtés fourrés de viande et de crevettes) et le *ceviche*, du poisson mariné dans du jus de lime. La bière locale est très rafraîchissante. Les Indiens cunas fabriquent les *molas*, de magnifiques pièces de tissus qui ornent les vêtements. Les bijoux faits de perles colorées, les macramés et les céramiques sont les principaux articles d'artisanat du pays qui est une zone hors taxes.

COLOMBIE

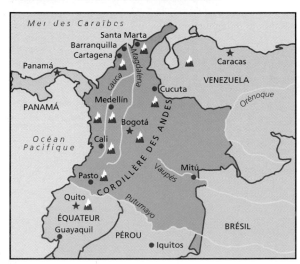

Région: Amérique du Sud
Superficie: 1 138 910 km²
Capitale: Bogotá
Aéroport: Bogotá 12 km
Population: 35 577 560 habitants
Langue: espagnol
Religion: catholique
Régime politique: présidentiel
Voltage-cycles: 110 - 60
Vaccins obligatoires: -
" recommandés: Ty-Po-Mal
Passeport: requis
Visa: non requis
Monnaie: peso
1$CA= 667,64 pesos
Conduite: à droite
Permis int'l: recommandé
Indicatif: 011-57
☎ **du Canada:** 1-800-463-9587
☎ **au Canada:** 980-19-0057
Hôtellerie: ★★★★
Restauration: ★★★
Transport: ★★★
Coût de la vie: ○○
Rang selon l'ONU: 50
Meilleurs mois: déc, jan, fév, mars
Jours fériés: 1,9 jan - 20 mars - 14,16,17
avr - 1,25 mai - 19 juin - 3,20 juil - 7,21
août - 16 oct - 6,13 nov - 8,25,26 déc

COLOMBIE

POINTS D'INTÉRÊT

La lutte contre le trafic de la drogue n'a pas encore débarrassé la Colombie de sa réputation de pays dangereux. Bien que les cartels qui s'opposent ne s'attaquent jamais aux touristes, la tension reste tout de même palpable un peu partout dans les villes. Le voyageur informé et vigilant pourra découvrir un pays fabuleux où les plages de la mer des Caraïbes, la côte du Pacifique et les sommets des Andes n'ont d'égal que la splendeur de la forêt amazonienne. C'est de Villavicencio, en plein coeur du pays, que partent les expéditions pour la forêt amazonienne. Cette région, le Méta, est de plus en plus fréquentée pour la beauté de son paysage et la douceur de son climat. Il faut certes visiter les immenses plantations de café sur les versants des Cordillères centrale et orientale qui forment une vallée d'une exceptionnelle beauté. En plus de ses richesses naturelles, la Colombie possède aussi des trésors historiques incomparables : le parc archéologique de San Agustín mérite à lui seul le déplacement avec ses stèles sculptées. Les sites de Tierradentro et

les bâtiments de Cartagena, surtout la forteresse San Sebastián, sont aussi à voir. À Bogotá, le musée de l'Or présente une collection impressionnante d'artefacts précolombiens (plus de 100 000 pièces uniques!) et le musée d'Art colonial explique bien les origines du pays. Medellín reste une ville à éviter à cause du haut taux de violence relié au trafic de la drogue. Pour les amateurs de plages ensoleillées, la côte nord du pays s'étend doucement de Santa Marta à Barranquilla.

ACHATS

Le *ajiaco*, un plat de poulet et de pommes de terre, est typique du pays. La cuisine est fortement influencée par la gastronomie espagnole, notamment avec les *paellas* et les plats de crevettes. Les bijoutiers s'inspirent des motifs précolombiens pour élaborer de superbes bijoux. Les lainages et les cuirs sont aussi de véritables oeuvres d'art. Quiconque prépare un voyage en Colombie devrait lire *Cent ans de solitude* de

Gabriel Garcia Marquez, une oeuvre magistrale.

OFF. DE TOURISME DE COLOMBIE

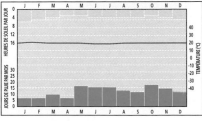

VENEZUELA

+4 +3 +2 +1 0

ÎLES DE LOS ROQUES

Mer des Caraïbes

ÎLE MARGARITA

Maracaibo
Cabimas
La Sabana
TRINITÉ-ET-TOBAGO
L. Maracaibo
Caracas
Cumaná
Valencia
Puerto la Cruz
Mérida
CORD. DE MÉRIDA
San Cristóbal
Cúcuta
Orénoque
Ciudad Bolívar
Ciudad Guayana
L. Guri
COLOMBIE
Mts PACARAIMA
Georgetown
GUYANA
Orénoque
BRÉSIL

Région: Amérique du Sud
Superficie: 912 050 km²
Capitale: Caracas
Aéroport: Caracas 27 km
Population: 20 562 410 habitants
Langue: espagnol
Religion: catholique
Régime politique: démocratie présidentielle
Voltage-cycles: 110 - 60
Vaccins obligatoires: Fj*
" recommandés: Ty-Po-Mal
Passeport: requis
Visa: non requis
Monnaie: bolívar
1$CA= 125,14 bolivars
Conduite: à droite
Permis int'l: requis
Indicatif: 011-58
☎ **du Canada:** 1-800-463-6564
☎ **au Canada:** ▲800-11100
Hôtellerie: ★★★★
Restauration: ★★★★
Transport: ★★★
Coût de la vie: ○
Rang selon l'ONU: 46
Meilleurs mois: déc, jan, fév, mars, avr
Jours fériés: 1 jan - 27,28 fév - 14,16,17 avr
- 1 mai - 26 juin - 5,24 juil - 12 oct -25,26 déc

POINTS D'INTÉRÊT

Le nom Venezuela (petite Venise) a été donné à ce pays par les Espagnols qui y découvrirent les maisons sur pilotis des Indiens caribes. Aujourd'hui, on remarque que la majorité des villes du Venezuela sont situées sur la côte. La mer des Caraïbes vient lécher des kilomètres de plages (plus de 4 000 km) dont les plus connues sont celles de Maiquetía, Macuto, Marbella et Oriaco. Les îles de Los Roques et l'île Margarita sont devenues, depuis quelques années, les sites touristiques les plus prisés des voyageurs. Les récifs de corail qui bordent la plupart des plages sont de véritables refuges pour les poissons tropicaux et les oiseaux exotiques : l'ibis et le flamant aiment s'ébattre dans cet environnement. De l'autre côté de la cordillère de Mérida, Maracaibo et le lac du même nom servent de porte d'entrée à une région peuplée par les Indiens guajiro vivant encore dans les fameuses maisons sur pilotis. C'est au pied de la cordillère que le Venezuela éclate dans toute sa splendeur : d'un côté il y a ces plages magnifiques et de l'autre, les hauts sommets enneigés des Andes. Le parc national de la

Sierra Nevada propose des descentes de ski très sportives, notamment le sommet du pic Bolívar à 5 007 mètres. Plus à l'est, les chutes Angel, les plus hautes du monde, s'écoulent bruyamment du haut de leurs 979 mètres. Les parcs nationaux de la région des Llanos protègent des espèces rares comme les perroquets aras, les singes roux et les grands alligators. On a dédié certains parcs à la conservation des fleurs, par exemple à Canaima où l'on retrouve plus de 500 sortes d'orchidées. On ne peut aller au Venezuela sans visiter sa capitale, Caracas. Fondée en 1567, la ville a conservé certains bâtiments qui retracent les étapes de son histoire : la cathédrale, les vieux quartiers de San José et de Las Pastora, la Plaza Bolívar et la Casa Amarilla entre autres.

ACHATS

Le plat national du Venezuela est le *pabellon criollo*, un savant mélange de viande, de fèves noires, de riz et de banane plantain. Plutôt que de manger

du pain, les Vénézuéliens mangent de l'*arepa*, un petit pâté de maïs très savoureux. Les *guarapos* sont des fruits tropicaux fermentés qui deviennent des alcools délicieux, mais attention à la qualité des produits qui n'est pas toujours sans faille. On rapportera du Venezuela des perles de l'île Margarita, des bijoux en or, des breloques, de la céramique, des hamacs et des articles d'inspiration indienne. Pour les coeurs solides, les corridas de Caracas et de San Cristobal sont des événements à ne pas manquer (habituellement de novembre à mars).

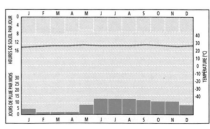

GUYANA

+5 +4 +3 +2 +1

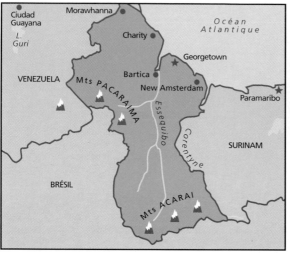

Région: Amérique du Sud
Superficie: 214 970 km²
Capitale: Georgetown
Aéroport: Georgetown 40 km
Population: 729 430 habitants
Langue: anglais
Religion: chrétienne, hindoue
Régime politique: présidentiel
Voltage-cycles: 110 - 60
Vaccins obligatoires: Fj*
" recommandés: Ty-Po-Mal
Passeport: requis
Visa: requis
Monnaie: dollar de Guyana
1$CA= 105,85 dollars
Conduite: à droite
Permis int'l: recommandé
Indicatif: 011-592
✆ **du Canada:** –
✆ **au Canada:** 0161
Hôtellerie: ★★
Restauration: ★★
Transport: ★★
Coût de la vie: ○○○
Rang selon l'ONU: 107
Meilleurs mois: août à oct
Jours fériés: 1 jan - 23 fév - 14,16,17 avr - 1 mai - 3 juil - 7 août - 25,26 déc

POINTS D'INTÉRÊT

Les Amérindiens appelaient «terre des eaux» (*Guiana*) cette région où coulent plus de 1 600 kilomètres de rivières, de chutes et de cascades. C'est d'ailleurs en plein coeur du pays que l'on trouve les impressionnantes chutes Kaieteur (cinq fois plus hautes que les chutes du Niagara). La plus grande partie du territoire est couverte d'une jungle dense et luxuriante encore très peu explorée. Les peintures rupestres de Timehri, près de la superbe rivière Mazaruni, les ravins de Tramen et les chutes Mazpuri sont d'autres attractions qui valent le détour même si la plupart de ces sites ne sont accessibles que par avion. À la frontière vénézuélienne, les lacs des savanes Rupununi, avec leurs poissons d'une taille formidable, font la joie des pêcheurs. Dans les villes, les vestiges de l'époque coloniale hollandaise sont encore très présents. À Georgetown, la cathédrale Saint-George, entièrement faite en bois, est à voir absolument ainsi que le fameux Jardin botanique, qui possède des espèces fort peu connues de palmiers et de fleurs aborigènes.

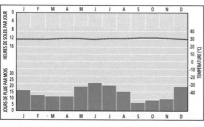

ACHATS

La cuisine traditionnelle de Guyana propose des crevettes cuites dans le lait de coco (*metamgee*), du *pepperpot*, un ragoût de viande et le *foo-foo* ou purée de banane plantain, un mets hérité de la lointaine Afrique. Dans les marchés de Georgetown, on peut se procurer des paniers tressés, des tapis faits de feuilles de bananier, des hamacs et des objets de terre cuite. La vente des pierres précieuses ou semi-précieuses est régie par le gouvernement : attention aux fausses.

J. HUARD

★ SURINAM

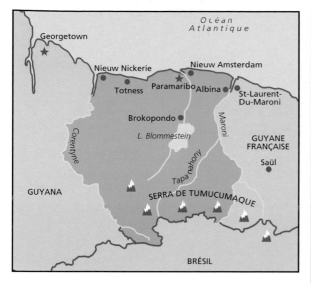

Région: Amérique du Sud
Superficie: 163 270 km²
Capitale: Paramaribo
Aéroport: Paramaribo 45 km
Population: 422 840 habitants
Langue: néerlandais (off), sranan, tongo
Religion: hindoue, chrétienne
Régime politique: présidentiel
Voltage-cycles: 110 - 60
Vaccins obligatoires: Fj*
" recommandés: Ty-Po-Mal
Passeport: requis
Visa: non requis
Monnaie: florin du Surinam
1$CA= 362,16 florins
Conduite: à droite
Permis int'l: recommandé
Indicatif: 011-597
✆ du Canada: –
✆ au Canada: –
Hôtellerie: ★★
Restauration: ★★
Transport: ★★
Coût de la vie: ◯◯
Rang selon l'ONU: 85
Meilleurs mois: août, sep, oct, nov
Jours fériés: 1 jan - 4 mars - 1 mai - 1 juil - 25 nov - 25,26 déc

SURINAM

POINTS D'INTÉRÊT

Ce sont les Hollandais qui colonisèrent le Surinam. Aujourd'hui, le pays est indépendant mais les vestiges de l'influence néerlandaise sont encore très présents, surtout dans des villes comme Paramaribo et Nieuw Amsterdam. La raison première d'un voyage au Surinam tient aux richesses naturelles du pays : la végétation luxuriante arrosée par de longs fleuves poissonneux abrite une faune extraordinaire et des espèces de plantes encore inconnues. Les mangroves, les rivières, la jungle et les montagnes sont protégées par le gouvernement qui a établi des réserves et des parcs nationaux : les plus intéressants sont les réserves de Raleighvallen et Noltzberg, et le parc Brownsberg. Des animaux rares, comme le tapir, vivent dans ces réserves. Paramaribo est une charmante capitale où la vie s'écoule doucement dans un cadre emprunté aux décors des Pays-Bas avec, en plus, des influences fort diverses qui sont à l'origine des mosquées, des synagogues, des temples et des églises qu'on y voit. Des croisières sur la longue rivière Surinam partent de Nieuw Amsterdam pour se rendre jusqu'au lac Blommestein, en plein coeur du pays.

ACHATS

La diversité ethnique de la capitale transparaît dans les mets européens, indonésiens, créoles, indiens et chinois qu'on propose. Le *mocksie metie*, un assortiment de viandes servies sur un lit de riz, semble pourtant être le mets le plus populaire. De nombreuses essences de bois donnent aux sculpteurs une inspiration toute particulière. Dans les marchés des villes et villages, on achète des tissus peints à la main, des bijoux d'argent, des céramiques et des poteries.

P. LESAGE

GUYANE FRANÇAISE

+5 +4 +3 +2 +1

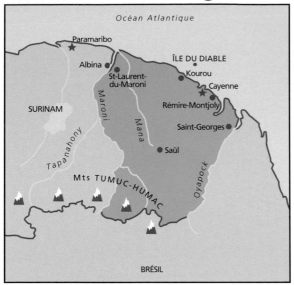

Océan Atlantique

Paramaribo
Albina
St-Laurent-du-Maroni
ÎLE DU DIABLE
Kourou
Cayenne
Rémire-Montjoly
Saint-Georges
SURINAM
Maroni
Mana
Tapanahony
Saül
Oyapock
Mts TUMUC-HUMAC
BRÉSIL

Région: Amérique du Sud
Superficie: 91 000 km²
Capitale: Cayenne
Aéroport: Cayenne 17 km
Population: 139 300 habitants
Langue: français
Religion: catholique
Régime politique: département français
Voltage-cycles: 220 - 50
Vaccins obligatoires: Fj*
" recommandés: Ty-Po-Mal
Passeport: requis
Visa: non requis
Monnaie: franc français
1$CA= 3,52 francs
Conduite: à droite
Permis int'l: recommandé
Indicatif: 011-594
☏ **du Canada:** –
☏ **au Canada:** –
Hôtellerie: ★★★
Restauration: ★★★
Transport: ★★★
Coût de la vie: ○○○
Rang selon l'ONU: –
Meilleurs mois: août, sep, oct, nov
Jours fériés: 1 jan - 14,16,17 avr -
1,8,25 mai - 4,5 juin - 14 juil - 15 août -
1,11 nov -25,26 déc

POINTS D'INTÉRÊT

La Guyane est un département
français d'outre-mer, dont la population est composée de Français, de
Noirs et d'Indiens. La Guyane a eu
quelque difficulté à faire oublier sa
triste réputation de «pays des ban-
nis» alors que l'île du Diable servait
de bagne (jusqu'en 1945). Aujour-
d'hui, on peut visiter l'île en toute
liberté et même dormir dans l'ancien bâtiment carcéral. Cayenne est
le chef-lieu et la ville la plus dynamique de la côte. Les bâtiments
du XVIIIe siècle, les plages (surtout
celle de Montjoly) et le très beau
Jardin botanique sont à voir. La
base spatiale de Kourou représente
une attraction certaine mais la ville
vaut la peine d'être vue surtout pour
les mangroves qui poussent le long
de la côte et qui découpent le
paysage d'une étrange façon. La
Guyane est réputée pour la richesse
de sa faune et de sa flore : la forêt
tropicale protège des espèces fantastiques d'animaux comme les tapirs,
les ocelots et les anacondas.

ACHATS

La cuisine de la Guyane est surtout
française et créole : le bouillon
d'Awaras est une spécialité qui peut
s'avérer très pi-
quante. L'artisanat
local propose des
tressages de feuilles
de palmier, des
sculptures de bois
inspirées des tradi-
tions indiennes et
des bijoux.

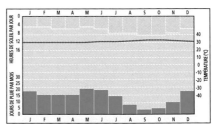

P. LESAGE

ÎLES GALÁPAGOS

Région: Océan Pacifique
Superficie: 7 800 km²
Capitale: Quito (Équateur)
Aéroport: –
Population: environ 9 000 habitants
Langue: espagnol (off.)
Religion: catholique
Régime politique: prov. de l'Équateur
Voltage-cycles: 110 - 60
Vaccins obligatoires: Fj*
" recommandés: Ty-Po-Mal
Passeport: requis
Visa: requis
Monnaie: sucre
1SCA= 1896,19 sucres
Conduite: à droite
Permis int'l: requis
Indicatif: 011-593
✆ du Canada: –
✆ au Canada: –
Hôtellerie: ★
Restauration: ★
Transport: ★
Coût de la vie: ○○○
Rang selon l'ONU: –
Meilleurs mois: juin à nov
Jours fériés: 1 jan - 14,16,17 avr - 1,24 mai - 24 juil - 10 août - 9,12 oct - 2,3 nov - 25,26 déc

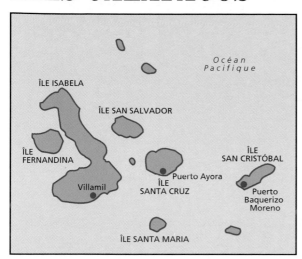

POINTS D'INTÉRÊT

L'Unesco considère les Galápagos comme appartenant au patrimoine mondial. Ces îles, possession de l'Équateur, sont situées à plus de 1 000 km des côtes, en plein Pacifique. Il faut absolument préparer un voyage sur les îles à partir de Guayaquil. Les visites se font en groupe uniquement. Les Galápagos jouissent d'une protection exceptionnelle et l'on comprend pourquoi quand on voit les iguanes, les tortues et les lézards venir s'étendre au soleil par milliers. Les otaries et les pingouins habitent aussi les eaux du parc national. Pour le touriste, il n'y a que Puerto Ayora et Puerto Baquerizo qui offrent des commodités. Le centre de recherche Darwin effectue des études à la suite de son maître à penser, Charles Darwin, qui y séjourna au siècle dernier.

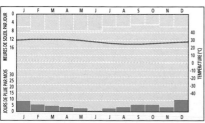

ACHATS

Les photos que vous prendrez aux îles Galápagos seront les plus beaux souvenirs que vous en aurez. Plusieurs agences de voyages offrent des excursions aux Galápagos mais elles ne sont pas toutes de la même qualité : étudiez la question et comparez avant d'acheter votre billet. Prévoyez en outre dépenser une bonne somme d'argent, cela en vaut grandement la peine!

J. KROENER / RÉFLEXION

ÉQUATEUR

ÉQUATEUR

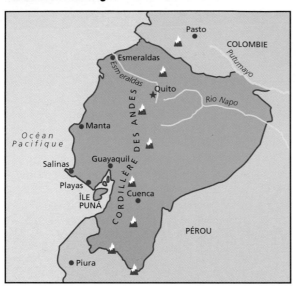

Région: Amérique du Sud
Superficie: 283 560 km² (incl. Galápagos)
Capitale: Quito
Aéroport: Quito 8 km
Population: 10 677 100 habitants
Langue: espagnol (off.), quechua
Religion: catholique
Régime politique: présidentiel
Voltage-cycles: 110 - 60
Vaccins obligatoires: FJ*
" recommandés: Ty-Po-Mal
Passeport: requis
Visa: requis
Monnaie: sucre
1SCA= 1896,19 sucres
Conduite: à droite
Permis int'l: requis
Indicatif: 011
✆ **du Canada:** –
✆ **au Canada:** 999-175
Hôtellerie: ★★★
Restauration: ★★★
Transport: ★★★
Coût de la vie: ○○
Rang selon l'ONU: 74
Meilleurs mois: juin à nov
Jours fériés: 1 jan - 14,16,17 avr - 1,24 mai - 24 juil - 10 août - 9,12 oct - 2,3 nov - 25,26 déc

POINTS D'INTÉRÊT

Traversé par le parallèle zéro, l'Équateur se divise en trois grandes régions : la Sierra formée de la cordillère des Andes, la Costa qui longe le Pacifique et l'Oriente qui s'étend jusque dans la forêt amazonienne. Près de la moitié de la population vit dans la Sierra. La capitale, Quito, et Guayaquil se partagent une bonne part du reste de la population. Quito est une ville d'une grande beauté que l'Unesco a classée comme patrimoine mondial : construite au pied du volcan Pichincha, la ville conserve de nombreux vestiges de l'époque coloniale dont des églises et des couvents des XVIe et XVIIIe siècles et des maisons typiquement équatoriennes. Il faut absolument visiter le couvent San Francisco et l'église des Jésuites. La Costa est léchée par le Pacifique et certaines de ses plages comptent parmi les plus belles d'Amérique du Sud, notamment celles d'Esmeraldas et de Salinas. L'est du pays, l'Oriente, est un peu moins accessible au tourisme ; toutefois des voyages organisés proposent de s'aventurer dans la forêt amazonienne, là où la faune et la flore sont restées vierges. Les rivières Napo et Esmeraldas servent de route principale pour se rendre dans ces régions reculées. Les alpinistes chevronnés voudront sûrement s'attaquer aux flancs du volcan Cotopaxi, qui culmine à près de 5 900 mètres, ou au Chimborazo qui s'élève à 6 267 mètres.

ACHATS

On mange simplement en Équateur : le met national se compose de pommes de terre, de fromage et d'une purée d'avocat que l'on appelle le *lorco*. La bière équatorienne est l'une des meilleures en Amérique du Sud. Les marchés des petites villes comme Otavalo, Ambato et Riobamba proposent des produits d'artisanat venus de partout au pays : des sculptures de bois, des pièces de pâte à sel joliment colorées, des lainages, des tapis, des tissus imprimés de motifs indiens et des bijoux d'argent. Les jours de marché (*ferias*) sont particulièrement intéressants. La discrétion est de rigueur quant à la tenue vestimentaire de la voyageuse.

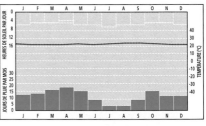

J. KROENER / RÉFLEXION

PÉROU

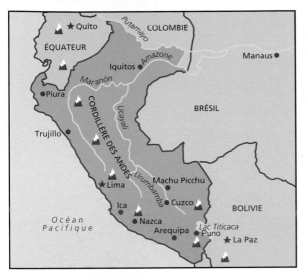

Région: Amérique du Sud
Superficie: 1 285 220 km²
Capitale: Lima
Aéroport: Lima 16 km
Population: 23 650 680 habitants
Langue: espagnol, quechua, aymara
Religion: catholique
Régime politique: présidentiel
Voltage-cycles: 220 - 60
Vaccins obligatoires: Fj*
" recommandés: Ty-Po-Mal
Passeport: requis
Visa: non requis
Monnaie: nouveau sol
1$CA= 1,66 nouveau sol
Conduite: à droite
Permis int'l: requis
Indicatif: 011-51
☎ du Canada: 1-800-803-8480
☎ au Canada: 189
Hôtellerie: ★★★
Restauration: ★★★
Transport: ★★
Coût de la vie: ○
Rang selon l'ONU: 95
Meilleurs mois: mai à sep, déc à mars
Jours fériés: 1 jan - 14,16,17 avr - 1 mai - 24,29 juin - 28 juil - 30 août - 8 oct - 1 nov - 8,25,26 déc

PÉROU

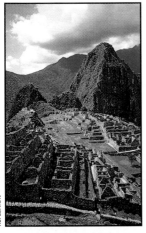

RÉFLEXION

POINTS D'INTÉRÊT

Le Pérou est divisé en quatre régions géographiques : la côte (*costa*), les Andes (*sierra*), le piémont (*montaña*) et la plaine amazonienne (*selva*). Ces différents paysages donnent au Pérou une palette colorée qui va du désert aux vallées fertiles en passant par des sommets vertigineux et des jungles inexplorées. C'est dans ce fabuleux décor que se trouvent les sites archéologiques les plus importants d'Amérique du Sud : Cuzco, l'ancienne capitale de l'Empire inca, fait partie du patrimoine culturel de l'humanité avec sa forteresse de Sacsahuaman, et, au nord-ouest de Cuzco, l'extraordinaire Machu Picchu avec ses 200 bâtiments dont le Torréon, est considéré comme la huitième merveille du monde. Ica et Nazca sont de véritables interrogations pour les archéologues qui cherchent à trouver la signification du réseau de lignes creusées sur le sol en motifs géométriques extraordinairement précis. Il faut voir cette région en avion pour bien en apprécier toute l'étrangeté. Le lac Titicaca est une destination unique au Pérou, avec la jolie ville de Puno située à plus de 3 800 mètres d'altitude. La capitale, Lima, est une ancienne ville espagnole qui a gardé de nombreux monuments datant des XVIe, XVIIe et XVIIIe siècles, notamment la superbe cathédrale, des églises comme celle de San Pedro, et les bâtiments de l'université San Marco. La ville possède plusieurs musées mais les plus importants sont le musée d'Anthropologie et d'Archéologie et le très beau musée de l'Or. Trujillo est une charmante ville de bord de mer qui séduit pour la douceur de son climat.

ACHATS

Le marché d'Ayacucho est réputé pour ses poteries, ses articles de cuir, ses tissus colorés et ses bijoux. Les tricots en laine d'alpaga sont particulièrement beaux au Pérou. La musique entraînante des flûtes des Andes fait un excellent souvenir.

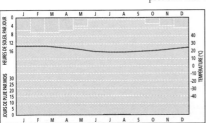

BRÉSIL

POINTS D'INTÉRÊT

De Porto Alegre jusqu'à Manaus en passant par Rio de Janeiro et Salvador de Bahia, le Brésil fascine tant par sa grandeur (le cinquième en superficie au monde) que par ses richesses naturelles qui vont de la jungle amazonienne aux plaines du Pantanal. La culture brésilienne correspond en outre à l'un des plus beaux trésors du pays malgré les disparités économiques qui séparent de plus en plus les riches et les pauvres. Il faut d'ailleurs être blindé contre ces hordes d'enfants, mendiant quelques cruzeiros pour échapper à l'enfer des *favelas* (bidonvilles extrêmement pauvres) de Rio ou de Sao Paulo. On aborde habituellement ce gigantesque pays par la ville mythique de Rio de Janeiro. Le Pain de Sucre, le Corcovado, les plages d'Ipanema et de Copacabana, le magnifique Jardin botanique et le fameux carnaval n'ont d'égal que la joie de vivre des Cariocas (habitants de Rio). Pour le voyageur, il vaut peut-être mieux arriver à Sao Paulo : la ville est une mégalopole mais le choc culturel y est un peu moins franc qu'à Rio. On monte ensuite vers le nord : Ouro Preto est une charmante ville historique, Pirapora sert de point de départ pour les croisières sur la belle rivière Sao Francisco et Brasilia, la capitale, est une grande ville bien connue des amateurs d'architecture moderne. Plus loin dans les terres, le Pantanal, une région de marais devenue un site écologique sans pareil, s'ouvre avec la ville de Goiás. Cette partie du pays, avec le Mato Grosso, est l'une des moins accessibles : des voyages organisés sont donc fortement conseillés. Il en est de même pour les croisières sur l'Amazone. Ce fleuve est navigable sur plus de 3 000 kilomètres et la plupart des itinéraires vous

Région: Amérique du Sud
Superficie: 8 511 965 km²
Capitale: Brasilia
Aéroport: Rio de Janeiro 20 km
Population: 158 739 260 habitants
Langue: portugais
Religion: catholique
Régime politique: démocratie présidentielle
Voltage-cycles: 110/220 - 60
Vaccins obligatoires: Fj*
" recommandés: Ty-Po-Mal
Passeport: requis
Visa: requis
Monnaie: réal
1$CA= 0,69 réal
Conduite: à droite
Permis int'l: requis
Indicatif: 011-55
☏ du Canada: 1-800-463-6656
☏ au Canada: 000-8014
Hôtellerie: ★★★★
Restauration: ★★★★
Transport: ★★★
Coût de la vie: ○○
Rang selon l'ONU: 63
Meilleurs mois: mai à déc
Jours fériés: 1 jan - 25-28 fév - 14,16,17,21 avr - 1,25 mai - 15 juin - 7 sep - 12 oct - 2,15nov - 25,26 déc

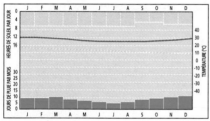

conduisent de Belém à Manaus, en plein coeur de la forêt amazonienne, où vivent encore quelques tribus amérindiennes peu connues. Les chutes de l'Iguaçu, à la frontière de l'Argentine et du Paraguay, valent le détour dans ces contrées éloignées. Mais le Brésil attire avant tout pour ses plages magnifiques, surtout celles entre Porto Seguro et Ilhéus. Un peu plus au nord, la belle ville de Salvador de Bahia occupe une place à part dans le pays. Le vieux quartier est maintenant considéré comme «patrimoine mondial» grâce à ses églises et ses bâtiments de style portugais (toutefois, ne vous y aventurez pas seul). Toute la ville respire l'âme bahiannaise, faite d'un mélange de traditions héritées de l'Afrique et du Portugal. Une séance de *candomble* (religion mi-chrétienne, mi-païenne) vaut à elle seule le voyage au Brésil. La lecture des oeuvres du grand écrivain brésilien Jorge Amado aidera sûrement à mieux comprendre les Bahiannais.

ACHATS

La cuisine bahiannaise est différente de celle du reste du pays : le *vatapa* (des crevettes au lait de coco) et le *caruru*, un autre plat de crevettes, sont typiques de la région. Ailleurs, les *churrasco*, des grillades de viande (surtout du boeuf), et les *feijoadas* (un plat de fèves noires) forment la base de la gastronomie brésilienne. Les jus de fruits exotiques servis très frais sont exceptionnellement bons. Le café et le cacao sont aussi de première qualité. Le *capirina* est un mélange de *cachaça* (alcool de canne à sucre) et de jus de lime très sucré : un régal dont il ne faut pas abuser. On ne le dira jamais assez : le Brésil est un pays dangereux pour le touriste qui exhibe ses richesses. Les montres, boucles d'oreilles, sacs à main et appareils-photo sont à laisser chez vous. La voyageuse fera doublement attention : ne suivez pas des gens qui prétendent être «guide touristique» et évitez de vous déplacer seule. Ces règles de base vous permettront de visiter ce superbe pays en toute sécurité. On peut encourager les artisans en achetant des hamacs, des bijoux de coquillages, des pierres du Minas Gerais et le fameux *figa*, une breloque qui porte chance.

BOLIVIE

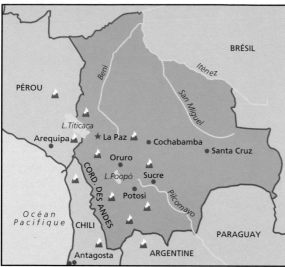

BOLIVIE

PÉROU

Beni

BRÉSIL

Iténez

San Miguel

L.Titicaca

Arequipa ★ La Paz ● Cochabamba

● Santa Cruz

Oruro

L.Poopó Sucre

Potosi

CORD. DES ANDES

Pilcomayo

Océan Pacifique

CHILI

PARAGUAY

Antagosta ARGENTINE

Région: Amérique du Sud
Superficie: 1 098 580 km²
Capitale: La Paz, Sucre
Aéroport: La Paz 14 km
Population: 7 719 450 habitants
Langue: espagnol, quechua, aymara
Religion: catholique
Régime politique: présidentiel
Voltage-cycles: 110/220 - 50
Vaccins obligatoires: Fj*
" recommandés: Ty-Po-Mal
Passeport: requis
Visa: requis
Monnaie: boliviano
1$CA= 3,54 bolivianos
Conduite: à droite
Permis int'l: recommandé
Indicatif: 011-591
☏ **du Canada:** 1-800-463-0228
☏ **au Canada:** ▲0-800-0101
Hôtellerie: ★★★
Restauration: ★★★
Transport: ★★★
Coût de la vie: ○
Rang selon l'ONU: 113
Meilleurs mois: avr à sep
Jours fériés: 1 jan - 27 fév - 14,16,17 avr -
1 mai - 15 juin - 6 août - 2 nov - 25,26 déc

POINTS D'INTÉRÊT

Trois régions géographiques découpent la Bolivie : la superbe cordillère des Andes à l'Est, les plaines de l'Oriente et l'étonnant Altiplano. C'est sur l'Altiplano que l'on découvre le lac Titicaca, le plus grand lac de montagne du monde, et ses vestiges de la civilisation inca, à Tiahuanaco plus précisément. La Paz est située à plus de 3 632 mètres d'altitude, ce qui en fait la plus haute capitale du monde : certains voyageurs éprouvent même des problèmes respiratoires en y arrivant. (À vrai dire, Sucre est la capitale constitutionnelle du pays et La Paz est la capitale gouvernementale.) Les Pacéniens possèdent une ville fort intéressante, avec en toile de fond le magnifique sommet de l'Illimani qui s'élève à plus de 6 880 mètres. Les voyageurs plus téméraires voudront peut-être s'aventurer dans la jungle bolivienne riche en faune et en flore.

ACHATS

Les *empanadas*, des coquilles de maïs fourrées de viandes et de légumes, sont vendues dans tous les petits comptoirs du pays. Attention aux mets qualifiés de *picante* : la sauce chili est particulièrement forte! Le carnaval d'Oruro qui se déroule en février et mars, compte parmi les plus colorés de l'Amérique du Sud : les artisans en profitent pour étaler leurs nombreux produits comme les lainages d'alpaga, les châles, ponchos, bonnets et couvertures richement colorés. Les instruments de musique, surtout la flûte des Andes, sont représentatifs de l'âme joyeuse des Boliviens. Les touristes, et particulièrement les femmes, doivent rester vigilants, surtout dans les grandes villes où la pauvreté est endémique.

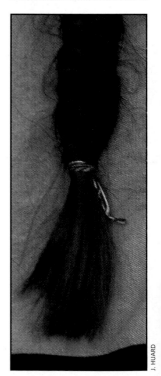

J. HUARD

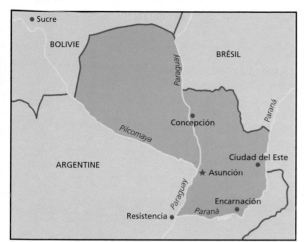

PARAGUAY

+4 +3 +2 +1 0

Région: Amérique du Sud
Superficie: 406 750 km²
Capitale: Asunción
Aéroport: Asunción 15 km
Population: 5 213 772 habitants
Langue: espagnol (off.), guarani
Religion: catholique
Régime politique: démocratie présidentielle
Voltage-cycles: 220 - 50
Vaccins obligatoires: Fj*
" recommandés: Ty-Po-Mal
Passeport: requis
Visa: non requis
Monnaie: guarani
1$CA= 1450,12 guaranis
Conduite: à droite
Permis int'l: recommandé
Indicatif: 011-595
☎ **du Canada:** 1-800-463-3570
☎ **au Canada:** 008-13-800
Hôtellerie: ★★★
Restauration: ★★★
Transport: ★★★
Coût de la vie: ○
Rang selon l'ONU: 84
Meilleurs mois: év à mai, août à nov
Jours fériés: 1 jan - 3 fév - 1 mars -
  14,16,17 avr - 1,14,15 mai - 12,15 juin -
  15 août -20 sep - 1 nov - 8,25,26 déc

PARAGUAY

POINTS D'INTÉRÊT

Avant l'arrivée des Espagnols, le Paraguay était habité par des Indiens tupi-guaranis. Des pays d'Amérique du Sud, le Paraguay est celui qui a sans doute le mieux conservé son identité guarani même si les métis sont plus nombreux aujourd'hui. Les apprentis ethnologues auront plaisir à visiter les villages typiques, à l'est du fleuve Paraná. Les amateurs d'histoire voudront découvrir les vieilles villes coloniales comme San Lorenzo, fondée en 1775, Yaguarón, l'ancien bastion des Franciscains, et Encarnación, rafraîchie par le beau Paraná. Itá, encore plus vieille (1539), est connue pour son marché très coloré. La capitale, Asunción, est une destination en soi : le palais du gouvernement, la cathédrale, le panthéon des Héros, les nombreux parcs et le musée d'Histoire naturelle font de la ville un véritable livre d'histoire. À la frontière brésilio-argentine, les fameuses chutes de l'Iguaçu attirent des milliers de visiteurs. Pour ne rien manquer des beautés du pays, il faut suivre le «circuit central», une route d'environ 200 kilomètres qui sillonne les sites intéressants du pays.

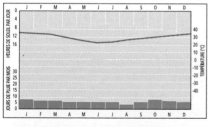

ACHATS

Le plat national des Paraguayens est le *soo-yosopy*, une délicieuse soupe à base de maïs et de viande. Il faut absolument goûter au *surubi*, un poisson délicat pêché dans le fleuve Paraná. Le *maté*, une infusion amère typique d'Amérique du Sud, et la *cana*, un alcool de canne à sucre, accompagnent souvent les repas. Les tissus *aho-poi*, tissés par les villageois guaranis, la dentelle *nanduti* d'Itagua, les cuirs et les objets de bois sculpté se trouvent partout. Les *bombillas*, des pailles pour boire le *maté*, font de beaux souvenirs.

CHILI

PÉROU
Arica
Iquique
Î. DE PÂQUES
Antofagasta
BOLIVIE
Sucre
PARA-
GUAY
DÉSERT D'ATACAMA
La Serena
ARGENTINE
CORDDES ANDES
Valparaíso
ÎLES
JUAN
FERNÁN-
DEZ
Santiago
Buenos
Aires
Concepción
Puerto
Montt
Océan
Pacifique
Océan
Atlantique
ÎLES
MALOUINES
Punta Arenas
GRANDE
ÎLE DE LA
TERRE DE FEU
CAP HORN

POINTS D'INTÉRÊT

Le mot Chili vient de la langue quechua, *Chilemapu*, qui veut dire «pays froid», sans doute en référence aux sommets enneigés des Andes qui couvrent plus de la moitié du territoire chilien. Le pays s'étend du nord au sud sur plus de 4 200 km de long sans excéder plus de 180 km de large. Le climat varie: le pays s'étend du 17e au 56e parallèle, c'est-à-dire du désert du Grand Nord, une des régions les plus arides de la planète, aux magnifiques fjords du sud en passant par les vallées fertiles du centre. Valparaíso et Santiago offrent toutes deux les commodités des grandes villes modernes mais en gardant un charme hérité de l'époque coloniale. Les centres de ski de Porhillo et Farellones attirent de plus en plus d'amateurs et les parcs du lac de Todos los Santos et du désert d'Atacama sont considérés comme des sites naturels d'une exceptionnelle beauté. La côte entre Arica et Iquique est réputée pour ses plages magnifiques. À la pointe sud du pays, le détroit de Magellan et le cap Horn proposent des paysages fabuleux. Les parcs nationaux de Torres des Paine et de Fitz Roy constituent de bons points de départ pour visiter cette région encore difficile d'accès. Les îles isolées de Juan Fernández, situées à 650 km au large de Valparaíso, font de belles escapades où le souvenir du héros légendaire de Daniel Defoe, Robinson Crusoé, plane encore. Encore plus loin dans le Pacifique, l'île de Pâques conserve le mystère de ses statues monolithiques érigées il y a plus d'un millénaire.

ACHATS

Les Chiliens aiment tout autant les produits de la mer que les viandes rouges : la *chupe de mariscos*, un plat de poisson, et les *empanadas* apparaissent sur tous les menus. *L'aguardiente* est un alcool typique d'Amérique du Sud : méfiez-vous des alcools frelatés et exigez des bouteilles non entamées. On trouve la laine d'alpaga, les poteries vernissées, les sculptures de l'île de Pâques et les articles de cuir dans les marchés des petites et des grandes villes. Les lapis-lazulis sont très populaires au Chili et les bijoutiers en font de magnifiques parures. Les marchés de Pomaire et de Santiago sont sans doute les mieux garnis du pays. Les voyageuses devraient être le plus discrètes possible en ce qui concerne la tenue vestimentaire : les tenues de plage ne sont tolérées qu'au bord de la mer.

Région: Amérique du Sud
Superficie: 756 950 km²
Capitale: Santiago
Aéroport: Santiago 16 km
Population: 13 950 560 habitants
Langue: espagnol
Religion: catholique
Régime politique: démocratie présidentielle
Voltage-cycles: 220 - 50
Vaccins obligatoires: -
" recommandés: Cho-Ty
Passeport: requis
Visa: non requis
Monnaie: peso
1$CA= 283,40 pesos
Conduite: à droite
Permis int'l: requis
Indicatif: 011-56
☎ **du Canada:** 1-800-463-2492
☎ **au Canada:** 123-00-318
Hôtellerie: ★★★★
Restauration: ★★★★
Transport: ★★★
Coût de la vie: ◯◯
Rang selon l'ONU: 38
Meilleurs mois: mars, avr, mai, oct
Jours fériés: 1 jan - 14,16,17 avr - 1,21 mai - 15,29 juin - 15 août - 18 sep - 12 oct -1 nov - 8,25,26 déc

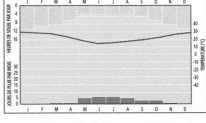

ARGENTINE

Région: Amérique du Sud
Superficie: 2 766 890 km²
Capitale: Buenos Aires
Aéroport: Buenos Aires 50 km
Population: 33 913 000 habitants
Langue: espagnol (off.), anglais
Religion: catholique
Régime politique: démocratie présidentielle
Voltage-cycles: 250 - 60
Vaccins obligatoires: -
" recommandés: Ty-Po-Mal-Fj
Passeport: requis
Visa: non requis
Monnaie: peso
1$CA= 0,74 peso
Conduite: à droite
Permis int'l: requis
Indicatif: 011-54
✆ **du Canada:** 1-800-805-0477
✆ **au Canada:** 001-800-222-1111
Hôtellerie: ★★★★
Restauration: ★★★★
Transport: ★★★
Coût de la vie: ○○○
Rang selon l'ONU: 37
Meilleurs mois: déc, jan, fév, mars, avr
Jours fériés: 1 jan - 14,16,17 avr - 1,25 mai - 10,19 juin - 9 juil - 18 août - 13 oct - 8,25,26 déc

POINTS D'INTÉRÊT

Quatre grandes régions géographiques découpent l'immense territoire de l'Argentine : les Andes, la Mésopotamie, la Pampa et la Patagonie. De l'une à l'autre, le climat passe de la chaleur désertique au froid glacial en passant par les climats chauds et humides et les douceurs atlantiques. La multitude de paysages varie selon que l'on se trouve au sommet de l'Aconcagua qui culmine à près de 7 000 mètres (le plus haut d'Amérique) ou que l'on sillonne les rues animées de Buenos Aires. Cette ville est d'ailleurs le point de départ idéal pour visiter l'Argentine. Appelée le Paris de l'Amérique du Sud, Buenos Aires est une capitale dynamique qui possède un charme particulier : la place de Mai, la Casa Rosada, le Cabildo et la cathédrale sont de superbes monuments au centre d'une ville où planent les rythmes du fameux tango argentin. Le quartier de La Boca est réputé pour produire les meilleurs spectacles. Au nord du pays, les célèbres chutes de l'Iguaçu, à la frontière du Paraguay et du Brésil, valent à elles seules le

voyage dans ce coin de pays. La Mésopotamie argentine est une vaste prairie ponctuée de *haciendas*, de grands domaines terriens où le bétail paît sous l'oeil attentif des *gauchos*. La Pampa est une grande région qui va de vallées agricoles en plaines désertiques. Ces paysages de brousse et de steppes sont typiques de l'Argentine. Le triangle de Córdoba, Tucaman et Salta propose une région fertile où les vignobles et les vergers entourent de charmants villages qui vivent encore au rythme d'un autre temps. Bariloche, à la frontière chilienne, est bien connue pour ses lacs poissonneux. Le plus grand attrait du pays reste sans doute l'extraordinaire région de la Patagonie. Le nom de cette région englobe toute la pointe du continent sud-américain (Chili inclus) : la beauté de la Terre de Feu, des forêts et des lacs, des flancs escarpés des Andes et du littoral déchiqueté en petits ports et en villages perdus semble venir d'une autre planète. La rencontre des deux océans dans le détroit de Magellan est un phénomène époustouflant.

ACHATS

On mange du boeuf en Argentine : *bife de lomo*, *bife a caballo*, *churrasco* et *puchero* sont quelques-unes des diverses façons d'apprêter cette viande. Les viandes rouges exigent un vin rouge corsé : la production viticole de La Rioja est particulièrement bonne. Le cuir, les lainages (ponchos, bonnets et manteaux), les *bombachas*, les pantalons de gauchos, et le bandonéon — le petit accordéon qui donne sa couleur au tango — sont typiques de l'Argentine. Le tango est très sensuel : ne

vous laissez pas entraîner trop loin par les danseurs professionnels!

VIESTI / RÉFLEXION

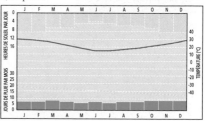

URUGUAY

+5 +4 +3 +2 +1

Région: Amérique du Sud
Superficie: 176 220 km²
Capitale: Montevideo
Aéroport: Montevideo 21 km
Population: 3 198 910 habitants
Langue: espagnol
Religion: catholique
Régime politique: démocratie présidentielle
Voltage-cycles: 220 - 50
Vaccins obligatoires: -
" recommandés: Ty-Po
Passeport: requis
Visa: non requis
Monnaie: peso uruguayen
1$CA= 4,78 pesos
Conduite: à droite
Permis int'l: recommandé
Indicatif: 011-598
☏ **du Canada:** 1-800-463-3796
☏ **au Canada:** 000-419
Hôtellerie: ★★★
Restauration: ★★★
Transport: ★★★
Coût de la vie: ○
Rang selon l'ONU: 33
Meilleurs mois: déc, jan, fév, mars
Jours fériés: 1,6 jan - 14,16,17 avr - 1 mai -
18 juil - 25 août - 1 nov - 25,26 déc

OFF. DE TOURISME DE L'URUGUAY

POINTS D'INTÉRÊT

L'Uruguay est un pays de grandes prairies. Les grandes *estancias*, des domaines fermiers, sont encore le royaume des gauchos qui y travaillent de la même manière depuis plus d'un siècle. Les voyageurs ont tendance à ne visiter l'Uruguay qu'à travers sa capitale, Montevideo. Pourtant, le pays offre des kilomètres de plages qui lui ont valu le surnom de «Riviera d'Amérique du Sud». Punta del Este constitue l'un des meilleurs centres touristiques de l'Uruguay avec Atlántida, Piriápolis

et Paloma. L'estuaire du Rio de la Plata remonte jusqu'à la rivière Uruguay pour se rendre à l'intérieur des terres, notamment à Mercedes et Salto, deux villes qui méritent le détour. Plus au sud, Minas est entourée de belles montagnes qui transforment le paysage.
Les bâtiments du XVIIIe et du XIXe siècles, comme la cathédrale et l'hôtel de ville, sont à voir. Il faut absolument se rendre au Tablada, le marché

de bétail, pour voir les gauchos effectuer des transactions.

ACHATS

Les *churrascos* et *parrillas*, du boeuf grillé ou en brochette, forment l'essentiel de la gastronomie. Le *grappa* et le *cana*, des boissons à haute teneur d'alcool, sont typiques du pays. Les *boleadoras*, des pierres enveloppées dans des gaines de cuir, dont les gauchos de servent pour attraper les bêtes qui s'écartent du troupeaux, font de singuliers souvenirs. Bien sûr, tous les articles de cuir sont de première qualité et les lainages sont très populaires.

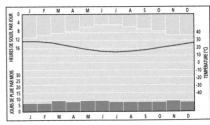

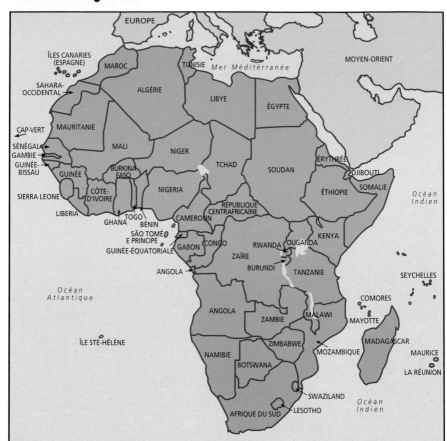

EUROPE
ÎLES CANARIES (ESPAGNE)
MAROC
TUNISIE
Mer Méditérranée
MOYEN-ORIENT
SAHARA-OCCIDENTAL
ALGÉRIE
LIBYE
ÉGYPTE
CAP-VERT
MAURITANIE
SÉNÉGAL
GAMBIE
GUINÉE-BISSAU
MALI
NIGER
TCHAD
SOUDAN
ÉRYTHRÉE
DJIBOUTI
GUINÉE
BURKINA FASO
SIERRA LEONE
CÔTE-D'IVOIRE
NIGERIA
ÉTHIOPIE
SOMALIE
LIBERIA
GHANA
TOGO
BÉNIN
CAMEROUN
RÉPUBLIQUE CENTRAFRICAINE
Océan Indien
SÃO TOMÉ E PRINCIPE
GUINÉE-ÉQUATORIALE
GABON
CONGO
ZAÏRE
RWANDA
OUGANDA
KENYA
BURUNDI
TANZANIE
SEYCHELLES
ANGOLA
Océan Atlantique
ANGOLA
ZAMBIE
MALAWI
COMORES
MAYOTTE
MADAGASCAR
ÎLE STE-HÉLÈNE
ZIMBABWE
MOZAMBIQUE
MAURICE
LA RÉUNION
NAMIBIE
BOTSWANA
SWAZILAND
AFRIQUE DU SUD
LESOTHO
Océan Indien

Le paysage de l'Afrique prend une multitude de visages selon que l'on parle de l'Afrique méditerranéenne, de l'Afrique subsaharienne, de l'Afrique orientale, de l'Afrique occidentale ou de l'Afrique australe et de l'Océan Indien. Des grandes savanes aux forêts vierges en passant par les déserts et les magnifiques cours d'eau, le continent africain cache des surprises et des trésors de toutes sortes. Le voyageur qui veut s'ouvrir aux expériences nouvelles trouvera dans cette impressionnante mosaïque des décors encore inexplorés, des peuples mystérieux, des animaux fabuleux et un rythme de vie diamétralement opposé à tout ce qu'il connaît. L'Afrique propose également une aventure culinaire au visiteur : des fruits et des légumes exotiques, des mets épicés et parfumés, des alcools différents et des cuissons traditionnelles garantissent qu'on y mange très bien. Certains pays d'Afrique subissent les affres de la guerre ou sont au coeur de querelles qui mettent en péril la stabilité et la paix des populations; il est impérieux de bien se renseigner avant de partir.

J. HUARD

AFRIQUE DU NORD-OUEST

+8 +7 +6 +5 +4

MAROC

Région: Afrique
Superficie: 446 550 km²
Capitale: Rabat
Aéroport: Rabat 10 km
Population: 28 558 640 habitants
Langue: arabe (off.), berbère, français
Religion: islamique
Régime politique: monarchie constitutionnelle
Voltage-cycles: 110/220 - 50
Vaccins obligatoires: –
" recommandés: Cho-Ty-Po-Mal
Passeport: requis
Visa: non requis
Monnaie: dirham marocain
1$CA= 6,11 dirhams
Conduite: à droite
Permis int'l: recommandé
Indicatif: 011-212
℡ **du Canada:** 1-800-463-1092
℡ **au Canada:** 00-211-0010
Hôtellerie: ★★★★★
Restauration: ★★★★
Transport: ★★★★
Coût de la vie: ○○
Rang selon l'ONU: 111
Meilleurs mois: mai à oct
Jours fériés: 1,11 jan - 3,4 mars -
1,11,23,31 mai - 9 juil - 8,14,20 août -
6,18 nov

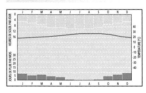

POINTS D'INTÉRÊT

Le MAROC est la porte du continent africain : Meknès, Marrakech et Fès ont joué un rôle important dans l'histoire du pays. Meknès est réputée pour abriter dans ses murs les ruines du plus grand palais du monde, le Dar el-Kebira ou «Versailles marocain», qui appartint au sultan Mulay Ismaïl. La ville est aussi connue pour ses remparts, ses mosquées, ses souks et sa médina. Marrakech est le point de départ des caravanes du désert, et le centre de rassemblement des nombreux peuples de passage, notamment les «hommes bleus» du Sahara. Son palais Bahia, ouvert au public, est richement orné de sculptures de bois de cèdre. Le haut minaret de la Koutoubia est une splendeur, de même que les tombeaux des Sa'adiens, la place Djemaa el-Fna et les jardins Agdal et Menara. Fès est surtout célèbre pour sa médina, l'une des plus labyrinthiques du Maroc mais aussi l'une des plus belles. La tombe d'Idris II, qui fonda la ville en l'an 809, se trouve au tournant d'une ruelle ! Elle mérite une visite, de même que le quartier des tanneurs et la mosquée Qarawiyïn. Rabat est une capitale propre et droite, pleine de monuments aussi anciens que la ville elle-même (qui date du XIIe siècle). Elle est entourée de la « muraille des Andalous» et surplombée par la tour Hassan et le mausolée Muhammad V. La casbah des Oudaïa, le Palais royal et le site romain de Chella sont aussi à voir. Tétouan, sa médina et ses souks, sont bien différents : les Berbères descendent des montagnes du Rif pour venir y vendre leurs produits. Entre Casablanca et Agadir, les plages de l'Atlantique sont très belles. Certains ornithologues considèrent la MAURITANIE comme le paradis de l'observation des oiseaux, en particulier le cap d'Arguin, à l'extrême nord de la côte de l'Atlantique. Plus à l'est, sur les hauts plateaux de l'Adrar, les villages de Atar, Ouadane et Chinguetti méritent d'être visités pour l'authenticité de la culture mauresque qui y règne encore et pour les vestiges du passé qu'ils rappellent, comme les peintures rupestres de Chinguetti et ses nombreuses mosquées. Au

+9 +8 +7 +6 +5

☪ MAURITANIE

Région: Afrique
Superficie: 1 030 700 km²
Capitale: Nouakchott
Aéroport: Nouakchott 4 km
Population: 2 192 780 habitants
Langue: arabe hassaniya (off), français
Religion: islamique
Régime politique: présidentiel
Voltage-cycles: 220 - 50
Vaccins obligatoires: Fj
" recommandés: Cho-Ty-Po-Mal
Passeport: requis
Visa: requis
Monnaie: ouguiya
1$CA= 93,99 ouguiyas
Conduite: à droite
Permis int'l: recommandé
Indicatif: 011-222
℃ du Canada: –
℃ au Canada: –
Hôtellerie: ★
Restauration: ★
Transport: ★
Coût de la vie: ○○
Rang selon l'ONU: 158
Meilleurs mois: nov, mars
Jours fériés: 1 jan - 4,12 mars - 1,11,25, 31 mai - 8 août - 28 nov - 25 déc

+8 +7 +6 +5 +4

▨ SAHARA-OCC.

Région: Afrique
Superficie: 266 000 km²
Capitale: El-Aiun
Aéroport: –
Population: 211 880 habitants
Langue: arabe hassaniya
Religion: islamique
Régime politique: statut non défini
Voltage-cycles: 220 - 50
Vaccins obligatoires: -
" recommandés: Cho-Ty-Po-Mal
Passeport: requis
Visa: requis
Monnaie: dirham marocain
1$CA= 6,11 dirhams
Conduite: à droite
Permis int'l: requis
Indicatif: 011-212
℃ du Canada: –
℃ au Canada: –
Hôtellerie: –
Restauration: –
Transport: –
Coût de la vie: –
Rang selon l'ONU: –
Meilleurs mois: oct, nov, déc, jan, fév
Jours fériés: 1,11 jan - 3,4 mars - 1,11,23, 31 mai - 9 juil - 8,14,20 août - 6,18 nov

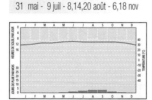

sud, la région du plateau d'Assaba et d'Affollé, a aussi une histoire à raconter. La grande région du SAHARA-OCCIDENTAL est revendiquée par le Maroc; cette situation tendue entre la capitale saharienne El-Aiun et Rabat, au Maroc, ne favorise pas le tourisme. Toutefois, la localité de Dakhla et toute la côte atlantique jusqu'à Dawra sont de très belles destinations.

ACHATS

Le Maroc s'enorgueillit de sa haute cuisine : le couscous, les merguez, le poulet, le méchoui, la *tajine* et les kebabs sont très appréciés, ainsi que le thé à la menthe. Le cuivre est finement ciselé et sert à faire des tables, des assiettes, des théières, des vases et mille autres objets d'usage courant. Le cuir se fait poufs, sacs, souliers ou tapisseries. Tapis de laine et tissages de coton, cafetans et *fez* colorés abondent. Attention à la consommation de drogues: les touristes ne sont pas autorisés à fumer le *kif* (haschich), si populaire auprès des Marocains. Le millet est à la base de la plupart des mets de Mauritanie. L'alcool étant interdit, on accompagne les mets de thé à la menthe ou de zrig, le lait de chamelle. Les Maures utilisent depuis toujours les stylets et des poignards aux ornements complexes. Le cuivre et l'étain sont travaillés avec finesse, et les tisserands excellent dans l'art d'harmoniser les couleurs pour faire de très beaux tapis. Les poufs de cuir de chameau sont offerts dans toutes les formes, tailles et couleurs. Les souks du Sahara-Occidental offrent des marchandises de toutes sortes, notamment du cuir, des poteries, des tapis, des tissus et du thé à la menthe.

AFRIQUE DU NORD

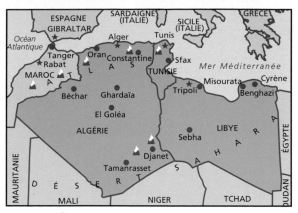

POINTS D'INTÉRÊT

Les tensions qui existent actuelle-ment en ALGÉRIE ne favorisent pas le tourisme. La montée de l'intégris-me islamique dans ce pays a attiré l'attention de la communauté inter-nationale : les étrangers sont fré-quemment victimes d'attentats. Pourtant, à Alger, la Casbah, la vieille ville du temps de l'Empire turc, est un trésor d'histoire avec ses mosquées et son palais. Le musée d'Ethnographie et le musée natio-nal des Beaux-Arts comptent parmi

+9 +8 +7 +6 +5

⊙ ALGÉRIE

Région: Afrique
Superficie: 2 381 740 km²
Capitale: Alger
Aéroport: Alger 19 km
Population: 27 895 100 habitants
Langue: arabe (off.), berbère, français
Religion: islamique
Régime politique: présidentiel
Voltage-cycles: 220 - 50
Vaccins obligatoires: Fj*
" recommandés: Ty-Po
Passeport: requis
Visa: requis
Monnaie: dinar
1$CA= 30,43 dinars
Conduite: à droite
Permis int'l: requis
Indicatif: 011-213
☎ du Canada: –
☎ au Canada: –
Hôtellerie: ★★
Restauration: ★★
Transport: ★
Coût de la vie: ○
Rang selon l'ONU: 109
Meilleurs mois: mai à oct
Jours fériés: 1 jan - 4 mars - 1,11,31 mai - 10,19 juin - 5 juil -8 août - 1 nov

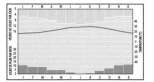

⊙ LIBYE

Région: Afrique
Superficie: 1 759 540 km²
Capitale: Tripoli
Aéroport: Tripoli 35 km
Population: 5 057 400 habitants
Langue: arabe
Religion: islamique
Régime politique: militaire
Voltage-cycles: 125/220 - 50
Vaccins obligatoires: Fj
" recommandés: Cho-Ty-Po-Mal
Passeport: requis traduit en arabe
Visa: requis
Monnaie: dinar libyen
1$CA= 0,25 dinar
Conduite: à droite
Permis int'l: requis
Indicatif: 011-218
☎ du Canada: –
☎ au Canada: –
Hôtellerie: ★★★
Restauration: ★★
Transport: ★★★
Coût de la vie: ○○○
Rang selon l'ONU: 79
Meilleurs mois: avr, mai, sep, oct
Jours fériés: 4,28 mars - 11,31 mai - 10 juin - 8 août - 1 sep - 7 oct - 31 déc

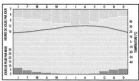

⊙ TUNISIE

Région: Afrique
Superficie: 163 610 km²
Capitale: Tunis
Aéroport: Carthage-Tunis 7 km
Population: 8 726 570 habitants
Langue: arabe (off.), français
Religion: islamique
Régime politique: présidentiel
Voltage-cycles: 220 - 50
Vaccins obligatoires: Fj
" recommandés: Cho-Ty-Po
Passeport: requis
Visa: non requis
Monnaie: dinar tunisien
1$CA= 0,68 dinar
Conduite: à droite
Permis int'l: recommandé
Indicatif: 011-216
☎ du Canada: –
☎ au Canada: –
Hôtellerie: ★★★★
Restauration: ★★★★
Transport: ★★★★
Coût de la vie: ○
Rang selon l'ONU: 81
Meilleurs mois: mars, avr, mai, sep, oct
Jours fériés: 1 jan - 4,20 mars - 9 avr - 1,11, 31 mai - 25 juil - 8,13 août - 15 oct - 7 nov

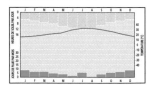

MAURITIUS / ROSSENBACH / RÉFLEXION

les plus riches d'Afrique. À l'est d'Alger, la côte Turquoise est bordée de plages typiquement méditerranéennes. Plages et sites historiques se succèdent d'ailleurs jusqu'à Oran. Il est indispensable de s'arrêter dans les villes du Mzab : Ghardaïa, El Ateuf, Bou Noura, Melika et Beni Isguen, pour bien comprendre ce qu'est la vie dans une oasis. Les déserts du Grand Erg et du Sahara sont en eux-mêmes des «pays» à visiter : la route de El Goléa à Tamanrasset, l'étrange massif du Hoggar, les peintures rupestres du tassili des Ajjers, la station balnéaire de Dellys, les gorges de Rummel à Constantine et l'oasis de Djanet où viennent s'arrêter les caravanes de Touaregs. En LIBYE, la guerre et le régime politique du colonel Khadafi limitent le tourisme. Ce pays est pourtant riche d'histoire et de sites archéologiques : Cyrène (ville antique fondée en 631 avant J.-C.), Lebda et Tolmeita en sont des exemples émouvants. L'arc de triomphe de Tripoli date de Marc Aurèle et de nombreux autres vestiges témoignent du passé tumultueux de la ville. Bien qu'elles soient très arides, les montagnes du Fezzan ont donné naissance à la perle du désert, Ghadamès, à la frontière algérienne. Des jardins et des palmeraies poussent à profusion dans l'oasis de la ville. La TUNISIE possède une longue et palpitante histoire : Romains, Arabes, Berbères, Turcs et Français s'y sont succédés et

ont laissé des traces. Carthage n'est plus, évidemment, mais il reste les bains d'Antonius, des villas romaines et le jardin archéologique qui est, en fait, une nécropole punique. Les ruines d'Utique, près de Cap Blanc, sont même plus anciennes (environ 1 000 ans avant notre ère). Kairouan est une ville sainte pour l'Islam et ses mosquées sont fascinantes. Sbeïtla, au sud du Tell, garde d'importants vestiges romains, dont un aqueduc et de nombreux temples. Au Musée archéologique du Bardo, à Tunis, on peut voir de beaux exemples des trésors carthaginois, byzantins, romains et arabes tandis que le Musée national présente des artefacts préhistoriques et puniques. Il faut voir absolument la médina de Tunis. La côte méditerranéenne, entre Cap Blanc et Bizerte, est merveilleuse. Tabarka, plus à l'ouest, est un centre de villégiature parfait. Hammamet, pareillement, est très populaire pour sa médina, ses souks et ses hammams. Sousse et Monastir, sur la côte est, combinent de très jolies plages et les commodités des grandes villes. De Gabès, on peut aller dans la très belle île de Djerba, ou dans les terres pour visiter les oasis de Gafsa, Tozeur et Nefta. Les bananiers, les dattiers et les grenadiers y attirent une intéressante faune. Sur la route reliant Gabès, Matmata, Médenine, et Zarzis, des villages entiers sont creusés à même le sol pour

protéger des rayons du soleil et de la chaleur du désert. Les villages berbères de Chenini, Ksar Djouama et Douriat sont bâtis en *ghorfas*, ces empilages de bâtiments circulaires qui ressemblent à l'intérieur d'une ruche.

ACHATS

Le couscous d'Algérie est l'un des meilleurs du monde. Le pays produit un vin corsé délicieux qui est malheureusement de plus en plus difficile à obtenir. L'artisanat local produit des tapis, poteries, bijoux, articles de maroquinerie et d'orfèvrerie. Le *darbouka*, tambour arabe, est un très joli instrument de musique. Le poil de chameau sert à tout faire: sacs, babouches et couvertures. Attention à ne pas enfreindre les nouveaux usages du pays en ce qui concerne l'alcool et la tenue vestimentaire des femmes. En Libye, les souks regorgent de produits des tisserands, orfèvres, tanneurs et joailliers. Les femmes ne sont pas admises partout et les voyageuses doivent être des plus discrètes. Les *tajines*, couscous, et dorados (mouton) sont des régals en Tunisie. La réputation du café tunisien n'est plus à faire et le vin y est surprenant par la qualité de son caractère, de même que le *bouka*, alcool fait à partir de figues, et le *thibarine*, à partir de dattes. Chaque région a sa spécialité : les tapis de Kairouan, les cages d'oiseaux en fil de fer de Sidi-bou, les parfums d'orangers et de jasmin de Nabeul, les poteries de l'île Djerba, les bijoux bédouins du sud du pays. Les céramiques, les cuirs, l'argenterie et les tapis, toujours d'une grande qualité, sont vendus dans tous les souks. Attention : les antiquités romaines ou carthaginoises sont maintenant toutes dans les musées.

ÉGYPTE

+10 +9 +8 +7 +6

Mer
Méditerranée

ISRAËL
Amman
Jérusalem
Damiette
Port-Saïd
Alexandrie
Gaza
Matrouh
JORDANIE
Le Caire
Gizeh
Suez
Mt
Sinaï
LIBYE
ARABIE
SAOUDITE
Assiout
Nil
Al-Balyana
Thèbes
Louxor
Mer
Rouge
DÉSERT DU SAHARA
Assouan
Lac Nasser
SOUDAN

Région: Afrique
Superficie: 1 001 450 km²
Capitale: Le Caire
Aéroport: Le Caire 22 km
Population: 60 765 030 habitants
Langue: arabe (off.)
Religion: islamique
Régime politique: présidentiel
Voltage-cycles: 220/110 - 50
Vaccins obligatoires: Fj*
" recommandés: Cho-Ty-Po
Passeport: requis
Visa: requis
Monnaie: livre égyptienne
1$CA= 2,47 livres
Conduite: à droite
Permis int'l: requis
Indicatif: 011-20
✆ **du Canada:** –
✆ **au Canada:** 365-3643
Hôtellerie: ★★
Restauration: ★★
Transport: ★★
Coût de la vie: ○
Rang selon l'ONU: 110
Meilleurs mois: nov, déc, jan, fév
Jours fériés: 4 mars - 24,25 avr - 1,11,31 mai - 18 juin - 23 juil - 8 août - 6,24 oct - 23 déc

POINTS D'INTÉRÊT

Cette année encore, des radicaux islamistes se sont attaqués à des groupes de touristes étrangers venus découvrir les beautés des pyramides, du Sphinx et des vestiges des pharaons : on recommande donc la plus grande prudence aux voyageurs qui désirent tout de même visiter ce pays. L'histoire de l'Égypte nous apprend cependant que, au fil des siècles, des événements ont transformé le pays sans altérer la somptuosité de ses trésors. Au Caire, le Musée égyptien possède la plus grande collection au monde d'artefacts de l'Égypte pharaonique; la collection Toutânkhamon est sans doute la plus impressionnante. Le musée d'Art islamique est aussi très bien documenté. L'université Al-Azhar, fondée en l'an 973, est la plus ancienne du monde. Il faut voir la mosquée Ibn Tulun, la plus ancienne et la plus grande d'Égypte. De nombreuses autres mosquées valent également le détour, surtout celle du sultan Hasan, qui date du XIVe siècle. L'art copte est présent surtout dans le vieux quartier du Caire. C'est à Saqqarah, au sud du Caire, que se trouvent les monuments les plus anciens du pays. Ancienne nécropole royale, cette région désertique regorge de stèles funéraires et de monuments mortuaires. La pyramide du pharaon Djoser, construite en l'an 2650 avant J.-C., est particulièrement impression-

J. HUARD

J. HUARD

nante, de même que la pyramide de Ounas, qui abrite de célèbres hiéroglyphes. La tombe de Ti contient de beaux bas-reliefs représentant la vie des Égyptiens des temps anciens. Les sarcophages des tombes du dieu Apis sont vraiment étonnants. Alexandrie, quant à elle, a gardé quelques vestiges de l'époque d'Alexandre le Grand, notamment l'amphithéâtre de marbre blanc. Le Musée gréco-romain propose une importante collection. Les catacombes de Kom El Shuqqaffa sont aussi bien intéressantes. Le soleil des plages méditerranéennes de Matrouh constitue une autre attraction de ce fabuleux pays. Le Nil est la meilleure route pour visiter le pays, de Louxor à Assouan. À Louxor, le voyageur admirera le temple de la ville et le temple Karnak, le plus important site archéologique du monde, avec ses rangées de colon-

nes, ainsi que le musée. La vallée des Rois abrite les tombes les plus richement décorées, notamment celles de Toutânkhamon et de Ramsès. C'est dans l'ancienne cité d'Abydos (aujourd'hui Al-Balyana) que le temple de Séthi Ier dévoile les plus belles murales et les plus beaux bas-reliefs. Le désert du Sinaï, baigné par le golfe de Suez, le golfe d'Aqaba de la mer Rouge et la Méditerranée, est une merveille de beauté. Les plages ont transformé le désert aride en stations balnéaires. Damiette, sur la rive droite du Nil et la station balnéaire de Ras-el-Bahr sont à voir. Le mont Sinaï, où Moïse reçut le décalogue, et le monastère Sainte-Catherine comptent parmi les sites les plus importants de l'histoire de l'humanité.

ACHATS

La cuisine égyptienne est savou-

reuse et parfumée : les plats de fèves (foul), les kebabs et les sauces de pois chiches (humus) sont à la base de tous les menus. Le thé à la menthe et les dattes fraîches accompagnent toujours les chauds après-midi. Le bazar de Khan al-Khalili, au Caire, est le plus grand et le mieux approvisionné d'Égypte; on y trouve les fameux rouleaux de coton peints rappelant les papyrus, les tissages imprimés de hiéroglyphes, et des bijoux d'or et d'argent d'inspiration pharaonique. Le cuivre est toujours savamment travaillé en gobelets ou en assiettes. L'art égyptien authentique est magnifique, mais n'oubliez pas que les véritables antiquités sont depuis longtemps dans les musées. Les voyageuses doivent rester très pudiques : les jambes et les bras nus ne sont pas de mise.

+8 +7 +6 +5 +4

AFRIQUE OCCIDENTALE

CAP-VERT

Région: Afrique
Superficie: 4 030 km²
Capitale: Praia
Aéroport: Sal
Population: 423 120 habitants
Langue: portugais, créole
Religion: catholique
Régime politique: parlementaire
Voltage-cycles: 220 - 50
Vaccins obligatoires: Fj
" recommandés: Cho-Ty-Po-Mal
Passeport: requis
Visa: requis
Monnaie: escudo du Cap-Vert
1$CA= 61,07 escudos
Conduite: à droite
Permis int'l: recommandé
Indicatif: 011-238
✆ du Canada: –
✆ au Canada: –
Hôtellerie: ★★
Restauration: ★★
Transport: ★★
Coût de la vie: ○○
Rang selon l'ONU: 122
Meilleurs mois: jan à mai
Jours fériés: 1,20 jan - 4,8 mars - 16 avr - 11 mai - 5 juil - 24 sep - 14 nov - 25 déc

POINTS D'INTÉRÊT

Les îles du CAP-VERT ont proclamé leur indépendance du Portugal en 1975. Cet état souverain a une administration commune avec la Guinée-Bissau. La capitale, Praia, sur l'île de Santiago, est surtout un port de pêche. Les plages sont les principales attractions; Tarrafal, de l'autre côté de l'île, possède sans doute les plus belles côtes sablonneuses. La Ci-dade Velha (la vieille ville) est à voir pour ses ruines portugaises. Sur l'île Sao Vicente, Mindelo conserve un charme colonial. Le Mont Fogo, sur l'île Fogo, est un cratère que l'on peut escalader. L'aéroport se trouve sur l'île de Sal, une île qui vaut le détour. Enclavée dans le Sénégal, la GAMBIE vit au rythme du fleuve du même nom. Tout en étant des sanctuaires d'oiseaux, les rives du fleuve

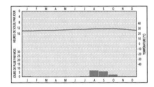

permettent aussi la culture du coton et des palétuviers. Fort James est tristement célèbre pour ses ports d'esclaves. Banjul et son architecture coloniale du XIXe siècle, ainsi que son Musée national témoignent du passé de la Gambie. Les menhirs du cimetière de Wassu et la réserve Abuko sont aussi à voir. La ville de Conakry vibre au rythme des musiques et des danses de la GUINÉE et le tourisme commence à y prendre une place importante. Les plages des îles de Los sont bondées de vacanciers. À Pita, dans le massif de Fouta-Djalon, les chutes Kinkon sont impressionnantes. Dalaba,

MAURITIUS / REINHARD / RÉFLEXION

+8 +7 +6 +5 +4   +8 +7 +6 +5 +4   +8 +7 +6 +5 +4

▬ GAMBIE

Région: Afrique
Superficie: 11 300 km²
Capitale: Banjul
Aéroport: Banjul 29 km
Population: 959 300 habitants
Langue: anglais (off.), dioula, malinké
Religion: islamique
Régime politique: parlementaire
Voltage-cycles: 220 - 50
Vaccins obligatoires: Fj
" recommandés: Cho-Ty-Po-Mal
Passeport: requis
Visa: non requis
Monnaie: dalasi
1$CA= 7,03 dalasis
Conduite: à droite
Permis int'l: requis
Indicatif: 011-220
✆ **du Canada:** –
✆ **au Canada:** –
Hôtellerie: ★★★
Restauration: ★★★
Transport: ★★★
Coût de la vie: ○○
Rang selon l'ONU: 166
Meilleurs mois: nov, mars, avr, mai
Jours fériés: 1 jan - 18 fév - 4 mars - 14,16, 17 avr - 1,11,25,31 mai - 8 août - 25 déc

■ GUINÉE

Région: Afrique
Superficie: 245 860 km²
Capitale: Conakry
Aéroport: Conakry 13 km
Population: 6 391 540 habitants
Langue: français (off.), malinké
Religion: islamique, animiste
Régime politique: présidentiel, militaire
Voltage-cycles: 220 - 50
Vaccins obligatoires: Fj
" recommandés: Cho-Ty-Po-Mal
Passeport: requis
Visa: requis
Monnaie: franc guinéen
1$CA= 728,68 francs
Conduite: à droite
Permis int'l: requis
Indicatif: 011-224
✆ **du Canada:** –
✆ **au Canada:** –
Hôtellerie: ★
Restauration: ★
Transport: ★
Coût de la vie: ○○
Rang selon l'ONU: 173
Meilleurs mois: jan, fév, mars
Jours fériés: 1,2 j - 4 mars - 3,16,17 avr - 1,11, 25 mai - 4,5 juin - 8,15 a - 2 oct -1 n- 25 déc

■ GUINÉE-BISSAU

Région: Afrique
Superficie: 36 120 km²
Capitale: Bissau
Aéroport: Bissau 11 km
Population: 1 098 240 habitants
Langue: portugais (off.), créole
Religion: animiste
Régime politique: multipartisme
Voltage-cycles: 220 - 50
Vaccins obligatoires: Fj
" recommandés: Cho-Ty-Po-Mal
Passeport: requis
Visa: requis
Monnaie: peso guinéen
1$CA= 12328,20 pesos
Conduite: à droite
Permis int'l: recommandé
Indicatif: 011-245
✆ **du Canada:** –
✆ **au Canada:** –
Hôtellerie: ★★
Restauration: ★★
Transport: ★★
Coût de la vie: ○○
Rang selon l'ONU: 164
Meilleurs mois: jan à mai
Jours fériés: 1,20 jan - 4,8 mars - 16 avr - 11 mai - 10,24 sep - 14 nov - 25 déc

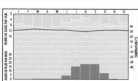

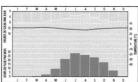

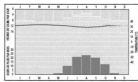

une ancienne station thermale, offre à l'oeil un panorama fabuleux. L'ancienne Guinée portugaise, GUINÉE-BISSAU, a gardé de son colonisateur la langue et quelques superbes monuments érigés entre 1879 et 1974, année de l'indépendance. Le musée de Bissau présente une belle collection de masques et d'artefacts africains et le Palais présidentiel mérite aussi la visite, mais ce sont les îles Bissagos, surtout Bubaque, qui présentent le plus d'intérêt. Au LIBERIA, la plantation d'hévéas (arbre à caoutchouc) Firestone est l'une des plus grandes au monde. Cet ensemble d'arbres lacérés pour

donner leur sève est très impressionnant. Le musée de l'île de Providence rappelle l'histoire tourmentée des premiers Américano-Libériens. Monrovia conserve plusieurs bâtiments du style des grandes plantations du sud des États-Unis. Les plages de Robertsport sont réputées pour la douceur de leur sable et le Parc national Sarpo pour son climat. Malheureusement, la guerre civile du Liberia a déjà fait plus de 150 000 morts. Le SÉNÉGAL est le meilleur point de départ pour le voyageur qui en est à sa première expérience africaine : le modernisme européen apparaît dans un cadre exotique, pour ce

qui est des grandes villes; les villages, à l'intérieur des terres, ont un parfum résolument africain. À Dakar, le Palais présidentiel et la gare sont de beaux exemples d'architecture coloniale. La cathédrale, la mosquée, la médina et le quartier résidentiel illustrent la diversité des attraits de la ville. Le musée d'Art négro-africain initie à l'art africain en général, et à l'art sénégalais en particulier. Sur l'île de Gorée, autrefois un enclos pour les esclaves, on trouve aujourd'hui de tranquilles maisons coloniales, le fort, le castel et de très belles plages. Sur le continent, les plages des Almadies sont aussi très réputées. La Petite Côte, entre M'Bour et Joal, est connue pour la qualité de ses plages et ses deux villages agréables. Au nord, il faut visiter Saint-Louis, l'ancienne capitale, pour son charme colonial du XVIIe siècle, Touba pour sa mosquée, et le Parc national de Djoudj pour sa myriade d'oiseaux. Au sud, Tambacounda s'ouvre sur le Parc national de Niokolo-Koba, où vivent de nombreux buffles, gazelles et singes

verts. De Ziguinchor à Cap Skirring, la Casamance est un paradis d'oiseaux migrateurs. Les grandes richesses de la SIERRA LEONE sont les diamants et... les plages! Celles de Lumeley, Goderich, Hamilton, Number 2, York et Black Johnson jusqu'à Kent, et celles de l'île Banana, comptent parmi les plus belles d'Afrique. Les chutes de Binkongo, près de Sefadu, et Bumbuna, près de Magburaka sont à visiter. À la

frontière de la Guinée, on peut admirer le Parc national de Outama-Kilimi. À Freetown, les bâtiments semblent souvent laissés à l'abandon : cependant, le Parlement, le palais de Justice, le Musée national et la grande rue Siaka Stevens possèdent un certain charme. L'île Bunce est un ancien comptoir pour les négriers; aujourd'hui, on y fait de belles randonnées dans les murs de la forteresse.

+8 +7 +6 +5 +4

LIBERIA

Région: Afrique
Superficie: 111 370 km²
Capitale: Monrovia
Aéroport: Monrovia 60 km
Population: 2 972 780 habitants
Langue: anglais (off.), mandé
Religion: animiste, islamique
Régime politique: présidentiel
Voltage-cycles: 110 - 50
Vaccins obligatoires: Fj
" recommandés: Cho-Ty-Po-Mal
Passeport: requis
Visa: requis
Monnaie: dollar libérien
1$CA= 0,74 dollar
Conduite: à droite
Permis int'l: recommandé
Indicatif: 011-231
✆ du Canada: –
✆ au Canada: –
Hôtellerie: ★
Restauration: ★
Transport: ★
Coût de la vie: ○
Rang selon l'ONU: 144
Meilleurs mois: jan, fév, mars
Jours fériés: 1,2 j - 8,15 mars -14,16, 17 avr - 25 mai - 26 juil - 24 août - 2,29 n- 25 déc

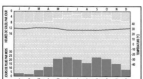

+8 +7 +6 +5 +4

SÉNÉGAL

Région: Afrique
Superficie: 196 190 km²
Capitale: Dakar
Aéroport: Dakar 17 km
Population: 8 730 510 habitants
Langue: français (off.), ouolof
Religion: islamique, chrétienne
Régime politique: présidentiel
Voltage-cycles: 220 - 50
Vaccins obligatoires: Fj*
" recommandés: Cho-Ty-Po-Mal
Passeport: requis
Visa: requis
Monnaie: franc CFA
1$CA= 355,95 francs CFA
Conduite: à droite
Permis int'l: requis
Indicatif: 011-221
✆ du Canada: –
✆ au Canada: –
Hôtellerie: ★★★★
Restauration: ★★★
Transport: ★★★
Coût de la vie: ○○
Rang selon l'ONU: 143
Meilleurs mois: jan à mai
Jours fériés: 1,2 j- 4 m - 4,16,17 avr - 1,11, 25,31 mai - 4,5 juin - 8,15 août - 1 n - 25 déc

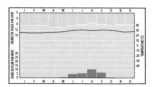

+8 +7 +6 +5 +4

SIERRA LEONE

Région: Afrique
Superficie: 71 740 km²
Capitale: Freetown
Aéroport: Freetown 24 km
Population: 4 630 040 habitants
Langue: anglais (off.), krio
Religion: islamique, animiste
Régime politique: présidentiel
Voltage-cycles: 220 - 50
Vaccins obligatoires: Fj
" recommandés: Cho-Ty-Po-Mal
Passeport: requis
Visa: requis
Monnaie: leone
1$CA= 537,35 leones
Conduite: à droite
Permis int'l: requis
Indicatif: 011-232
✆ du Canada: –
✆ au Canada: –
Hôtellerie: ★★
Restauration: ★★
Transport: ★
Coût de la vie: ○○
Rang selon l'ONU: 170
Meilleurs mois: jan, fév, mars
Jours fériés: 1 jan - 4 mars - 14-17,27 avr - 11 mai - 8 août - 25 déc

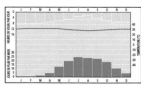

ACHATS

Le *cachupa*, une délicieuse
macédoine de fèves et de légumes, est le plat national du
Cap-Vert. Les enregistrements
de la talentueuse chanteuse Cé-
saria Evora donnent un avant-
goût du mélange des cultures
portugaise et africaine. L'artisanat utilise les coquillages, les
noix de coco et les feuilles de
palmier. La cuisine de la Gambie est riche et savoureuse : le
benachin est particulièrement
bon. Mandingues, Ouolofs et
Peuls se partagent la scène artistique et artisanale. Les batiks, les chemises de coton imprimé, les figurines de bois, les
masques, les poteries, les tissages et les bijoux de fil d'or et
d'argent sont réputés. On les
trouve notamment au marché
de Bakau, en banlieue de Banjul. La *kora*, un genre de harpe
en peau de chevreau, et le *balafon*, un instrument de per-
cussion, agrémentent souvent
les soirées en Guinée. Les
sculpteurs animaliers travaillent surtout le bois poli. Les
boubous sont de magnifiques
vêtements ornés de broderies
que portent hommes et femmes. Les masques d'animaux à
cornes, les bracelets de cheville
et de poignet, les jupes d'herbe
séchée et les clochettes de cou
sont caractéristiques de la Guinée-Bissau. Les marchés proposent aussi des sculptures et des
objets de terre cuite peinte. Au
Liberia, les marchés de Monrovia offrent des mètres de tissus
teints et richement colorés. Les
artisans sculptent la pierre à
savon en masques ou en amulettes ; d'autres travaillent le
bois vert ou l'hévéa. Attention!
Les véritables sculptures en
bois d'ébène sont rares et coû-
tent très cher. Il faut absolument goûter au poulet *yassa* et
au *tiebou dienne*, un plat de
riz et de poisson, typiques du
Sénégal. La *kora*, dont jouent
les griots, est un instrument de
musique à cordes typique du
pays. À Dakar, les marchés offrent un grand choix de produits artisanaux. Les sculptures
de bois et les bijoux d'or et
d'argent sont, en outre, des cadeaux très appréciés. Il n'est
pas recommandé d'acheter
quoi que ce soit qui ressemble
à de l'ivoire. Au Sierra Leone
les batiks de Makeni sont reconnus pour leur qualité et les
paniers tressés de Freetown
pour leur variété. Les joailliers
utilisent surtout les diamants
pour la confection de leurs très
beaux bijoux.

GALERIE ARTEFACT

AFRIQUE DU SAHEL

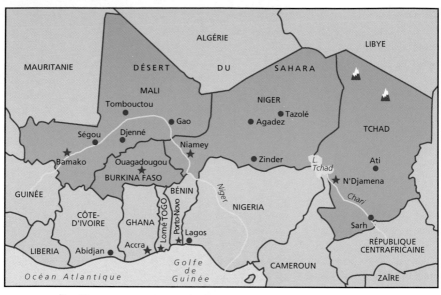

Carte : ALGÉRIE, LIBYE, MAURITANIE, DÉSERT DU SAHARA, MALI, Tombouctou, Gao, NIGER, Tazolé, Agadez, TCHAD, Ségou, Djenné, Niamey, Zinder, L. Tchad, Ati, Bamako, Ouagadougou, N'Djamena, GUINÉE, BURKINA FASO, BÉNIN, Niger, Chari, Lomé TOGO, Porto-Novo, NIGERIA, Sarh, CÔTE-D'IVOIRE, GHANA, Lagos, RÉPUBLIQUE CENTRAFRICAINE, LIBERIA, Abidjan, Accra, Océan Atlantique, Golfe de Guinée, CAMEROUN, ZAÏRE

+8 +7 +6 +5 +4

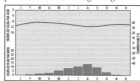

BURKINA FASO

Région: Afrique
Superficie: 274 200 km²
Capitale: Ouagadougou
Aéroport: Ouagadougou 8 km
Population: 10 134 670 habitants
Langue: français (off.), mossi
Religion: animiste, islamique
Régime politique: présidentiel
Voltage-cycles: 220 - 50
Vaccins obligatoires: Fj
" recommandés: Cho-Ty-Po-Mal
Passeport: requis
Visa: requis
Monnaie: franc CFA
1$CA= 355,95 francs CFA
Conduite: à droite
Permis int'l: recommandé
Indicatif: 011-226
℡ du Canada: –
℡ au Canada: –
Hôtellerie: ★★★
Restauration: ★★★
Transport: ★★
Coût de la vie: ○○○
Rang selon l'ONU: 172
Meilleurs mois: déc, jan, fév
Jours fériés: 1,3 jan - 4,8 mars - 16,17 avr - 1,11, 25 mai - 4,8,15 août - 15 oct - 1 nov - 25 déc

POINTS D'INTÉRÊT

«Pays des hommes intègres», c'est ce que veut dire le nom BURKINA FASO. Anciennement baptisé Haute-Volta, le pays a subi de grandes transformations depuis 1983, date du dernier coup d'État. Maintenant, il se prête bien aux aventures touristiques. Le musée national d'Ethnologie explique bien la culture des Mossis. Le grand marché de Bobo-Dioulasso est à voir, ainsi que les cascades situées près de Banfora. Les parcs nationaux de Po, d'Arly et du «W» se prêtent bien aux safaris. Le MALI devrait figurer sur tous les itinéraires africains : le pays est riche en sites et en peuplades extraordinaires. La plus belle route du pays est sans nul doute le fleuve Niger, qui serpente de Bamako à Gao en passant par Mopti et Tombouctou. Mopti est le point de départ des expéditions vers les villages dogons et

pour Djenné, mais il faut aussi y visiter la mosquée et le port. Le pays dogon est en soi une merveille qui mériterait un chapitre entier. Tombouctou est une halte pour les caravanes de Touaregs, située au milieu du désert; son vieux village et sa mosquée du XIVe siècle sont à voir. À ne pas manquer non plus, la mosquée de Djenné, bel exemple d'architecture soudanaise. Le NIGER est bien connu pour la beauté de ses paysages. Dans la région du massif de Aïr, les montagnes sont d'une beauté impressionnante. Les oasis de Tafadek, Timia et Igoulousef sont à voir absolument, de même que les sites préhistoriques d'Iferouâne. À Tazolé, se trouve le cimetière de dinosaures le plus important du monde. Le plateau Djado est réputé pour ses peintures rupestres d'éléphants et d'antilopes. Agadez, Niamey et Zinder sont des villes plus peuplées et constituent le point de départ d'expéditions touristiques. Au TCHAD, le royaume du Bornou vit son apogée au XVIe siècle et N'Djamena a gardé plusieurs vestiges de cette époque. Port fluvial sur le fleuve Chari, la ville est intéressante : les marchés sont colorés et le musée présente une excellente collection d'art ancien. La réserve Zakouma, au sud, est peuplée d'éléphants qui se déplacent en hardes cherchant les points d'eau.

ACHATS

Au Burkina Faso, les sculpteurs animaliers de Ouagadougou sont reconnus pour leurs bronzes aux fins détails. Les statuettes de bois, les masques, paniers, bijoux et tissus sont intéressants, de même que les fameuses peaux chamoisées préparées dans les tanneries de Ouagadougou. Au Mali, le *Capitaine Sangha* est le nom donné à un mets typique et délicieux, constitué de viande abondamment épicée cuite avec une purée de banane et du riz. L'art dogon ancien a presque disparu. Par contre, l'artisanat est accessible et très beau. La kora, dont on joue un peu partout en Afrique, est très répandue au Mali. Au Niger, la croix d'Agadez, joliment ornée, protège du «mauvais œil». Au grand marché de Niamey, vous trouverez les couvertures Djerma de coton, très grandes et très colorées. Les Hausa et les hommes bleus du désert produisent un artisanat bien adapté à leurs conditions de vie. Les nomades Toubous du Tchad ont une tradition artisanale très riche : tapis et couvertures de chameau, couteaux et kandjar finement ciselés, cotonnades savamment ornées, cuirs travaillés, poteries et objets de cuivre.

+8 +7 +6 +5 +4

🇲🇱 MALI

Région: Afrique
Superficie: 1 240 000 km²
Capitale: Bamako
Aéroport: Bamako 15 km
Population: 9 113 000 habitants
Langue: français (off.), mandé
Religion: islamique, animiste
Régime politique: présidentiel
Voltage-cycles: 220 - 50
Vaccins obligatoires: Fj
" recommandés: Cho-Ty-Po-Mal
Passeport: requis
Visa: requis
Monnaie: franc CFA
1$CA= 355,95 francs
Conduite: à droite
Permis int'l: recommandé
Indicatif: 011-223
☎ du Canada: –
☎ au Canada: –
Hôtellerie: ★★★
Restauration: ★★★
Transport: ★★
Coût de la vie: ○○
Rang selon l'ONU: 167
Meilleurs mois: déc, jan, fév
Jours fériés: 1,20 jan - 4,26 mars - 16 avr - 1,11,25 mai - 8 août - 22 sep - 25 déc

+9 +8 +7 +6 +5

🇳🇪 NIGER

Région: Afrique
Superficie: 1 267 000 km²
Capitale: Niamey
Aéroport: Niamey 12 km
Population: 8 971 610 habitants
Langue: français (off.), haoussa
Religion: islamique
Régime politique: présidentiel
Voltage-cycles: 220 - 50
Vaccins obligatoires: Fj
" recommandés: Cho-Ty-Po-Mal
Passeport: requis
Visa: requis
Monnaie: franc CFA
1$CA= 355,95 francs CFA
Conduite: à droite
Permis int'l: requis
Indicatif: 011-227
☎ du Canada: -
☎ au Canada: -
Hôtellerie: ★★
Restauration: ★★
Transport: ★★
Coût de la vie: ○○
Rang selon l'ONU: 169
Meilleurs mois: déc, jan, fév
Jours fériés: 1,2 jan - 4 mars - 1,11 mai - 3,8 août - 18,25 déc

+9 +8 +7 +6 +5

🇹🇩 TCHAD

Région: Afrique
Superficie: 1 284 000 km²
Capitale: N'Djamena
Aéroport: N'Djamena 4 km
Population: 5 466 780 habitants
Langue: français (off.), arabe (off.)
Religion: islamique, chrétienne
Régime politique: présidentiel
Voltage-cycles: 220 - 50
Vaccins obligatoires: Fj*
" recommandés: Cho-Ty-Po-Mal
Passeport: requis
Visa: requis
Monnaie: franc CFA
1$CA= 355,95 francs CFA
Conduite: à droite
Permis int'l: requis + carnet de voyage
Indicatif: 011-235
☎ du Canada: –
☎ au Canada: –
Hôtellerie: ★★
Restauration: ★★
Transport: ★
Coût de la vie: ○○
Rang selon l'ONU: 168
Meilleurs mois: déc, jan, fév
Jours fériés: 1 jan - 4 mars - 16,17 avr -1,11, 25 mai - 8,11 août - 1,28 nov - 1,25 déc

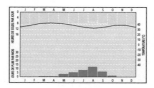

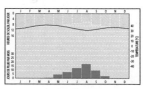

CORNE DE L'AFRIQUE ET SOUDAN

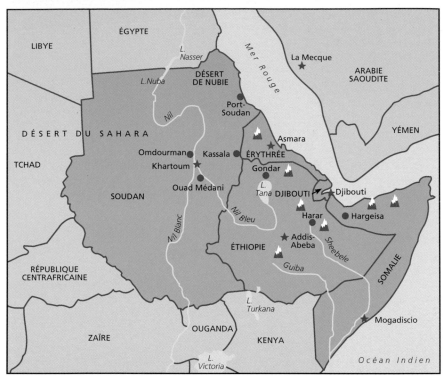

LIBYE

ÉGYPTE

L. Nasser

L. Nuba

DÉSERT DE NUBIE

Mer Rouge

La Mecque

ARABIE SAOUDITE

Nil

DÉSERT DU SAHARA

Port-Soudan

YÉMEN

TCHAD

Omdourman

Kassala

Asmara

ÉRYTHRÉE

Khartoum

Gondar

Ouad Médani

SOUDAN

L. Tana

DJIBOUTI

Djibouti

Nil Blanc

Nil Bleu

Harar

Hargeisa

RÉPUBLIQUE CENTRAFRICAINE

ÉTHIOPIE

Addis-Abeba

Sheebele

SOMALIE

Guiba

L. Turkana

ZAÏRE

OUGANDA

KENYA

Mogadiscio

L. Victoria

Océan Indien

DJIBOUTI

Région: Afrique
Superficie: 21 980 km²
Capitale: Djibouti
Aéroport: Djibouti 5 km
Population: 413 000 habitants
Langue: français (off.), arabe
Religion: islamique, chrétienne
Régime politique: présidentiel
Voltage-cycles: 220 - 50
Vaccins obligatoires: Fj*
" recommandés: Cho-Ty-Po-Mal
Passeport: requis
Visa: requis
Monnaie: franc djiboutien
1$CA= 130,82 francs
Conduite: à droite
Permis int'l: recommandé
Indicatif: 011-253
☎ du Canada: –
☎ au Canada: –
Hôtellerie: ★★★
Restauration: ★★★
Transport: ★★★
Coût de la vie: ○○
Rang selon l'ONU: 163
Meilleurs mois: nov à avr
Jours fériés: 1 jan - 15 mars - 16 avr - 21,27 juin - 25 déc

ÉRYTHRÉE

Région: Afrique
Superficie: 121 320 km²
Capitale: Asmara
Aéroport: Asmara
Population: 3 782 550 habitants
Langue: tigrinya, arabe
Religion: islamique, chrétienne
Régime politique: présidentiel
Voltage-cycles: 220 - 50
Vaccins obligatoires: Fj*
" recommandés: Cho-Ty-Po-Mal
Passeport: requis
Visa: requis
Monnaie: birr
1$CA= 4,66 birrs
Conduite: à droite
Permis int'l: recommandé
Indicatif: 011-251
☎ du Canada: –
☎ au Canada: –
Hôtellerie: –
Restauration: –
Transport: –
Coût de la vie: –
Rang selon l'ONU: –
Meilleurs mois: déc, jan, fév
Jours fériés: 24 mai

ÉTHIOPIE

Région: Afrique
Superficie: 1 127 127 km²
Capitale: Addis-Abeba
Aéroport: Addis-Abeba
Population: 54 927 110 habitants
Langue: amharique (off.), tigrinya, somali
Religion: chrétienne, islamique
Régime politique: démocratie parlementaire
Voltage-cycles: 220 - 50
Vaccins obligatoires: Fj*
" recommandés: Cho-Ty-Po-Mal
Passeport: requis
Visa: requis
Monnaie: birr
1$CA= 4,66 birrs
Conduite: à droite
Permis int'l: requis
Indicatif: 011-251
☎ du Canada: –
☎ au Canada: –
Hôtellerie: ★
Restauration: ★
Transport: ★
Coût de la vie: ○
Rang selon l'ONU: 161
Meilleurs mois: jan, fév, mars
Jours fériés: 7,19 jan - 2,4 mars - 6,21,23 avr - 1,11,28 mai - 8 août - 11 sep

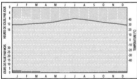

POINTS D'INTÉRÊT

La frontière commune avec la Somalie n'a pas encore affecté DJIBOUTI. Le pays conserve une paix relative malgré l'extrême pauvreté des habitants et des ressources du pays. Pourtant, les beautés naturelles ne manquent pas : le lac Abbé, à la frontière de l'Éthiopie, est le point de rencontre de milliers de flamands roses et de pélicans. C'est aussi l'un des sites du monde le plus bas sous le niveau de la mer. Dans le golfe de Tadjoura, les récifs et la vie sous-marine sont superbes. À Obock et à Tadjoura, il faut voir les mosquées et

les vestiges du passé colonial. Entouré de deux pays en guerre, le Soudan et la Somalie, l'ÉRYTHRÉE tient tant bien que mal son fragile équilibre économique et social. Ce jeune pays n'est devenu indépendant de l'Éthiopie qu'en 1993. L'industrie du tourisme n'est pas encore fonctionnelle mais la capitale, Asmara, les villes d'Agordat, de Karen et la ville portuaire de Massaoua sur les bords de la mer Rouge, sont avec le village d'Elghena, plus au nord, les principaux sites à visiter. L'archipel Dahlak, dans la mer Rouge, est vierge et peu peuplé: une destination idéale pour les aventuriers. Récemment amputée de l'Érythrée, l'ÉTHIOPIE n'est pas qu'un pays de famine : c'est aussi et surtout un pays qui a su garder son identité et sa culture plusieurs fois séculaire. Le Musée national d'Addis-

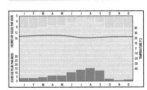

Abeba rappelle l'histoire du pays, qui est riche en revirements. Le Palais national est d'un grand intérêt, comme le mausolée Menelik II, le Parlement et la cathédrale Saint-Georges. Il est essentiel de visiter le musée d'Ethnologie et d'Archéologie. Les vestiges de la capitale royale d'Aksoum valent le détour ainsi que ceux de la ville de Gondar, ancienne capitale royale aux multiples palais et églises du XVIIe siècle. Harar est restée hors des tourments modernes. Les parcs nationaux renferment une faune et une flore encore intouchées. La route, entre les gorges du Nil Bleu et les monastères de Bahar Dar, est particulièrement belle. C'est dans la vallée Hadar que fut découvert en 1974 le squelette d'un homidé femelle vieux de 3 millions d'années. La guerre fait malheureusement rage en SOMALIE. Plusieurs villages et des villes entières ont été détruits depuis le début des hostilités. Mogadiscio, la capitale, ne peut plus recevoir de touristes. De violents affrontements ont eu lieu à Berbera et Burao, étendant ainsi les

dégâts à l'extérieur de la capitale. La guerre n'a pas cessé au SOUDAN depuis près de 27 ans... La détérioration de la situation ne permet pas d'espérer une fin prochaine du conflit. Pourtant le pays regorge d'attraits touristiques et particulièrement de sites archéologiques : le Musée national de Khartoum expose des pièces datant de plus de 4000 ans avant J.-C. La faune et la flore sont diversifiées et abondent partout dans le pays.

ACHATS

L'art des peuples afars et issas est encore teinté de leur nomadisme d'avant la colonisation. Les instruments de musique, tambours et cordes, produisent des sons très mélodieux. Les nombreux marchés, très colorés, proposent quantité de tissus, bijoux et objets usuels. Les sculptures de bois, les tapis tissés à la main, les instruments de musique (comme le tambour de bois) et l'alcool de miel appelé le *tej* sont de beaux souvenirs à rapporter d'Érythrée. En Éthiopie, le *mercato* d'Addis-Abeba est florissant et constitue le point de rencontre d'artisans venus des quatre coins du pays : les poteries de Falasha, les bijoux de Lalibela, les tissages de Makale s'y côtoient. L'art du peuple danakils, nomades vivant dans les régions steppiques entre les montagnes et la mer Rouge, est de toute beauté. Des sculptures de bois magnifiques, des paniers tressés et surtout des tissus teints, sont typiques de la Somalie. Au Soudan les boucliers de peaux, les lances, les ornements et les objets usuels de la vie tribale sont vendus surtout dans les villages. Les Hamites ont leurs propres traditions, qui s'expriment dans leurs sculptures et leurs bijoux.

+11 +10 +9 +8 +7

⭐ SOMALIE

Région: Afrique
Superficie: 637 660 km²
Capitale: Mogadiscio
Aéroport: Mogadiscio
Population: 6 666 880 habitants
Langue: somali (off.), arabe
Religion: islamique
Régime politique: république
Voltage-cycles: 220 - 50
Vaccins obligatoires: Fj*-Cho*
" recommandés: Ty-Po-Mal
Passeport: requis
Visa: requis
Monnaie: shilling somali
1$CA= –
Conduite: à gauche
Permis int'l: requis
Indicatif: 011-252
☏ du Canada: –
☏ au Canada: –
Hôtellerie: ★
Restauration: ★
Transport: ★
Coût de la vie: ○○
Rang selon l'ONU: 165
Meilleurs mois: déc, jan, fév
Jours fériés: 1 jan - 4 mars - 1,11 mai - 26 juin - 1 juil - 8 août - 21,22 oct

+10 +9 +8 +7 +6

SOUDAN

Région: Afrique
Superficie: 2 505 810 km²
Capitale: Khartoum
Aéroport: Khartoum 4 km
Population: 29 419 800 habitants
Langue: arabe (off.), dinka
Religion: islamique
Régime politique: dictature militaire
Voltage-cycles: 240 - 50
Vaccins obligatoires: Fj*-Cho*
" recommandés: Ty-Po-Mal
Passeport: requis
Visa: requis
Monnaie: dinar soudanais
1$CA= 36,30 dinars
Conduite: à gauche
Permis int'l: requis + carnet de passage
Indicatif: 011-249
☏ du Canada: –
☏ au Canada: –
Hôtellerie: ★
Restauration: ★
Transport: ★
Coût de la vie: ○○○
Rang selon l'ONU: 151
Meilleurs mois: nov à mars
Jours fériés: 1 jan - 4 mars - 11,31 mai - 30 juin - 8 août - 25 déc

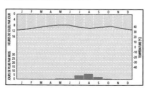

GOLFE DE GUINÉE

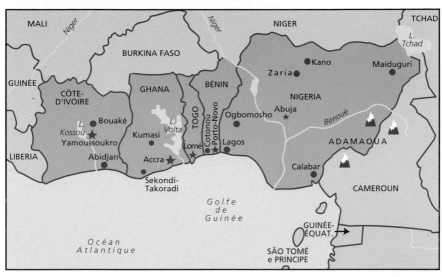

POINTS D'INTÉRÊT

Les amateurs d'art connaissent bien l'ancien royaume du BÉNIN réputé pour ses superbes bronzes. Aujourd'hui, la république du Bénin attire les touristes surtout pour ses beautés naturelles. Les parcs nationaux de Pendjari et du «W» sont des réserves fauniques riches de guépards et d'hippopotames. Les huttes du village de Ganvié, près de Cotonou, sont construites en bambou et bâties sur pilotis. Abomey est une ville fortifiée où gisent les tombes des rois du Bénin. La CÔTE-D'IVOIRE porte ce nom à cause du commerce de l'ivoire que pratiquaient les Portugais au XVe siècle. Aujourd'hui, faute d'ivoire, on pourrait l'appeler «la côte du Cacao», puisque le pays en est le premier producteur au monde. Yamoussoukro, la capitale, est une ville moderne qui vit à l'ombre de la ville plus connue d'Abidjan, surnommée «Ville lumière» de l'Afrique. Attention : Abidjan est l'une des villes les plus chères d'Afrique. À Yamoussoukro, la basilique Notre-Dame-de-la-Paix, construite sur le modèle de Saint-Pierre de Rome, est une curiosité. Sassandra,

un ancien port d'esclaves, est aujourd'hui un charmant village de pêche. Le pont de liane de Man, suspendu au-dessus des chutes, n'est recommandé qu'aux téméraires. Zala est reconnue pour ses danseurs yacouba. À Kassoumbarga, il faut voir la mosquée de terre. Le parc de la Comoé et le parc Banco sont des réserves où vivent en paix nombre d'espèces d'oiseaux et autres animaux. Au GHANA, le trafic d'esclaves a laissé plusieurs postes et forts sur les rives de la côte d'Or. Le musée de Kumasi raconte bien cette époque. Accra, la capitale, propose aussi un riche musée d'Histoire. L'université de Legon et le Jardin botanique d'Aburi valent également le détour. À l'embouchure de la Volta, Ada s'étend tout près de lagons fréquentés par des milliers d'oiseaux. La réserve de Mole, les trois bras du lac Volta et le sanctuaire Boufom sont des merveilles naturelles. Au NIGERIA, Lagos a la réputation d'être une ville violente, mais c'est aussi là que la vie culturelle est la plus vivante. Les artistes nigérians ont acquis une renommée mondiale. Wole Soyinka a obtenu le prix Nobel de littérature. Il faut voir les vieilles villes de Kano, Kaduna

et Zaria pour leur architecture typique, ainsi que le palais de l'émir, à Zaria, et les bains de teinture, à Kano. La côte, baignée par le golfe de Guinée, est superbement veinée par les affluents de l'impressionnant fleuve Niger. À Jos, sur le haut plateau de Bauchi, le musée fait la synthèse de toute la vie artistique du pays et la réserve d'animaux mérite aussi une visite. Les plages de Lomé, au TOGO, vont jusqu'au Bénin et sont exceptionnelles. Le Musée national de Lomé présente une très belle exposition d'artefacts, de sculptures, de poteries et de costumes traditionnels togolais. Le quartier Bé est reconnu pour ses étals de sorciers et d'envoûteurs et leurs marchandises insolites. Palimé, près du mont Agou, est un bel endroit pour explorer les cascades de Kpalimé et apprécier le panorama. Atakpamé est le centre des plantations de coton. Au nord, la vallée des Tamberma, entre Niamtougou et Kandé, est unique grâce à l'architecture des bâtiments de style fortifié faits de terre cuite.

ACHATS

Les statuettes allongées du Bénin sont reconnues pour leur beauté et leur originalité; les masques d'*ébène* et les sculptures de bois sont aussi des spécialités du pays. Le bois de teck et les bronzes du Bénin sont uniques. Ces derniers ne se trouvent cependant plus que dans les musées (surtout celui de Bénin City au Nigeria). La poterie et les tapisseries représentent souvent des scènes de la vie tribale ancienne et actuelle. En Côte-d'Ivoire, il faut goûter à l'*attiéké* (un plat de légumineuses) et au *foutou* (sauce aux bananes et aux arachides) dans un *maquis*, un

J. HUARD

+9   +8   +7   +6   +5

🏳 BÉNIN

Région: Afrique
Superficie: 112 620 km²
Capitale: Porto-Novo
Aéroport: Cotonou 5 km
Population: 5 341 710 habitants
Langue: français (off.), fon
Religion: animiste
Régime politique: présidentiel
Voltage-cycles: 220 - 50
Vaccins obligatoires: Fj
" recommandés: Cho-Ty-Po-Mal
Passeport: requis
Visa: requis
Monnaie: franc CFA
1$CA= 355,95 francs CFA
Conduite: à droite
Permis int'l: requis
Indicatif: 011-229
℡ du Canada: –
℡ au Canada: –
Hôtellerie: ★★★
Restauration: ★★
Transport: ★
Coût de la vie: ◐◐
Rang selon l'ONU: 156
Meilleurs mois: déc, jan, fév
Jours fériés: 1 jan - 4 mars - 16,17 avr - 1,11,25 mai - 4,5 juin - 1,8,15 août - 1 nov - 25 déc

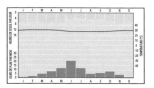

+8   +7   +6   +5   +4

🇨🇮 CÔTE-D'IVOIRE

Région: Afrique
Superficie: 322 460 km²
Capitale: Yamoussoukro
Aéroport: Abidjan 16 km
Population: 14 295 510 habitants
Langue: français (off.), akan, dioula
Religion: animiste, islamique
Régime politique: présidentiel
Voltage-cycles: 220 - 50
Vaccins obligatoires: Fj
" recommandés: Cho-Ty-Po-Mal
Passeport: requis
Visa: requis
Monnaie: franc CFA
1$CA= 355,95 francs CFA
Conduite: à droite
Permis int'l: requis
Indicatif: 011-225
℡ du Canada: –
℡ au Canada: –
Hôtellerie: ★★★
Restauration: ★★★
Transport: ★★★
Coût de la vie: ◐◐
Rang selon l'ONU: 136
Meilleurs mois: déc, jan, fév, mars, avr
Jours fériés: 1 jan - 4 mars - 16,17 avr - 1,11,25 mai - 4,5 juin - 15 août - 1 nov - 7,25 déc

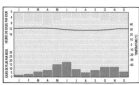

+8   +7   +6   +5   +4

⬛ GHANA

Région: Afrique
Superficie: 238 540 km²
Capitale: Accra
Aéroport: Accra 10 km
Population: 17 225 190 habitants
Langue: anglais (off.), akan, éwé
Religion: animiste, islamique, chrétienne
Régime politique: présidentiel
Voltage-cycles: 250 - 50
Vaccins obligatoires: Fj*
" recommandés: Cho-Ty-Po-Mal
Passeport: requis
Visa: requis
Monnaie: cedi
1$CA= 888,75 cedis
Conduite: à droite
Permis int'l: recommandé
Indicatif: 011-233
℡ du Canada: –
℡ au Canada: –
Hôtellerie: ★★
Restauration: ★★
Transport: ★★
Coût de la vie: ◐◐
Rang selon l'ONU: 134
Meilleurs mois: nov, déc, jan
Jours fériés: 1, 2 jan - 6 mars - 14, 16, 17 avr - 1 mai - 5 juin - 3 juil - 4, 25, 26, 31 déc

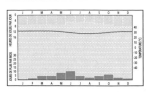

J. HUARD

restaurant en plein air. Les masques africains ne sont pas seulement des oeuvres d'art : ils sont indissociables des rituels sacrés que l'on doit respecter. La malachite, les tapisseries de coton naturel peint à la boue noire de Fakaha, la poterie du village de Katiola, les masques de danse traditionnels sénoufo et malinké constituent également de bons achats. Les mets traditionnels du Ghana sont le *kontomere*, un ragoût à base de noix, et le *banku*, une soupe de maïs, aussi à base d'arachides et de noix. Le pays produit même son propre whisky. Le Centre d'art d'Accra est toujours très achalandé. Les artisans viennent notamment y vendre le fameux tissu *kente* que fabriquent les Ashanti de Bonwire, les bijoux d'or travaillé, les pots, les vases de terre cuite et les statuettes de fertilité bien connues, à la tête plate et ronde montée sur un cou cerclé d'anneaux. Les tabourets de bois, typiquement ghanéens, se trouvent partout en différents styles. Les Nigérians aiment les plats épicés : méfiez-vous surtout du *kilishi*, de la viande séchée très relevée. Le poisson est apprêté de manière plus délicate. Les masques yoruba, qui couvrent souvent tout le corps, sont typiques du Nigeria. Les cérémonies de toutes sortes sont égayées par les bijoux et les bracelets de bicep, de mollet, de cheville et de poignet, souvent faits de cuir orné de billes multicolores. Les sculpteurs font des portes de bois de véritables oeuvres d'art. Le batik est aussi un art, que les teinturiers maîtrisent àmerveille. Les cuirs de Sokoto sont vendus dans le monde entier. Votre sac préféré est peut-être même coupé dans ce cuir! La cuisine du Togo est raffinée, semblable à celle du Sénégal. Comme cadeaux, les sandales de cuir, de Lomé, sont recommandées ainsi que les batiks, statuettes et talismans. Évitez d'acheter des animaux empaillés et des objets faits en ivoire.

GOLFE DE GUINÉE

+9 +8 +7 +6 +5

NIGERIA

Région: Afrique
Superficie: 923 770 km²
Capitale: Abuja
Aéroport: Lagos 22 km
Population: 98 092 000 habitants
Langue: anglais (off.), haoussa
Religion: islamique, chrétienne
Régime politique: militaire
Voltage-cycles: 220 - 50
Vaccins obligatoires: Fj*
" recommandés: Cho-Ty-Po-Mal
Passeport: requis
Visa: requis
Monnaie: naira
1$CA= 62,57 nairas
Conduite: à droite
Permis int'l: requis
Indicatif: 011-234
☎ du Canada: –
☎ au Canada: –
Hôtellerie: ★★
Restauration: ★★
Transport: ★★
Coût de la vie: ○○○
Rang selon l'ONU: 139
Meilleurs mois: nov, déc, jan, fév
Jours fériés: 1 jan - 4 mars - 14, 16, 17 avr - 1, 11 mai - 8 août - 1 oct - 25, 26 déc

+8 +7 +6 +5 +4

TOGO

Région: Afrique
Superficie: 56 790 km²
Capitale: Lomé
Aéroport: Lomé 4 km
Population: 4 256 000 habitants
Langue: français (off.), éwé
Religion: animiste, catholique
Régime politique: présidentiel
Voltage-cycles: 220 - 50
Vaccins obligatoires: Fj
" recommandés: Cho-Ty-Po-Mal
Passeport: requis
Visa: non requis
Monnaie: franc CFA
1$CA= 355,95 francs CFA
Conduite: à droite
Permis int'l: requis
Indicatif: 011-228
☎ du Canada: –
☎ au Canada: –
Hôtellerie: ★★★
Restauration: ★★★
Transport: ★★★
Coût de la vie: ○○○
Rang selon l'ONU: 145
Meilleurs mois: nov, déc, jan
Jours fériés: 1,13,24 jan - 4 mars - 16,17,27 avr - 1,11,25 mai - 4,5,21 juin - 15 août - 1 nov - 25 déc

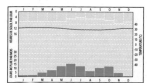

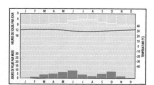

AFRIQUE ÉQUATORIALE

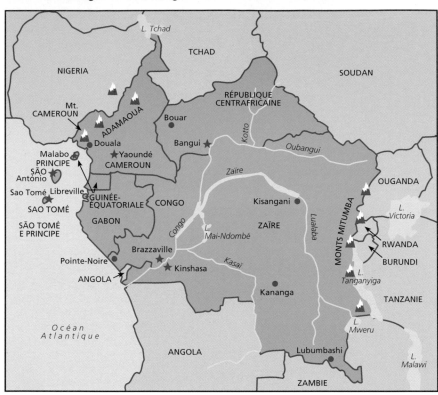

POINTS D'INTÉRÊT

Le CAMEROUN possède des savanes, des forêts, des volcans et des rivières qui donnent un charme particulier à ce pays béni d'un climat exceptionnellement clément. Le mont Fédé, qui surplombe la ville, confère à Yaoundé un climat très doux. À Douala, dominée par le mont Cameroun, la cathédrale et le marché d'artisanat national sont à voir, de même que le musée et le port, baigné par le golfe de Guinée. Au nord, au pied des montagnes Mandara, Maroua est le point de départ d'expéditions vers le Parc national Waza où vivent encore des oiseaux rares comme les marabouts et les grues huppées. En RÉPUBLIQUE CENTRAFRICAINE, Bangui a été construite sur les rives de la rivière Oubangui, ce qui lui donne un air tropical. Des tribus pygmées vivent dans la région de Mbaïki et sur les rives de la rivière Lobaye. À l'ouest du pays, Bouar conserve un site d'inhumation sacré entouré de nombreux monuments mégalithiques. Le CONGO se visite au rythme de sa principale route, le fleuve Congo, anciennement appelé fleuve Zaïre. Les chutes Foulakari, les nombreux rapides et la falaise «Trou de Dieu» sont des sites magnifiques disséminés le long du fleuve. Brazzaville, la capitale, s'enorgueillit d'un beau musée d'Art africain. Libreville, au GABON, est une ville côtière agréable et sa végétation luxuriante en fait un vrai paradis, baigné par l'Atlantique. La cathédrale Saint-Michel est une oeu-

J. HUARD

vre d'art et le Musée national présente des masques et sculptures des tribus Bakélé et Fang. La région plus dense du plateau de l'est compte plusieurs ponts suspendus de lianes. Certains parcs abritent crocodiles, singes, panthères et éléphants. Les deux territoires de la GUINÉE-ÉQUATORIALE, l'île de Bioko et Mbini, sont enclavés entre le Cameroun et le Gabon et séparés par le golfe de Guinée. Mentionnons que le tourisme est presque inexistant. À

cheval sur l'équateur, le ZAÏRE bénéficie d'un climat privilégié. Kinshasa, au bord du Pool Malebo (fleuve Congo) est le centre intellectuel du pays avec l'université de Kinshasa, et le Musée national où l'art zaïrois est à l'honneur. Dans la région de Mbanza-Ngungu, les chutes, grottes et forêts décorent le chemin pour se rendre sur les plages atlantiques de Moanda. La route montagneuse, de Beni à Goma, est l'une des plus belles du pays. Les

parcs nationaux abritent une grande variété d'animaux de la jungle.

ACHATS

Au Cameroun, les potiers produisent toutes sortes de bols, vases, gobelets en terre cuite peints et décorés. Le poil de chameau est tissé en tapis et les vêtements sont abondamment ornés de fèves séchées. Les sculpteurs animaliers de la République centrafricaine transforment magnifiquement l'ébène. Les orfèvres travaillent l'or avec

+9 +8 +7 +6 +5

CAMEROUN

Région: Afrique
Superficie: 475 440 km²
Capitale: Yaoundé
Aéroport: Douala 10 km
Population: 13 132 200 habitants
Langue: anglais (off.), français (off.), bantou
Religion: catholique, islamique
Régime politique: présidentiel
Voltage-cycles: 220 - 50
Vaccins obligatoires: Fj
" recommandés: Cho-Ty-Po-Mal
Passeport: requis
Visa: requis
Monnaie: franc CFA
1$CA= 355,95 francs CFA
Conduite: à droite
Permis int'l: recommandé
Indicatif: 011-237
℃ du Canada: –
℃ au Canada: –
Hôtellerie: ★★★
Restauration: ★★★
Transport: ★★
Coût de la vie: ○○
Rang selon l'ONU: 124
Meilleurs mois: jan, fév
Jours fériés: 1,2 jan -13 fév - 4 mars - 14-16 avr - 1,20,25 mai - 8,15 août - 25 déc

+9 +8 +7 +6 +5

CENTRAFRIQUE

Région: Afrique
Superficie: 622 980 km²
Capitale: Bangui
Aéroport: Bangui 10 km
Population: 3 142 190 habitants
Langue: français (off.), sangho
Religion: animiste, catholique
Régime politique: présidentiel
Voltage-cycles: 220 - 50
Vaccins obligatoires: Fj
" recommandés: Cho-Ty-Po-Mal
Passeport: requis
Visa: requis
Monnaie: francs CFA
1$CA= 355,95 franc CFA
Conduite: à droite
Permis int'l: requis
Indicatif: 011-236
℃ du Canada: –
℃ au Canada: –
Hôtellerie: ★★★
Restauration: ★★★
Transport: ★★
Coût de la vie: ○○
Rang selon l'ONU: 160
Meilleurs mois: déc, jan, fév
Jours fériés: 1 j - 29 m - 16,17 avr - 1,25 mai - 4,5 juin - 13,15 août -1 sep - 1 nov -1, 25 déc

+9 +8 +7 +6 +5

CONGO

Région: Afrique
Superficie: 342 000 km²
Capitale: Brazzaville
Aéroport: Brazzaville 4 km
Population: 2 446 910 habitants
Langue: français (off.), kikongo
Religion: catholique, animiste
Régime politique: présidentiel
Voltage-cycles: 220 - 50
Vaccins obligatoires: Fj
" recommandés: Cho-Ty-Po-Mal
Passeport: requis
Visa: requis
Monnaie: franc CFA
1$CA= 355,95 francs CFA
Conduite: à droite
Permis int'l: requis
Indicatif: 011-242
℃ du Canada: –
℃ au Canada: –
Hôtellerie: ★★
Restauration: ★★
Transport: ★★
Coût de la vie: ○○
Rang selon l'ONU: 123
Meilleurs mois: juin, juil, août, sep
Jours fériés: 1 jan - 16,17 avr - 1 mai - 15 août - 1 nov - 25 déc

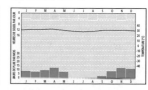

beaucoup de goût et les objets d'art traditionnel sont toujours très colorés. Au Congo, le bois d'acajou et l'ébène servent à la fabrication de masques peints batékés, ronds et plats, de figurines, mais aussi à la production artisanale d'objets domestiques. Les danses et la musique du Gabon sont très enlevées : les tambours en peau de chevreau, le balafon et les flûtes en sont typiques. L'art bantou est particulièrement intéressant. La Guinée-Équatoriale propose des tressages et

J. HUARD

des sculptures de bois. Au Zaïre, les peintres prennent une importance grandissante sur le marché de l'art.

L'artisanat utilise le coton pour faire de magnifiques imprimés qu'on retrouve en sacs, robes, fichus et nappes.

GABON

+9 +8 +7 +6 +5

Région: Afrique
Superficie: 267 670 km²
Capitale: Libreville
Aéroport: Libreville
Population: 1 139 010 habitants
Langue: français (off), bantou
Religion: chrétienne, animiste
Régime politique: présidentiel
Voltage-cycles: 220 - 50
Vaccins obligatoires: Fj*
" recommandés: Cho-Ty-Po-Mal
Passeport: requis
Visa: requis
Monnaie: franc CFA
1$CA= 355,95 francs CFA
Conduite: à droite
Permis int'l: recommandé
Indicatif: 011-241
☎ du Canada: –
☎ au Canada: –
Hôtellerie: ★★★
Restauration: ★★★
Transport: ★★
Coût de la vie: ○○○
Rang selon l'ONU: 114
Meilleurs mois: août, sep
Jours fériés: 1 jan - 4,12 mars - 16,17 avr - 1, 11, 25 mai - 4,5 juin - 8,15,17 août - 1 nov - 25 déc

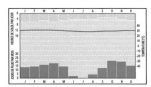

GUINÉE-ÉQ.

+9 +8 +7 +6 +5

Région: Afrique
Superficie: 28 050 km²
Capitale: Malabo
Aéroport: Malabo
Population: 409 550 habitants
Langue: espagnol (off.), créole
Religion: chrétienne, animiste
Régime politique: présidentiel
Voltage-cycles: 220 - 50
Vaccins obligatoires: Fj*
" recommandés: Cho-Ty-Po-Mal
Passeport: requis
Visa: requis
Monnaie: franc CFA
1$CA= 355,95 francs CFA
Conduite: à droite
Permis int'l: recommandé
Indicatif: 011-240
☎ du Canada: –
☎ au Canada: –
Hôtellerie: ★★
Restauration: ★★
Transport: ★
Coût de la vie: ○
Rang selon l'ONU: 150
Meilleurs mois: juin, juil, août, sep
Jours fériés: 1 jan - 5 mars - 16,17 avr - 1, 1,25 mai - 12 oct - 10,25 déc

---

ZAÏRE

+9 +8 +7 +6 +5

Région: Afrique
Superficie: 2 345 410 km²
Capitale: Kinshasa
Aéroport: Kinshasa 25 km
Population: 42 685 000 habitants
Langue: français, souahéli, lingala
Religion: chrétienne
Régime politique: présidentiel
Voltage-cycles: 220 - 50
Vaccins obligatoires: Fj*
" recommandés: Cho-Ty-Po-Mal
Passeport: requis
Visa: requis
Monnaie: zaïre
1$CA= 3885,42 zaïres
Conduite: à droite
Permis int'l: requis
Indicatif: 011-243
☎ du Canada: –
☎ au Canada: –
Hôtellerie: ★★
Restauration: ★★
Transport: ★
Coût de la vie: ○○○
Rang selon l'ONU: 140
Meilleurs mois: juin, juil, août
Jours fériés: 1,4 jan - 30 avr - 1 mai - 24,30 juin - 1 août - 14,27 oct - 17,24 nov - 25 déc

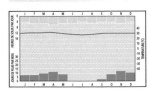

AFRIQUE DE L'EST

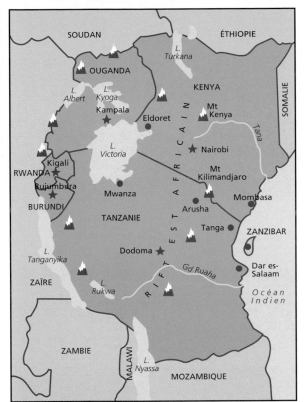

SOUDAN
ÉTHIOPIE
L. Turkana
OUGANDA
KENYA
L. Albert
L. Kyoga
Kampala
Eldoret
Mt Kenya
SOMALIE
L. Victoria
Nairobi
Tana
Kigali
RWANDA
Mt Kilimandjaro
Bujumbura
BURUNDI
Mwanza
Arusha
Mombasa
TANZANIE
Tanga
ZANZIBAR
Dodoma
Gd Ruaha
Dar es-Salaam
L. Tanganyika
Océan Indien
ZAÏRE
L. Rukwa
ZAMBIE
L. Nyassa
MALAWI
MOZAMBIQUE
RIFT EST AFRICAIN

BURUNDI

Région: Afrique
Superficie: 27 830 km²
Capitale: Bujumbura
Aéroport: Bujumbura 11 km
Population: 6 124 750 habitants
Langue: kirundi (off.), français (off.)
Religion: chrétienne
Régime politique: présidentiel
Voltage-cycles: 220 - 50
Vaccins obligatoires: Fj*
" recommandés: Cho-Ty-Po-Mal
Passeport: requis
Visa: requis
Monnaie: franc du Burundi
1$CA= 169,52 francs
Conduite: à droite
Permis int'l: requis
Indicatif: 011-257
☏ du Canada: –
☏ au Canada: –
Hôtellerie: ★★
Restauration: ★★
Transport: ★★
Coût de la vie: ○○○
Rang selon l'ONU: 152
Meilleurs mois: juin, juil, août, sep
Jours fériés: 1 jan - 5 fév - 16 avr - 1,25 mai - 4 juin - 1 juil - 15 août - 1 nov - 25 déc

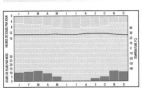

F. ET A.M. COLLINS

POINTS D'INTÉRÊT

Le BURUNDI n'est pas à l'abri des atrocités qui ont marqué le Rwanda: la minorité tutsi et la majorité hutu vivent une paix précaire qui peut s'enflammer n'importe quand. Pourtant, le Burundi a toujours eu un petit air de station balnéaire grâce au lac Tanganyika et aux plages de Bujumbura, propices aux sports nautiques. C'est ici que le Nil prend sa source, à Rutana. Le KENYA est une destination de plus en plus prisée des voyageurs qui cherchent l'exotisme africain et les beautés naturelles encore vierges mais accessibles. L'industrie touristique kényanne s'est faite la spécialiste des voyages organisés où l'on promet girafes, éléphants, gazelles, lions, antilopes, gnous, babouins, flamands roses et vautours. Le pays compte de nombreux parcs nationaux et réserves : Tsavo, Meru, Marsabit, Masaï Mara (à la frontière tanzanienne), le mont Kenya, Aberdare, le lac Turkana et bien d'autres sites hébergent une faune protégée. La montagne, la savane, le désert, la forêt et la mer constituent la toile de fond de ces parcs, tous plus intéressants les uns que les autres. Il est essentiel de se munir de bonnes jumelles. Nairobi est le point de départ de tous les safaris, et son musée propose une collection impressionnante d'objets d'art africain, ainsi qu'un portrait ethnographique du pays. Eldoret est un bel arrêt entre Nairobi et le lac Turkana. Coincé entre le Rwanda et le Soudan, deux pays en guerre, l'OUGANDA a su garder sa stabilité politique malgré les 150 000 réfugiés venus du nord et du sud. La capitale, Kampala, est une belle grande ville moderne qui conserve son charme africain. Le lac Victoria offre quelques belles plages, surtout à Entebbe. Les îles de Sese sont restées vierges, de même que le Parc national Ruwen-

J. HUARD

+11 +10 +9 +8 +7

☰ KENYA

Région: Afrique
Superficie: 582 650 km²
Capitale: Nairobi
Aéroport: Nairobi
Population: 28 240 660 habitants
Langue: anglais (off.), souahéli
Religion: chrétienne, animiste
Régime politique: présidentiel
Voltage-cycles: 220 - 50
Vaccins obligatoires: Fj*
" recommandés: Cho-Ty-Po-Mal
Passeport: requis
Visa: non requis
Monnaie: shilling du Kenya
1$CA= 42,47 shillings
Conduite: à gauche
Permis int'l: recommandé
Indicatif: 011-254
☎ du Canada: –
☎ au Canada: –
Hôtellerie: ★★★
Restauration: ★★★
Transport: ★★★
Coût de la vie: ○○○
Rang selon l'ONU: 125
Meilleurs mois: jan, fév, juil, août, sep
Jours fériés: 1,2 jan - 4 mars - 4,16,17 avr -
1,11 mai - 1 juin - 10,20 oct - 12,25 déc

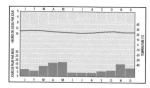

☰ OUGANDA

Région: Afrique
Superficie: 236 040 km²
Capitale: Kampala
Aéroport: Entebbe 35 km
Population: 19 121 940 habitants
Langue: anglais (off.), bantoues
Religion: chrétienne
Régime politique: présidentiel
Voltage-cycles: 220 - 50
Vaccins obligatoires: Fj
" recommandés: Cho-Ty-Po-Mal
Passeport: requis
Visa: requis
Monnaie: schilling ougandais
1$CA= 705,18 schillings
Conduite: à gauche
Permis int'l: requis
Indicatif: 011-256
☎ du Canada: –
☎ au Canada: –
Hôtellerie: ★★
Restauration: ★★
Transport: ★★
Coût de la vie: ○○
Rang selon l'ONU: 154
Meilleurs mois: jan, fév
Jours fériés: 1,26 jan - 4,8 mars - 14,16,17
avr - 1 mai - 3,9 juin - 9 oct - 25,26 déc

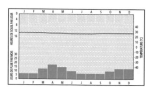

R RWANDA

Région: Afrique
Superficie: 26 340 km²
Capitale: Kigali
Aéroport: Kigali 12 km
Population: 8 373 970 habitants
Langue: français (off.), kinyarwanda (off.)
Religion: chrétienne, animiste
Régime politique: présidentiel
Voltage-cycles: 220 - 50
Vaccins obligatoires: Fj
" recommandés: Cho-Ty-Po-Mal
Passeport: requis
Visa: requis
Monnaie: franc rwandais
1$CA= 161,94 francs
Conduite: à droite
Permis int'l: requis
Indicatif: 011-250
☎ du Canada: –
☎ au Canada: –
Hôtellerie: ★★
Restauration: ★★
Transport: ★
Coût de la vie: ○○○
Rang selon l'ONU: 153
Meilleurs mois: juin, juil
Jours fériés: 1,28 j - 16,17 avr - 1,25 mai - 4, 5
j - 1,5 j - 1,15 a - 8,25 s -26 o - 1 n - 25 déc

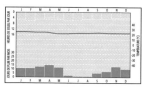

+11 +10 +9 +8 +7

TANZANIE

Région: Afrique
Superficie: 945 090 km²
Capitale: Dodoma
Aéroport: Dar es-Salaam 13 km
Population: 27 985 660 habitants
Langue: anglais (off.), souahéli (off.)
Religion: chrétienne, islamique
Régime politique: présidentiel
Voltage-cycles: 220 - 50
Vaccins obligatoires: Fj*
" recommandés: Cho-Ty-Po-Mal
Passeport: requis
Visa: requis
Monnaie: shilling tanzanien
1$CA= 428,56 shillings
Conduite: à gauche
Permis int'l: recommandé
Indicatif: 011-255
℃ du Canada: –
℃ au Canada: –
Hôtellerie: ★★★
Restauration: ★★★
Transport: ★★★
Coût de la vie: ○○○
Rang selon l'ONU: 148
Meilleurs mois: juil, août, sep
Jours fériés: 1,12 jan - 5 fév - 4 mars - 14,16, 17,26 avr - 1,11 mai - 7 juil - 8 août - 9,25 déc

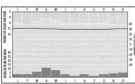

J. HUARD

zori, que certains tiennent pour l'un des plus beaux d'Afrique. Le terrible drame du RWANDA hantera nos esprits encore longtemps : des centaines de milliers de morts, deux millions de réfugiés et des millions de déportés. Les images d'horreur ont occulté les richesses naturelles du pays comme les beautés de sa faune et de sa flore. Le tourisme y est évidemment impensable pour l'instant. Avec ses nombreux parcs et réserves, la TANZANIE a gardé une faune impressionnante par sa variété et par sa multitude : les parcs Ruaha, Serengeti et Selous sont parmi les plus intéressants. Ce

dernier est le plus grand du monde et compte le plus d'éléphants en Afrique. Les amateurs d'escalade connaissent bien la Tanzanie pour son sommet, le Kilimandjaro, le plus haut d'Afrique avec ses 5 963 mètres. Dar es-Salaam et Dodoma sont de grandes villes qui en offrent les commodités et les attractions d'usage : musées, marchés, églises, mosquées, jardins et de nombreux exemples de l'architecture du pays. La côte du pays est baignée par l'océan Indien qui regorge de coraux. L'île de Zanzibar est le paradis des épices; girofle, cannelle, muscade, poivre poussent dans un décor de palais somptueux et de pierres travaillées.

ACHATS

Les deux grandes ethnies du Burundi exploitent habilement les ressources naturelles du pays dans leur art. Les statuettes de bois et les feuilles de bananier tressées sont réputées. À Nairobi, on trouve tou-

tes les statuettes, bijoux de billes de verre et tressages du pays, notamment le *kanga*, cette étoffe délicatement tissée qu'hommes et femmes du Kenya portent drapée. On trouve aussi des bols, assiettes et vases en pierre à savon joliment décorés. Évitez d'acheter des objets en ivoire ou autre type de corne animale. Il est strictement interdit de prendre des photos de personnes au Kenya... ce qui est bien dommage, car les Masaïs comptent parmi les plus beaux hommes du monde. Les boissons nationales de l'Ouganda sont le thé, très fort, et le *waragi*, un alcool de banane. Les cotonnades sont finement tissées et les tressages adroitement confectionnés. L'objet le plus typique du Rwanda est le *panga*, un coutelas à lame incurvée. En Tanzanie les marchés de Dodoma proposent un large éventail de spécialités africaines mais ce sont particulièrement les objets usuels, en bois de teck, qui font la différence.

AFRIQUE TROPICALE

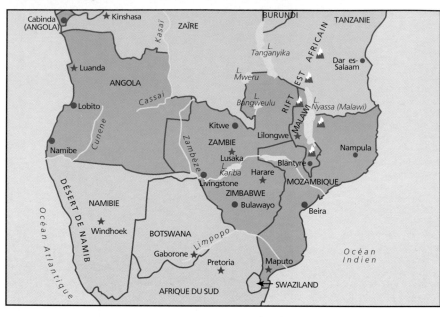

POINTS D'INTÉRÊT

La guerre civile en ANGOLA a fait, selon l'ONU, des dizaines de milliers de morts en deux ans. Cette guerre souvent oubliée a presque tout détruit, laissant Luanda, la capitale, et Huambo, le centre principal des troubles, dans le chaos total. Du passé de colonie portugaise de l'Angola, il ne reste presque rien. À part la capitale, les centres d'intérêt sont surtout les parcs et les réserves fauniques. Le Parc national de Quicama, la réserve de Luando, le Parc national de Cameia et les chutes de Kalandula, près de Malanje, couvrent le pays d'un réseau d'oasis où la nature est encore sauvage. Le lac MALAWI, qui a donné son nom au pays, est l'un des plus grands lacs d'Afrique, longeant presque toute la frontière orientale de l'État. Ses plages sont sablonneuses et plus de 300 espèces de poissons y vivent ; certaines sont d'ailleurs propres à ce lac. La région abrite aussi quantité d'oiseaux marins. Une croisière sur le lac vous emmènera de Monkey Bay à Karon-ga en passant par Nikhotakota et par l'île Likoma. Les montagnes, notamment le sommet Nyika au nord, sont habitées d'oiseaux et de papillons qui butinent des fleurs rares. Les réserves et les nombreux parcs du pays possèdent chacun des attraits particuliers, mais ils ont en commun la richesse et la diversité de la faune. Les villes de Blantyre-Limbe, Zomba, Mzuzu et Lilongwe allient charme colonial et patrimoine africain. La guerre civile du MOZAMBIQUE a commencé en 1977 et ce n'est que cette année que l'on a pu espérer voir la fin des hostilités. La reconstruction du pays s'annonce longue et la situation est encore jugée précaire. Le touriste devra attendre encore avant de visiter Sofala, fondée par Vasco de Gama en 1498, et toujours empreinte de l'influence portugaise. Maputo, la capitale, est une ville moderne qui comporte un marché intéressant et un musée d'Art national. Le parc d'éléphants est à voir. Le Parc national de Gorongosa est accessible par Sofala ; celui de Marro-meu se trouve à l'embouchure du fleuve Zambèze. Les paléontologues connaissent bien la ZAMBIE puisque c'est là, au nord de Lusaka, que l'on a découvert le crâne de «l'Homme de Rhodésie», vieux de plus de 110 000 ans et des artefacts de 40 000 ans! La faune et la flore sont les autres attraits du pays. Les nombreux parcs et réserves, près d'une vingtaine, ont comme priorité de permettre aux voyageurs de voir de près les animaux sans pour autant les mettre en danger ou affecter leur milieu de vie. Le Parc national Kafue, près de Lusaka, est l'un des plus grands d'Afrique et parce que la rivière Kafue le sillonne, des milliers d'oiseaux viennent s'y abreuver de même que de nombreux rhinocéros, éléphants, antilopes, lions, zèbres, singes et beaucoup d'autres espèces. Livingstone (Maramba), comme Lusaka, est une ville touristique grâce à son musée d'Anthropologie dédié à l'explorateur anglais, David Livingstone, et à ses grands hôtels. Mais ce sont surtout les fameuses chutes Victoria, à

+9 +8 +7 +6 +5

ANGOLA

Région: Afrique
Superficie: 1 246 700 km²
Capitale: Luanda
Aéroport: Luanda 4 km
Population: 9 803 580 habitants
Langue: portugais (off.), bantou
Religion: chrétienne, animiste
Régime politique: en transition
Voltage-cycles: 220 - 50
Vaccins obligatoires: Fj*
" recommandés: Cho-Ty-Po-Mal
Passeport: requis
Visa: requis
Monnaie: kwanza
1$CA= 892,58 kwanzas
Conduite: à droite
Permis int'l: requis
Indicatif: 011-244
℄ du Canada: –
℄ au Canada: –
Hôtellerie: ★
Restauration: ★
Transport: ★
Coût de la vie: ○○
Rang selon l'ONU: 155
Meilleurs mois: déc, jan, fév
Jours fériés: 1 jan - 4 fév - 27 mars - 14 avr - 1 mai - 1 août - 17 sep - 11 nov - 1,25 déc

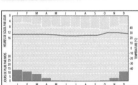

+10 +9 +8 +7 +6

MALAWI

Région: Afrique
Superficie: 118 480 km²
Capitale: Lilongwe
Aéroport: Lilongwe 35 km
Population: 9 732 410 habitants
Langue: chichewa (off.), anglais (off.)
Religion: chrétienne, animiste, islamique
Régime politique: multipartisme
Voltage-cycles: 240 - 50
Vaccins obligatoires: Fj*
" recommandés: Cho-Ty-Po-Mal
Passeport: requis
Visa: non requis
Monnaie: kwacha
1$CA= 11,14 kwachas
Conduite: à gauche
Permis int'l: recommandé
Indicatif: 011-265
℄ du Canada: –
℄ au Canada: –
Hôtellerie: ★★★
Restauration: ★★★
Transport: ★★★
Coût de la vie: ○○○
Rang selon l'ONU: 157
Meilleurs mois: mai, juin, juil, août
Jours fériés: 1 jan - 3 mars - 14-17 avr - 14 mai - 6 juil - 17 oct - 21,25,26 déc

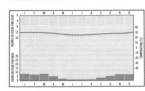

+10 +9 +8 +7 +6

MOZAMBIQUE

Région: Afrique
Superficie: 801 600 km²
Capitale: Maputo
Aéroport: Maputo
Population: 17 346 280 habitants
Langue: portugais (off.), bantou
Religion: animiste, chrétienne
Régime politique: présidentiel
Voltage-cycles: 220 - 50
Vaccins obligatoires: Fj*-Cho
" recommandés: Ty-Po-Mal
Passeport: requis
Visa: requis
Monnaie: metical
1$CA= 6964,98 meticals
Conduite: à gauche
Permis int'l: requis
Indicatif: 011-258
℄ du Canada: –
℄ au Canada: –
Hôtellerie: ★
Restauration: ★
Transport: ★
Coût de la vie: ○○
Rang selon l'ONU: 159
Meilleurs mois: mai à oct
Jours fériés: 1 jan - 3 fév - 4 mars - 7,16 avr - 1,11 mai - 25 juin - 7,25 sep - 25 déc

AFRIQUE TROPICALE

la frontière du Zimbabwe, qui attirent les visiteurs : une chute de 108 m de hauteur se jette dans une gorge étroite de 75 m de largeur ! Le site fait partie d'un Parc national et garde, par le fait même, sa beauté sauvage. Le ZIMBABWE est une région d'Afrique qui regorge de vestiges préhistoriques remarquables attirant non seulement les archéologues amateurs mais aussi les passionnés d'histoire. Le parc Rhodes Matopos, où des monolithes de granit gardent encore tout leur mystère ainsi que des grottes où l'on a découvert des peintures rupestres, vaut à lui seul le voyage. Le Great Zimbabwe est un site où les ruines impressionantes

d'une cité datant peut-être de l'âge de pierre ont été découvertes. Pour les amoureux de la nature, le Parc national Hwange est le plus grand sanctuaire d'éléphants d'Afrique, et les chutes Victoria sont les plus belles

du continent africain. Les chaînes de montagnes du pays sont très bien aménagées pour recevoir les amateurs de grand air et de magnifiques panoramas. Le sommet de l'Inyangani, à 2 590 m est un paradis de

J. HUARD

AFRIQUE TROPICALE

🇿🇲 ZAMBIE

Région: Afrique
Superficie: 752 610 km²
Capitale: Lusaka
Aéroport: Lusaka 26 km
Population: 9 188 200 habitants
Langue: anglais (off.), souahéli
Religion: chrétienne, islamique
Régime politique: présidentiel
Voltage-cycles: 220 - 50
Vaccins obligatoires: Fj*
" recommandés: Cho-Ty-Po-Mal
Passeport: requis
Visa: non requis
Monnaie: kwacha
1$CA= 692,22 kwachas
Conduite: à gauche
Permis int'l: requis
Indicatif: 011-260
☎ **du Canada:** –
☎ **au Canada:** 00883
Hôtellerie: ★★★
Restauration: ★★★
Transport: ★★★
Coût de la vie: ○○○
Rang selon l'ONU: 138
Meilleurs mois: mai, juin, juil, août
Jours fériés: 1,2 jan - 13 mars - 14-17 avr - 1, 25 mai - 3,4 juil - 7 août - 24 oct - 25 déc

🇿🇼 ZIMBABWE

Région: Afrique
Superficie: 390 580 km²
Capitale: Harare
Aéroport: Harare 12 km
Population: 10 975 080 habitants
Langue: anglais (off.), shona
Religion: chrétienne, islamique
Régime politique: présidentiel
Voltage-cycles: 220 - 50
Vaccins obligatoires: Fj*
" recommandés: Cho-Ty-Po-Mal
Passeport: requis
Visa: non requis
Monnaie: dollar zimbabwéen
1$CA= 6,29 dollars
Conduite: à gauche
Permis int'l: requis
Indicatif: 011-263
☎ **du Canada:** –
☎ **au Canada:** 110897
Hôtellerie: ★★★★
Restauration: ★★★★
Transport: ★★★★
Coût de la vie: ○○○
Rang selon l'ONU: 121
Meilleurs mois: mai à oct
Jours fériés: 1,2 jan - 14,16-18 mars - 18 avr - 1,25 mai - 11,12 août - 25,26 déc

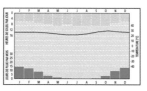

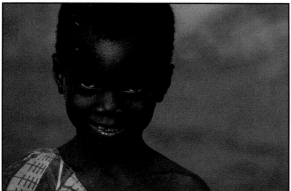

J. HUARD

gorges, de falaises, de forêts et de vallées. Harare, la capitale, est une ville moderne dotée d'un très bel en-

vironnement. Le musée d'Art moderne et les nombreuses galeries sont la preuve que la ville est tournée vers

l'avenir. La nature occupe une place de choix avec le Jardin botanique et le parc aux Fauves, unique à Harare.

ACHATS

Avec les diamants et le pétrole, le café est la denrée première de l'Angola. On trouve de très beaux objets d'artisanat des Bochimans et des Bantous. Les femmes angolaises portent souvent de très beaux drapés de tissus colorés, et d'originales parures de cheveux. Les sculpteurs animaliers du Malawi travaillent habilement le bois noir et la pierre à savon sert souvent à fabriquer plats, bols ou sculptures. Le pays cultive un délicieux tabac et du thé depuis un siècle. Les Chewas ont des traditions musicales encore bien vivaces : ils utilisent notamment des troncs d'arbres évidés pour en faire des tambours tendus de peau de chevreau. Au Mozambique, le cuir, les cotonnades aux imprimés colorés et les tissages d'herbes et de roseaux constituent des achats intéressants, de même que les masques de bois sculpté. En Zambie, le village culturel Kabwata à Lusaka présente des échantillons de tout ce qui se fait au pays en artisanat en plus d'informer sur les traditions artistiques et culturelles qui témoignent du respect de la nature. Les bijoux de cuivre sont très populaires de même que les pierres précieuses et l'or. La bière de maïs est une spécialité du Zimbabwe. Le cuivre est utilisé pour faire des bijoux, des objets usuels et des pièces de chalcographie. Les pierres à savon sont sculptées pour faire des bols et assiettes et le bois sert à la confection des masques, statuettes et instruments de musique. Le cuir est finement travaillé et les tissus de coton, joliment colorés. Le Zimbabwe est l'un des pays d'Afrique où l'on se sent le plus en sécurité.

AFRIQUE AUSTRALE

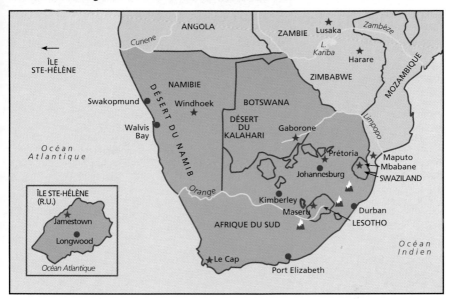

POINTS D'INTÉRÊT

L'AFRIQUE DU SUD est un pays très riche : riche de son climat paradisiaque, de ses plages, de ses réserves fauniques, de ses paysages et de ses cultures afrikaan, bantoue, bochiman, hottentot, zoulou, swazis et autres. C'est grâce à ses mines d'or que Johannesburg est devenue une grande ville : aujourd'hui, c'est son sanctuaire d'oiseaux et sa réserve de fleurs sauvages qui attirent le visiteur, ainsi que le Parc zoologique et le Jardin botanique. Les musées de la ville sont nombreux : le musée Adler de la Médecine, le Afrikana Museum et le musée des Mines, particulièrement. Le sanctuaire d'oiseaux Austin Robert et les nombreuses réserves, comme le parc régional Derdepoort et la réserve Wonderboom, font de la région de Prétoria un paradis pour l'amateur de faune et de flore. Le Kruger National Park est bien aménagé pour apercevoir les animaux les plus majestueux de la planète. À Nelspruit, il faut visiter les grottes aussi grandes que des théâtres ainsi que le Dinosaur Park.

La chute tumultueuse de Augrabies est un îlot de fraîcheur et le coeur de l'habitat d'une multitude de singes et de rhinocéros. Le Kalahari Gemsbok National Park est l'un des seuls endroits encore vierges du monde. Au sud, près de Port Elizabeth, le parc d'éléphants Addo est la porte d'entrée d'une autre vaste région de parcs et de réserves. Le pays possède aussi de très belles plages, notamment celles de la Romantic Coast qui va jusqu'à East London. Le Cap et sa région sont plus orientés vers la culture et la production viticole. Le BOTSWANA est un pays mal connu : plus des trois quarts du territoire sont occupés par le grand désert du Kalahari et le reste est constitué de parcs et de réserves fauniques. Le visiteur est attiré par le delta Okavango qui abrite la réserve de Moremi, le Parc national Chobe et le parc Nxai qui comptent parmi les plus beaux du pays. Au centre du pays, la réserve de Kalahari, dans le désert du même nom, vaut à elle seule le voyage au Botswana. La ville universitaire de Gaborone pré-

serve avec soin les us et coutumes des tribus qui l'habitent. Enclavé dans l'Afrique du Sud, le LESOTHO est un pays montagneux d'une altitude moyenne de 1 500 mètres, idéal pour la randonnée pédestre. Le climat du Lesotho favorise l'observation d'oiseaux (plus de 280 espèces!) qui viennent nicher dans les montagnes du Drakensberg. C'est là que prend naissance le très beau fleuve Orange. La capitale, Maseru, est un bon point de départ pour les expéditions d'anthropologie ou de biologie et de botanique. Le tourisme est presque inexistant mais les voyageurs en provenance d'Afrique du Sud ne peuvent pas passer à côté de ce petit paradis. La NAMIBIE est sans doute l'un des plus beaux pays d'Afrique: le désert du Namib sur la façade atlantique, les plateaux du centre qui peuvent atteindre 2 000 mètres d'altitude, et la bande de terre de Caprivi offrent des paysages fabuleux et des climats forts différents. Selon certains, la réserve Etosha, près du lac asséché du même nom, est l'une des plus belles

AFRIQUE AUSTRALE

AFRIQUE DU SUD

Région: Afrique
Superficie: 1 219 912 km²
Capitale: Pretoria, Le Cap
Aéroport: Le Cap 25 km, Johannesburg
Population: 43 930 640 habitants
Langue: afrikaans (off.), anglais (off.), bantoues
Religion: chrétienne, islamique, hindoue
Régime politique: présidentiel
Voltage-cycles: 250 - 50
Vaccins obligatoires: Fj*
" recommandés: Cho-Ty-Po-Mal
Passeport: requis
Visa: requis
Monnaie: rand
1$CA= 2,66 rands
Conduite: à gauche
Permis int'l: requis
Indicatif: 011-27
℅ **du Canada:** 1-800-463-2838
℅ **au Canada:** 0-800-99-0014
Hôtellerie: ★★★★★
Restauration: ★★★★★
Transport: ★★★★
Coût de la vie: ○○○
Rang selon l'ONU: 93
Meilleurs mois: déc, jan, fév
Jours fériés: 1 jan - 6,14,16 avr - 1,25, 31 mai - 10 oct - 16,25,26 déc

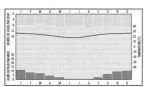

BOTSWANA

Région: Afrique
Superficie: 600 370 km²
Capitale: Gaborone
Aéroport: Gaborone 15 km
Population: 1 359 360 habitants
Langue: anglais (off.), tswana
Religion: chrétienne, islamique, hindoue
Régime politique: présidentiel
Voltage-cycles: 220 - 50
Vaccins obligatoires: Fj*
" recommandés: Cho-Ty-Po-Mal
Passeport: requis
Visa: non requis
Monnaie: pula
1$CA= 2,04 pulas
Conduite: à gauche
Permis int'l: recommandé
Indicatif: 011-267
℅ **du Canada:** –
℅ **au Canada:** –
Hôtellerie: ★★★
Restauration: ★★★
Transport: ★★★
Coût de la vie: ○○○
Rang selon l'ONU: 87
Meilleurs mois: août, sep
Jours fériés: 1,2 jan - 14,16,17 avr - 25 mai - 17,18 juil - 30 sep - 1 oct - 25,26 déc

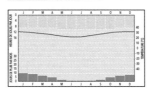

LESOTHO

Région: Afrique
Superficie: 30 350 km²
Capitale: Maseru
Aéroport: –
Population: 1 944 500 habitants
Langue: anglais (off.), sotho
Religion: chrétienne
Régime politique: monarchie constitutionnelle
Voltage-cycles: 220 - 50
Vaccins obligatoires: Fj*
" recommandés: Cho-Ty-Po-Mal
Passeport: requis
Visa: requis
Monnaie: loti
1$CA= 2,66 lotis
Conduite: à gauche
Permis int'l: requis
Indicatif: 011-266
℅ **du Canada:** –
℅ **au Canada:** –
Hôtellerie: ★★
Restauration: ★★
Transport: ★
Coût de la vie: ○○○
Rang selon l'ONU: 120
Meilleurs mois: nov, déc, jan, fév
Jours fériés: 1 jan - 13,21 mars - 14,16,17 avr - 25 mai - 6,17 juil - 4,5 oct - 25,26 déc

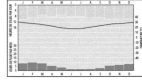

d'Afrique et peut-être même du monde, car elle est restée presque intacte. La faune et la flore, très denses, et les espèces les plus diverses vivent en paix dans ce paradis. Le plateau de Waterberg est un sanctuaire d'espèces en voie d'extinction. La ville de Swakopmund est une oasis de vie au milieu de l'impressionnant décor lunaire des dunes de la côte du désert du Namib. Le canyon de Fish River s'ouvre sur des falaises abruptes, d'où se jettent des chutes impressionnantes. Les peintures rupestres de Twyfelfontein, près du sommet de Brandberg, témoignent de la longue histoire du pays. Windhoek, la capitale,

rappelle par son architecture l'époque coloniale allemande. Enclavé en Afrique du Sud, le SWAZILAND (ou Ngwane) est un petit pays qui possède de grandes richesses touristiques : casinos, terrains de golf, sources thermales, centres éques-

tres, grands hôtels et complexes sportifs poussent comme des champignons dans la luxuriante vallée d'Ezulwini. Les chutes Mantenga et le sanctuaire de Mlilwane sont des merveilles naturelles que rehaussent les extraordinaires pein-

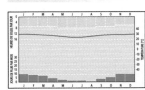

NAMIBIE

Région: Afrique
Superficie: 825 418 km²
Capitale: Windhoek
Aéroport: Windhoek 40 km
Population: 1 595 570 habitants
Langue: anglais (off.), afrikaans, allemand
Religion: chrétienne
Régime politique: présidentiel
Voltage-cycles: 240 - 50
Vaccins obligatoires: Fj*
" recommandés: Cho-Ty-Po-Mal
Passeport: requis
Visa: requis
Monnaie: dollar namibien
1$CA= 2,66 dollars
Conduite: à gauche
Permis int'l: requis + 23 ans
Indicatif: 011-264
☎ du Canada: –
☎ au Canada: –
Hôtellerie: ★★★
Restauration: ★★★
Transport: ★★★
Coût de la vie: ○○○
Rang selon l'ONU: 127
Meilleurs mois: avr, août, sep, oct
Jours fériés: 1 jan - 21 mars - 14,16,17 avr - 1,4,25 mai - 26 août - 10,25,26 déc

SWAZILAND

Région: Afrique
Superficie: 17 360 km²
Capitale: Mbabane
Aéroport: Manzini 8 km
Population: 936 370 habitants
Langue: anglais (off.), siswati (off.)
Religion: chrétienne, traditionnelles
Régime politique: monarchie
Voltage-cycles: 220 - 50
Vaccins obligatoires: Fj*
" recommandés: Cho-Ty-Po-Mal
Passeport: requis
Visa: non requis
Monnaie: lilangeni
1$CA= 2,66 lilangenis
Conduite: à gauche
Permis int'l: requis
Indicatif: 011-268
☎ du Canada: –
☎ au Canada: –
Hôtellerie: ★★★
Restauration: ★★★
Transport: ★
Coût de la vie: ○○○
Rang selon l'ONU: 117
Meilleurs mois: avr, oct
Jours fériés: 1 jan - 14,16-19,25 avr - 25 mai - 22 juil - 6 sep - 25,26 déc

tures des Bochimans de la région de Nhlangano. Le mont Emblembe, avec ses quelque 1 800 mètres, saura plaire aux alpinistes, comme la rivière Mkondo séduira les amateurs de descente de rivière.

ACHATS

On mange bien en Afrique du Sud et les vins produits localement sont de plus en plus appréciés à travers le monde. L'art des Bantous et des Zoulous est riche de symboles et il est célèbre notamment pour ses masques, figurines, instruments de musique et objets de culte divers. Les pierres plates peintes de scènes de chasse sont également très belles. La matière première des joailliers est évidemment l'or, ainsi que le diamant. Les éléphants sont protégés par des lois très strictes ; il est donc déconseillé d'acheter des objets faits d'ivoire. L'art du Botswana se compose surtout de sculptures sur bois et de tissages réputés ; l'art des tribus du désert de Kalahari est, en outre, unique au monde. La laine, les peaux et le cuir sont les principales sources de commerce du Lesotho. Bien sûr, les mines de diamant sont au coeur de l'économie. Les sources d'inspiration ne manquent pas aux sculpteurs animaliers de Namibie qui travaillent dans les bois les plus divers de magnifiques statuettes. Les Hottentots, Bochimans et Bantous vivent avec les Européens mais ils ont heureusement gardé leur culture propre, qui s'exprime dans leur art et dans leur artisanat. À Mantenga, le centre d'art offre un bon éventail de l'art et de l'artisanat diversifiés du Swaziland. Les marchés de Mbabane et de Manzini proposent des tissages, des cotons joliment teints, des tressages, des bijoux, des pierres précieuses et des instruments de musique.

J. HUARD

AFRIQUE AUSTRALE

OCÉAN INDIEN

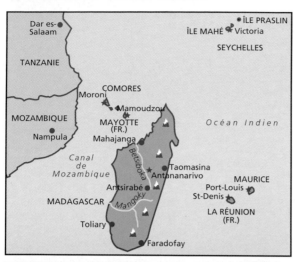

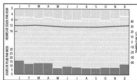 COMORES

Région: Océan Indien
Superficie: 2 170 km²
Capitale: Moroni
Aéroport: Moroni 20 km
Population: 530 140 habitants
Langue: arabe (off.), français (off.)
Religion: islamique, chrétienne
Régime politique: présidentiel
Voltage-cycles: 220 - 50
Vaccins obligatoires: Fj
" recommandés: Cho-Ty-Po
Passeport: requis
Visa: requis
Monnaie: franc comorien
1$CA= 266,96 francs
Conduite: à droite
Permis int'l: requis
Indicatif: 011-269
℃ du Canada: –
℃ au Canada: –
Hôtellerie: ★★★
Restauration: ★★★
Transport: ★
Coût de la vie: ○○○
Rang selon l'ONU: 141
Meilleurs mois: août, sep
Jours fériés: 11 jan - 15 mars - 13,21 mai -
11,20 juin - 6 juil - 19 août

RÉFLEXION

cratère du volcan du mont Kartala, le plus grand au monde. L'île Mohéli abrite de nombreuses tortues géantes et l'île d'Anjouan est connue pour ses distilleries de plantes aromatiques. La faune de MADAGASCAR est unique : plus de 3 000 espèces de papillons et de lémuriens y vivent. L'insularité est sûrement responsable aussi des centaines de plantes et de fleurs uniques à l'île. Le tourisme, ces dernières années, a été favorisé par l'aménagement de circuits qui mettent en vedette les richesses naturelles du pays. La ville d'Antsirabé est entourée de volcans qui abritent de beaux lacs. La région du sud est particulièrement intéressante pour ses stations thermales,

POINTS D'INTÉRÊT

Moroni est l'ancienne capitale des CO-MORES : les tombes des rois et la forteresse en témoignent. Les papillons de Grande Comore sont très recher-chés des amateurs : ces magnifiques insectes, dont certains ne vivent que dans les marécages des îles, sont pro-tégés par des lois très strictes. À Gran-de Comore, on peut descendre dans le

MADAGASCAR

Région: Océan Indien
Superficie: 587 040 km²
Capitale: Antananarivo
Aéroport: Antananarivo
Population: 13 427 760 habitants
Langue: malgache (off.), français (off.)
Religion: traditionnelle, chrétienne
Régime politique: présidentiel
Voltage-cycles: 220 - 50
Vaccins obligatoires: Fj
" recommandés: Cho-Ty-Po-Mal
Passeport: requis
Visa: requis
Monnaie: franc malgache
1$CA= 3290,14 francs
Conduite: à droite
Permis int'l: requis
Indicatif: 011-261
✆ du Canada: –
✆ au Canada: –
Hôtellerie: ★★★
Restauration: ★★★
Transport: ★★
Coût de la vie: ○
Rang selon l'ONU: 131
Meilleurs mois: sep, oct
Jours fériés: 1 jan - 29 mars - 16,17 avr - 1,4, 5,25 mai - 26 juin - 15 août - 1 nov - 25 déc

MAURICE

Région: Océan Indien
Superficie: 1 860 km²
Capitale: Port-Louis
Aéroport: Ramgoulam 43 km
Population: 1 116 930 habitants
Langue: anglais (off.), français, créole
Religion: catholique, protestante, hindoue
Régime politique: parlementaire
Voltage-cycles: 220 - 50
Vaccins obligatoires: Fj*
" recommandés: Cho-Ty-Po-Mal
Passeport: requis
Visa: non requis
Monnaie: roupie mauricienne
1$CA= 12,90 roupies
Conduite: à gauche
Permis int'l: recommandé
Indicatif: 011-230
✆ du Canada: –
✆ au Canada: 73110
Hôtellerie: ★★★★
Restauration: ★★★
Transport: ★★
Coût de la vie: ○○○
Rang selon l'ONU: 60
Meilleurs mois: mai à oct
Jours fériés: 1,2,30,31 jan - 12 fév - 4,12,17 mars - 1 mai - 12 sep - 1 nov - 25 déc

MAYOTTE

Région: Océan Indien
Superficie: 375 km²
Capitale: Mamoudzou
Aéroport: Pamandzi
Population: 93 470 habitants
Langue: français, mahorien
Religion: islamique, chrétienne
Régime politique: territoire français
Voltage-cycles: 220 - 50
Vaccins obligatoires: –
" recommandés: Mal
Passeport: requis
Visa: requis
Monnaie: franc français
1$CA= 3,52 francs
Conduite: à droite
Permis int'l: requis
Indicatif: 011-269
✆ du Canada: –
✆ au Canada: –
Hôtellerie: ★★★
Restauration: ★★★
Transport: –
Coût de la vie: ○○○
Rang selon l'ONU: –
Meilleurs mois: août, sep
Jours fériés: 1 jan - 16,17 avr - 1,8,25 mai - 4,5 juin - 14 juil - 15 août - 1,11 nov - 25 déc

OCÉAN INDIEN

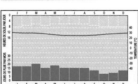

sa flore de cactus et de plantes carnivores, ses plages, mais surtout le Parc national Isalo. Au nord, Nosy Bé est aussi très attrayante : île entourée d'îles, c'est un véritable paradis de parfums. Les chutes, lagons et grottes d'Antseranana méritent également la visite. Pour ce qui est des villes, Antananarivo (ou Tananarive) a conservé le très beau palais de la Reine et quelques bâtiments datant du règne des Mérinas. Il n'y a pas si longtemps, la principale industrie de MAURICE était la canne à sucre. Aujourd'hui, le tourisme prend de plus en plus d'importance avec les plages, très belles, l'océan clair et pur, les jardins de fleurs exotiques. Plaine Champagne regorge d'oiseaux protégés, et le parc Casela abrite de très vieilles tortues et des oiseaux rares. De son époque coloniale, Port-Louis a gardé de charmants bâtiments. Le musée national d'Histoire naturelle présente une ex-

J. HUARD

+12 +11 +10 +9 +8

LA RÉUNION

Région: Océan Indien
Superficie: 2 510 km²
Capitale: Saint-Denis
Aéroport: Gillot 5 km
Population: 652 860 habitants
Langue: français (off.), créole
Religion: catholique
Régime politique: département français
Voltage-cycles: 220 - 50
Vaccins obligatoires: Fj*
" recommandés: Cho-Ty-Po
Passeport: requis
Visa: non requis
Monnaie: franc français
1$CA= 3,52 francs
Conduite: à droite
Permis int'l: recommandé
Indicatif: 011-262
✆ du Canada: –
✆ au Canada: –
Hôtellerie: ★★★★
Restauration: ★★★★
Transport: ★★
Coût de la vie: ○○
Rang selon l'ONU: –
Meilleurs mois: déc, jan, fév
Jours fériés: 1 jan - 16,17 avr - 1,8,25 mai - 4,5 juin - 14 juil - 15 août - 1,11 nov - 25 déc

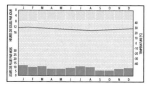

+12 +11 +10 +9 +8

SEYCHELLES

Région: Océan Indien
Superficie: 455 km²
Capitale: Victoria
Aéroport: Mahé
Population: 72 120 habitants
Langue: anglais (off.), français (off.), créole
Religion: catholique
Régime politique: présidentiel
Voltage-cycles: 220 - 50
Vaccins obligatoires: Fj*
" recommandés: Ty
Passeport: requis
Visa: non requis
Monnaie: roupie seychelloise
1$CA= 3,43 roupies
Conduite: à droite
Permis int'l: recommandé
Indicatif: 011-248
✆ du Canada: –
✆ au Canada: –
Hôtellerie: ★★★★
Restauration: ★★★★
Transport: ★★
Coût de la vie: ○○○
Rang selon l'ONU: 83
Meilleurs mois: mai à oct
Jours fériés: 1 jan - 14-16 avr - 1 mai - 5,15, 18,29 juin - 15 août - 1 nov - 8,25 déc

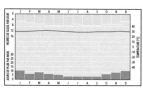

position permanente sur le dodo, un oiseau de l'île aujourd'hui disparu. MAYOTTE est un territoire français souvent associé aux Comores, ses voisines. Le tourisme tient essentiellement aux superbes plages qui recèlent de beaux coraux et aux lagons parfaits pour la plongée. Mamoudzou et Dzaoudzi sont les villes principales de l'île, et plusieurs bâtiments relatent l'histoire coloniale des Comores en général, et de Mahore (en français, Mayotte) en particulier. Les Arabes qui habitaient l'île au XVe siècle ont laissé une mosquée à Tsingoni. L'île de LA RÉUNION est d'origine volcanique : c'est pourquoi le relief est si tourmenté avec des massifs monta-

gneux et des vallées profondes. Les cirques de Cilaos, de Salazie, de Mafate, sont des amphithéâtres naturels très appréciés des amateurs de randonnée pédestre. Le musée d'Histoire naturelle de Saint-Denis prépare bien à la visite des vallées fleuries et des volcans de l'île. Les plages de la côte ouest, par exemple celle de Saint-Gilles-les-Bains, sont les plus belles de l'île. Aux SEYCHELLES, paradis des ornithologues, Praslin, Frégate, Curieuse et La Digue sont des îles peuplées d'oiseaux marins, surtout des sternes, qui vivent dans une flore dense et luxuriante. Denis et Bird sont plus éloignées, mais la nature y est magnifique. L'île de Mahé est entou-

rée de plages au sable fin et baignée des effluves de cannelle et de vanille provenant des plantations voisines. Victoria, la capitale, a gardé le charme de l'époque coloniale. Son Jardin botanique s'enorgueillit notamment d'orchidées et de fleurs de patchouli, et son Musée national raconte très bien la vie et l'histoire du pays.

ACHATS

C'est aux Comores que sont cultivées la majorité des essences de parfums : notamment l'ilang-ilang, le jasmin et la fleur d'oranger. Les épices, la vanille et le girofle embaument les marchés. Les perles, la nacre et les coquillages font de très beaux bijoux. Poteries, sculptures et tissages sont également remarquables. À Madagascar, le marché Zuma d'Antananarivo propose toutes sortes de produits : girofle, vanille, tabac, canne à sucre, patchouli et ilang-ilang, mais aussi des meubles et pièces de bois ornés de marqueterie. L'art funéraire surprend, mais il est riche de symboles et joliment tourné. Évitez d'encourager le commerce des peaux de zébu et des fleurs séchées d'espèces en voie de disparition. Certaines tortues de Maurice peuvent avoir l'âge respectable de cent ans! Il n'est pas recommandé d'acheter des objets faits à partir de leur carapace. Les bijoux de corail, de perles ou de coquillages de Mayotte sont très prisés. Les potiers et tisserands ornent leurs oeuvres de belles images figuratives inspirées de la vie insulaire. La cuisine créole donne à La Réunion son parfum unique. Le rhum blanc est souvent aromatisé de vanille, de cannelle et d'anis : on l'appelle alors «rhum arrangé». Les batiks multicolores, tissus imprimés et peintures représentant des scènes typiques des îles sont des spécialités des Seychelles. La poterie, la sculpture et les bijoux de corail et de coco-de-mer sont aussi très appréciés.

Représentants du Canada à l'étranger

AFRIQUE DU SUD
Haut-commissariat à Pretoria
1103, Arcadia
Hatfield 0083, Pretoria
Afrique du Sud
ou
C.P. 26006, Arcadia
Pretoria 0007, Afrique du Sud
Tél.: (011-27-12) 342-6923
Télégraphe: Candom Pretoria
Téléc.: (011-27-12) 342-3837
Haut-commissariat au Cap
Édifice Reserve Bank
30, rue Hout, 19e étage
Le Cap 8001, Afrique du Sud,
ou
C.P. 683
Le Cap 8000, Afrique du Sud
Tél.: (011-27-21) 23-5240.
En soirée: 23-5242
Télégraphe: Candom Capetown
Téléc.: (011-27-21) 23-4893

ALBANIE
Ambassade
Budakeszi ut. 32
1121 Budapest, Hongrie

ALGÉRIE
Ambassade
27 bis, rue des Frères Benhafid
Hydra, Algérie
ou
C.P. 225 Gare Alger
1600 Alger, Algérie
Tél.: (011-213-2) 69-16-11
Télégraphe: Canad Alger
Téléc.: (011-213-2) 69-39-20

ALLEMAGNE
Ambassade à Bonn
Friedrich-Wilhelm-Strasse 18
53113 Bonn, Allemagne
Tél.: (011-49-228) 968-0
Télégraphe: Domcan Bonn
Téléc.: (011-49-228) 968-3904
Ambassade à Berlin
Friedrichstrasse, 95, 10117 Berlin
Tél.: (011-49-30) 261-1161
Téléc.: (011-49-30) 262-9206
Consulat à Düsseldorf
Prinz-Georg Strasse 126
D-40479
Düsseldorf
Tél.: (011-49-211) 17-21-70
Télégraphe: Canadian Düsseldorf
Téléc.: (011-49-211) 35-91-65
Consulat à Munich
Tal 29, 80331 Munich
Tél.: (011-49-89) 29-06-50
Téléc.: (011-49-89) 228-5987

ANGOLA
Haut-commissariat
C.P. 1430
Harare, Zimbabwe
Consulat à Luanda
Rua Rei Katyavala 113
Luanda, Angola
Tél.: (011-244-2) 330-243
Téléc.: (011-244-2) 343-754, 393-4455
(de 21 h à 8 h, heure d'Angola)

ANTIGUA-ET-BARBUDA
Haut-commissariat
C.P. 404, Bridgetown
Barbade

ARABIE SAOUDITE
Ambassade
Enceinte diplomatique
Riyad
ou
C.P. 94321
Riyad 11693, Arabie Saoudite
Tél.: (011-966-1) 488-2288
Télégraphe: Domcan Riyad
Téléc.: (011-966-1) 488-1997
Consulat à Jeddah
Édifice Headquarters
Zahid Corporate Group,
Jeddah, Arabie Saoudite
ou
C.P. 8928, Jeddah 21492
Arabie Saoudite
Tél.: (011-966-2) 667-1156
Téléc.: (011-966-2) 669-0727

ARGENTINE
Ambassade
2828 Tagle
1425 Buenos Aires, Argentine
ou
Casilla de Correo 1598
Buenos Aires, Argentine
Tél.: (011-54-1) 805-3032
Télégraphe: Domcan Buenos Aires
Téléc.: (011-54-1) 806-1209

ARMÉNIE
Ambassade
23 Starokonyushenny Pereulok
Moscou, 121002 Russie

AUSTRALIE
Haut-commissariat
Commonwealth Ave.
Canberra ACT 2600, Australie
Tél.: (011-61-6) 273-3844
Téléc.: (011-61-6) 273-3285
Consulat à Sydney
5e étage, édifice Quay West,
111, rue Harrington,
Sydney, N.S.W. 2000, Australie
Tél.: (011-61-2) 364-3000
Télégraphe: Canadian Sydney
Téléc.: (011-61-2) 364-3098

Consulat à Perth
National Mutual Centre, 11e étage,
111 St. George's Terrace
Perth, Australie occidentale 6000
Tél.: (011-61-9) 321-1156
Téléc.: (011-61-9) 321-1151

AUTRICHE
Ambassade
Laurenzerber 2, A-1010, Vienne
Autriche
Tél.: (011-43-1) 531-38-3000
Télégraphe: Domcan Vienna
Téléc.: (011-43-1) 531-38-3321

AZERBAÏDJAN
Ambassade
Nenehatun Caddesi no 75,
Gaziosmanpasa 06700
Ankara, Turquie

BAHAMAS
Haut-commissariat
C.P. 1500, Kingston 10
Jamaïque
Consulat à Nassau
no 21 Out Island Traders Building
rue Ernest, Nassau, Bahamas
ou
C.P. SS-6371, Nassau, Bahamas
Tél.: (1-809) 393-2123, 393-2124
Téléc.: (1-809) 393-1305

BAHREÏN
Ambassade
C.P. 25281
13113 (Safat), Koweït, Koweït

BANGLADESH
Haut-commissariat
Maison CWN 16/A
Chemin 48, Gulshan, Bangladesh
ou
C.P. 569, Dhaka, Bangladesh
Tél.: (011-880-2) 88-36-39, 60-70-71
Télégraphe: Domcan Dhaka
Téléc.: (011-880-2) 88-30-43

BARBADE
Haut-commissariat
Bishop's Court Hill
St. Michael, Barbade
ou
C.P. 404, Bridgetown, Barbade
Tél.: (809) 429-3550
Télégraphe: Domcan Bridgetown
Téléc.: (809) 429-3780

BELGIQUE
Ambassade
2, avenue de Tervuren,
1040 Bruxelles, Belgique
Tél.: (011-32-2) 741-0611
Télégraphe: Domcan Brussels
Téléc.: (011-32-2) 741-0613

BELIZE
Consulat
85, rue North # Front
Belize City, Belize
Tél.: (011-501-02) 33-722
Téléc.: (011-501-02) 30-060

BÉNIN
Ambassade
C.P. 54506, I Koyi Station
Lagos, Nigeria

BERMUDES
Consulat
1251 Ave. of the Americas
New York, NY 10020 USA

BIÉLORUSSIE
Ambassade
23 Starokonyushenny Pereulok,
Moscou, 121002 Russie

BOLIVIE
Ambassade
Casilla 18-1126,
Correo Miraflores, Lima, Pérou
Consulat
Avenida 20 de Octubre 2475
Plaza Avaroa, Sopocachi, La Paz
Bolivie
ou
Casilla Postal 13045, La Paz, Bolivie
Tél.: (011-591-2) 37-52-24
Téléc.: (011-591-2) 32-94-35

BOTSWANA
Haut-commissariat
C.P. 1430
Harare, Zimbabwe
Consulat
C.P. 1009, Gaborone, Botswana
Tél.: (011-267) 371-659

BRÉSIL
Ambassade
Setor de Embaixadas Sul,
Avenida das Nacoes, lote 16,
70410-900 Brasilia D.F., Brésil
ou
Caixa Postal 00961, 70359-900
Brasilia D.F., Brésil
Tél.: (011-55-61) 321-2171
Télégraphe: Canada Brasilia
Téléc.: (011-55-61) 321-4529
Consulat à Sao Paulo
Edificio Top Center
Avenida Paulista 854, 5e étage
01310-913 Sao Paulo, Brésil
ou
Caixa Postal 22002, 01410 Sao Paulo
Brésil
Tél.: (011-55-11) 287-2122, -2234
Téléc.: (011-55-11) 251-5057
Consulat à Rio de Janeiro
rua Lauro Muller, 116 Sala 1104
Torre Rio Sul-Botafogo
22290 Rio de Janeiro, Brésil
Tél.: (011-55-21) 275-2137
Téléc.: (011-55-21) 541-3898

BRUNEI
Haut-commissariat
Robinson Road, C.P. 845
Singapour 9016
République de Singapour

BULGARIE
Ambassade
Budakeszi ut. 32,
1121 Budapest, Hongrie

BURKINA FASO
Ambassade
Centre de la Coopération
canadienne,
Ouagadougou, Burkina Faso
ou
C.P. 548, Ouagadougou 01
Province du Kadiogo, Burkina Faso
Tél.: (011-226) 31-18-94, 31-18-95
Téléc.: (011-226) 31-19-00

BURUNDI
Consulat
boulevard 28 novembre,
Bujumbura, Burundi
ou
C.P. 5, Bujumbura, Burundi
Tél.: (011-257) 22-16-32
Téléc.: (011-257) 22-28-16

CAMBODGE
Ambassade
a/s de l'Ambassade d'Australie
Villa 11, rue 254, Chartaumuk
Secteur Daun Penh, Phnom Penh
Tél.: (011-855-23) 26 000, 26 001
Téléc.: (011-855-23) 26 003

CAMEROUN
Ambassade
Immeuble Stamatiades,
Place de l'Hôtel de Ville
Yaoundé Cameroun
ou
C.P. 572, Yaoundé, Cameroun
Tél.: (011-237) 23-02-03, 22-19-36
Téléc.: (011-237) 22-10-90

CAP-VERT
Ambassade
C.P. 3373, Dakar, Sénégal

CHILI
Ambassade
Ahumada 11, 10e étage, Santiago, Chili
ou
Casilla 427, Santiago, Chili
Tél.: (011-56-2) 696-2256, -2257
Télégraphe: Domcan Santiago de Chile
Téléc.: (011-56-2) 696-2424

CHINE
Ambassade
19, rue Dong Zhi Men Wai,
secteur Chao Yang
Beijing, Rép. populaire de Chine 100600
Tél.: (011-86-1) 532-3536
Télégraphe: Domcan Peking
Téléc.: (011-86-1) 532-4311

Consulat à Shanghai
American International Centre,
au Centre Shanghai, Tour ouest,
bureau 604
1376 Nanjing Xi Lu
Shanghai 200040, République populaire
de Chine
Tél.: (011-86-21) 279-8400
Téléc.: (011-86-21) 279-8401
Consulat à Guangzhou
Tour de bureaux de l'hôtel China,
bureau 1563-4, Liu Hua Lu,
Guangzhou 510015,
République populaire de Chine
Tél.: (011-86-20) 666-0569
Téléc.: (011-86-20) 667-2401

CHYPRE
Consulat
15 rue Themistocles Dervis,
Maison Margarita, bureau 403,
Nicosie, Chypre
ou
C.P. 2125, Nicosie, Chypre
Tél.: (011-357-2) 45-16-30
Téléc.: (011-357-2) 45-90-96

COLOMBIE
Ambassade
Calle 76, no 11-52
Bogota, Colombie
ou
Apartado Aereo 53531
Bogota 2, Colombie
Tél.: (011-57-1) 313-1355
Téléc.: (011-57-1) 313-3071

COMORES
Haut-commissariat
C.P. 1022, Dar es-Salaam, Tanzanie

CONGO
Ambassade
(Bureau du Canada),
310 avenue des Aviateurs
Kinshasa, Zaïre

CORÉE-DU-SUD
Ambassade
10e étage et 11e étages, édifice Kolon,
45 Mugyo-Dong, Jung-Ku
Séoul 100-170, Corée
ou
C.P. 6299, Séoul 100-662, Corée
Tél.: (011-82-2) 753-2605, -2606
Téléc.: (011-82-2) 755-0686
Consulat à Pusan
a/s de Bumin Mutual Savings and
Finances
Corporation, no 32-1, 2-GA,
Daecheung-Dong, Chung-Ku, Pusan,
Corée
Tél.: (011-8251) 246-7024, 246-3205
Téléc.: (011-8251) 247-8443, 246-5658

COSTA RICA
Ambassade
Edifice Cronos, Calle 3 y Avenida Central,
San José, Costa Rica

ou
Apartado Postal 10303
San José, Costa Rica
Tél.: (011-506) 255-3522
Téléc.: (011-506) 223-2395

CÔTE-D'IVOIRE
Ambassade du Canada
Immeuble Trade Center
23, avenue Nogues
Le Plateau, Abidjan
Côte d'Ivoire
ou
C.P. 4104
Abidjan 01, Côte d'Ivoire
Tél.: (011-225) 21-20-09
Téléc.: (011-225) 21-77-28

CROATIE
Ambassade
Hôtel Esplanade
Mihanoviceva 1
41000 Zagreb, Croatie
Tél.: (011-385-1) 477-885, 477-754
Téléc.: (011-385-1) 477-913

CUBA
Ambassade
Calle 30, nᵒ 518 Esquina a7a, Miramar
La Havane, Cuba
Tél.: (011-53-7) 33-25-16, 33-25-27
Télégraphe: Domcan Havana
Téléc.: (011-53-7) 33-20-44

DANEMARK
Ambassade
Kr. Bernikowsgade 1,
1105 Copenhague K, Danemark
Tél.: (011-45-33) 12-22-99
Téléc.: (011-45-33) 14-05-85

GROENLAND
Consulat
Groenlandsfly A/S
3900 Nuuk, Groenland
Tél.: (011-299) 28888
Téléc.: (011-299) 27288

DJIBOUTI
Ambassade
C.P. 1130
Addis-Abeba, Éthiopie

DOMINIQUE
Haut-commissariat
C.P. 404
Bridgetown, Barbade

ÉGYPTE
Ambassade
6, rue Mohamed Fahmi El Sayed,
Garden City, Le Caire, Égypte
ou
C.P. 1667, Le Caire, Égypte
Tél.: (011-20-2) 354-3110
Télégraphe: Domcan Cairo
Téléc.: (011-20-2) 356-3548

ÉMIRATS ARABES UNIS
Ambassade
C.P. 25281, 13113 (SAFAT)
Koweït, Koweït
Consulat
Édifice Juma Al Majid, bureau 708
rue Khalid Ibn, Al Waleed,
Bur Durbai, Émirats Arabes Unis
Tél.: (011-971-4) 52-17-17
Téléc.: (011-971-4) 51-77-22

ÉQUATEUR
Ambassade
Apartado Aereo 53531,
Bogota 2, Colombie
Consulat
General Cordova 800
y Victor Manuel Rendon,
Edificio Torres de la Merced, Piso 21,
Oficina 6, Guayaquil, Équateur
Tél.: (011-593-4) 566-747
Téléc.: (011-593-4) 314-562

ÉRYTHRÉE
Ambassade
C.P. 1130
Addis-Abeba, Éthiopie

ESPAGNE
Ambassade
Edificio Goya
Calle Nunez de Balboa 35
28001 Madrid, Espagne
ou
Apartado 587,
28080 Madrid, Espagne
Tél.: (011-34-1) 431-4300
Téléc.: (011-34-1) 431-2367
Consulat à Barcelone
Via Augusta 125, Atico 3A
Barcelone 08006, Espagne
Tél.: (011-34-3) 209-0634
Téléc.: (011-34-3) 410-7755
Consulat à Malaga
Edificio Horizonte, Plaza de la
Malagueta 3, 1ᵉʳ étage
29016 Malaga, Espagne
ou
Apartado Postal 99
29080 Malga, Espagne
Tél.: (011-34-52) 22-33-46
Téléc.: (011-34-52) 22-40-23
Consulat à Séville
Avenida de la Constitución 30, 2ᵉ étage
41001, Séville, Espagne
Tél.: (011-34-54) 422-9413

ESTONIE
Ambassade
Toom Kooli 13, 2ᵉ étage
0100 Tallinn, Estonie
Tél.: (011-371) 631-3570
Téléc.: (011-371) 631-3573

ÉTATS-UNIS D'AMÉRIQUE
Ambassade
501 Pennsylvania Ave. N. W.,
Washington, D.C. 20001

Tél.: (202) 682-1740
Télégraphe: Beaver Washington
Téléc.: (202) 682-7726
Consulat à Atlanta
One CNN Center, South Tower, suite 400
Atlanta, GA, 30303-2705 USA
Tél.: (404) 577-6810
En soirée: 577-6812
Téléc.: (404) 524-5046
Consulat à Boston
3 Copley Place, suite 400
Boston Mass., 02116 USA
Tél.: (617) 262-3760
Téléc.: (617) 262-3415
Consulat à Buffalo
1 Marine Midland Centre, suite 3000
Buffalo, N. Y., 14203-2884
Tél.: (716) 858-9500
Téléc.: (716) 852-4340
Consulat à Chicago
Two Prudential Plaza,
180 N. Stetson Avenue, suite 2400
Chicago, Illinois 60601
Tél.: (312) 616-1860
Téléc.: (312) 616-1877
Consulat à Dallas
St. Paul Place, 750 North St. Paul Street,
Suite 1700,
Dallas, Texas 75201-3247
Tél.: (214) 922-9806
Télégraphe: Canadian Dallas
Téléc.: (214) 922-9815
Consulat à Detroit
600 Renaissance Center, suite 1100
Detroit, Michigan 48243-1798
Tél.: (313) 567-2340
Téléc.: (313) 567-2164
Consulat à Los Angeles
300 South Grand Avenue, 10th floor
Los Angeles, Calif. 90071
Tél.: (213) 687-7432
Téléc.: (213) 620-8827
Consulat à Miami
200 South Biscayne Boulevard, suite 1600
Miami, Floride 33131 USA
Tél.: (305) 579-1600
Consulat à Minneapolis
701-4th Avenue South,
Minneapolis, Minn. 55415 USA
Tél.: (612) 333-4641
Téléc.: (612) 332-4061
Consulat à New York
1251 Ave. of the Americas, 16th floor
New York, N.Y. 10020-1175
Tél.: (212) 768-2400, (212) 596-1600
Téléc.: (212) 596-1790
Consulat à Seattle
412 Plaza 600, Sixth and Stewart
Seattle, Wash. 98101-1286
Tél.: (206) 443-1777
Téléc.: (206) 443-1782

ÉTHIOPIE
Ambassade
Old Airport Area, Higher 23,
Kebele 12, Maison nᵒ 122,
Addis Abeba, Éthiopie

ou
C.P. 1130, Addis-Abeba, Éthiopie
Tél.: (011-251) 71-30-22
Télégraphe: Domcan Addis Abeba
Téléc.: (011-251) 71-30-33

FIDJI
Haut-commissariat
C.P. 12049, Thorndon,
Wellington, Nouvelle-Zélande
Consulat
édifice L.I.C.I., 7e étage
rue Butt, Suva, Fidji

FINLANDE
Ambassade
P. Esplanadi 25B
00100 Helsinki, Finlande
ou
C.P. 779,
00101 Helsinki, Finlande
Tél.: (011-358-0) 17-11-41
Téléc. (011-358-0) 60-10-60

FRANCE
Ambassade
35, avenue Montaigne
75008 Paris, France
Tél.: (011-33-1) 44-43-29-00
Téléc.: (011-331-) 44-43-29-99
Télégraphe: Stadacona Paris
Consulat à Lyon
Édifice Bonnel, Part-Dieu,
angle Bonnel et Garibaldi
74, rue de Bonnel, 3e étage
69003 Lyon, France
Tél.: (011-33) 72-61-15-25
Téléc.: (011-33) 78-62-09-36
Consulat à Strasbourg
Polysar France, rue du Ried
La Wantzenau, France
ou
Polysar France, C.P. 7
67610 La Wantzenau, France
Tél.: (011-33) 88-96-65-02
Téléc.: (011-33) 88-96-64-54
Consulat à Toulouse
30, boul. de Strasbourg
31014 Toulouse, France
Tél.: (011-33) 61-99-30-16
Téléc.: (011-33) 61-63-43-37
Consulat à Saint-Pierre-et-
Miquelon
Institut Frecher
C.P. 903, Saint-Pierre
Saint-Pierre-et-Miquelon, F-97500
Tél.: (508) 41-55-10
Téléc.: (508) 41-55-01

GABON
Ambassade
C.P. 4037, Libreville, Gabon
Tél.: (011-241) 74-34-64, 74-34-65
Téléc.: (011-241) 74-34-66

GAMBIE
Ambassade
C.P. 3373, Dakar, Sénégal

GÉORGIE
Ambassade
Nenehatun Caddesi n° 75
Gaziosmanpasa 06700
Ankara, Turquie

GHANA
Haut-commissariat
42 Indépendence Ave
Accra, Ghana
ou
C.P. 1639, Accra, Ghana
Tél.: (011-233-21) 77-37-91
Téléc.: (011-233-21) 77-37-92

GRANDE-BRETAGNE
Haut-commissariat
Macdonald House, 1 Grosvenor Sq.
Londres, W1X OAB,
Grande-Bretagne, Royaume-Uni
Tél.: (011-44-171) 258-6600
Téléc.: (011-44-171) 258-6333
Passeports et services consulaires:
38 Grosvenor Street,
Londres, W1X OAA
Grande-Bretagne, Royaume-Uni
Tél.: (011-44-171) 258-6356, 258-6316
Téléc.: (011-44-171) 258-6506
Canada House:
Trafalgar Sq., rue Cockspur,
Londres, SW1Y 5BJ.
Tél.: (011-44-171) 629-9492
Téléc.: (011-44-171) 258-6322
Consulat à Edimbourg
3, rue George
Edimbourg
Tél.: (011-32) 220-4333

GRÈCE
Ambassade
4, rue Ioannou Gennadiou
Athènes 115 21, Grèce
Tél.: (011-30-1) 725-4011
Téléc.: (011-30-1) 725-3994

GRENADE
Haut-commissariat
C.P. 404 Bridgetown, Barbade

GUATEMALA
Ambassade
13 Calle 8-44, Zona 10,
Guatemala City, Guatemala
ou
C.P. 400, Guatemala, C.A.
Tél.: (011-502-2) 33-61-04
Télégraphe: Canadian Guatemala City
Téléc.: (011-502-2) 33-61-61

GUINÉE
Ambassade
C.P. 99
Conakry, Guinée
Tél.: (011-224) 41-23-95, 41-44-48
Téléc.: (011-224) 41-42-36

GUINÉE-BISSAU
Ambassade
C.P. 33/3, Dakar, Sénégal

GUINÉE-ÉQUATORIALE
Ambassade
C.P. 4037
Libreville, Gabon

GUYANA
Haut-commissariat
angle des rues High et Young, ·
Georgetown, Guyana
ou
C.P. 10880, Georgetown, Guyana
Tél.: (011-592-2) 72081, -5
Télégraphe: Domcan Georgetown
Téléc.: (011-592-2) 58380

HAÏTI
Ambassade
Édifice Banque Nova Scotia
route de Delmas
Port-au-Prince, Haïti
ou
C.P. 826, Port-au-Prince, Haïti
Tél.: (011-509) 23-2358
Télégraphe: Domcan Port-au-Prince
Téléc.: (011-509) 23-8720

HONDURAS
Ambassade
Edificio Comercial Los Castanos, 6° Piso,
boulevard Morazan, Tegucigalpa,
Honduras
ou
Apartado Postal 3552
Tegucigalpa, Honduras
Tél.: (011-504) 31-45-45, 31-45-51
Téléc.: (011-504) 31-57-93

HONG-KONG
Commissariat
11e-14e étages, One Exchange Square,
8 Connaught Place
Hong-Kong
ou
C.P. 11142
Hong-Kong
Tél.: (011-852) 810-4321
Télégraphe: Domcan Hong-Kong
Téléc.: (011-852) 2810-6736

HONGRIE
Ambassade
Budakeszi ut. 32
1121 Budapest, Hongrie
Tél.: (011-36-1) 275-1200
Téléc.: (011-36-1) 275-1210

INDE
Haut-commissariat
7/8 Shantipath, Chanakyapuri
New Delhi 110021, Inde
ou
C.P. 5207, New Delhi, Inde
Tél.: (011-91-11) 687-6500
Telec.: (011-91-11) 687-6579
Consulat à Bombay
41/42 Maker Chambers VI,
Jamnalal Bajaj Marg, Nariman Point
Bombay 400 021, Inde
Tél.: (011-91-22) 287-6027, 287-5479
Téléc.: (011-91-22) 287-5514

INDONÉSIE
Ambassade
5ᵉ étage, WISMA Metropolitan,
Jalan Jendral Sudirman, Jakarta,
Indonésie
ou
C.P. 1052
Jakarta 10010, Indonésie
Tél.: (011-62-21) 525-0709
Télégraphe: Domcan Jakarta
Téléc.: (011-62-21) 571-2251

IRAN
Ambassade
57, Shahid Javah-e-Sarfaraz
(Daryaye-Noor), avenue Ostad-Motahari,
Téhéran, Iran
ou
C.P. 11365-4647,
Téhéran, Iran
Tél.: (011-98-21) 873-2623, -24, -25
Téléc.: (011-98-21) 873-3202

IRAQ
Ambassade
C.P. 815403
Amman, Jordanie 11180

IRLANDE
Ambassade
65 St. Stephen's Green
Dublin 2, Irlande
Tél.: (011-353-1) 478-1988
Télégraphe: Domcan Dublin
Téléc.: (011-353-1) 478-1285

ISLANDE
Ambassade
Oscar's Gate 20, 0244 Oslo, Norvège
Consulat
Sudurlandsbraut 10,
108 Reykjavik, Islande
ou
C.P. 8094, 128 Reykjavik, Islande
Tél.: (011-354-5) 680-820
Téléc.: (011-354-5) 680-899

ISRAËL
Ambassade du Canada
220, Rehov Hayarkon
Tel-Aviv 63405, Israël
ou
C.P. 6410, Tel-Aviv 61063, Israël
Tél.: (011-972-3) 527-2929
Télégraphe: Domcan Tel-Aviv
Téléc.: (011-972-3) 527-2333

ITALIE
Ambassade du Canada
Via G.B. de Rossi 27
00161 Rome, Italie
Tél.: (011-39-6) 44598.1
Télégraphe: Domcan Rome
Téléc.: (011-39-6) 44598.750
Consulat à Milan
Via Vittor Pisani 19
20124 Milan, Italie
Tél.: (011-39-2) 6758.1, 669-80600
Télégraphe: Cantracom Milan
Téléc.: (011-39-2) 6758-3900

JAMAÏQUE
Haut-commissariat
Édifice Mutual Security Bank
30-36, boul. Knutsford
Kingston 5, Jamaïque
ou
C.P. 1500, Kingston 10, Jamaïque
Tél.: (1-809) 926-1500, -1, -2, -3
Télégraphe: Beaver Kingstonja
Téléc.: (1-809) 926-1702
Consulat à Montego Bay
29 Gloucester St.
Montego Bay, Jamaïque
Tél.: (1-809) 952-6198
Téléc.: (1-809) 979-1086

JAPON
Ambassade
3-38, Akasaka 7-chome,
Minato-ku, Tokyo 107, Japon
Tél.: (011-81-3) 3408-2101
Télégraphe: Domcan Tokyo
Téléc.: (011-81-3) 3479-5320
Consulat à Fukuoka
Édifice FT, 9F, 4-8-28 Watanabe-Dori,
Chuo-Ku, Fukuoka-Shi, Préf. Fukuoka,
Japon 810
Tél.: (011-81-92) 752-6055
Téléc.: (011-81-92) 752-6077
Consulat à Nagoya
Édifice Nakato Marunouchi, 6F,
3-17-6 Marunouchi, Naka-Ku,
Nagoya-Shi, Préf. Aichi, Japon
Tél.: (011-81-52) 972-0450
Téléc.: (011-81-52) 972-0453
Consulat à Osaka
Édifice Daisan Shoho, 12ᵉ étage, 2-2-3
Nishi Shinsaibashi
Chuo-Ku, Osaka 542, Japon
ou
C.P. 150
Osaka, Minami 542-91, Japon
Tél.: (011-81-6) 21-4910
Téléc.: (011-81-6) 212-4914

JORDANIE
Ambassade
Édifice Pearl of Shmeisani, Shmeisani,
Amman, Jordanie 11180
ou
C.P. 815403, Amman Jordanie 11180
Tél.: (011-962-6) 66-61-24
Téléc.: (011-962-6) 68-92-27

KAZAKHSTAN
Ambassade
157, Prospekt Abaya, 6ᵉ étage
480009,
Almaty, Kazakhstan
Tél.: (011-7-3272) 50-93-81
Téléc.: (011-7-3272) 50-93-80

KENYA
Haut-commissariat
Comcraft House, ave Hailé Sélassié
Nairobi, Kenya
ou
C.P. 30481, Nairobi, Kenya

Tél.: (011-254-2) 21-48-04
Téléc.: (011-254-2) 22-69-87

KIRGHIZISTAN
Ambassade
Prospekt Abaya, 6ᵉ étage
480009, Almaty, Kazakhstan
Tél.: (011-7-3272) 50-93-81
Téléc.: (011-7-3272) 50-93-80

KIRIBATI
Haut-commissariat
C.P. 12-049, Thorndon
Wellington, Nouvelle-Zélande

KOWEÏT
Ambassade
Section 4, édifice nᵒ 24, Al-Mutawakel, Da
Aiyah, Koweït
C.P. 25281, 13113 (Safat) Koweït
Tél.: (011-965) 256-3025
Téléc.: (011-965) 256-4167

LAOS
Ambassade
C.P. 2090, Bangkok 10500, Thaïlande

LESOTHO
Haut-commissariat
C.P. 26006,
Arcadia,
Pretoria 0007, Afrique du Sud
Consulat
1ᵉʳ étage, Maseru Book Centre Kingsway
C.P. 1165, Maseru, Lesotho
Tél.: (011-266) 325-632
Téléc.: (011-266) 316-462

LETTONIE
Ambassade
Doma laukums 4, 4ᵉ étage
Riga LV-1977
Tél.: (011-371) 783-0141
Téléc.: (011-371) 783-1040

LIBAN
Ambassade
Édifice Coolrite
434 Autostrade Jall-ed-Dib
Kaza Metin, Mount Lebanon

LIBERIA
Haut-commissariat
C.P. 1639, Accra, Ghana

LIBYE
Ambassade
C.P. 31, Belvédère,
1002 Tunis, Tunisie

LITUANIE
Ambassade
Didzioji 8-5, 2001 Vilnius, Lituanie
Tél.: (011-370-2) 220-898, 220-865
Téléc.: (011-370-2) 220-884

LUXEMBOURG
Ambassade
avenue de Tervuren 2,
1040 Bruxelles, Belgique

Consulat
a/s de Price Waterhouse and Co,
24-26, avenue de la Liberté
Luxembourg L.-1930
ou
C.P. 1443, Luxembourg, Luxembourg
Tél.: (011-352) 40-24-20
Téléc.: (011-352) 4-24-55 poste 600

MACAO
Commissariat
C.P. 20264, Hennessy Road Post Office,
Hong-Kong

MADAGASCAR
Haut-commissariat
C.P. 1022, Dar es-Salaam, Tanzanie
Consulat
QIT-Madagascar Minerals,
Villa Paula Androhibe, Lot II-J-169
Villa 3H Ivandry,
Tananarive, Madagascar
ou
C.P. 4003
Tananarive 101, Madagascar
Tél.: (011-261-2) 425-59
Téléc.: (011-261-2) 425-06

MALAWI
Haut-commissariat
31313, Lusaka, Zambie
Consulat
a/s de Comet Ltd
C.P. 51146, Blantyre-Limbe, Malawi
Tél.: (011-265) 643-277
Téléc.: (011-265) 643-446

MALAYSIA
Haut-commissariat
7e étage, Place MBF,
172 Jalan Ampang,
50450 Kuala Lumpur, Malaysia
ou
C.P. 10990
50732 Kuala Lumpur, Malaysia
Tél.: (011-60-3) 261-2000
En soirée: 261-2031
Téléc.: (011-60-3) 261-3248

MALDIVES
Haut-commissariat
C.P. 1006, Colombo, Sri Lanka

MALI
Ambassade
C.P. 198, Bamako, Mali
Tél.: (011-223) 22-22-36
Téléc.: (011-223) 22-43-62

MALTE
Ambassade
Via G.B. de Rossi 27,
00161 Rome, Italie
Consulat
Maison Demajo, 103, rue Archbishop,
La Vallette, Malte
Tél.: (011-356) 233-121, 233-126
Téléc.: (011-356) 235-145

MAROC
Ambassade
13 bis, rue Jaafar As-Sadik
Rabat-Agdal, Maroc
ou
C.P. 709, Rabat-Agdal, Maroc
Tél.: (011-212-7) 67-28-80
Téléc.: (011-212-7) 67-21-87

MAURICE (ÎLE)
Haut-commissariat
C.P. 26006, Arcadia
Pretoria 0007,
Afrique du Sud

MAURITANIE
Ambassade
C.P. 3373, Dakar, Sénégal

MEXIQUE
Ambassade
Calle Schiller n° 529 (Rincon del Bosque)
Colonia Polanco,
11560 Mexico, D.F. Mexique
ou
Apartado Postal 105-05
11580 Mexico, D.F. Mexique
Tél.: (011-52-5) 724-7900
Téléc.: (011-52-5) 724-7980
Consulat à Acapulco
Hôtel Club del Sol, Costera Miguel
Aleman, esq. Reyes Catolicos,
39300 Acapulco, Guerrero, Mexique
ou
Apartado Postal 94-C
Acapulco, Guerrero, Mexique
Tél.: (011-52-74) 85-66-21, 85-66-00 poste 7347
Téléc.: (011-52-74) 85-65-95, 85-66-21
Consulat à Cancun
Centro Comercial Plaza Mexico,
bureau 312,
Avenida Tulum 200, esq. Agua
77500 Cancun, Quintana Roo, Mexique
Tél.: (011-52-98) 84-37-16
Téléc.: (011-52-98) 84-61-25
Consulat à Guadalajara
Hôtel Fiesta Americana, bureau 30 A
Aurelio Aceves 225
44100 Guadalajara, Jalisco, Mexique
Tél.: (011-52-36) 15-86-65, 25-34-34
poste 3005
Téléc.: (011-52-36) 30-37-25
Consulat à Mazatlan
Hôtel Playa Mazatlan
Zona Dorada Rodolfo, Loaiza 202,
82110 Mazatlan, Sinaloa, Mexique
ou
Apartado Postal 614
82110 Mazatlan, Sinaloa, Mexique
Tél.: (011-52-69) 13-73-20, 13-44-44
poste 370
Téléc.: (011-52-69) 14-66-55, 14-03-66
Consulat à Puerto Vallarta
Calle Hidalgo 226, Colonia Centro
48300 Puerto Vallarta, Jalisco, Mexique
Tél.: (011-52-322) 253-98
Téléc.: (011-52-322) 235-17

Consulat à Tijuana
German Gedovius 5-201, Condominio
del Parque
Desarrollo Urbano Rio Tijuana
22320 Tijuana, Baja California Norte,
Mexique
Tél.: (011-52-66) 84-04-61
Téléc.: (011-52-66) 84-04-61
demandez le Téléc.

MODALVIE
Ambassade
C.P. 2966, bureau de poste n° 22
Bucarest, Roumanie

MONACO
Ambassade
35, avenue Montaigne,
75008 Paris, France

MONGOLIE
Ambassade
19, rue Dong Zhi Men Wai,
Secteur Chao Yang, Beijing
République populaire de Chine,
100600

MOZAMBIQUE
Ambassade
Rue Thomas Nduda, 1345,
Maputo, Mozambique
ou
C.P. 1578, Maputo, Mozambique
Tél.: (011-258-1) 492-623
Téléc.: (011-258-1) 492-667

MYANMAR (Birmanie)
Ambassade
C.P. 2090
Bangkok 10500, Thaïlande

NAMIBIE
Haut-commissariat
C.P. 26006
Arcadia,
Prétoria 0007, Afrique du Sud

NÉPAL
Haut-commissariat
C.P. 5207, New Delhi, Inde

NICARAGUA
Ambassade
Apartado Postal 10303, San José
Costa Rica
Consulat
208 Calle del Triunfo
Frente Plazoleta Telcor Central
Managua, Nicaragua
ou
Apartado 514
Managua, Nicaragua
Tél.: (011-505-2) 28-75-74, 28-13-04
Téléc.: (011-505-2) 28-48-21

NIGER
Ambassade
Immeuble Sonara II, avenue du Premier
Pont, Niamey, Niger
ou

C.P. 362, Niamey, Niger
Tél.: (011-227) 73-36-86, 73-36-87
Téléc.: (011-227) 73-50-64

NIGERIA
Haut-commissariat
Committee of Vice-Chancellors Building,
Plot 8A
4 Idowu-Taylor Street,
Victoria Island, Lagos, Nigeria
ou
C.P. 54506, Ikoyi Station
Lagos, Nigeria
Tél.: (011-234-1) 262-2512,
262-2515 (en soirée)
Télégraphe: Domcan Lagos
Téléc.: (011-234-1) 262-2517
ou
Bureau de liaision du Haut-commissariat du Canada
Lot n⁰ 622, rue Gana, Zone A5
Maitama, Abuja, FCT, Nigeria
ou
Bureau de liaison du Haut-commissariat du Canada
C.P. 6924 Wuse, Abuja,
FCT, Nigeria
Tél. et Téléc.: (011-234-090) 803-249

NORVÈGE
Ambassade
Oscar's Gate 20, Oslo 0244, Norvège
Tél.: (011-47) 22-46-69-55,
en soirée: 22-46-69-59
Téléc.: (011-47) 22-69-34-67

NOUVELLE-ZÉLANDE
Haut-commissariat
61 Molesworth Street Thorndon,
Wellington, Nouvelle-Zélande
ou
C.P. 12-049, Thorndon
Wellington, Nouvelle-Zélande
Tél.: (011-64-4) 473-9577
Téléc.: (011-64-4) 471-2082
Télégraphe: Domcan Wellington
Consulat à Auckland
Niveau 9, Centre JetSet 44-48, Place Emily
Auckland, Nouvelle-Zélange
ou
C.P. 6186, rue Wellesley,
Auckland, Nouvelle-Zélande
Tél.: (011-64-9) 309-3690
Téléc.: (011-64-9) 307-3111

OMAN
Ambassade
C.P. 25281, 13113 (Safat)
Koweït, Koweït
Consulat
Moosa Abdul Rahman Hassan Building,
édifice 477, Way 2907, app. 310
rue A'Noor, Ruwi
Mascate, Sultanat d'Oman
Tél.: (011-968) 791-738
Téléc.: (011-968) 791-740

OUGANDA
Haut-commissariat
C.P. 30481, Nairobi, Kenya
Consulat
92/94, 5ᵉ rue, Secteur industriel,
Kampala, Ouganda
ou
Uganda Bata, C.P. 422
Kampala, Ouganda
Tél.: (011-256-41) 25-81-41
Téléc.: (011-256-41) 24-13-80

OUZBÉKISTAN
Ambassade
157, Prospekt Abaya, 6ᵉ étage
480009 Almaty, Kazakhstan
Tél.: (011-7-3272) 50-93-81
Téléc.: (011-7-3272) 50-93-80

PAKISTAN
Haut-commissariat
Diplomatic Enclave, Sector G-5
Islamabad, Pakistan
ou
C.P. 1042, Islamabad, Pakistan
Tél.: (011-92-51) 21-11-01, 21-11-07 (en soirée)
Télégraphe: Domcan Islamabad
Téléc.: (011-92-51) 21-15-40
Consulat à Karachi
Hôtel Beach Luxury, bureau 120, chemin Moulvi
Tamiz Uddin Khan, Karachi 0227,
Pakistan
Tél.: (011-92-21) 55-11-00
Téléc.: (011-92-21) 55-12-22

PANAMÁ
Ambassade
Apartado Postal 10303, San José, Costa Rica
Consulat
Edificio Proconsa
Aero Peru, Piso 5B,
Calle Manuel Maria y Caza,
Campo Alegre, Panama
ou
Apartado Postal 3658
Balboa, Panama
Tél.: (011-507) 64-70-14
Téléc.: (011-507) 23-54-70

PAPOUASIE-NOUVELLE-GUINÉE
Haut-commissariat
Commonwealth Avenue
Canberra A.C.T. 2600, Australie
Consulat
The Lodge, 2ᵉ étage
rue Brampton Port Moresby
Papouasie-Nouvelle-Guinée
ou
C.P. 851, Port Moresby,
Papouasie-Nouvelle-Guinée
Tél.: (011-675) 21-35-99
Téléc.: (011-675) 21-36-12

PARAGUAY
Ambassade
Casilla 27,
Santiago, Chili
Consulat
El Paraguayo Independiente 995,
Entrepiso, Oficinas 1 y 2,
Asuncion,
Paraguay
ou
Casilla 2577, Asuncion, Paraguay
Tél.: (011-595-21) 44-95-05, 49-17-30
Téléc.: (011-595-21) 44-95-06

PAYS-BAS
Ambassade
Sophialaan 2514 JP, La Haye, Pays-Bas
Tél.: (011-31-70) 361-4111
Télégraphe: Domcan The Hague
Téléc.: (011-31-70) 356-1111
Consulat à Curaçao
Maduro et Curiels Bank, N.V.
Plaza JoJo Correa 2-4, Willemstad,
Curaçao, Antilles néerlandaises
ou
C.P. 305
Curaçao, Antilles néerlandaises
Tél.: (011-599-9) 66-11-15
Télégraphe: Madurobank
Téléc.: (011-599-9) 66-11-22, 66-11-30

PÉROU
Ambassade
Calla Libertad 130,
Miraflores, Lima, Pérou
ou
Casilla 18-1126, Correo Miraflores
Lima, Pérou
Tél.: (011-51-14) 44-40-15, 44-38-41, 44-38-93
Télégraphe: Domcan Lima
Téléc.: (011-51-14) 44-43-47

PHILIPPINES
Ambassade
9ᵉ et 11ᵉ étages, Allied Bank
Centre, 6754 av. Ayala, Makati
Metro Manille, Philippines
ou
C.P. 2168, Bureau de poste central de Makati,
1299 Makati, Metro Manille, Philippines
Tél.: (011-63-2) 810-8861
Télégraphe: Domcan Manila
Téléc.: (011-63-2) 810-8839

POLOGNE
Ambassade
Ulica Matejki 1/5
Varsovie 00-481, Pologne
Tél.: (011-48-22) 29-80-51, 29-80-54 (en soirée)
Téléc.: (011-48-22) 29-64-57

PORTUGAL
Ambassade
Avenida da Liberdade 144/56,
4ᵉ étage, 1200 Lisbonne, Portugal

Tél.: (011-351-1) 347-4892
Télégraphe: Domcan Lisbon
Téléc.: (011-351-1) 347-6466
Consulat à Faro
Rua Frei Lourenço de Sta Maria n° 1,
1er étage, #79,
8001 Faro, Portugal
Tél.: (011-351-89) 80-37-57, 80-30-00
Téléc.: (011-351-89) 80-47-77

QATAR
Ambassade
C.P. 25281
13113 (Safat) Koweït, Koweït

RÉPUBLIQUE CENTRAFRICAINE
Ambassade
C.P. 572, Yaoundé, Cameroun

RÉPUBLIQUE DOMINICAINE
Ambassade
Maximo Gomez 30,
Saint-Domingue,
République Dominicaine
Tél.: (809) 689-0002
Téléc.: (809) 682-2691
Consulat à Puerto Plata
Beller 51, bureau 3,
Puerto Plata, République Dominicaine
Tél.: (809) 586-5761, 586-3305
Téléc.: (809) 586-5762

RÉPUBLIQUE TCHÈQUE
Ambassade
Mickiewiczova 6, 125 33 Prague 6,
République tchèque
Tél.: (011-42-2) 2431-1108, -1109
Télégraphe: Domcan Prague
Téléc.: (011-42-2) 2431-0294

ROUMANIE
Ambassade
36 Nicolae Iorga
71118 Bucarest, Roumanie
ou
C.P. 117, bureau de poste n° 22
Bucarest, Roumanie
Tél.: (011-40-1) 312-8345, 312-0365
Téléc.: (011-40-1) 312-9680

RUSSIE
Ambassade
23 Starokonyushenny Pereulok,
Moscou, 121002 Russie
Tél.: (011-7-095) 956-6666
Télégraphe: Canada Moscow
Téléc.: (011-7-095) 241-4400
Consulat
Grand Hôtel Europe
Saint-Pétersbourg, Russie
Tél.: (011-7-812) 119-6000
Téléc.: (011-7-812) 375-3000

RWANDA
Ambassade
rue Akagera, Kigali, Rwanda
Tél.: (011-250) 73210, 73278
Téléc. (011-250) 72719
ou

C.P. 1177
Kigali, Rwanda

SAINT-KITTS-ET-NEVIS
Haut-commissariat
C.P. 404
Bridgetown, Barbade

SAINT-MARIN
Ambassade
Via G.B. de Rossi 27, 00161 Rome, Italie

SAINT-VINCENT-ET-LES-GRENADINES
Haut-commissariat
C.P. 404, Bridgetown, Barbade

SAINTE-LUCIE
Haut-commissariat
C.P. 404, Bridgetown, Barbade

SALOMON (ÎLES)
Haut-commissariat
Commonwealth Ave.
Canberra A.C.T. 2600, Australie

SALVADOR
Ambassade
C.P. 400, Guatemala,
C.A., Guatemala
Consulat
111 Avenida Las Palmas, Colonia
San Benito
San Salvador, El Salvador
ou
Apartado Postal 3078,
Centro de Gobierno,
San Salvador, El Salvador
Tél.: (011-503) 241-648, 983-292
Téléc.: (011-503) 790-765

SAMOA-OCCIDENTALES
Haut-commissariat
C.P. 12049, Thorndon
Wellington, Nouvelle-Zélande

SAINT-TOMÉ-ET-PRINCIPE
Ambassade
C.P. 4037, Libreville, Gabon

SÉNÉGAL
Ambassade
45, av. de la République, Dakar, Sénégal
ou
C.P. 3373, Dakar, Sénégal
Tél.: (011-221) 23-92-90
Télégraphe: Domcan Dakar
Téléc.: (011-221) 23-87-49

SEYCHELLES
Haut-commissariat
C.P. 1022, Dar es-Salaam, Tanzanie

SIERRA LEONE
Haut-commissariat
C.P. 1639, Accra, Ghana

SINGAPOUR
Haut-commissariat
80 Anson Road, 14e et 15e étages,
IBM Towers
Singapour 0207 Singapour

ou
Robinson Road, C.P. 845
Singapour 9016, Singapour
Tél.: (011-65) 225-6363
Télégraphe: Canadian Singapore
Téléc.: (011-65) 225-2450

SLOVAQUIE
Ambassade
Mickiewiczova 6,125 33 Prague 6,
République Tchèque
Consulat
a/s de Blaha & Erben & Novak & Werner
Advokatska Kanceharia
Stefanikova 47,811 04
Bratislava, République Tchèque

SLOVÉNIE
Ambassade
Budakeszi ut. 32
1121 Budapest, Hongrie

SOMALIE
Haut-commissariat
C.P. 30481, Nairobi, Kenya

SOUDAN
Ambassade
C.P. 1130, Addis-Abeba, Éthiopie

SRI LANKA
Haut-commissariat
6 Gregory's Road, Cinnamon Gardens,
Colombo 7, Sri Lanka
ou
C.P. 1006, Colombo, Sri Lanka
Tél.: (011-94-1) 69-58-41, 69-58-42
Télégraphe: Domcanada Colombo
Téléc.: (011-94-1) 68-70-49

SUÈDE
Ambassade
Tegelbacken 4 (7e étage), Stockholm,
Suède
ou
C.P. 16129
S-10323 Stockholm, Suède
Tél.: (011-46-8) 453-3000
Téléc.: (011-46-8) 24-24-91

SUISSE
Ambassade
Kirchenfeldstrasse 88
3005 Berne, Suisse
ou
C.P. 3000, Berne 6, Suisse
Tél.: (011-41-31) 352-63-81
Télégraphe: Domcan Berne
Téléc.: (011-41-31) 352-73-15

SURINAM
Haut-commissariat
C.P. 10880, Georgetown, Guyana
Consulat
Waterkant 90-94
C.P. 1849-1850
Paramaribo, Surinam
Tél.: (011-597) 471-222
Téléc.: (011-597) 475-718

SWAZILAND
Ambassade
C.P. 26006, Arcadia
Pretoria 0007, Afrique du Sud

SYRIE
Ambassade
Lot 12, Mezzeh Autostrade, Damas, Syrie
ou
C.P. 3394, Damas, Syrie
Tél.: (011-963-11) 2236-851, 2236-892
Téléc.: (011-963-11) 2228-034

TADJIKISTAN
Ambassade
157, Prospekt Abaya, 6e étage
480009, Almaty, Kazakhstan
Tél.: (011-7-3272) 50-93-81
Téléc.: (011-7-3272) 50-93-80

TANZANIE
Haut-commissariat
38, rue Mirambo
Dar es-Salaam, Tanzanie
ou
C.P. 1022
Dar es-Salaam, Tanzanie
Tél.: (011-255-51) 46000, 46011
Téléc.: (011-255-51) 46000, 46005, 46009
(en soirée)

TCHAD
Ambassade
C.P. 572, Yaoundé, Cameroun

THAÏLANDE
Ambassade
Édifice Boonmitr, 11e étage
138, chemin Silom
Bangkok 10500 Thaïlande
ou
C.P. 2090, Bangkok 10500, Thaïlande
Tél.: (011-66-2) 237-4125
Téléc.: (011-66-2) 236-6463
Consulat
a/s de Raming Tea Co. Ltd.
151, Super Highway
Tasala, Chiang Mai 50 000
Thaïlande
Tél.: (011-66-53) 24-22-92
Téléc.: (011-66-53) 24-26-16

TOGO
Haut-commissariat
C.P. 1639, Accra, Ghana

TONGA
Haut-commissariat
C.P. 12-049, Thorndon
Wellington, Nouvelle-Zélande

TRINITÉ-ET-TOBAGO
Haut-commissariat
Édifice Huggins, 72 South Quay
Port of Spain, Trinité-et-Tobago
ou
C.P. 1246
Port of Spain, Trinité-et-Tobago
Tél.: (1-809) 623-7254
Télégraphe: Domcan Port of Spain
Téléc.: (1-809) 624-4016

TUNISIE
Ambassade
3, rue du Sénégal, Place d'Afrique
Tunis, Tunisie
ou
C.P. 31, Belvédère
1002 Tunis, Tunisie
Tél.: (011-216-1) 798-004, 796-577
Télégraphe: Domcan Tunis
Téléc.: (011-216-1) 792-371

TURKMÉNISTAN
Ambassade
157, Prospekt Abaya
6e étage
480009 Almaty, Kazakhstan
Tél.: (011-7-3272) 50-93-81
Téléc.: (011-7-3272) 50-93-80

TURQUIE
Ambassade
Nenehatun Caddesi no 75
Gaziosmanpasa
06700, Turquie
Tél.: (011-90-312) 436-1275
Télégraphe: Domcan Ankara
Téléc.: (011-90-312) 446-4437
Consulat à Istanbul
Büyükdere Cad. 107/3, Begün Han, 80300
Gayrettepe, Istanbul, Turquie
Tél.: (011-90-1) 271-5174, 275-0780
Téléc.: (011-90-1) 272-3427

TUVALU
Haut-commissariat
C.P. 12-049, Thorndon
Wellington, Nouvelle-Zélande

UKRAINE
Ambassade
31, rue Yaroslaviv Val,
Kiev 252034, Ukraine
Tél.: (011-7-044) 212-2112-, 212-2263
Téléc.: (011-7-044) 291-2339, 225-1305

UNION EUROPÉENNE
La Mission du Canada
Avenue de Tervuren 2
1040 Bruxelles, Belgique
Tél.: (011-32-2) 741-0660, 735-6193 (en
soirée)
Téléc.: (011-32-2) 741-0629

URUGUAY
Ambassade
Casilla de Correo 1598
Buenos Aires, Argentine
Consulat
Edificio Torre Libertad
Plaza Cagancha 1335, Piso 10
11100 Montevideo, Uruguay
Tél.: (011-598-2) 92-20-29, 92-20-30
Téléc.: (011-598-2) 92-02-23

VANUATU
Haut-commissariat
Commonwealth Avenue
Canberra A.C.T. 2600
Australie

VATICAN
Ambassade
Via della Conciliazione 4/D
00193 Rome, Italie
Tél.: (011-39-6) 6830-7316, 7386
Téléc.: (011-39-6) 6880-6283

VENEZUELA
Ambassade
Edificio Torre Europa, 7e étage
Avenida Francisco de Miranda
Campo Alegre, Caracas
ou
Apartado 62302, Caracas 1060A
Venezuela
Tél.: (011-58-2) 951-6166
Téléc.: (011-58-2) 951-4950

VIÊT NAM
Ambassade
31, rue Hong Vuong
Hanoi
Viêt Nam
Tél.: (011-84-4) 23-55-00
Téléc.: (011-84-4) 23-53-51

YÉMEN
Ambassade
C.P. 94321
Riyad 11693, Arabie Saoudite

EX-YOUGOSLAVIE
Ambassade du Canada
Kneza Milosa 75
11000 Belgrade, Yougoslavie
Tél.: (011-381-11) 64-46-66, 64-45-47 (en
soirée)
Télégraphe: Domcan Belgrade
Téléc.: (011-381-11) 64-14-80

ZAÏRE
Bureau du Canada
a/s Ambassade des États-Unis
310, avenue des Aviateurs
Kinshasa, Zaïre
Tél.: (011-243-12) 21-532, 21-913
Télégraphe: Amembassy Kinshasa
Téléc.: (011-243-88) 43-805

ZAMBIE
Haut-commissariat
5199, avenue United Nation
Lusaka, Zambie
ou
C.P. 31313
Lusaka, Zambie
Tél.: (011-260-1) 25-08-33
Télégraphe: Domcan Lusaka
Téléc.: (011-260-1) 25-41-76

ZIMBABWE
Haut-commissariat
45, avenue Baines, Harare, Zimbabwe
ou
C.P. 1430, Harare, Zimbabwe
Tél.: (011-263-4) 25-08-33
Télégraphe: Canad Harare
Téléc.: (011-263-4) 25-41-76

Représentants diplomatiques et consulaires au Canada et offices de tourisme

AFRIQUE DU SUD
Haut-commissariat
15, Promenade Sussex
Ottawa (Ont.) K1M 1M8
Tél.: (613) 744-0330
Téléc.: (613) 741-1639
Consulat à Montréal
1, Place Ville-Marie, # 2615
Montréal (Québec) H3B 4S3
Tél.: (514) 878-9217
Téléc.: (514) 878-4751
Consulat à Toronto
Stock Exchange Tower
2, First Canadian Place, # 2300
C.P. 424
Toronto (Ont.) M5X 1E3
Tél.: (416) 364-0314
Téléc.: (416) 364-1737
Bureau du tourisme
4119, Lawrence avenue East # 205
Scarborough (Ont.) M1E 2S2
Tél.: (416) 283-0563
Téléc.: (416) 283-5465
ALBANIE
Ambassade
1511 K Street, N.W., Suite 1000
Washington, D.C., 20005, U.S.A.
Tél.: (202) 223-4942
Téléc.: (202) 628-7342
ALGÉRIE
Ambassade
435, avenue Daly
Ottawa (Ont.) K1N 6H3
Tél.: (613) 789-8505, -0282
Téléc.: (613) 789-1406
ALLEMAGNE
Ambassade
275, rue Slater, 14e étage
Ottawa (Ont.) K1P 5H9
Tél.: (613) 232-1101
Téléc.: (613) 594-9330
Consulat général à Montréal
1250, René-Lévesque, # 4315
Montréal (Québec) H3B 4X8
Tél.: (514) 931-2277
Téléc.: (514) 931-2739
Consulat général à Toronto
77, chemin Admiral
Toronto (Ont.) M5R 2L4
Tél.: (416) 925-2813
Téléc.: (416) 925-2818
Consulat général à Vancouver
World Trade Centre
999 Canada Place, bureau 704
Vancouver (C.-B.) V6C 3E1
Tél.: (604) 684-8377
Téléc.: (604) 684-8334

Office du tourisme
175 Bloor Street East
North Tower, suite 604
Toronto (Ont.) M4W 3R8
Tél.: (416) 968-1570
Téléc.: (416) 968-1986

ANTIGUA-ET-BARBUDA
Haut-commissariat
112, rue Kent, bureau 1610
Place de la Ville, Tour B
Ottawa (Ont.) K1P 5P2
Tél.: (613) 236-8952
Téléc.: (613) 236-3042
Représentant consulaire
13, rue Oathill
Dartmouth (N.-É.) B2Y 4C2
Tél.: (902) 465-8127
Consulat à Toronto
60 St.Clair Avenue East, # 304
Toronto (Ont.) M4T 1N5
Tél.: (416) 961-3085
Téléc.: (416) 961-7218

ANTILLES ORIENTALES
(Dominique, Grenade, Montserrat, Saint-Kitts-et-Nevis, Sainte-Lucie et Saint-Vincent-et-les-Grenadines)
112, rue Kent, bureau 1610
Place de Ville, Tour B
Ottawa (Ont.) K1P 5P2
Tél.: (613) 236-8952
Téléc.: (613) 236-3042

ARABIE SAOUDITE
Ambassade
99, rue Bank, bureau 901
Ottawa (Ont.) K1P 6B9
Tél.: (613) 237-4100, -4101, -4102, -4103
Téléc.: (613) 237-0567

ARGENTINE
Ambassade
Centre de la Banque Royale
90, rue Sparks, bureau 620
Ottawa (Ont.) K1P 5B4
Tél.: (613) 236-2351, -2354
Téléc.: (613) 235-2659
Consulat à Montréal
2000, rue Peel, bureau 710
Montréal (Québec) H3A 2W5
Tél.: (514) 842-6582
Téléc.: (514) 842-5797
Consulat à Toronto
1 First Canada Place, bureau 5840
Toronto (Ont.) M5X 1K2
Tél.: (416) 603-0232
Téléc.: (416) 603-0868

ARUBA
Bureau de tourisme
86 Bloor Street West, bureau 204
Toronto (Ont.) M5S 1M5
Tél.: (416) 975-1950
1-800-268-3042
Téléc.: (416) 975-1947

AUSTRALIE
Haut-commissariat
50, rue O'Connor, bureau 710
Ottawa (Ont.) K1P 6L2
Tél.: (613) 236-0841
Téléc.: (613) 236-4376
Commission touristique
Centre de distribution
2 Bloor Street West, # 1730
Toronto (Ont.) M4W 3E2
Tél.: (416) 925-9575
Téléc.: (416) 925-9312
Consulat à Toronto
175 Bloor Street East,
bureau 314, 3e étage
Toronto (Ont.) M4W 3R8
Tél.: (416) 323-1155
Téléc.: (416) 323-3910
Consulat à Vancouver
World Trade Center Office
Complex
999 Canada Place, bureau 602
Vancouver (C.-B.) V6C 3E1
Tél.: (604) 684-1177
Téléc.: (604) 684-1856

AUTRICHE
Ambassade
445, rue Wilbrod
Ottawa (Ont.) K1N 6M7
Tél.: (613) 789-1444, -3429, -3430
Téléc.: (613) 789-3431
Consulat à Calgary
1131 Kensington Road N.W.
Calgary (Alb.) T2N 3P4
Tél.: (403) 283-6526
Téléc.: (403) 283-4909
Consulat à Halifax
1718 Argyle Street, bureau 710
Halifax (N.-É.) B3J 3N6
Tél.: (902) 429-8200
Téléc.: (902) 425-0581
Consulat à Regina
2401, Promenade Saskatchewan,
bureau 100
Regina (Sask.) S4P 4H9
Tél.: (306) 359-7777
Téléc.: (306) 522-3299
Consulat à Toronto
360 Bay Street, bureau 1010
Toronto (Ont.) M5H 2Y6

Tél.: (416) 863-0649
Téléc.: (416) 869-7851
Consulat à Vancouver
1810, rue Alberni, bureau 206
Vancouver (C.-B.) V6G 1B3
Tél.: (604) 687-3338
Téléc.: (604) 681-3578
Consulat à Montréal
1350, rue Sherbrooke Ouest, # 1030
Montréal (Québec) H3G 1J1
Tél.: (514) 845-8661
Téléc.: (514) 284-3503
Bureaux du tourisme
1010, rue Sherbrooke Ouest, # 1410
Montréal (Québec) H3A 2R7
Tél.: (514) 849-3709
Téléc.: (514) 849-9577
ou
2 Bloor St. East, suite 3330
Toronto (Ont.) M4W 1A8
Tél.: (416) 967-3348
Téléc.: (416) 967-4101

AZERBAÏDJAN
Ambassade
927 15th Street NW, suite 700
Washington, D.C., 20005, U.S.A.
Tél.: (202) 842-0001
Téléc.: (202) 842-0004

BAHAMAS
Haut-commissariat
360, rue Albert, bureau 1020
Ottawa (Ont.) K1R 7X7
Tél.: (613) 232-1724
Téléc.: (613) 232-0097
Bureau de tourisme
121 Bloor St. East, suite 1101
Toronto (Ont.) M4W 3M5
Tél.: (416) 968-2999
1-800-667-3777
Téléc.: (416) 968-6711

BAHREÏN
Ambassade
3502 International Drive North West
Washington, D.C., 20008, U.S.A.
Tél.: (202) 342-0741
Téléc.: (202) 362-2192
Consulat au Canada
1869, boul. René-Lévesque Ouest
Montréal (Québec) H3H 1R4
Tél.: (514) 931-7444
Téléc.: (514) 931-5988

BANGLADESH
Haut-commissariat
85, chemin Range, bureau 402
Ottawa (Ont.) K1N 8J6
Tél.: (613) 236-0138, -0139
Téléc.: (613) 567-3213

BARBADE
Haut-commissariat
130, rue Albert, bureau 600
Ottawa (Ont.) K1P 5G4

Tél.: (613) 236-9517, -9518
Téléc.: (613) 230-4362
Consulat général en Ontario
5160 Yonge Street, suite 1800
North York (Ont.) M2N 6L9
Tél.: (416) 512-6565, -6566, -6567, -6568
Téléc.: (416) 512-6580
Représentant consulaire à Montréal
4800, De Maisonneuve Ouest, suite 523
Westmount (Québec) H3Z 1M2
Tél.: (514) 932-3206
Téléc.: (514) 932-3775
Représentant consulaire à Vancouver
2020 Haro Street, suite 401
Vancouver (C.-B.) V6G 1J3
Tél.: (604) 872-4444

BELGIQUE
Ambassade
80, rue Elgin, 4e étage
Ottawa (Ont.) K1P 1B7
Tél.: (613) 236-7267
Téléc.: (613) 236-7882
Télex: 053-3568
Office du tourisme
C.P. 760, succursale N.D.G.
Montréal (Québec) H4A 3S2
Tél.: (514) 484-3594
Téléc.: (514) 489-8965
Consulat à Calgary
908 18th Avenue S.W.
Calgary (Alb.) T2P 0H1
Tél.: (403) 265-5777
Téléc.: (403) 244-2094
Consulat à Edmonton
155-10250, 101e rue
Edmonton (Alb.) T5J 3P4
Tél.: (403) 425-0184
Téléc.: (403) 466-2832
Consulat à Halifax
1050 Bellevue ave.
Halifax (N.-É.) B3H 3L9
Tél.: (902) 423-6323
Consulat général à Montréal
999, de Maisonneuve Ouest,
bureau 850
Montréal (Québec) H3A 3L4
Tél.: (514) 849-7394
Téléc.: (514) 844-3170
Télex: (514) 052-6891
Consulat à Toronto
2 Bloor Street West, # 2006
Toronto (Ont.) M4W 3E2
Tél.: (416) 944-1422
Téléc.: (416) 944-1421
Télex: 06-23564
Consulat à Vancouver
Birks Place, suite 570
688 West Hastings Street
Vancouver (C.-B.) V6B 1P1

Tél.: (604) 684-6838
Téléc.: (604) 684-0371
Consulat à Winnipeg
15 Acadia Bay
Winnipeg (Man.) R3T 3J1
Tél.: (204) 261-1415

BELIZE
Haut-commissariat
2535 Massachusetts Avenue, N.W.
Washington, D.C., 20008, U.S.A.
Tél.: (202) 332-9636
Téléc.: (202) 332-6888
Consulat à Montréal
1080, Côte du Beaver Hall, # 1720
Montréal (Québec) H2Z 1S8
Tél.: (514) 871-4741
Téléc.: (514) 397-0816
Consulat à Vancouver
1112, rue Pender Ouest, suite 904
Vancouver (C.-B.) V6E 2S1
Tél.: (604) 683-4517
Téléc.: (604) 683-4518

BÉNIN
Ambassade
58, rue Glebe
Ottawa (Ont.) K1S 2C3
Tél.: (613) 233-4429, -4868, -5273
Téléc.: (613) 233-8952
Représentants consulaires
429, rue Viger Est
Montréal (Québec) H2L 2N9
Tél.: (514) 769-6088, 849-3965
et
1207, 11e avenue Sud-Ouest, bureau 700
Calgary (Alb.) T3C 0M5
Tél.: (403) 245-8405

BERMUDES
Bureau de tourisme
1200 Bay Street, suite 1004
Toronto (Ont.) M5R 2A5
Tél.: 1-800-387-1304
Téléc.: (416) 923-9600

BIRMANIE
(voir Myanmar)

BOLIVIE
Ambassade
130, rue Albert, bureau 504
Ottawa (Ont.) K1P 5G4
Tél.: (613) 236-5730
Téléc.: (613) 236-8237
Consulat à Edmonton
11231 Jasper Avenue
Edmonton (Alb.) T5K 0L5
Tél.: (403) 488-1525
Téléc.: (403) 488-0350
Consulat à Montréal
18, avenue Severn
Westmount (Québec) H3Y 2C7
Tél.: (514) 989-5132
Téléc.: (514) 989-5132

Consulat à Vancouver
1040, rue Georgia Ouest, suite 1130
Vancouver (C.-B.) V6E 4H1
Tél.: (604) 685-8121, -8124
Téléc.: (604) 685-8120

BOTSWANA
Haut-commissariat
Intelsat Blv.
3400 International Drive, N.W.,
suite 7M
Washington, D.C., 20008, U.S.A.
Tél.: (202) 244-4990
Téléc.: (202) 244-4164
Consulat
14 South Drive
Toronto (Ont.) M4W 1R1
Tél.: (416) 978-2495
Téléc.: (416) 324-8239

BRÉSIL
Ambassade
450, rue Wilbrod
Ottawa (Ont.) K1N 6M8
Tél.: (613) 237-1090
Téléc.: (613) 237-6144
Télex: 053-3176 Brasembott
Consulat à Montréal
2000, rue Mansfield, # 1700
Montréal (Québec) H3A 3A5
Tél.: (514) 499-0968
Téléc.: (514) 499-3963
Consulat à Toronto
77 Bloor Street West, suite 1109
Toronto (Ont.) M5S 1M2
Tél.: (416) 922-2503
Téléc.: (416) 922-1832
Consulat à Vancouver
1140 Pender Street West, suite 1300
Vancouver (C.-B.) V6E 4G1
Tél.: (604) 687-4589
Téléc.: (604) 681-6534
Consulat à Edmonton
8619, Promenade Strathearn
Edmonton (Alb.) T6C 4C6
Tél.: (403) 466-3130
Téléc.: (403) 465-0247

BRUNEI
Haut-commissariat
866 United Nations Plaza, suite 248
New York, N.Y., 10017, U.S.A.
Tél.: (212) 838-1600
Téléc.: (212) 980-6478

BULGARIE
Ambassade
325, rue Stewart
Ottawa (Ont.) K1N 6K5
Tél.: (613) 789-3215
Téléc.: (613) 789-3524
Consulat à Toronto
65 Overlea Boulevard, bureau 406
Toronto (Ont.) M4H 1P1
Tél.: (416) 696-2420, -2778
Téléc.: (416) 696-8019

BURKINA FASO
Ambassade
48, rue Range
Ottawa (Ont.) K1N 8J4
Tél.: (613) 238-4796, -4797
Téléc.: (613) 238-3812
Télex: 053-4413
Consulat
372 Bay Street, suite 610
Toronto (Ont.) M5H 2W9
Tél.: (416) 867-8669

BURUNDI
Ambassade
50, rue Kaymar, Rothwell Heights
Ottawa (Ont.) K1G 7C9
Tél.: (613) 741-8828, -7458
Téléc.: (613) 741-2424
Représentants consulaires
4017, rue Lacombe
Montréal (Québec) H3T 1M7
Tél.: (514) 739-5204
et
5, ave Dewbourne
Toronto (Ont.) M5P 1Z1
Tél.: (416) 932-8212
Téléc.: (416) 922-3667

CAMEROUN
Ambassade
170, avenue Clemow
Ottawa (Ont.) K1S 2B4
Tél.: (613) 236-1522, -1524, -1569
Téléc.: (613) 236-3885

CAP-VERT
Ambassade
3415 Massachusetts Avenue North West
Washington, D.C., 20007, U.S.A.
Tél.: (202) 965-6820
Téléc.: (202) 965-1207
Télex: 440294

CAÏMANS (Îles)
Bureau de tourisme
234 Eglinton East, # 306
Toronto (Ont.) M4P 1K5
Tél.: (416) 485-1550
1-800-263-5805

CHILI
Ambassade
151, rue Slater, bureau 605
Ottawa (Ont.) K1P 5H3
Tél.: (613) 235-4402, -9940
Téléc.: (613) 235-1176
Consulat à Montréal
1010, rue Sherbrooke Ouest, # 710
Montréal (Québec) H3A 2R7
Tél.: (514) 499-0405
Téléc.: (514) 499-8914
Consulat à Toronto
170 Bloor Street West, suite 800
Toronto (Ont.) M5S 1T9
Tél.: (416) 924-0112, -0106
Téléc.: (416) 924-9563

Consulat à Vancouver
1185 West Georgia, suite 1250
Vancouver (C.-B.) V6E 4E6
Tél.: (604) 681-9162
Téléc.: (604) 682-2445

CHINE
Ambassade
515 St Patrick Street
Ottawa (Ont.) K1N 5H3
Tél.: (613) 789-3434
Téléc.: (613) 789-1911
Consulat à Toronto
240, rue St.George
Toronto (Ont.) M5R 2P4
Tél.: (416) 964-7260
Téléc.: (416) 324-6468
Consulat à Vancouver
3380, rue Granville
Vancouver (C.-B.) V6H 3K3
Tél.: (604) 734-7492
Téléc.: (604) 734-0154

CHYPRE
Haut-commissariat
2211 R Street North West
Washington, D.C., 20008, U.S.A.
Tél.: (202) 462-5772
Téléc.: (202) 483-6710
Représentant consulaire à
Montréal
2930, Édouard-Montpetit, bureau PH2
Montréal (Québec) H3T 1J7
Tél.: (514) 735-7233

COLOMBIE
Ambassade
360, rue Albert, bureau 1002
Ottawa (Ont.) K1R 7X7
Tél.: (613) 230-3761
Téléc.: (613) 230-4416
Consulat général à Montréal
1010, rue Sherbrooke Ouest, # 420
Montréal (Québec) H3A 2R7
Tél.: (514) 849-4852
Téléc.: (514) 849-4324
Consulat à Toronto
1 Dundas W., suite 2108
Toronto (Ont.) M5G 1Z3
Tél: (416) 977-0098
Téléc.: (416) 977-1725
Consulat à Vancouver
789, rue Pender Ouest, bureau 890
Vancouver (C.-B.) V6C 1H2
Tél.: (604) 685-6435
Téléc.: (604) 685-6485

COMORES
Ambassade
336 East 45th Street, 2nd Floor
New York, N.Y., 10021, U.S.A.
Tél.: (212) 972-8010, -8042
Téléc.: (212) 983-4712

CONGO
Ambassade
4891 Colorado Avenue North West
Washington, D.C., 20011, U.S.A.
Tél.: (202) 726-5500
Téléc.: (202) 726-1860
Télex 197370
**Représentant consulaire à
Montréal**
2 Cedar Avenue
Pointe-Claire (Québec) H9S 4Y1
Tél.: (514) 697-3781
**Mission permanente auprès
des Nations unies**
14 East, 65th Street
New York, N.Y., 1002, U.S.A.
Tél.: (212) 744-7840

CORÉE-DU-SUD
Ambassade
151, rue Slater, 5e étage
Ottawa (Ont.) K1P 5H3
Tél.: (613) 232-1715
Téléc.: (613) 232-0928
Consulat à Montréal
1000, rue Sherbrooke Ouest, # 1710
Montréal (Québec) H3A 3G4
Tél.: (514) 845-3243
Téléc.: (514) 845-8517
Consulat à Toronto
555 Avenue Road
Toronto (Ont.) M4V 2J7
Tél.: (416) 920-3809
Téléc.: (416) 924-7305
Consulat à Vancouver
1066 Hastings W, suite 830
Vancouver (C.-B.) V6E 3X1
Tél.: (604) 681-9581
Téléc.: (604) 681-4864
Bureau de tourisme
480 University, # 406
Toronto (Ont.) M5G 1V2
Tél.: (416) 348-9056
Téléc.: (416) 349-9058

COSTA RICA
Ambassade
135, rue York, bureau 208
Ottawa (Ont.) K1N 5T4
Tél.: (613) 562-2855
Téléc.: (613) 562-2582
Consulat à Montréal
1425, boul. René-Lévesque Ouest,
602
Montréal (Québec) H3G 1T7
Tél.: (514) 393-1057
Téléc.: (514) 393-1624
Consulat à Toronto
164 Avenue Road
Toronto (Ont.) M5R 2H9
Tél.: (416) 961-6773
Téléc.: (416) 961-6771
Consulat à Vancouver
1550, rue Alberni, bureau 804

Vancouver (C.-B.) V6G 1A5
Tél.: (604) 669-0797
Téléc.: (604) 669-4659

CÔTE-D'IVOIRE
Ambassade
9, avenue Marlborough
Ottawa (Ont.) K1N 8E6
Tél.: (613) 236-9919
Téléc.: (613-563-8287
Consulat
260 Adelaide Street East, Box 110
Toronto (Ont.) M5A 1N1
Tél.: (416) 366-8490
Téléc.: (416) 947-1534
Consulat à Montréal
417, rue St-Pierre, # 602
Montréal (Québec) H2Y 2N4
Tél.: (514) 845-8121
Téléc.: (514) 845-1271

CROATIE
Ambassade
130, rue Albert, bureau 1700
Ottawa (Ont.) K1P 5G4
Tél.: (613) 230-7351
Téléc.: (613) 230-7388
Consulat
918, rue Dundas Est, bureau 302
Mississauga (Ont.) L4Y 2B8
Tél.: (905) 277-9051
Téléc.: (905) 277-5432

CUBA
Ambassade
388, rue Main
Ottawa (Ont.) K1S 1E3
Tél.: (613) 563-0141
Téléc.: (613) 563-0068
Consulat à Montréal
1415, avenue des Pins Ouest
Montréal (Québec) H3G 2B2
Tél.: (514) 843-8897
Téléc.: (514) 982-9034
Télex: 052-5228
Consulat à Toronto
5353, rue Dundas Ouest
Square Kipling, # 401
Toronto (Ont.) M9B 6H8
Tél.: (416) 234-8181
Téléc.: (416) 234-2754
Télex: 0622226
Bureau de tourisme
440, boul. René-Lévesque Ouest,
1105
Montréal (Québec) H2Z 1V7
Tél.: (514) 875-8004
Téléc.: (514) 875-8005

CURAÇAO
Bureau du tourisme
475 Park Ave. S., suite 2000
New York, N.Y., 1006, U.S.A.
Tél.: (212) 683-7660
Téléc.: (212) 683-2937
1-800-270-3350

DANEMARK
Ambassade
47, rue Clarence, bureau 450
Ottawa (Ont.) K1N 9K1
Tél.: (613) 234-0704
Téléc.: (613) 234-7368
Consulat à Montréal
1, Place Ville-Marie, 35e étage
Montréal (Québec) H3B 4M4
Tél.: (514) 877-3060
Téléc.: (514) 871-8977
Consulat à Toronto
151 Bloor Street Ouest, suite 310
Toronto (Ont.) M5S 1S4
Tél.: (416) 962-5661
Téléc.: (416) 962-3668
Consulat à Calgary
1235, 11e Sud-Ouest
Calgary (Alb.) T3C 0M5
Tél.: (403) 245-5755
Bureau du tourisme
P.O. Box 636
Mississauga (Ont.) L5M 2C2
Tél.: (905) 820-8984

DJIBOUTI
Ambassade
1156-15th Street North West, suite 515
Washington, D.C., 20005, U.S.A.
Tél.: (202) 331-0270
Téléc.: (202) 331-0302
Télex: 4490085 AMDJUS

DOMINIQUE
(Voir Antilles orientales)

ÉGYPTE
Ambassade
454, avenue Laurier est
Ottawa (Ont.) K1N 6R3
Tél.: (613) 234-4931, -4935, -4958
Téléc.: (613) 234-9347
Consulat à Montréal
1, Place Ville-Marie, # 2617
Montréal (Québec) H3B 4S3
Tél.: (514) 866-8455
Téléc.: (514) 866-0835
Office du tourisme
1253, ave McGill College, bureau 250
Montréal (Québec) H3B 2Y5
Tél.: (514) 861-4420

ÉMIRATS ARABES UNIS
Ambassade
747 Third Avenue, 36th Floor
New York, N.Y., 10017, U.S.A.
Tél.: (212) 371-0480
Téléc.: (212) 371-4923

ÉQUATEUR
Ambassade
50, rue O'Connor, bureau 1311
Ottawa (Ont.) K1P 6L2
Tél.: (613) 563-8206
Téléc.: (613) 235-5776

Consulat à Montréal
1010, rue Ste-Catherine Ouest, # 440
Montréal (Québec) H3B 3R3
Tél.: (514) 874-4071
Téléc.: (514) 874-4071
Consulat à Toronto
151, rue Bloor Ouest, suite 470
Toronto (Ont.) M5S 1S4
Tél.: (416) 968-2077
Téléc.: (416) 968-3348
Consulat à Richmond (C.-B.)
7100, rue Gilbert, # 802
Richmond (C.-B.) V7C 5C3
Tél.: (604) 273-8577
Téléc.: (604) 273-8576
Consulat à Okotoks (Alb.)
Case postale 29, RR#1, Site 6
Okotoks (Alb.) T0L 1T0
Tél.: (403) 221-8822
Téléc.: (403) 221-8821

ÉRYTHRÉE
Ambassade
910 17th Street N.W., suite 400
Washington, D.C., 20006, U.S.A.
Tél.: (202) 429-1991
Téléc.: (202) 429-9004

ESPAGNE
Ambassade
350, rue Sparks, bureau 802
Ottawa (Ont.) K1R 7S8
Tél.: (613) 237-2193, -2194
Téléc.: (613) 236-9246
Consulat à Montréal
1 Westmount Square, # 1456
Av. Wood,
Westmount (Québec) H3Z 2P9
Tél.: (514) 935-5235
Téléc.: (514) 935-4655
Consulat à Toronto
1200 Bay Street, suite 400
Toronto (Ont.) M5R 2A5
Tél.: (416) 967-4949
Téléc.: (416) 925-4949
Office du tourisme
102 Bloor Street West, # 1400
Toronto (Ont.) M4W 2B8
Tél.: (416) 961-3131
Téléc.: (416) 961-1992

ESTONIE
Ambassade
1030 15th Street NW, suite 1000
Washington, D.C., 20005, U.S.A.
Tél.: (202) 789-0320
Téléc.: (202) 789-0471
Consulat à Toronto
958, ave Broadview, # 202
Toronto (Ont.) M4K 2R6
Tél.: (416) 461-0764
Téléc.: (416) 461-0448

ÉTATS-UNIS D'AMÉRIQUE
Ambassade
100, rue Wellington
Case postale 866, succursale B
Ottawa (Ont.) K1P 5T1
Tél.: (613) 238-5335
Téléc.: (613) 238-8750
Consulat à Montréal
455, boul. René-Lévesque
Case postale 65, succursale Desjardins
Montréal (Québec) H2Z 1Z2
Tél.: (514) 398-9695
Consulat à Toronto
360 University
Toronto (Ont.) M5G 1S4
Tél.: (416) 595-1700
Consulat à Calgary
615, Macleod Trail Sud-Est, # 1050
Calgary (Alb.) T3G 4T8
Tél.: (403) 266-8962
Consulat à Québec
1, rue Sainte-Geneviève
2, Place Terrasse Dufferin
Case postale 939
Québec (Québec) G1R 4T9
Tél.: (418) 692-2095
Consulat à Vancouver
1075 West Pender Street
Vancouver (C.-B.) V6E 4E9
Tél.: (604) 685-1930
Téléc.: (604) 688-8087

ÉTHIOPIE
Ambassade
151, rue Slater, bureau 210
Ottawa (Ont.) K1P 5H3
Tél.: (613) 235-6637, -6790
Téléc.: (613) 235-4638

FINLANDE
Ambassade
55, rue Metcalfe, bureau 850
Ottawa (Ont.) K1P 6L5
Tél.: (613) 236-2389
Téléc.: (613) 238-1474
Bureau de tourisme
1200 Bay Street, suite 604
Toronto (Ont.) M5R 2A5
Tél.: 1-800-346-4636
ou (416) 964-9159
Consulat à Montréal
Tour de la Bourse, suite 3400
Case postale 242
800, place Victoria
Montréal (Québec) H4Z 1E9
Tél.: (514) 397-7437
Téléc.: (514) 397-7600

FRANCE
Ambassade
42, Promenade Sussex
Ottawa (Ont.) K1M 2C9
Tél.: (613) 789-1795
Téléc.: (613) 789-0279

Consulat à Montréal
1, Place Ville-Marie, suite 2601
Montréal (Québec) H3B 4S3
Tél.: (514) 878-4385
Téléc.: (514) 878-3981
Télex: 052-4890
Consulat à Toronto
130 Bloor St West, suite 400
Toronto (Ont.) M5S 1N5
Tél.: (416) 925-8041
Téléc.: (416) 925-3076
Consulat à Vancouver
Édifice Vancouver
736, rue Granville, bureau 1201
Vancouver (C.-B.) V6Z 1H9
Tél.: (604) 681-4345
Téléc.: (604) 681-4287
Office de tourisme
Tour Esso
1981, avenue McGill College
bureau 490
Montréal (Québec) H3A 2W9
Tél.: (514) 288-4264
30 St.Patrick Street, suite 700
Toronto (Ont.) M5T 3A3
Tél.: (416) 593-4723
Téléc.: (416) 979-7587
Union française
429, rue Viger Est
Montréal (Québec) H2L 2N9
Tél.: (514) 844-1600
Vendanges
Association Québec-France
9, place Royale
Québec (Québec) G1K 4G2
Tél.: (418) 643-1616
1-800-1661-9965

GABON
Ambassade
4, chemin Range
Ottawa (Ont.) K1N 8J5
Tél.: (613) 232-5301, -5302
Téléc.: (613) 232-6916
Télex: 053-4295
Consulat
85, Sainte-Catherine Ouest
Montréal (Québec) H2X 3P4
Tél.: (514) 287-8500
Téléx: (514) 287-8643
Télex: 055-60122

GAMBIE
Haut-commissariat
1155 15th Street North West
suite 1000
Washington, D.C., 20005, U.S.A.
Tél.: (202) 785-1399
Téléc.: (202) 785-1430
Consulat à Toronto
102 Bloor West, suite 510
Toronto (Ont.) M5S 1M8
Tél.: (416) 923-2935

GHANA
Haut-commissariat
1, avenue Clemow
Ottawa (Ont.) K1S 2A9
Tél.: (613) 236-0871, -0872, -0873
Téléc.: (613) 236-0874
Consulat à Montréal
1420, rue Sherbrooke Ouest, # 900
Montréal (Québec) H3G 1K3
Tél.: (514) 849-1417
Téléc.: (514) 849-2643

GRANDE-BRETAGNE
(Royaume-Uni de)
Haut-commissariat
80, rue Elgin
Ottawa (Ont.) K1P 5K7
Tél.: (613) 237-1530
Téléc.: (613) 237-7980
Consulat à Montréal
1000, de la Gauchetière Ouest, # 4200
Montréal (Québec) H3H 4W5
Tél.: (514) 866-5863
Téléc.: (514) 866-0202
Consulat à Toronto
777, rue Bay, # 2800, College Park
Toronto (Ont.) M5G 2G2
Tél.: (416) 593-1290
Téléc.: (416) 593-1229
Bureau de tourisme
111, Avenue Road # 450
Toronto (Ont.) M5R 3J8
Tél.: (416) 925-6328

GRÈCE
Ambassade
76-80, rue MacLaren
Ottawa (Ont.) K2P 0K6
Tél.: (613) 238-6271, -6272, -6273
Téléc.: (613) 238-5676
Consulat à Montréal
1170, Place du Frère André, 3e étage
Montréal (Québec) H3B 3C6
Tél.: (514) 875-2119
Téléc.: (514) 875-8781
Consulat à Toronto
365, rue Bloor Est, bureau 1800
Toronto (Ont.) M4W 3L4
Tél.: (416) 515-0133, -0134
Téléc.: (416) 515-0209
Consulat à Vancouver
1200 Burrard Street, suite 501
Vancouver (C.-B.) V6Z 2C7
Tél.: (604) 681-1381
Téléc.: (604) 681-6656
**Office national
de tourisme grec**
1233, rue de la Montagne, bureau 101
Montréal (Québec) H3G 1Z2
Tél.: (514) 871-1535
ou
1300 Bay St, Main Level
Toronto (Ont.) M5R 3L8
Tél.: (416) 968-2220
Téléc.: (416) 968-6533

GRENADE
Bureau de tourisme
439 University, # 820
Toronto (Ont.) M5G 1Y8
Tél.: (416) 595-1339
Téléc.: (416) 595-8278
(voir Antilles orientales)

GUATEMALA
Ambassade
130, rue Albert, bureau 1010
Ottawa (Ont.) K1P 5G4
Tél.: (613) 233-7237
Téléc.: (613) 233-0135
Consulat à Québec
50, rue Aberdeen
Québec (Québec) G1R 2C7
Tél.: (418) 523-0426
Consulat à Toronto
Case postale 319, Norval
Toronto (Ont.) L0P 1K0
Tél.: (416) 873-9167

GUINÉE
Ambassade
483, rue Wilbrod
Ottawa (Ont.) K1N 6N1
Tél.: (613) 789-8444, -3418, -3428
Téléc.: (613) 789-7560
Représentant consulaire
1, chemin John's
Toronto (Ont.) M6P 4C7
Tél.: (416) 656-4812
Téléc.: (416) 767-6070

GUINÉE-BISSAU
Ambassade
918 16th Street N.W.
Mezzanine Suite
Washington, D.C., 20006, U.S.A.
Tél.: (202) 872-4222
Consulat à Montréal
Place Mercantile
770, Sherbrooke Ouest, 13e étage
Montréal (Québec) H3A 1G1
Tél.: (514) 842-9831
Téléc.: (514) 288-7389

GUYANA
Haut-commissariat
Edifice Burnside, 151, rue Slater, # 309
Ottawa (Ont.) K1P 5H3
Tél.: (613) 235-7249, -7240
Téléc.: (613) 235-1447
Consulat
505 Consumers Road, suite 206
Willowdale (Ont.) M2J 4V8
Tél.: (416) 694-6040, -6059
Téléc.: (416) 494-1530

HAÏTI
Ambassade
112, rue Kent
Place de Ville, Tour B, bureau 212
Ottawa (Ont.) K1P 5P2
Tél.: (613) 238-1628, -1629
Téléc.: (613) 238-2986

**Consulat et Office de
tourisme à Montréal**
1801, avenue McGill College
10e étage, bureau 1050
Montréal (Québec) H3A 2N4
Tél.: (514) 499-1919, -1934
Téléc.: (514) 499-1818

HONDURAS
Ambassade
151, rue Slater, bureau 908
Ottawa (Ont.) K1P 5H3
Tél.: (613) 233-8900
Téléc.: (613) 232-0193
Consulat à Montréal
1650, de Maisonneuve Ouest, # 306
Montréal (Québec) H3H 2P3
Tél.: (514) 937-1138
Consulat à Toronto
22, rue Front Ouest, # 1401
Toronto (Ont.) M5J 1C4
Tél.: (416) 867-9087
Téléc.: (416) 867-9320
Consulat à Vancouver
510, rue Hastings Ouest, # 1026
Vancouver (C.-B.) V6B 1L8
Tél.: (604) 685-7711

HONG-KONG
Haut-commissariat G.-B.
80, rue Elgin
Ottawa (Ont.) K1P 5K7
Tél.: (613) 237-1530
Téléc.: (613) 237-7980

HONGRIE
Ambassade
299, rue Waverley
Ottawa (Ont.) K2P 0V9
Tél.: (613) 230-2717
Téléc.: (613) 230-7560
Consulat à Montréal
1200, avenue McGill College, # 2030
Montréal (Québec) H3G 4G7
Tél.: (514) 393-1555
Consulat à Toronto
102 Bloor West, suite 450
Toronto (Ont.) M5S 1M8
Tél.: (416) 923-3596, -3597, -3598
Consulat à Vancouver
1650, 2e avenue Ouest
Vancouver (C.-B.) V6J 4R2
Tél.: (604) 734-6698

FIDJI (ÎLES)
Ambassade
1 United Nation Plaza, 26th Floor
New York, N.Y., 10017, U.S.A.
Tél.: (212) 355-7316
Téléc.: (212) 319-1896
Consulat à Ottawa
130, rue Slater, suite 750
Ottawa (Ont.) K1P 6E2
Tél.: (613) 233-9252
Téléc.: (613) 594-8705

Consulat à Vancouver
1840 Promenade Clark
Vancouver (C.-B.) V5N 3G4
Tél.: (604) 254-5544

ÎLES VIERGES AMÉRICAINES
Bureau de tourisme
3300 Bloor Street West, suite 3210
Center Tower
Toronto (Ont.) M8X 2X3
Tél.: (416) 233-4348
1-800-465-8784

ÎLES VIERGES BRITANNIQUES
Bureau de tourisme
370 Lexington Avenue, suite 313
New York, N.Y., 10017
Tél.: 1-800-835-8530
Téléc.: (212) 949-8254

INDE
Haut-commissariat
10, chemin Springfield
Ottawa (Ont.) K1M 1C9
Tél.: (613) 744-3751, -3752, -3753
Téléc.: (613) 744-0913
Office de tourisme
60 Bloor Street West, # 1003
Toronto (Ont.) M4W 3B8
Tél.: (416) 962-3787
Téléc.: (416) 962-6279
Consulat à Toronto
2 Bloor Street West, suite 500
Toronto (Ont.) M4W 3E2
Tél.: (416) 960-0751, - 0752
Téléc.: (416) 906-9812
Consulat à Vancouver
325 Howe Street, 2e étage
Vancouver (C.-B.) V6C 1Z7
Tél.: (604) 662-8811
Téléc.: (604) 682-2471

INDONÉSIE
Ambassade
287 MacLaren Street
Ottawa (Ont.) K2P 0L9
Tél.: (613) 236-7403
Téléc.: (613) 563-2858, 230-7361
Consulat à Toronto
425, avenue University, 9e étage
Toronto (Ont.) M5G 1T6
Tél.: (416) 591-6461
Téléc.: (416) 591-6613

IRAN
Ambassade
245, rue Metcalfe
Ottawa (ont.) K2P 2K2
Tél.: (613) 235-4726
Téléc.: (613) 232-5712
Section consulaire: (613) 233-4726

IRAQ
Ambassade
215, rue McLeod
Ottawa (Ont.) K2P 0Z8
Tél.: (613) 236-9177
Téléc.: (613) 567-1101

IRLANDE
Ambassade
170, rue Metcalfe
Ottawa (Ont.) K2P 1P3
Tél.: (613) 233-6281
Téléc.: (613) 233-5835
Bureau de tourisme d'Irlande
160 Bloor Street East, # 1150
Toronto (Ont.) M4W 1B9
Tél.: (416) 929-2777
**Bureau de tourisme de
l'Irlande du Nord**
111, avenue Road, suite 450
Toronto (Ont.) M5R 3J8
Tél.: (416) 925-6368

ISLANDE
Ambassade
1156 15th North West St., suite 1200
Washington, D.C., 20005, U.S.A.
Tél.: (202) 265-6653
Téléc.: (202) 265-6656

ISRAËL
Ambassade
50, rue O'Connor, bureau 1005
Ottawa (Ont.) K1P 6L2
Tél.: (613) 567-6450
Téléc.: (613) 237-8865
Consulat
1155, boul. René-Lévesque Ouest,
2620
Montréal (Québec) H3B 4S5
Tél.: (514) 393-9372
Téléc.: (514) 393-8795
Office de tourisme
160 Bloor Street West, # 700
Toronto (Ont.) M5S 2V6
Tél.: (416) 964-3784

ITALIE
Ambassade
275, rue Slater, 21e étage
Ottawa (Ont.) K1P 5H9
Tél.: (613) 232-2401, -2402, -2403
Téléc: (613) 233-1484
Consulat à Montréal
3489, rue Drummond
Montréal (Québec) H3G 1X6
Tél.: (514) 849-8351
Téléc.: (514) 499-9471
Consulat à Toronto
136 Beverley Street
Toronto (Ont.) M5T 1Y5
Tél.: (416) 977-1566
Téléc.: (416) 977-1119
Consulat à Vancouver
1200 Burrard Street, suite 705
Vancouver (C.-B.) V6Z 2C7
Tél.: (604) 684-7288
Téléc.: (604) 685-4263
Office de tourisme
1, Place Ville-Marie, suite 1914
Montréal (Québec) H3B 2C3
Tél.: (514) 866-7667

JAMAÏQUE
Haut-commissariat
275, rue Slater, bureau 800
Ottawa (Ont.) K1P 5H9
Tél.: (613) 233-9311, -9314
Téléc.: (613) 233-0611
Consulat à Toronto
214 King Street West, suite 400
Toronto (Ont.) M5H 1K4
Tél.: (416) 598-3008
Téléc.: (416) 598-4928

JAPON
Ambassade
255, Promenade Sussex
Ottawa (Ont.) K1N 9E6
Tél.: (613) 241-8541
Téléc.: (613) 241-2232
Consulat à Montréal
600, de la Gauchetière Ouest, # 2120
Montréal (Québec) H3B 4L8
Tél.: (514) 866-3429
Téléc.: (514) 395-6000
Consulat à Vancouver
1177 Hastings West, # 900
Vancouver (C.-B.) V6E 2K9
Tél.: (604) 684-5868
Téléc.: (604) 684-6939
Consulat à Toronto
Toronto-Dominion Bank Tower,
2702
Case postale 10, Centre Toronto-
Dominion
Toronto (Ont.) M5K 1A1
Tél.: (416) 363-7038
Téléc.: (416) 367-9392
Office de tourisme
165 University Avenue, # 1112
Toronto (Ont.) M5H 3B8
Tél.: (416) 366-7140
Téléc.: (416) 366-4530

JORDANIE
Ambassade
100, avenue Bronson, bureau 701
Ottawa (Ont.) K1R 6G8
Tél.: (613) 238-8090
Téléc.: (613) 232-3341

KENYA
Haut-commissariat
415, avenue Laurier Est
Ottawa (Ont.) K1N 6R4
Tél.: (613) 563-1773, -1774, -1775, -
1776
Téléc.: (613) 233-6599

KOWEÏT
Ambassade
80, rue Elgin
Ottawa (Ont.) K1P 1C6
Tél.: (613) 780-9999
Téléc.: (613) 780-9905

KIRGHIZISTAN
Ambassade
1511 K. Street N.W., suite 705
Washington, D.C., U.S.A., 20005
Tél.: (202) 347-3732
Téléc.: (202) 347-3718

LAOS
Ambassade
2222 S Street North West
Washington, D.C., 20008, U.S.A.
Tél.: (202) 332-6416
Téléc.: (202) 332-4923

LESOTHO
Haut-commissariat
202, avenue Clemow
Ottawa (Ont.) K1S 2B4
Tél.: (613) 236-9449, -0960
Téléc.: (613) 238-3341
Consulat à Montréal
4750, Le Boulevard
Westmount (Québec) H3Y 1V3
Tél.: (514) 482-6568
Téléc.: (514) 483-6595

LETTONIE
Ambassade
112, rue Kent, suite 2007
Place de Ville, Tour B
Ottawa (Ont.) K1P 5P2
Tél.: (613) 238-6868
Téléc.: (613) 238-7044
Consulat à Ottawa
230, ave Clemow
Ottawa (Ont.) K1P 2B6
Tél.: (613) 238-6868
Téléc.: (613) 238-7044

LIBAN
Ambassade
640, rue Lyon
Ottawa (Ont.) K1S 3Z5
Tél.: (613) 236-5825, -5855
Téléc.: (613) 232-1609
Consulat
40, Côte Sainte-Catherine
Montréal (Québec) H2V 2A2
Tél.: (514) 276-2638
Téléc.: (514) 276-0090

LICHTENSTEIN
(voir Suisse)

LIBERIA
Consulat à Montréal
1080, Côte du Beaver Hall, bureau 1720
Montréal (Québec) H2Z 1S8
Tél.: (514) 871-9571
Téléc.: (514) 397-0816

LIBYE
**Ambassade auprès
des Nations-Unies**
309-315 East, 48th Street
New York, N.Y., 10017, U.S.A.

Tél.: (212) 752-5775
Téléc.: (212) 593-4787

LITUANIE
Ambassade
2622 16th Street, N.W.
Washington, D.C., 20009, U.S.A.
Tél.: (202) 234-5860
Téléc.: (202) 328-0466

LUXEMBOURG
Ambassade
2200 Massachusetts avenue, N.W.
Washington, D.C., 20008, U.S.A.
Tél.: (202) 265-4171
Téléc.: (202) 328-8270
Consulat à Montréal
3877, avenue Draper
Montréal (Québec) H4A 2N9
Tél.: (514) 489-6052

MADAGASCAR
Ambassade
282, rue Somerset Ouest
Ottawa (Ont.) K2P 0J6
Tél.: (613) 563-2506, -2438
Téléc.: (613) 231-3261
Consulats
8530, rue Saguenay
Brossard (Québec) J4X 1M6
Tél.: (514) 672-0353
Téléc.: (514) 672-0353
ou
396 Claremont Crescent
Oakville (Ont.) L6J 6K1
Tél.: (416) 845-8914

MALAYSIA
Haut-commissariat
60, rue Boteler
Ottawa (Ont.) K1N 8Y7
Tél.: (613) 241-5182
Téléc.: (613) 241-5214
Télex: 053-3520
Consulat à Toronto
150, rue York, # 1110
Toronto (Ont.) M5H 3S5
Tél.: (416) 947-0004
Téléc.: (416) 947-0006
Consulat à Vancouver
925 West Georgia, bureau 1900
Vancouver (C.-B.) V6C 3L2
Tél.: (604) 689-9550
Téléc.: (604) 685-9520

MALAWI
Haut-commissariat
7, avenue Clemow
Ottawa (Ont.) K1S 2A9
Tél.: (613) 236-8931
Téléc.: (613) 236-1054
Consulat
5437, boul. Plamondon
Saint-Lambert (Québec) J4S 1W4
Tél.: (514) 466-9543
ou

21, avenue Dale, bureau 544
Toronto (Ont.) M4W 1K3
Tél.: (416) 234-9333

MALI
Ambassade
50, avenue Goulburn
Ottawa (Ont.) K1N 8C8
Tél.: (613) 232-1501, -3264
Téléc.: (613) 232-7429
Consulat
1, Carré Westmount, suite 1810
Westmount (Québec) H3Z 2P9
Tél.: (514) 939-1267
Téléc.: (514) 939-1296

MALTE
Haut-commissariat
2017 Connecticut Avenue North West
Washington, D.C., U.S.A., 20008
Tél.: (202) 462-3611
Téléc.: (202) 387-5470
Télex: 64231
Consulat à Toronto
1 St. John's Road, # 305
Toronto (Ont.) M6P 4C7
Tél.: (416) 767-4902, -2901
Téléc.: (416) 767-0563
Consulat à Montréal
3461, Northcliffe
Montréal (Québec) H4A 3K8
Tél.: (514) 284-3627
Téléc.: (514) 284-1860
Office de tourisme
Malta National Tourism Office
Empire State Building
350 5th ave, suite 4412
New York, N.Y.
Tél.: (212) 695-9520

MAROC
Ambassade
38, chemin Range
Ottawa (Ont.) K1N 8J4
Tél.: (613) 236-7391, -7392, -7393
Téléc.: (613) 236-6164
Consulat
1010, rue Sherbrooke Ouest, # 1510
Montréal (Québec) H3A 2R7
Tél.: (514) 288-8750, -6951
Téléc.: (514) 288-4859
Office de tourisme
2001, rue University, # 1460
Montréal (Québec) H3A 2A6
Tél.: (514) 842-8111
Téléc.: (514) 842-8111
Téléc.: (514) 842-5316

MARTINIQUE
Office de tourisme
1981, avenue McGill College, # 480
Montréal (Québec) H3A 2W9
Tél.: (514) 844-8566
1-800-361-9099
Téléc.: (514) 844-8901

MAURICE
Haut-commissariat
Van Ness Centre
4301 Connecticut Avenue North West,
suite 441
Washington, D.C., 20008, U.S.A.
Tél.: (202) 244-1491
Téléc.: (202) 966-0983
Consulat à Montréal
606, rue Cathart, bureau 200
Montréal (Québec) H3B 1K9
Tél.: (514) 393-9500
Téléc.: (514) 393-9324

MAURITANIE
Ambassade
249 McLeod Street
Ottawa (Ont.) K2P 1A1
Tél.: (613) 237-3283
Téléc.: (613) 237-3287

MEXIQUE
Ambassade
45, rue O'Connor, bureau 1500
Ottawa (Ont.) K1P 1A4
Tél.: (613) 233-8988, -9272, -9917
Téléc.: (613) 235-9123
Offices de tourisme
1, Place Ville-Marie, # 1526
Montréal (Québec) H3B 2B5
Tél.: (514) 871-1052
Téléc.: (514) 871-3825
ou
2 Bloor St. West, # 1801
Toronto (Ont.) M4W 3E2
Tél.: (416) 925-0704, -1876
Téléc.: (416) 925-6061
Consulat à Montréal
2000, rue Mansfield, # 1015
Montréal (Québec) H3A 2Z7
Tél.: (514) 288-2502, -4917, -2707
Téléc.: (514) 288-8287

MONACO
Office de tourisme
845 Third Avenue
New York, N.Y., 10022, U.S.A.
Tél.: 1-800-753-9696
(service en français)
Consulat à Montréal
1155, Sherbrooke Ouest, suite 1500
Montréal (Québec) H3A 2W1
Tél.: (514) 849-0589
Téléc.: (514) 631-2771
Consulat à Vancouver
1111, rue Melville, # 500
Vancouver (C.-B.) V6E 4H7
Tél.: (604) 682-4633
Téléc.: (604) 684-0015

MONGOLIE
Ambassade
2833 M Street North West
Washington, D.C., 20007, U.S.A.
Tél.: (202) 333-7117
Téléc.: (202) 298-9227

MONTSERRAT
(voir Antilles orientales)

MOZAMBIQUE
Ambassade
1990 M Street North West, suite 570
Washington, D.C., 20036, U.S.A.
Tél.: (202) 293-7146

MYANMAR (Birmanie)
Ambassade
85, chemin Range, bureau 902
Ottawa (Ont.) K1N 8J6
Tél.: (613) 232-6434, -6446
Téléc.: (613) 232-6435

NAMIBIE
Haut-commissariat
1605 New Hampshire Avenue N.W.
Washington, D.C., 20009, U.S.A.
Tél.: (202) 986-0540
Téléc.: (202) 986-0443
Consulat
122, rue Avondale Sud
Waterloo (Ont.) N2L 2G3
Tél.: (519) 578-5932
Téléc.: (519) 578-7799

NÉPAL
Ambassade
2131 Leroy Place North West
Washington, D.C., 20008, U.S.A.
Tél.: (202) 667-4550
Téléc.: (202) 667-5534
Télex: 440085 EVER UI
Bureau de tourisme
BDO Dunwoody Ward Mallette
Royal Bank Plaza
Case postale 33
Toronto (Ont.) M5J 2J9
Tél.: (416) 865-0210
Téléc.: (416) 865-0904

NICARAGUA
Ambassade
130, rue Albert, # 407
Ottawa (Ont.) K1P 5G4
Tél.: (613) 234-9361, -9362
Téléc.: (613) 238-7666

NIGER
Ambassade
38, avenue Blackburn
Ottawa (Ont.) K1N 8A2
Tél.: (613) 232-4291, -4292, -4293
Téléc.: (613) 230-9808
Consulat à Montréal
245, Saint-Jacques Ouest, # 420
Montréal (Québec) H2Y 1M6
Tél.: (514) 849-4222

NIGERIA
Haut-commissariat
295, rue Metcalfe
Ottawa (Ont.) K2P 1R9
Tél.: (613) 236-0521
Téléc.: (613) 236-0529

NORVÈGE
Ambassade
Royal Bank Centre
90, rue Sparks, bureau 532
Ottawa (Ont.) K1P 5B4
Tél.: (613) 2238-6571
Téléc.: (613) 238-2765
Consulat à Montréal
1155, boul. René-Lévesque Ouest,
suite 3900
Montréal (Québec) H3B 3V2
Tél.: (514) 874-9087
Téléc.: (514) 397-3063
Consulat en Ontario
2600 South Sheridan Way
Mississauga (Ont.) L5J 2M4
Tél.: (905) 822-2339
Téléc.: (905) 855-1450
Bureau du tourisme
655 Third Avenue
New York, N.Y., 10017, U.S.A.
Tél.: (212) 949-2333

NOUVELLE-ZÉLANDE
Haut-commissariat
Metropolitain House
99, rue Bank, bureau 727
Ottawa (Ont.) K1P 6G3
Tél.: (613) 238-5991
Téléc.: (613) 238-5707
Consulat
888, rue Dunsmuir, # 1200
Vancouver (C.-B.) V6C 3K4
Tél.: (604) 684-7388
Téléc.: (604) 684-7333

OMAN
Ambassade
2342 Massachusetts Avenue North West
Washington, D.C., 20008, U.S.A.
Tél.: (202) 387-1980
Téléc.: (202) 745-4933

OUGANDA
Haut-commissariat
231, rue Cobourg
Ottawa (Ont.) K1N 8J2
Tél.: (613) 789-7797, -0110, -0133
Téléc.: (613) 789-8909
Télex: 053-4469

PAKISTAN
Haut-commissariat
Édifice Burnside
151, rue Slater, bureau 608
Ottawa (Ont.) K1P 5H3
Tél.: (613) 238-7881
Téléc.: (613) 238-7296
Consulat à Montréal
3421, rue Peel
Montréal (Québec) H3A 1W7
Tél.: (514) 845-2297
Téléc.: (514) 845-1354
Consulat à Toronto
4881 Yonge, # 810

Willowdale (Ont.) M2N 5X3
Tél.: (416) 250-1255
Téléc.: (416) 250-1321

PANAMÁ
Ambassade
2862 McGill Terrace North West
Washington, D.C., 20008, U.S.A.
Tél.: (202) 483-1407
Téléc.: (202) 483-8413
Consulat à Montréal
1425, boul. René-Lévesque Ouest, # 904
Montréal (Québec) H3G 1T7
Tél.: (514) 874-1929
Téléc.: (514) 874-1929

PAPOUASIE-NOUVELLE-GUINÉE
Haut-commissariat
1615 New Hampshire Avenue, suite 300
Washington, D.C., 20009, U.S.A.
Tél.: (202) 745-3680
Téléc.: (202) 745-3679
Consulat
22, avenue St-Clair Est, # 501
Toronto (Ont.) M4T 2S3
Tél.: (416) 926-1400

PARAGUAY
Ambassade
151, rue Slater, # 401
Ottawa (Ont.) K1P 5H3
Tél.: (613) 567-1283
Téléc.: (613) 567-1679
Consulat
1, Place Ville-Marie, # 2820
Montréal (Québec) H3B 4R4
Tél.: (514) 398-0465
Téléc.: (514) 487-0188

PAYS-BAS
Ambassade
350, rue Albert, # 2020
Ottawa (Ont.) K1R 1A4
Tél.: (613) 237-5030
Téléc.: (613) 237-6471
Consulat à Montréal
1245, rue Sherbrooke Ouest, # 2201
Montréal (Québec) H3A 3L6
Tél.: (514) 849-4247, -4248
Téléc.: (514) 849-8260
Consulat à Toronto
1 Dundas West, # 2106
Toronto (Ont.) M5G 1Z3
Tél.: (416) 598-2520
Téléc.: (416) 598-8064
Consulat à Vancouver
Edifice Crown Trust
475, rue Howe, # 821
Vancouver (C.-B.) V6C 2B3
Tél.: (604) 684-6448, -6449
Téléc.: (604) 684-3549
Bureau de tourisme
25 Adelaide Street East, suite 710

Toronto (Ont.) M5C 1Y2
Tél.: (416) 363-1577
Téléc.: (416) 363-1470

PÉROU
Ambassade
130, rue Albert, # 1901
Ottawa (Ont.) K1P 5G4
Tél.: (613) 238-1777
Téléc.: (613) 232-3062
Télex: 053-3754
Consulat
(+ information touristique)
550, Sherbrooke Ouest, # 376
Tour Ouest
Montréal (Québec) H3A 1B9
Tél.: (514) 844-5123
Téléc.: (514) 843-8425
Consulat à Toronto
10 St. Mary Street, suite 301
Toronto (Ont.) M4V 1P9
Tél.: (416) 963-9696
Téléc.: (416) 963-9074

PHILIPPINES
Ambassade
130, rue Albert, bureau 606 – 608
Ottawa (Ont.) K1P 5G4
Tél.: (613) 233-1121, -1122, -1123
Téléc.: (613) 233-4165
Consulat à Montréal
3300, Côte Vertu, # 202
Saint-Laurent (Québec) H4R 2B7
Tél.: (514) 335-0478
Téléc.: (514) 335-2786
Consulat à Toronto
151 Bloor Street West, # 365
Toronto (Ont.) M5S 1S4
Tél.: (416) 922-7181
Téléc.: (416) 922-3638
Consulat à Vancouver
470, rue Granville, Suite 301-308
Vancouver (C.-B.) V6C 1V5
Tél.: (604) 685-7645
Téléc.: (604) 685-9945

POLOGNE
Ambassade
443, avenue Daly
Ottawa (Ont.) K1N 6H3
Tél.: (613) 789-0468, -3376
Téléc.: (613) 789-1218
Consulat à Montréal
1500, avenue des Pins Ouest
Montréal (Québec) H3G 1B4
Tél.: (514) 937-9481
Téléc.: (514) 937-7272
Consulat à Toronto
2603, Lakeshore Blvd West
Toronto (Ont.) M8V 1G5

PORTO RICO
Bureau du tourisme
43, rue Colburn, # 301
Toronto (Ont.) M5J 1E3
Tél.: (416) 368-2680

PORTUGAL
Ambassade
645 Promenade Island Park
Ottawa (Ont.) K1Y 0B8
Tél.: (613) 729-0883, -2922
Téléc.: (613) 729-4236
Consulat à Montréal
2020, rue University, # 1725
Montréal (Québec) H3A 2A5
Tél.: (514) 499-0359
Téléc.: (514) 499-0366
Consulat à Toronto
121 Richmond Street West, 7th floor
Toronto (Ont.) M5H 2K1
Tél.: (416) 360-8260
Téléc.: (416) 360-0350
Office du tourisme
60 Bloor Street West, # 1005
Toronto (Ont.) M4W 3B8
Tél.: (416) 921-7376
Téléc.: (416) 921-1353

QATAR
Ambassade auprès
des Nations unies
747 Third Avenue, 22nd Floor
New York, N.Y. 10017 U.S.A.
Tél.: (212) 486-9335, -9336
Téléc.: (212) 458-4952, 308-5630

RÉPUBLIQUE CENTRAFRICAINE
Ambassade
1618 22nd Street North West
Washington, D.C. 20008 U.S.A.
Tél.: (202) 483-7800
Consulat à Montréal
225, rue St-Jacques Ouest, 3e étage
Montréal (Québec) H2Y 1M6
Tél.: (514) 849-8381
Téléc.: (514) 849-8383

RÉPUBLIQUE DOMINICAINE
Consulat
1055, rue Saint-Mathieu, # 241
Montréal (Québec) H3H 2S3
Tél.: (514) 933-9008
Téléc.: (514) 933-2070
Office du tourisme
2080, rue Crescent
Montréal (Québec) H3G 2B8
Tél.: 1-800-563-1611
Téléc.: (514) 499-1918

RÉPUBLIQUE TCHÈQUE
Ambassade
541 Sussex Drive
Ottawa (Ont.) K1N 6Z6
Tél.: (613) 562-3875
Téléc.: (613) 562-3878
Consulat
1305, ave des Pins Ouest
Montréal (Québec) H3G 1B2
Tél.: (514) 849-8983
Téléc.: (514) 849-4117

ROUMANIE
Ambassade
655, rue Rideau
Ottawa (Ont.) K1N 6A3
Tél.: (613) 789-3709, -5345
Téléc.: (613) 789-4365
Consulat à Montréal
1111, rue Saint-Urbain,
bureau M01-04
Montréal (Québec) H2Z 1X6
Tél.: (514) 876-1792, -1793
Téléc.: (514) 876-1797
Consulat à Toronto
111 Peter Street, suite 530
Toronto (Ont.) M5V 2H1
Tél.: (416) 585-5802, -9177
Téléc.: (416) 585-4798
RUSSIE
Ambassade
285, rue Charlotte
Ottawa (Ont.) K1N 8L5
Tél.: (613) 235-4341
Téléc.: (613) 236-6342
Consulat à Montréal
3685, avenue Musée
Montréal (Québec) H3G 2E1
Tél.: (514) 843-5901, 982-9041
Téléc.: (514) 842-2012
Bureau d'information touristique
1801, McGill College, bureau 630
Montréal (Québec) H3A 2N4
Tél.: (514) 849-6394
Téléc.: (514) 849-6743

RWANDA
Ambassade
121, Promenade Sherwood
Ottawa (Ont.) K1Y 3V1
Tél.: (613) 722-5835, -7921
Téléc.: (613) 729-3291
Consulat à Montréal
1600, rue Delorimier
Montréal (Québec) H2K 3W5
Tél.: (514) 526-1392
Téléc.: (514) 521-7081
Consulat à Toronto
211 Consumers Rd. # 102
Willowdale (Ont.) M2J 4G8
Tél.: (416) 493-5474
Téléc.: (416) 493-8171

SAINT-KITTS-ET-NEVIS
Office du tourisme
11 Yorkville Avenue, suite 508
Toronto (Ont.) M4W 1L3
Tél.: (416) 921-7717
Téléc.: (416) 921-7997
(voir aussi Antilles orientales)

SAINT-VINCENT-ET-LES-GRENADINES
Consulat
210, avenue Sheppard Est,
Étage principal

Willowdale (Ont.) M2N 3A9
Tél.: (416) 222-0745
Téléc.: (416) 222-3830
Office du tourisme
32 Park Road
Toronto (Ont.) M4W 2N4
Tél.: (416) 924-5796
(voir aussi Antilles orientales)

SAINTE-LUCIE
Consulat
3, Promenade Dewberry
Markham (Ont.) L3S 2R7
Tél.: (416) 472-1423
Téléc.: (416) 472-6379
Office du tourisme
4975 Dundas Street West, # 457
Islington, Etobicoke (Ont.) M9A 4X4
Tél.: 1-800-456-3984 et (416) 236-0936

SALOMON
Haut-commissariat
820-2nd Avenue, suite 800B
New York, N.Y., 10017 U.S.A.
Tél.: (212) 599-6194

SALVADOR
Ambassade
209 Kent Street, bureau 504
Ottawa (Ont.) K2P 1Z8
Tél.: (613) 238-2939
Téléc.: (613) 238-6940
Consulat à Montréal
4330, rue Sherbrooke Ouest
Westmount (Québec) H3Z 1E1
Tél.: (514) 934-3678
Téléc.: (514) 934-3707
Consulat à Vancouver
1166, rue Alberni, suite 1406
Vancouver (B.-C.) V6E 3Z3
Tél.: (604) 732-8142
Consulat à Willowdale
292, ave Sheppard Ouest, # 200
Willowdale (Ont.) M2N 1N5
Tél.: (416) 512-8196
Téléc.: (416) 512-8139

SAMOA-OCCIDENTALES
Haut-commissariat
820-2nd Avenue, Suite 800B
New York, N.Y., 10017 U.S.A.
Tél.: (212) 599-6196

SAO TOMÉ E PRÍNCIPE
Mission auprès des Nations unies
801 Second Avenue, Room 1504
New York, N.Y., 10017 U.S.A.
Tél.: (212) 697-4212
Représentant consulaire
4068, avenue Beaconsfield
Montréal (Québec) H4A 2H3
Tél.: (514) 484-2706

SÉNÉGAL
Ambassade
57, avenue Malborough
Ottawa (Ont.) K1N 8E8
Tél.: (613) 238-6392
Téléc.: (613) 238-2695
Consulat à Toronto
97, Chemin Old Forest Mille
Toronto (Ont.) M5P 2R8
Tél.: (416) 923-7492
Consulat à Montréal
244, rue Sherbrooke Est, # 313
Montréal (Québec) H2X 1G1
Tél.: (514) 526-8183

SEYCHELLES
Haut-commissariat
820, Second Avenue, Suite 900F
New York, N.Y., 10017 U.S.A.
Tél.: (212) 687-9766
Téléc.: (212) 922-9177
Consulat
417, rue Saint-Pierre, # 403
Montréal (Québec) H2Y 2M4
Tél.: (514) 284-2199
Téléc.: (514) 845-0631
Bureau de tourisme
820, Second Avenue, Suite 900F
New York, N.Y., 10017 U.S.A.
Tél.: (212) 687-9766
Téléc.: (212) 922-9177

SIERRA LEONE
Haut-commissariat
1701-19th Street North West
Washington, D.C., 20009, U.S.A.
Tél.: (202) 939-9261

SINGAPOUR
Haut-commissariat
231 East, 51st Street
New York, N.Y., 10022, U.S.A.
Tél.: (212) 826-0840, -0841
Téléc.: (212) 826-2964
Consulat
999, rue West Hastings, # 1305
Vancouver (C.-B.) V6C 2W2
Tél.: (604) 669-5115
Téléc.: (604) 669-5153

SLOVAQUIE
Ambassade
50 Rideau Terrace
Ottawa (Ont.) K1M 2A1
Tél.: (613) 749-4442
Téléc.: (613) 749-4989
Consulat
999, de Maisonneuve Ouest, 18e étage
Montréal (Québec) H3A 3L4
Tél.: (514) 288-9797
Téléc.: (514) 288-2697

SLOVÉNIE
Ambassade
150, rue Metcalfe, # 2101
Ottawa (Ont.) K2P 1P1

Tél.: (613) 565-5781, -5782
Téléc.: (613) 565-5783

SOUDAN
Ambassade
85, chemin Range, bureau 507-510
Ottawa (Ont.) K1N 8J6
Tél.: (613) 235-4999, -4000
Téléc.: (613) 235-6880

SRI LANKA
Haut-commissariat
333, ave Laurier Ouest, # 1204
Ottawa (Ont.) K1P 1C1
Tél.: (613) 233-8440, -8449
Téléc.: (613) 238-8448
Consulat
890, rue West Pender, # 602
Vancouver (C.-B.) V6C 1K4
Tél.: (604) 662-8668
Téléc.: (604) 662-8668

SUÈDE
Ambassade
Mercury Court
377, rue Dalhousie
Ottawa (Ont.) K1N 9N8
Tél.: (613) 241-8553
Téléc.: (613) 241-2277
Consulat à Montréal
Tour de la Bourse
800, Place Victoria, # 3400
Montréal (Québec) H4Z 1E9
Tél.: (514) 866-4019
Téléc.: (514) 397-7600
Consulat à Toronto
2, rue Bloor Ouest, # 1504
Toronto (Ont.) M4W 3E2
Tél.: (416) 963-8768
Téléc.: (416) 923-8809

SUISSE
Ambassade
5, Avenue Malborough
Ottawa (Ont.) K1N 8E6
Tél.: (613) 235-1837
Téléc.: (613) 563-1394
Consulat à Montréal
1572, avenue Dr Penfield
Montréal (Québec) H3G 1C4
Tél.: (514) 932-7181
Téléc.: (514) 932-9028
Consulat à Toronto
154, ave University, suite 601
Toronto (Ont.) M5H 3Y9
Tél.: (416) 593-5371
Téléc.: (416) 593-5083
Consulat à Vancouver
999 Canada place, suite 790
Vancouver (C.-B.) V6C 3E1
Tél.: (604) 684-2231
Téléc.: (604) 684-2806
Office national du tourisme
926 The East Mall
Etobicoke (Ont.) M9B 6K1
Tél.: (416) 695-2090

SURINAM
Ambassade
Van Ness Center
4301 Connecticut Avenue North West,
suite 108
Washington, D.C., U.S.A., 20008
Tél.: (202) 244-7488, -7590
Téléc.: (202) 244-5878

SWAZILAND
Haut-commissariat
130, rue Albert, suite 104
Ottawa (Ont.) K1P 5G4
Tél.: (613) 567-1480
Téléc.: (613) 567-1058
Télex: 053-3185

SYRIE
Ambassade
2215 Wyoming Avenue North West
Washington, D.C., 20008, U.S.A.
Tél.: (202) 232-6313
Téléc.: (202) 232-5184
Consulat à Montréal
1111, rue Saint-Urbain
Montréal (Québec) H2Z 1Y6
Tél.: (514) 397-9595
Téléc.: (514) 397-6801

TANZANIE
Haut-commissariat
50, chemin Range
Ottawa (Ont.) K1N 8J4
Tél.: (613) 232-1500, -1509
Téléc.: (613) 232-5184

TCHAD
Ambassade
2002 R Street North West
Washington, D.C., 20009, U.S.A.
Tél.: (202) 462-4009

THAÏLANDE
Ambassade
180 Promenade Island Park
Ottawa (Ont.) K1Y 0A2
Tél.: (613) 722-4444
Téléc.: (613) 722-6624
Consulat à Montréal
1155, boul. René-Lévesque Ouest,
2500
Montréal (Québec) H3B 2K4
Tél.: (514) 871-1271
Téléc.: (514) 875-8967
Consulat à Toronto
40 King Street West
44th Floor
Toronto (Ont.) M5H 3Y4
Tél.: (416) 367-6750
Téléc.: (416) 367-6749
Consulat à Vancouver
736, rue Granville, suite 106
Vancouver (C.-B.) V6Z 1G3
Tél.: (604) 687-1143
Téléc.: (604) 687-4434

TOGO
Ambassade
12, chemin Range
Ottawa (Ont.) K1N 8J3
Tél.: (613) 238-5916, -5917
Téléc.: (613) 235-6425

TRINITÉ-ET-TOBAGO
Haut-commissariat
75, rue Albert, bureau 508
Ottawa (Ont.) K1P 5E7
Tél.: (613) 232-2418, -2419
Téléc.: (613) 232-4349

TUNISIE
Ambassade
515, rue O'Connor
Ottawa (Ont.) K1S 3P8
Tél.: (613) 237-0330, -0332
Téléc.: (613) 237-7939
Consulat
511, Place d'Armes, # 501
Montréal (Québec) H2Y 2W7
Tél.: (514) 844-6909
Téléc.: (514) 844-5895

TURKS ET CAICOS
Bureau de tourisme
57 36th Street
Toronto (Ont.) M8W 3L1
Tél.: (416) 253-6863

TURQUIE
Ambassade
197, rue Wurtemburg
Ottawa (Ont.) K1N 8L9
Tél.: (613) 789-4044, -3440
Téléc.: (613) 789-3442
Bureau de tourisme
Consitution Square
360, rue Albert, # 801
Ottawa (Ont.) K1R 7X7
Tél.: (613) 230-8654
Téléc.: (613) 230-3683

UKRAINE
Ambassade
331, rue Metcalfe
Ottawa (Ont.) K2P 1S3
Tél.: (613) 230-2961
Téléc.: (613) 230-2400
Consulat
2120, rue Bloor Ouest
Toronto (Ont.) M6S 1M8
Tél.: (416) 763-3114
Téléc.: (416) 763-2323

UNION EUROPÉENNE
Délégation
350, rue Sparks, bureau 1110
Ottawa (Ont.) K1R 7S8
Tél.: (613) 238-6464
Téléc.: (613) 238-5191
Bureau de tourisme
Constitution Square
360, rue Albert, # 801
Ottawa (Ont.) K1R 7X7

Tél.: (613) 230-8654
Téléc.: (613) 230-3683

URUGUAY
Ambassade
130, rue Albert, bureau 1905
Ottawa (Ont.) K1P 5G4
Tél.: (613) 234-2727
Téléc.: (613) 233-4670
Consulat
5000, rue Dufferin, # 202
Toronto (Ont.) M3H 5T5
Tél.: (416) 736-9022
Téléc.: (416) 736-9422

VATICAN
(Saint-Siège)
Nonciature Apostolique
724, avenue Manor, Parc Rockcliffe
Ottawa (Ont.) K1M 0E3
Tél.: (613) 746-4914
Téléc.: (613) 746-4786

VENEZUELA
Ambassade
32, chemin Range
Ottawa (Ont.) K1N 8J4
Tél.: (613) 235-5151
Téléc.: (613) 235-3205
Consulat à Montréal
2055, rue Peel, # 400
Montréal (Québec) H3A 1V4
Tél.: (514) 842-3417, -3418
Téléc.: (514) 287-7101
Consulat à Toronto
365, rue Bloor Est, # 1904
Toronto (Ont.) M4W 3L4
Tél.: (416) 960-6070, -6071
Téléc.: (416) 960-6077

VIÊT NAM
Ambassade
25B Davidson Drive
Gloucester (Ont.) K1J 6L7
Tél.: (613) 744-4963
Téléc.: (613) 744-1709
Télex: 053-3205
Représentant à Montréal
(visas et informations)
Voyages Express
1481, Amherst
Montréal (Québec) H2L 3L2
Tél.: (514) 526-2877
Téléc.: (514) 526-7355

YÉMEN
Ambassade
350, rue Sparks, suite 1100
Ottawa (Ont.) K1R 7S8
Tél.: (613) 232-8525, -8582
Téléc.: (613) 232-8276

YOUGOSLAVIE
Ambassade
17 Blackburn Street
Ottawa (Ont.) K1N 8A2
Tél.: (613) 233-6289
Téléc.: (613) 233-7850
Consulat
1200, rue du Fort
Montréal (Québec) H3H 2B3
Tél.: (514) 939-1200

ZAÏRE
Ambassade
18, chemin Range
Ottawa (Ont.) K1N 8J3
Tél.: (613) 797-3711
Téléc.: (613) 747-9152

Consulat à Montréal
417, rue Saint-Pierre, # 602
Montréal (Québec) H2Y 2M4
Tél.: (514) 845-8121

ZAMBIE
Haut-commissariat
130, rue Albert, bureau 1610
Ottawa (Ont.) K1P 5G4
Tél.: (613) 563-1513
Téléc.: (613) 235-0430
Télex: 053-4418

ZIMBABWE
Haut-commissariat
332, rue Somerset Ouest
Ottawa (Ont.) K2P 0J9
Tél.: (613) 237-4388
Téléc.: (613) 563-8269

Bibliographie

AFFAIRES ÉTRANGÈRES ET COMMERCE INTERNATIONAL CANADA.
Représentants du Canada à l'étranger, Approvisionnements et Services Canada, Ottawa, décembre 1994.
AFFAIRES ÉTRANGÈRES ET COMMERCE INTERNATIONAL CANADA.
Représentants diplomatiques, consulaires et autres au Canada, Approvisionnements et Services Canada, Ottawa, décembre 1994.
TIM, Travel Information Manual, TIM Editor, Netherlands, January 1994.
ROBERT, Paul. Dictionnaire universel des noms propres: le Petit Robert 2, Paris, Dictionnaire Le Robert, 1994.
ORGANISATION MONDIALE DE LA SANTÉ
Les carnets de la CLINIQUE-VOYAGE de l'hôpital Maisonneuve-Rosemont, Montréal.
OFFICES DU TOURISME : Publications des offices de tourisme et des représentants diplomatiques.

N.B. : Malgré tous les soins apportés à la rédaction du *Guide international du voyage*, il est possible que des erreurs, des omissions ou des coquilles s'y soient glissées; l'éditeur en décline toute responsabilité. De même, les auteurs endossent le contenu des textes. Pour des raisons d'édition, la forme masculine comprend le féminin et certaines règles de typographie ont été volontairement tronquées.

IMPRIMÉ AU CANADA

Index des pays et destinations

Notes

Notes

Bon Voyage!